汽车电控与新型装置维修技术

朱会田 吴政清 王 远 主编

金盾出版社

内 容 提 要

  本书以汽车电控技术与新型装置的结构和工作原理为基础,详细介绍了发动机电控新技术,传动系统电控新技术,电子控制转向系统,电子控制悬架,安全电子控制系统(ABS、ASR、ESP 系统、巡航控制系统、安全气囊、倒车雷达报警系统、汽车轮胎中央充放气系统等),电动汽车,混合动力汽车和天然气汽车,汽车 GPS 定位与导航系统,汽车车载网络系统,汽车电源新技术,车身电子控制技术等电控技术与新型装置,并以桑塔纳、奥迪、红旗、宝来、上汽通用别克、广州本田系列和丰田公司的雷克萨斯等汽油车、柴油车、天然气双燃料汽车及普锐斯混合动力汽车等典型车型为例,论述了汽车电控技术与新型装置的正确使用、维护及维修技术。

  本书主要以从事汽车修理、教学、维护、销售等方面的技术人员、教师、学生、维修技工等为读者对象,既可作为相关技术人员的培训教材,也可作为相关专业院校的教学参考书。

图书在版编目(CIP)数据

汽车电控与新型装置维修技术/朱会田,吴政清,王远主编. —北京:金盾出版社,2010.3
ISBN 978-7-5082-6132-4

Ⅰ.①汽… Ⅱ.①朱…②吴…③王… Ⅲ.①汽车—电子系统:控制系统—车辆修理 Ⅳ.①U472.41

中国版本图书馆 CIP 数据核字(2009)第 226105 号

金盾出版社出版、总发行
北京太平路 5 号(地铁万寿路站往南)
邮政编码:100036 电话:68214039 83219215
传真:68276683 网址:www.jdcbs.cn
封面印刷:北京精美彩色印刷有限公司
正文印刷:北京蓝迪彩色印务有限公司
装订:北京蓝迪彩色印务有限公司
各地新华书店经销
开本:787×1092 1/16 印张:20.625 字数:500 千字
2010 年 3 月第 1 版第 1 次印刷
印数:1~10 000 册 定价:40.00 元

前　言

进入 20 世纪 90 年代,汽车新技术特别是汽车电控技术及汽车新装置获得了突飞猛进的发展,汽车上的新技术、新装置不断涌现,给汽车检修带来便利的同时,也带来了新的课题,即需要利用检测仪器(如数字万用表、解码器等)检测和维修。

本书以汽车电子控制为中心,主要介绍了发动机电控新技术,传动系统电控新技术,电子控制转向系统,电子控制悬架,安全电子控制系统(ABS、ASR、ESP 系统、巡航控制系统、安全气囊、倒车雷达报警系统等),电动汽车、混合动力汽车和天然气汽车,汽车 GPS 定位与导航系统,汽车车载网络系统,汽车电源新技术,车身电子控制技术(电动坐椅、电动车窗、中控门锁、电动后视镜和电动天窗)等内容。

本书比较全面地介绍了近几年在典型轿车上采用的电控新技术与新装置,在兼顾电控装置结构和原理基础上,重点阐述了典型轿车的典型电控装置和新装置的检修。涵盖的车型有:一汽大众系列的桑塔纳、奥迪、红旗、宝来等;上汽通用别克和广州丰田系列的雷克萨斯等汽油车和柴油车。同时论述了天然气双燃料汽车及普锐斯混合动力等典型车型。

本书由朱会田、吴政清、王远同志任主编,李洪、杨宏军、曹永晟、盛德号、杜愎刚、吴社强、李俄收、李晓华、陈金亮、封素敏、赵艳辉、彭生辉等同志参加了部分编写工作。全书由张家玺教授主审。编写过程中,我们参考了大量的有关书籍和资料,查阅了生产厂家提供的使用维修手册,参考了一些汽车网站的有关内容,在此对编著者和提供帮助的人员一并表示诚挚的谢意。

本书读者对象为:汽车驾驶、维修人员,汽车行业技术和管理人员,汽车专业师生和汽车新技术爱好者。

由于编者水平有限,时间仓促,疏漏和谬误之处在所难免,欢迎广大读者批评指正。

作　者

目　　录

第一章 绪 论

汽车电控技术与新装置以汽车电控技术为中心和重点,重点介绍了发动机电控技术(电控多点汽油发动机、电控缸内直喷汽油发动机、电控柴油发动机、发动机进气可变技术等)及维修;传动系统电控技术(电控液动自动变速器、电控金属带无级变速器等)及维修;汽车电源新技术、电控转向系统(电控四轮转向技术、电动助力转向等)及维修;电控悬架技术及维修;汽车电控安全系统(ABS、ASR、ESP、C. C 系统、倒车雷达系统等)及维修;汽车自动导航系统及使用;汽车车载网络系统及维修;燃气汽车发动机电控技术及维修;电动汽车、混合动力汽车技术及维修。

第一节 汽车电子控制技术

汽车电子控制技术的发展是从某些电子装置代替机械部件开始的。汽车电子控制技术按其发展可分为三个阶段:第一阶段,电子装置代替某些机械部件;第二阶段,电子技术用于某些机械装置无法解决的复杂控制系统;第三阶段,电子装置成为汽车设计中必不可少的装置,它能自动承担汽车的基本控制任务,并能处理外部和内部的各种信息。

一、汽车电子控制系统的控制方式

随着计算机技术和控制技术的发展,从 20 世纪 70 年代末开始,在汽车电子领域开始应用微机技术。用于汽车电控系统的 ECU,由于采用了数字电路和大规模集成电路,其集成度愈来愈高,微处理机速度的不断提高和存储容量的增加,使其控制功能大大增强,并且具有各种后备功能,使追加控制功能变得非常容易,并使 ECU 大大的小型化。此外由于汽车上控制系统所用的各种传感器,特别是发动机各控制系统所用的传感器,如冷却液温度传感器、进气温度传感器、转速传感器和节气门位置传感器等都是通用的,因此利用控制功能集中化,就可以不必按功能不同设置传感器和 ECU,而是将多种控制功能集中到一个 ECU 上,不同控制功能可使用一个共同所需的传感器,按这种控制方式组成的控制系统称为集中控制系统(Integrated Control)。

汽车电子控制系统常见的控制方式有:开环控制、闭环控制、自适应控制、模糊控制、智能控制等。

二、汽车电子控制系统的基本构成

汽车电子控制系统包括硬件和软件两个组成部分,硬件是基础,软件是灵魂。由汽车的使用环境所决定,一般的车用电子系统都是将软件固化,与硬件(电脑芯片)做成一体构成系统的控制单元。汽车电控系统由以下三部分组成:

(一)传感器

传感器是指能感受规定的物理量,并按一定规律转换成可用输出信号的器件或装置。传感器的种类有结构型、物性型及复合型三类。结构型传感器是利用机械构件的变形、位移将被测量转换成相应的电阻、电感、电容等物理量的传感器，如空气流量传感器、曲轴位置传感器等。物性型传感器是利用材料的固态物理特性及其各种物理、化学效应工作的传感器，如氧传感器、温度传感器等。

(二)电子控制器

电子控制器的功用是接受传感器的电信号，并用预先设定好的程序对这些信号进行处理计算，然后将其结果转化为输出所需要的电信号。

(三)执行器

执行器功用是将电子控制器输出的电信号变成机械运动和热等物理量输出。

三、现代汽车电子集中控制系统控制功能

在现代汽车中，集中控制系统得到广泛的应用，汽车集中控制系统大致可分为七大部分，如图 1-1 所示。图 1-1 中所列控制系统在不同车型上其组合方式和控制项目会有所不同，例如有的车型将发动机控制系统与自动变速控制系统共用一个 ECU 来控制，而有的车型则分别采用两个 ECU 来控制。发动机 ECU 往往集中了较多的控制功能，故又称作主 ECU。

图 1-1 中各控制系统，既能独立地执行相应控制功能，相互间又必须在极短时间内交换大量信息资料，如转速、负荷、车速等，所以现代汽车的集中控制系统是一个较为复杂的综合控制系统。目前，汽车集中控制系统可归纳为：

(一)发动机控制

发动机控制系统可使发动机在不同转速、进气量等因素下，在最佳空燃比、点火提前角工况下工作，使发动机输出最大的功率和转矩，而将油耗和排放降低到最低限度。发动机控制系统可分为：电控燃油喷射（EFI）系统、电控柴油发动机喷射控制、电子点火控制、怠速控制（ISC）、排放控制、冷却风扇控制、二次空气喷射控制、可变进气系统及系统自诊断等控制。

(二)底盘控制

1.电控自动变速系统

能根据发动机节气门开度和车速等行驶条件，按照换挡特性精确地控制变速比，使汽车处于最佳挡位。汽车采用自动变速控制可以提高传动效率、降低油耗、改善换挡舒适性、提高汽车行驶平稳性以及延长变速器使用寿命等优点。

2.制动防抱死系统（ABS）

能在各种路面上，防止汽车制动时车轮抱死。该系统可以提高制动效能，防止汽车在制动和转弯时产生侧滑，是保证行车安全和防止事故发生的重要措施。

3.驱动防滑控制（ASR）

利用驱动轮上的转速传感器，当感受到驱动轮打滑时，通过对驱动轮的制动及降低发动机转矩的输出来降低驱动轮的转速，使轮胎与地面之间的滑转率处于一个最佳值，使之不再打滑，用来防止汽车起步和加速时驱动轮打滑，保证车辆在起动和加速时具有较高的稳定性及良好的通过能力。

4.电子控制动力转向

电子控制四轮转向系统通过控制转向力，保证汽车原地或低速行驶时转向轻便，而高速行

```
                                                        ⎧ (1) 喷油量
                                    1. 电控燃油喷射 (EFI) ⎨ (2) 喷油定时
                                                        ⎨ (3) 燃油停供
                                                        ⎩ (4) 电动油泵
                                                        ⎧ (1) 点火时刻
                                    2. 电控电子点火 (ESA) ⎨ (2) 通电时间
                                                        ⎩ (3) 爆燃控制
                                    3. 怠速控制 (ISC)
                                                        ⎧ (1) 废气再循环 (EGR)
                                    4. 排放控制          ⎨ (2) 氧传感器及三元催化转换
                   ⎧ (一) 发动机控制 ⎨                   ⎨ (3) 二次空气喷射
                   ⎪                ⎪                   ⎩ (4) 活性炭罐电磁阀控制
                   ⎪                ⎨                   ⎧ (1) 空气引导通路切换
                   ⎪                ⎪ 5. 进气控制        ⎨ (2) 旋涡控制阀
                   ⎪                ⎪                   ⎩
                   ⎪                ⎪ 6. 增压控制
                   ⎪                ⎪                   ⎧ (1) 涡轮警示灯
                   ⎪                ⎪ 7. 警告信号        ⎨ (2) 催化剂过热警示灯
                   ⎪                ⎪                   ⎩
                   ⎪                ⎪ 8. 自诊断控制
                   ⎪                ⎩ 9. 备用功能及失效保护
        发动        ⎪                ⎧ 1. 自动变速器控制 (AT)
        机          ⎪ (二) 传动系统控制⎨ 2. 防滑差速器控制 (ASD) 与驱动防滑系统 (ASR)
        集          ⎪                ⎩ 3. 牵引力控制 (TRC)
        中          ⎨                ⎧ 1. 电控制动防抱死系统 (ABS)
        控          ⎪ (三) 操纵及行驶系统控制⎨ 2. 电控悬架系统 (TEMS)
        制          ⎪                ⎨ 3. 巡航控制系统 (CCS)
        系          ⎪                ⎩ 4. 动力转向车速感应稳定系统
        统          ⎪                ⎧ 1. 电子仪表控制
                   ⎪                ⎪ 2. 雷达防撞装置控制
                   ⎪ (四) 安全装置及仪表控制⎨ 3. 安全气囊控制 (SRS)
                   ⎪                ⎨ 4. 防盗警报控制
                   ⎪                ⎪ 5. 安全带指示
                   ⎪                ⎩ 6. 多种灯光控制
                   ⎪                ⎧ 1. 发电机电压调节
                   ⎪ (五) 电源系统控制⎨ 2. 过压保护
                   ⎪                ⎩
                   ⎪                ⎧ 1. 空调控制
                   ⎪ (六) 车身控制系统⎨ 2. 门窗电控
                   ⎪                ⎨ 3. 座椅调节
                   ⎪                ⎩ 4. 门锁控制
                   ⎩ (七) 音响及通信控制⎨ 1. 汽车音响系统
                                    ⎩ 2. 汽车通信系统
```

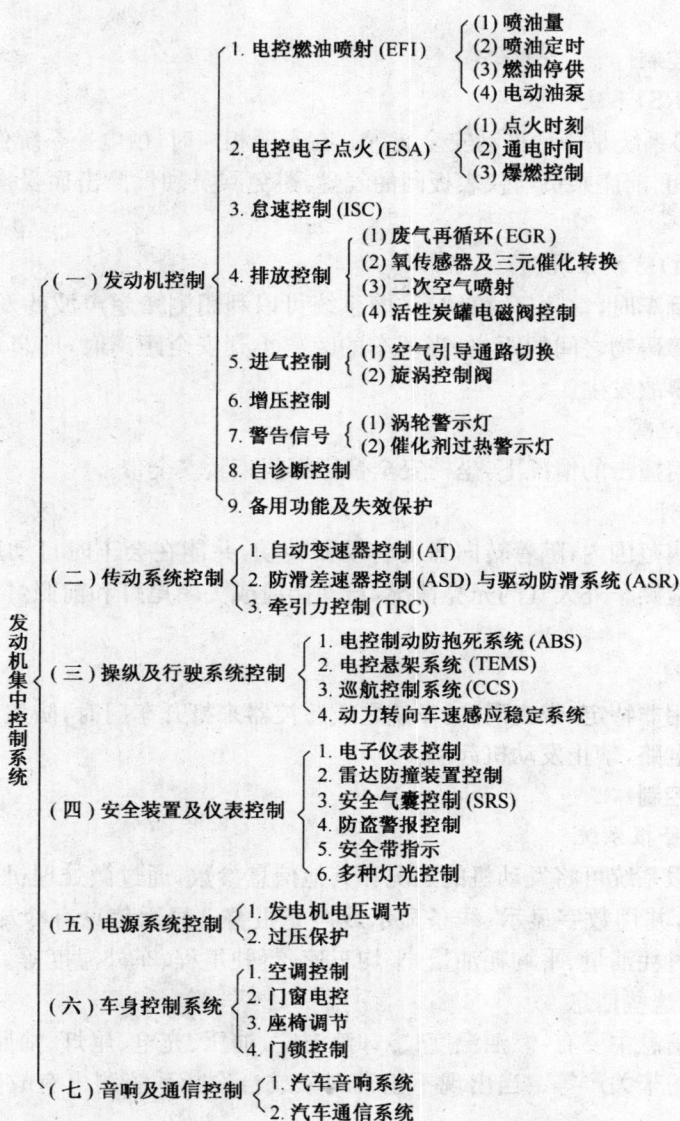

图 1-1　汽车电子控制系统构成

驶时又确保安全,可以改善高速行驶时的稳定性。

5. 电控悬架系统(TEMS)

能根据不同的路面状况,控制车辆高度,调整悬架的阻尼特性及弹性刚度,改善车辆行驶的稳定性、操纵性和乘坐舒适性。

6. 巡航控制系统(CCS)

即恒速行驶系统。汽车在高速公路上长时间行驶时,打开该系统的自动操纵开关后,恒速行驶装置将根据行驶阻力自动增减节气门开度,使汽车行驶速度保持一定,可以减轻驾驶人长途驾驶之疲劳。

(三)车辆安全控制

1. 安全气囊(SRS)系统

安全气囊(SRS)系统是一种被动安全装置。在车辆相撞时,由电控系统作用使气流充满在驾驶人与转向盘之间、前座乘员与仪表板间的气囊,避免乘员硬性撞击而受伤。此装置是安全带的辅助装置。

2. 雷达(角声纳)防撞系统

在汽车行驶或倒车时,雷达(角声纳)防撞系统可以利用测量超声波的发射和反射经过的时间来判断汽车与障碍物之间的距离,当两车的距离小到安全距离时,即自动报警或者停车,可有效地防止倒车事故发生。

3. 坐椅安全带控制

在汽车发生任何撞击的情况下,坐椅安全带可瞬间束紧安全带。

4. 多种灯光控制

可在前照灯照明范围内,随着转向盘的转动而转动,并能在会车时自动启闭和防眩;利用光照传感器可根据检测车外天气的光亮情况,自动接通或关闭尾灯和前照灯,提高车辆行驶的安全性。

5. 汽车防盗系统

当盗贼企图利用非特定(带密码)的车钥匙或遥控器来打开车门时,防盗系统将发出警报,并切断发动机起动电路,禁止发动机起动。

(四)信息系统控制

1. 信息显示与警报系统

信息显示与警报系统可将发动机的工况和其他信息参数,通过微处理机处理后,输出对驾驶人更有用的信息,并用数字显示、线条显示或声光报警。显示信息有冷却液温度、油压、车速、发动机转速、瞬时耗油量、平均耗油量、平均车速、行驶里程、车外温度等。根据驾驶人的需要,可随时调出显示这些信息。

监视和报警的信息主要有:燃油温度、冷却液温度、油压、充电、尾灯、前照灯、排气温度、制动液量、手制动、车门未关严等。当出现不正常现象或自诊断系统测出有故障时,立即由声光报警。

2. 语言信息系统

语言信息系统包括语音报警和语音控制两类。语音报警是在汽车出现不正常情况,如冷却液温度、水位和油位不正常,制动液不足和蓄电池电压偏低等情况时,计算机经过逻辑判断,输出信息至扬声器,发出模拟人的声音向驾驶人报警,如"请停车"、"请加油"等;语音控制是用驾驶人的声音来指挥和控制汽车的某个部件、设备进行动作。

3. 车用导航系统

车用导航系统通过全球卫星定位系统(GPS)接收地球轨道卫星信号来确定显示汽车当前所处的位置及汽车到达目的地需经过的路线、方向和距离。可在城市或公路网范围内定向选择最佳行驶路线,并能在屏幕上显示地图,是汽车行驶向智能化发展的方向。

4. 车载网络及通信控制

汽车电话、汽车国际互联网,实现行驶过程中的国际间电话通信和网上冲浪。

第二节 新型汽车电源系统

现代汽车更注重车载电子系统的功能化、舒适化及智能化,除应具备富有现代感与个性化的外表外,其先进的电子设备逐渐成为人们日益关注的热点,如车载雷达导航与卫星定位系统、移动天线系统、可视电话系统、智能电脑系统、网络控制系统、车载防盗系统、电子燃油喷射系统、安全气囊、自动空调系统、高级立体声音响系统和照明系统等各种电子设备。同时,采用电磁或电动执行器已成为一种趋势,一些带电的机械装置逐步转变为带机械的电子装置。而上述所有系统无一例外都要消耗电能。自 1980 年以来,汽车电气系统的用电量以每年约 4 %的幅度增加,传统的 12/14V(14V 是指汽车发电机工作时的电压,蓄电池电压是 12V,发动机停止时汽车电压也是 12V)汽车电源系统,其最大功率只有 1.5kW,难以满足需要。欧洲安全法规提出,如果电压大于 60V 时,由于导线和接插器的绝缘材料需大量增加,因其质量增加不足弥补其他零部件(如导线等)质量的减少,因而 36/42V 电压较适宜。42V 是指汽车发电机工作时的电压,蓄电池电压是 36V,发动机停止时汽车电压也是 36V。其最大功率可提高到 8kW,发电效率在整个工作转速范围内高达 80%以上。

一、36/42V 电源系统研究起源

1995 年,美国麻省理工学院成立了"麻省理工学院及工业界研制先进汽车电动电子部件及系统集团",该机构中包括通用、福特、宝马、奔驰、雷诺以及摩托罗拉、西门子等 20 家世界著名的汽车和零部件企业集团,于 1998 年 10 月中旬在美国底特律市举行会议,研究开发有关交通运输的电能问题,一致赞同研制 36/42V 车用电源。目前,36/42V 电源系统的相关标准已经制订。自 2002 年起国际汽车工业界开始实行 36/42V 汽车电源系统新标准。欧洲汽车公司率先使用 42V 电源标准。

二、42V 电源系统的现状

新的电源系统有两种类型,一种是单一电压的 42V 系统,另一种是双电压的 14/42V 系统。两种电源系统的目的虽然一致,但由于实现难易程度不同,又各有自己的特点,前者为最终型,后者为过渡型。

(一)14/42V 双电压电气系统

该系统将汽车电器与电控装置根据耗电大小分为两组,中小功率为一组,用 14V 电压供电;较大功率为另一组,电器装置采用 42V 电压供电,这些装置平均功率 400~1000W,峰值功率可高达 500~5000W。提高电压值可以减少电器装置本身的体积、质量和损耗,也有利于控制装置的小型化,提高集成度。如三元催化转换加热器、冷却风机、风窗玻璃加热器、电控悬架和电磁阀驱动电器等。而传统电器及部分电器装置(如照明、信号、仪表板、电动摇窗机、中央控锁系统、发动机电子燃油喷射装置、点火控制装置等)功率不大,采用 14V 供电有利。因此,14/42V 双电压系统能很快达到实用化,而且能够为最终实现单一的 42V 系统打下基础。

(二)42V电气系统

单一电压的 42V 电气系统具有使用效率高、控制系统较为简单、配用电池为一组同等电压的蓄电池等特点,其核心是集成式起动-交流电机系统(integrated starter/alternator 简称为 ISA)。该系统集电源起动供电和交流电机发电两大功能于一身,可以实现更强大的电力供应,以及具有良好的起步-停车特性,并因此具有更佳的燃油经济性和更低的有害气体排放。该系统还可以在低发动机转速下有效提速,并可以显著缓冲发动机的转矩脉动。该系统的独到之处还在于与之相配的车用电源系统由蓄电池组和超级电容器组成。但在现有的生产工艺和人们对价格的认可方面还未能普及。

(三)电源系统中的关键装置

1. 起动/发电机复合装置

由于电气系统中交流发电机具有较大的输出功率,为了合理利用资源,利用交流发电机的可逆性,再配置一套半导体整流逆变功率转换器,将交流发电机和起动机合成为一个起动/发电机复合装置。起动发动机时,36V 电池通过整流逆变功率转换器向起动/发电机复合装置供电,复合装置工作在起动状态;当发动机起动后,整流-逆变功率转换器工作在整流方式,复合装置工作在发电状态,向 36V 电池充电,并向其他用电设备供电。在发电状态,可根据需要输出不同的电压。这种起动/发电机复合装置一般安装在汽车传动系统中。

2. 锂电池

锂电池能量损失小,反复充电寿命长,可超过 500 次,自放电率只有 5%/月,最大放电电流更可达 30A,使用环境温度范围为 −25℃～75℃,体积比能量为 132A·h/L,功率密度达360W/kg(以上指标来自雷天公司生产的 TW-LP36V 锂离子电池)。锂离子动力电池为环保型电池,且原材料来源广泛。

3. DC/DC 转换器

当发电机设计为单一电压(42V)输出,并且电源系统使用 14/42V 双电压时,在高、低电源之间及高电源与低压负载之间必须加装 DC/DC 转换器,可以将供电系统分割为两个具有不同电压的供电子系统。它利用一组绝缘门双极型晶体管,使其工作在脉宽调制方式,通过调整矩形波电压的占空比来改变输出电压的平均值,从而得到理想的电压。

三、42V 电源系统的优点

1. 电源系统更为高效

常规性交流发电机只能在急速时优化电流。42V 电气系统的起动/发电一体机将取代传统的起动机、皮带驱动式发电机和飞轮。遇交通灯时,发动机将自动关闭而不是急速。驱动水泵的将是电动机,而不是连接发动机曲轴皮带轮的 V 带,这样可减轻发动机的负荷。

2. 能够提高电源的功率

现在汽车上的电器装置愈来愈多,如电动转向、电制动、主动悬架、自动导航系统和自娱系统等。由于功率与电压成正比,42V 电源技术留给汽车电器的发展空间就极为可观了,它同时也使大量高新技术在汽车上的广泛应用成为可能。

3. 燃油效率提高

由于起动/发电机具有良好的起步-停车特性和转矩增大等特点,燃油经济性能将提高10%～15%。

4. 排放降低

由于42V电气系统可使发动机的停-走更为迅速,高转速起动时产生的排放污染将大大低于较低速起动时的排放污染。

5. 降低固态电路使用成本

42V系统将使先进的固态电路的使用成本更低,联网能力加强。例如,随着电流强度减弱,半导体开关的成本有望下降,这样就可以增加更多的电子控制装置和用户想要的配置。

6. 设计更具灵活性

新的电源系统可以把发动机的机械驱动的控制系统和附件从发动机中分离出来,集成到一起,由电动机直接驱动,以进一步减少发动机的部件,降低发动机的自重并提高效率。那些簇拥在发动机周围的一些传统部件,如加热和冷却系统,将能更均匀地分布,皮带和皮带轮的数量也得以减少,从而使汽车的线条更流畅,更平衡。由于提高了电压值,相同功率下可以减少电器装置的体积、质量和损耗,也有利于控制装置的小型化,提高集成度。例如可以设计更小的点火线圈。

7. 新技术的应用会更多

有了42V系统,许多以前看似不切实际或不可能的技术也都变得可行了。在42V电气系统中,线控技术、行驶平顺性控制装置、电子加热式催化器和电磁阀系统都能更有效地使用,为车辆的结构改进提供了更大的可能性。使用42V电源系统,发动机的一些附件如水泵、冷却风扇、转向助力泵、空调压缩机和气泵等可直接由新的电源系统驱动,从而减少空转消耗,提高能源利用效率。此外,上述部件还可从发动机中分离出来,减少发动机的部件数量,改进设计,提高发动机的效率。对于电动制动系统,由电源直接驱动,可省去液压或气压系统,使整车结构更加简单实用。

8. 能为发展混合动力汽车创造条件

在城市交通拥塞的状况下,怠速和低速运行大约占汽车总行驶时间的20%～30%。这不但浪费了大量的能源,而且此种工况下汽车排放的有害物是正常工况的几十倍甚至更多。采用42V电源之后,可以实现在低速时(例如20km/h以下)直接由电源驱动电动机作为汽车的动力源,完全避免怠速工况,若用于城市公交车辆上,将大大降低城市的环境污染。

四、42V电源系统将促进汽车零部件的优化

1. 对整车的影响

由于电源能提供足够的功率,本世纪汽车将采用网络技术、导航系统、车载计算机技术以及电动转向、电子制动、电子伺服制动和转向、电动水泵和燃油泵、电动坐椅、电加热坐椅、电加热三效催化转换器等新技术,并向智能化驾驶方向发展。

2. 对发动机的影响

即将采用的无凸轮轴电控气门配气相位电磁阀系统,将取消凸轮轴、气门挺杆、气门摇臂

和正时齿轮等部件,大大简化发动机的结构。

3. 对电动机和电磁阀的影响

采用 42V 电源系统后,可使电动机和电磁阀质量降低 20％左右。电磁阀的体积和质量随着电压的增加而成比例地减少,电动机的减少幅度相对小一些。较小的电动机可使车门减薄,坐椅下空间增大,乘坐宽敞,使整车结构更加人性化。

4. 对汽车电路的影响

电压提高到 3 倍,导线的直径可减少到原来的 1/3,线束在质量和体积上减少 25％左右。采用 36/42V 电源系统后,将淘汰机械式继电器,采用多路传输控制系统,即汽车网络控制系统。这一系统具有诊断能力和电路保护功能。

第二章　汽车发动机电控技术及维修

　　发动机电控技术主要表现为电子控制技术的广泛使用：电子控制汽油喷射系统、缸内直喷GDI系统、电子控制柴油喷射系统、电子控制点火控制、怠速电子控制等，以及采用新技术的新装置如发动机进气可变技术等。

第一节　汽油发动机电子控制多点喷射系统

一、概述

　　图 2-1 所示为汽油发动机电子控制喷射系统的结构示意图。图 2-2 是汽油发动机电子控制系统工作原理框图。

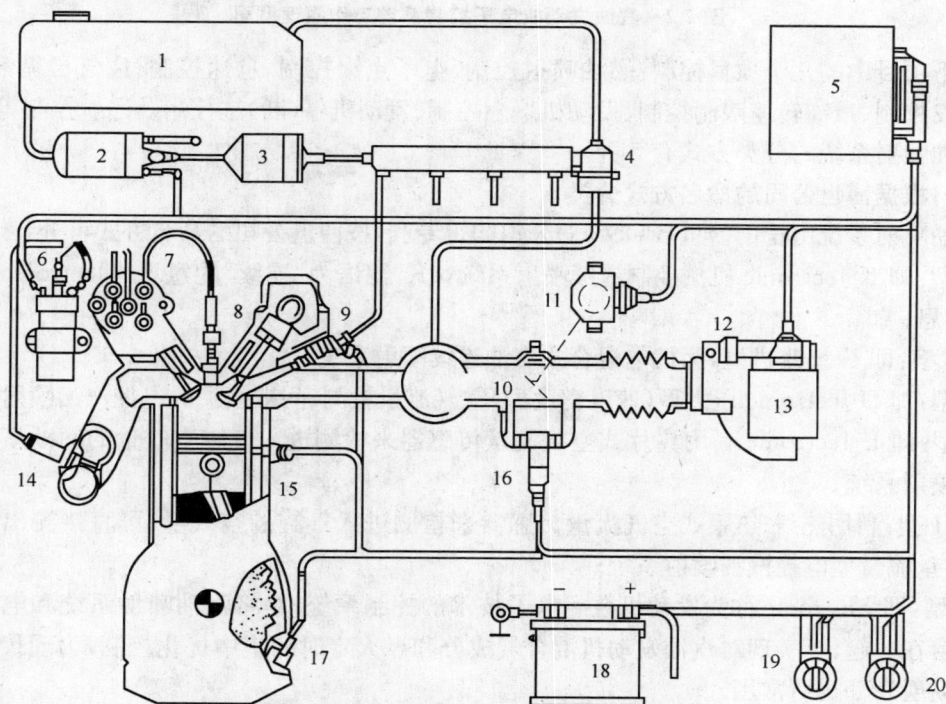

图 2-1　汽油发动机电子控制喷射系统示意图

1. 燃油箱　2. 燃油泵　3. 燃油滤清器　4. 燃油调压器　5. 电子控制单元(ECU)　6. 点火线圈　7. 分电器
8. 火花塞　9. 喷油器　10. 节气门　11. 节气门位置传感器　12. 空气流量传感器　13. 空气温度传感器
14. 氧传感器　15. 冷却液温度传感器　16. 怠速控制阀　17. 转速传感器　18. 蓄电池　19. 点火开关　20. 空调开关

　　汽油发动机电子控制系统为实现提高动力，降低油耗，净化排放的目的，一般进行以下项

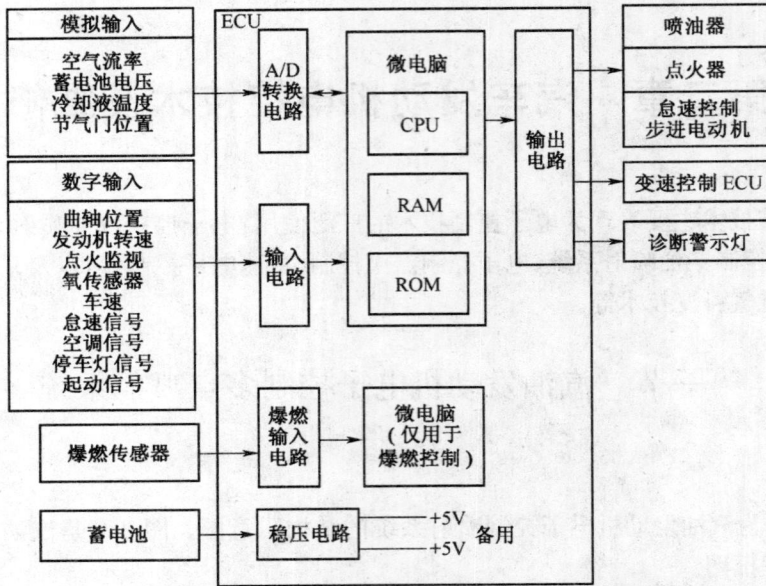

图 2-2　汽油发动机电子控制系统工作原理框图

目或以下项目中的几个项目控制：燃油喷射控制、电子点火控制、怠速控制、废气再循环控制、燃油蒸发控制、最高转速限制控制、发动机爆燃控制、发动机停(断)缸控制及巡航控制等项目。

汽油喷射系统的分类方式有 5 种。

(一)根据博世公司的命名方式分类

汽油喷射系统由德国博世(BOSCH)公司购得专利，按博世公司的命名方式可分：

K 型：即 K-Jectronic 机械控制连续喷射系统，"K"德语为"连续"的意思，"Jectronic"是"喷射"的意思；

KE 型：即 K 型改进型，为机电混合式汽油连续喷射系统；

D 型：即 D-Jectronic 压力型(速度密度型)空气流量检测、间歇喷油的电控汽油喷射系统；

L 型：即 L-Jectronic 利用翼片式空气流量传感器来检测进入气缸空气量的间歇喷油的电控汽油喷射系统；

L-H 型：利用热线-热膜式空气流量传感器来检测进入气缸的空气量，可直接测出空气质量，是质量流量型电控汽油喷射系统；

M 型：即 Motronic 称为发动机数字电子技术的控制系统，是将汽油喷射系统和电子点火系统结合在一起，可实现对汽油发动机混合气成分和点火定时的集中优化控制，为现代电子控制汽油喷射发动机所常用。

(二)根据喷油控制系统的不同分类

1. 机械连续喷射系统

K 型机械控制连续喷射系统：是一种机械液力控制的喷油系统，为早期采用的喷射系统，现趋于淘汰。

KE 型喷射系统：是在 K 型机械连续喷射系统基础上，增设一些传感器(空气流量传感器、节气门位置传感器、冷却液温度传感器等)以采集表征发动机运行工况的有关参数,经控制单元处理后,通过一个电子压力控制器来控制混合气空燃比,可较好地适应发动机在不同工况的需要;并且,在排气管上的氧传感器用来检测排放中的氧含量,作为喷油量的修正依据。

2. 电子控制汽油喷射系统

电子控制汽油喷射系统是一种间歇性(脉冲式)的喷射系统,是由电控单元 ECU(Electronic Control Unit)根据各有关传感器采集的发动机工况的信号,进行运算处理,并与存储器内部存储的最佳喷油量值相比较,经校正后输出控制信号,来控制喷油器喷油。不需要任何机械或电力来驱动控制喷油。

(三)根据进气量的检测方式不同分类

1. 直接检测方式

又称为流量型,以质量流量或容积流量方式检测进入节气门后的空气量。利用空气流量传感器(如:叶片式、热线-热膜式、卡门涡旋式等传感器)直接测出进入节气门后的空气质量或容积来确定基本喷油量。这种方式又称为直接测量法,测得的空气量数值较精确。

2. 间接检测方式

又称为压力型(D 型),以速度密度方式检测进气量。利用压力传感器(如硅膜片式)测出节气门后方进气管的压力,根据发动机转速间接地由 ECU 计算出进气量,然后控制基本喷油量,这种方式称为间接测量法。压力型进气阻力较小,充气效率高。

(四)根据喷油器的安装位置分类

1. 缸内直接喷射

直喷式发动机采用高压(8～12MPa)喷射,通过采用把燃油直接喷射到气缸内及采用先进的电控技术,能随发动机工况快速准确地控制空燃比和喷油时间,达到需要的缸内混合的最佳空燃比,可在稀薄混合气状况下燃烧,空燃比可以达到 40∶1,大大降低了油耗和污染排放。缸内喷射技术是汽油发动机发展的一个重要方向。

但是,缸内直接喷射需采用较高的喷射压力(8～12MPa),喷油时间要求正时。对于喷油器、火花塞及组织气流方向都比较复杂,制造成本较高,还没有得到普遍应用。

2. 进气管喷射

进气管喷射又分为进气门喷射(即多点喷射 MPI)和节气门体喷射(又称为单点喷射 SPI)。

(1)多点喷射(MPI)　每一缸的进气支管上都安装有一个电磁阀控制的喷油器,安装在进气门附近的进气支管上,喷油量的多少取决于喷油器针阀的开启时间。

特点:安装位置与进气支管形状无关,气流阻力小,可充分利用气流惯性进、排气,对于提高每循环充气效率有利;汽油以一定的压力直接喷在各缸进气门的前方,燃油控制反应灵敏,响应快,为目前大多数汽油喷射系统所采用。

(2)单点喷射(SPI)　又称为节气门体喷射(TBI)系统,这种汽油喷射系统在结构布置上与电控化油器相似。其特点是:在多缸发动机上只用一两个喷油器安装在节气门体的上方,直接将燃油喷入节气门前方的进气管中,与进气气流混合,形成的混合气通过进气支管分配到各气缸。

（五）根据喷射时间不同分类

1. 连续稳定喷射

喷油器在发动机工作时连续喷油，汽油喷在进气道内，在进气道内蒸发与空气形成混合气，主要适用于机械液力 K 型、机电混合 KE 型的汽油喷射系统。

2. 间歇脉冲喷射

通过每个工作循环的喷油时间来控制供油量，用喷射持续时间来精确控制喷油量，适用于电子控制的汽油喷射系统。

（六）按控制方式分类

1. 开环控制

汽车和发动机各工况的控制参数（喷油量、点火提前角）存于电控单元（ECU）的只读存储器（ROM）中。在发动机运行中，电控单元（ECU）检测各有关传感器采集表征发动机工况的电信号，根据这些传感器电信号来判断发动机当前所处的运行工况，从 ROM 中查取相当的控制参数输出控制，而不去检测控制结果，对控制结果的好坏不作出分析，这种控制称开环控制。

2. 闭环控制

如进行空燃比反馈控制就是利用安装在排气管上的氧传感器检测排气中氧的浓度来判断进入气缸的混合气的浓度，如果检测到混合气浓的信号就减少喷油量；反之，混合气稀时就增加喷油量，以使空燃比达到最佳值。点火反馈控制是采用安装在气缸体上的爆燃传感器检查发动机是否发生爆燃，ECU 来决定点火时间提前还是推迟。闭环控制不受发动机部件老化、磨损和差异等原因引起性能变化的影响，控制精确，工作稳定，抗干扰能力强。

3. 自适应控制

适应能力就是系统本身能够随着环境条件或结构的不可预计的变化，自行调整或修改系统参数，这种本身具有适应能力的控制系统，叫做自适应式或学习式控制系统。

4. 模糊控制

模糊控制是吸取了人脑识别和判断的特点，使之运用于计算机，让部分自然语言能够作为算法语言直接进入程序，多次重复这个程序，就可能趋近预期的控制目标，完成较过去更为复杂的控制任务。在模糊控制中，存在着一个模糊量和精确量之间相互转化的问题。如控制车速的快慢时，车速客观上是一个精确量，但人脑对车速的判别却带有模糊特征，因此，我们要用模糊语言确定模糊控制规则：如果当"车速很高"，或"车速比较高"，或"车速略高"，或"车速适当"，或"车速略低"，或"车速比较低"，或"车速很低"等等，那么应怎样控制这样的模糊控制问题，常常要分成几级来处理，将模糊量转化为分成若干级的精确量的范围来处理。

现代新型的电控汽油发动机控制系统中设有故障自诊断系统。在发动机工作时，ECU 不断地检查各传感器和执行器传递的信号，并将这些信号与存储在自我诊断系统的信号标准值进行比较，作出是否出现故障的判断，并将故障以故障码的形式存储起来，通过读取脉冲信号或采取解码器（故障诊断仪、故障扫描仪）读出故障码，查阅该车型的维修手册，就可以知道故障码所表示的故障内容或可能的故障内容。

二、电子控制多点汽油喷射系统

电子控制多点汽油喷射系统通过对所接收到的有关传感器的输入信号进行计算、判断，确定发动机在该工况下所需的燃油量,并控制燃油的喷入,保证发动机始终具有一个最佳的空燃比。喷入发动机气缸中的燃油量是由 ECU 控制电磁式喷油器的喷油持续时间来实现的。

(一)燃油喷射控制

多点喷射采用间歇式喷油方式,主要有同步喷射和异步喷射两种方式。

1. 同步喷射

每一气缸中的喷油器随发动机转速进行同步控制。电子控制燃油喷射系统大部分时间采用同步喷射控制,同步喷射根据喷油器的喷油情况又可分为三种。

单缸独立喷油(又称为顺序喷油):各缸喷油器按照发动机的工作顺序独立喷油。因此,每次喷油量都可以设定一个最佳的空燃比,可以采用稀薄混合气工作。缺点是需要 ECU 判定气缸的喷油信号,需要与气缸数等同的喷油器驱动电路,结构复杂。

每转同时喷油:各缸喷油器同一时刻喷油。特点:无需识别气缸喷油信号,喷油器驱动电路具有通用性,结构简单,但空燃比控制精确度较低。

每转分组喷油:将各缸喷油器分成两组或三组,每组 2～4 个喷油器,每组的喷油器通过一条驱动电路与 ECU 相连。发动机工作时,各组之间交替喷油,同组的喷油器同时喷油。每转分组喷油的空燃比控制精度在前两者之间,部分中档轿车采用每转分组喷油这种喷油方式。

2. 异步喷射

喷油器喷油与发动机转速不同步,是一种随机喷油。在起动和加速时采用异步喷射,有利于改善汽车起动性和加速性。

3. 喷油量控制

电控汽油喷射系统主要采用同步喷射控制方式,其喷油量的多少由同步喷射持续时间来决定:同步喷射持续时间＝基本喷射所需的时间×补偿系数＋电压补偿的喷油时间

(1)基本喷射所需的时间　基本喷射所需的时间决定基本喷油量的多少。即根据空气流量传感器所测得的发动机进气量数值,除以发动机在该工况下的转速,得到每转燃油喷射的空气量。而基本喷射时间是由发动机在一个工作循环内,以化学计量比($A/F=14.8$)计算所得的理论空燃比(过量空气系数 $\alpha=1$)表示的喷油持续时间来决定的。公式表达为:

$$基本喷射时间＝K(常数)×进气量/发动机转速$$

(2)电压补偿的喷油时间　电压补偿的燃油喷射时间是为了补偿因蓄电池电压变化所引起的喷油时间的变化。

(3)补偿系数　通过各传感器采集来的信号对基本喷射时间进行补偿。如发动机起动后的混合气加浓补偿、发动机升温期间的混合气加浓补偿、发动机升温期间汽车加速过程中混合气加浓补偿、防止发动机过热的混合气减油补偿、海拔高度补偿、空燃比反馈补偿等。喷油量补偿用于保证喷油控制的精确。

4. 供油切断控制

(1)发动机减速断油　当发动机尚处于高速运转而节气门已完全关闭时,即汽车处于滑行或制动的状态下,供油切断控制可起到减少不必要的燃油喷入气缸,提高了发动机的燃油经济性,降低排气污染。在切断燃油喷射的同时,发动机仍能吸入少量的空气。当发动机因供油切断转速跌至设定的转速以下时,ECU 控制喷油器继续喷油。

（2）发动机高速断油　　为防止发动机因超速而引起危险，当发动机转速超过额定值（6000～7000r/min）时，ECU 控制执行器切断供油，当转速下降至设定转速时，断油控制结束。

（二）汽油发动机电子控制喷射系统

电子控制汽油喷射系统可分为燃油供给、空气供给与电控系统三部分。

1. 燃油供给系统

燃油箱中的燃油在电动燃油泵作用下，以 0.25MPa 的压力流经燃油滤清器，滤去杂质，进入燃油分配管（燃油导轨）。燃油压力调节器使喷油压力保持恒定（过量的燃油经过压力调节器流回油箱），并经过分配管分送至各喷油器，接受 ECU 的指令控制。喷油器喷油时将燃油喷至进气门的前方（对于 MPI），进气门打开后与空气一起被吸入气缸内（见图 2-3）。

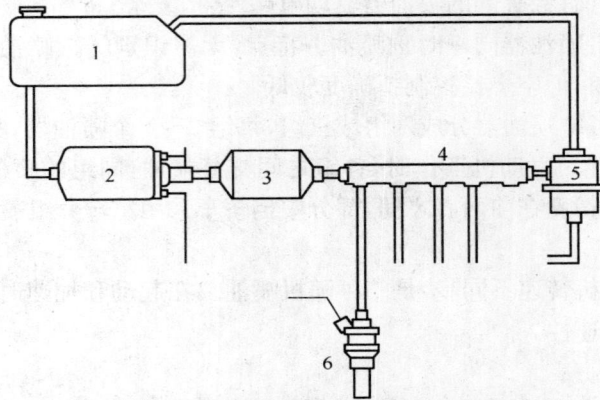

图 2-3　L 型电控喷射系统燃油供给部分
1. 燃油箱　2. 电动燃油泵　3. 滤清器　4. 燃油分配管　5. 燃油压力调节器　6. 喷油器

2. 空气供给系统

空气经过空气滤清器过滤后流经空气流量传感器（对于 L、LH），经过计量后，空气流沿着节气门通道流入进气支管，然后分别供给到各个气缸中。汽车行驶时空气流量是由驾驶人通过加速踏板操纵节气门控制的。

3. 电子控制系统

电子控制系统接收各传感器的输入电信号，经过 ECU 判断、处理后控制执行器工作（喷油器喷油、点火模块点火、怠速控制阀动作）。包括传感器、电子控制单元（ECU）和执行器。

（1）传感器　　汽车传感器按用途可分为：发动机电子控制用传感器，如空气流量、曲轴转角、发动机转速、爆燃、进气温度、冷却液温度传感器等；底盘检测与控制传感器，如车高传感器，转向传感器和车速传感器等；为驾驶人提供信息的传感器，如汽车仪表电子装置中使用的各种传感器，导向行驶系统中使用的前进方向传感器，以及地磁矢量传感器等；为提高乘坐舒适性装置中使用的传感器，如坐椅位置调整用的电位计式电阻传感器等。

（2）电子控制单元（ECU）　　ECU 的作用是根据其内存储的程序、信息和参数对发动机传感器输入的各种信息进行运算、处理、判断，然后输出指令，控制执行器动作。

ECU 是电控汽油喷射系统中最重要的装置，它主要包括：输入回路、A/D 转换器、微型计算机和输出回路等。

（3）执行器　在汽车电子控制系统中,根据操纵方式可分为液压操纵、气压操纵和电气操纵。应用于电子控制汽油喷射系统中的执行器主要有电动燃油泵、电磁式喷油器和步进电动机。

(三)燃油供给装置的结构与工作原理

燃油供给装置是电控汽油喷射系统的重要部分,由燃油箱、电动燃油泵、燃油滤清器、燃油分配管、燃油压力调节器、喷油器等组成,其中喷油器和电动燃油泵是电控系统的执行机构。

1. 燃油分配管

燃油分配管的作用是将燃油均匀地、等压地输送至各喷油器,并具有储油蓄压的作用。燃油分配管的容积量相对于发动机循环供油量大得多,可防止燃油压力波动。

2. 燃油压力调节器

燃油压力调节器的作用是调节喷油器的燃油压力,使系统油压(燃油分配管内油压)与进气支管压力差保持常数(约 250kPa),使喷油器喷出的燃油量惟一地取决于喷油器针阀的开启时间(即喷油时间)。ECU 实际上就是通过控制喷油器喷油时间来精确控制喷油量的。

(四)空气供给装置及工作原理

1. 空气滤清器

空气滤清器的作用是滤除空气中的杂质,使进入气缸中的空气干净清洁,减少对气缸、活塞环等机件的磨损。空气滤清器安装在空气流量传感器前方(对于 L、LH、M 型喷射系统)。

2. 空气流量传感器

对于 L、LH、M 型电控汽油喷射系统,空气流量传感器是测量发动机吸入空气量并转换成电信号送至 ECU 的传感器。进气量是基本喷油量和基本点火提前角的主要根据之一。空气流量传感器根据测量原理不同可分为翼片式、热线-热膜式、卡门涡旋式三种传感器。下面主要介绍热线-热膜式流量传感器结构与工作原理:

（1）热线-热膜式流量传感器　热线-热膜式流量传感器是一种质量流量传感器,它是利用发热体和空气之间的热传递现象对空气进行测量的。空气流量传感器不需校正大气温度、海拔高度、大气压力对测量精度的影响;精度高、响应快,被广泛应用于现代电控汽油喷射系统。

① 热线式空气流量传感器结构:热线式空气流量传感器由安装在发动机进气管中的电加热元件(采用铂丝做成的白金热线)、空气温度传感器(冷线)、控制电路构成,如图 2-4 所示。有两种形式的结构:一种是主流测量方式,将热线和冷线都安装在位于空气主通道的取样管内;另一种是旁通测量方式,将热线缠绕在绕线管上并置于空气的旁通路内。这两种热线式空气流量传感器为了使热线温度与冷线温度的温差维持恒定,都设有控制电路。

② 工作原理:图 2-5 为热线式空气流量传感器原理图。热线电路由 R_1、R_2、R_3、R_H、R_K 构成惠斯登电桥,R_H 为热线电阻,R_k 为冷线电

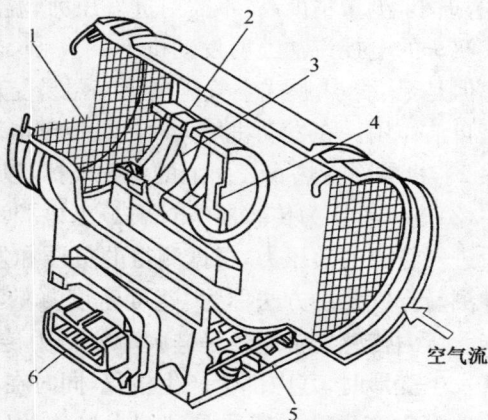

图 2-4　热线式空气流量传感器
1. 防护网　2. 取样管　3. 白金热线　4. 温度补偿电阻　5. 控制线路板　6. 电连接器

阻，R_3 为精密电阻。运用恒温差原理，在发动机的进气道的空气流中放置一通电受热的发热体——铂丝，直径约 $70\mu m$。热线 R_H 作为惠斯登电桥的一个桥臂，冷线(进气温度传感器)电阻和电阻 R_1 构成另一个桥臂，如图 2-5 所示。当空气流过时将热线的部分热量带走，热线受到一定冷却，温度下降而使其电阻值减小，使电桥电路的电压也发生变化。为维持热、冷线恒定温差，控制电路通过流经热线的加热电流来实现。通过检测加热电流的大小就可测出气缸吸入的空气质量流量的大小。实验证明：空气质量流量 m(kg/h)与输出电压 U_m(V)成 4 次方关系，即 $U_m \propto m^4$。

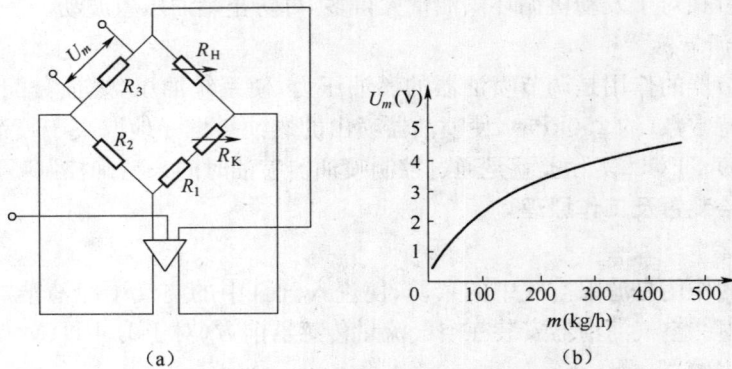

图 2-5　热线式空气流量传感器原理图
(a)热线电路　(b)流量变化曲线

热膜式空气流量传感器的发热体不是铂丝热线，而是将热线、冷线及精密电阻用厚膜工艺固定在以陶瓷为基片的树脂膜上而形成的热膜。热膜式空气流量传感器具有精度好、进气阻力小、不需要对大气温度和压力进行补偿校正、强度高，且价格便宜，因而在汽车上得到了广泛应用。

③ 热线-热膜式空气流量传感器的特点：热线-热膜式空气流量计的空气阻力小，无机械运动，磨损小，测量精度高，不需对进气压力、温度进行校正，加速响应性好，因此被广泛地应用于现代汽车的电控汽油喷射发动机上。

但是，热线-热膜式空气流量传感器易受灰尘沾污而影响测量精度。因此，要求热线、热膜具有自洁作用。在发动机熄火 4s 后，控制电路使热线通电，使热线温度迅速上升至 1000℃，并加热 1s，将黏附在热线表面上的污物烧掉，以保证测量精度。

(2)进气管压力传感器　对于 D 型电控汽油喷射系统采用进气管压力传感器，来检测节气门后进气管内的负压力，根据测得的负压和发动机的转速，间接地计算出进入气缸的空气量，这种测量空气量的方法称为"速度密度测量法"，这种电控汽油喷射系统称为 D-J 喷射系统。进气管压力传感器常用的是硅膜应变压力传感器，即当沿着一定方向对某些电解质施加力而使其发生变形时，其内部会产生极化，同时在其表面产生电荷现象称为压电效应。

硅膜应变压力传感器是利用半导体的压阻效应来工作的，由硅片、集成电路和真空室构成。硅片的一面是真空室，另一面与节气门后进气支管相通。硅膜片是边长约为 3mm 的正方形，中间部分经光刻腐蚀形成直径约 2mm，厚 $50\mu m$ 的薄膜，薄膜周围有四个应变电阻，以惠斯登电桥方式连接。

封装在真空室内的硅片一侧是真空,一侧受进气压力作用而产生变形,使硅片电阻发生变化,导致桥式电路的输出电压发生改变,且应变电阻的阻值与应变成正比。电信号利用混合集成电路进行放大后输出,这种半导体压敏电阻式进气压力传感器输出的电压信号具有随进气支管绝对压力的增大呈线性增大的特性。

硅膜应变压力传感器具有可靠、耐用和反应灵敏的特点,但需要对进气温度进行修正。适用在 D 型喷射系统。

(五)电子控制系统

电子控制系统由传感器、电控单元 ECU、执行器三部分构成。其作用是接收各传感器输出的有关发动机运行状况的信号,经 ECU 判断、处理后,确定发动机所需的燃油量,并控制燃油的喷入,实现发动机在最佳空燃比下工作。

1. 传感器

电子控制汽油喷射发动机采用的传感器主要有空气流量、节气门位置、发动机转速、曲轴位置、冷却液温度、氧、空气压力等传感器。空气流量传感器已在上节阐述其结构、工作原理,下面讲一下其他几种传感器。

(1)曲轴位置传感器 CPS(Crankshaft Position Sensor) 曲轴位置(曲柄转角)传感器的作用是用来感知曲柄转角的位置,以确定活塞在气缸中往复运动的位置,作为喷油定时和点火正时的基准点。曲轴位置传感器不仅可提供相对于活塞上止点位置的曲轴转角信号,还能精确测量发动机的转速。此传感器一般安装在分电器传动轴或曲轴输出皮带轮上,有些发动机还装有凸轮轴位置传感器。对于双顶置凸轮轴(Twin Cam)的发动机有的装有两个以上的曲轴位置传感器或凸轮轴位置传感器。曲轴位置传感器主要有:电磁感应式、光电式和霍尔效应式三种。

(2)节气门位置传感器 TPS(Throttle Position Sensor) 节气门位置传感器安装在节气门阀体内,并设有一个与节气门一起动作的电位计,可以将节气门打开的角度转换成电压信号送至 ECU。

节气门位置传感器可分为:线性节气门位置传感器和开关式节气门位置传感器两种。

(3)冷却液温度传感器 CTS(Coolant Temperature Sensor) 冷却液温度传感器用来检测发动机冷却液温度,通常该传感器为热敏电阻式,安装在冷却液节温器附近。热敏式温度传感器是一种半导体元件,其电阻阻值变化范围在 $10^3 \sim 10^5 \Omega$ 数量级之间,发动机冷却液温度传感器常用 NTC 型(负温度系数——电阻值随温度的升高而近似呈线性降低)。空气温度传感器用于检测进入进气管的大气温度,使 ECU 根据进气温度对供油量进行校正补偿,其传感器结构和特性与冷却液温度传感器相同。

(4)氧传感器 氧传感器安装在发动机排气管内,用来检测发动机排气中氧的浓度,并将测定的氧浓度信号送至 ECU 中,以确定发动机进气中的空燃比是否高于或低于理论空燃比,从而进行空燃比反馈控制,为三元催化转换器净化尾气提供良好的外部环境。

目前,采用的氧传感器有两种:氧化锆(ZrO_2)式氧传感器和二氧化钛(TiO_2)式氧传感器。

① 氧化锆式氧传感器 氧化锆式氧传感器的结构主要元件为专用陶瓷体(即氧化锆固体

电解质)制成试管的形状,在其内外壁面均覆盖有多孔的铂电极。传感器测头元件(锆管)内层开有一孔,用于锆管内表面与大气相通,外表面暴露在发动机排气管中,直接与排气接触,如图2-6所示为氧传感器工作原理及特性图。

锆管的陶瓷体是多孔的,允许氧渗入该固体电解质。当陶瓷体内(通大气)外(接废气)两侧氧含量不一致,即存在浓度差时,氧离子就会从大气一侧向排气一侧扩散,在锆管两铂极间形成电压。电压的大小与铂管两侧氧浓度差有关,并且在空燃比 $A/F=14.8$ 或过量空气系数 $\lambda=1$ 时,氧传感器输出的电压会发生突变,如图2-7所示。在发动机混合气闭环控制的过程中,氧传感器相当于一个浓稀开关,根据混合气空燃比变化向ECU输送脉冲宽度变化的电压脉冲信号。

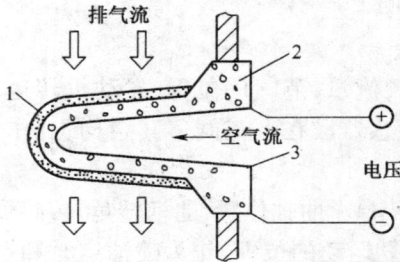

图2-6　氧传感器工作原理
1. 多孔陶瓷层　2. 固体
电解质　3. 铂电极

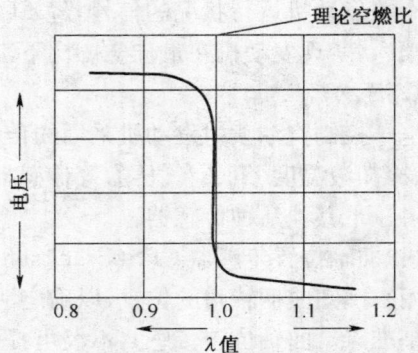

图2-7　混合气浓度与氧传感器电信号的关系

氧化锆式氧传感器输出信号的强弱与工作温度有关,输出信号在300℃左右时最明显。因此,为保证发动机在低温时,氧传感器也能检测出排气管中氧的浓度,有的氧传感器内部增加了一个陶瓷加热器,称为加热型氧化锆式氧传感器,这种氧传感器工作不受温度影响,扩大了闭环控制的工作范围。

② 氧化钛式氧传感器　氧化钛式氧传感器是利用二氧化钛(TiO_2)材料的电阻值随排气中氧含量的变化而变化的特性制成的,称为电阻型氧传感器。由钛陶瓷所制成的N型半导体,其电阻值的大小取决于汽车尾气中氧的分压力。钛陶瓷的这种特性非常适合用于制作氧传感器。

(5)爆燃传感器　爆燃传感器安装在气缸体上,用来检测发动机爆燃状况,将检测的信号输送至ECU,在ECU内进行计算,ECU根据发动机爆燃情况作出是否滞后或提前点火时间的指令。发动机爆燃时产生的压力波,其频率范围为1~10kHz。压力波传给缸体而使缸体发生振动,利用爆燃传感器通过测量缸体表面的振动加速度来检测爆燃压力的强弱。汽车发动机常用压电式爆燃传感器,它是利用压电晶体的压电效应工作的,属于能量转换型,其输出电压与一定频率的振动强度有关。振动加强时,输出电压增加;振动减弱时,其输出电压也相应减小。

(6)转速传感器　在汽车上应用的转速传感器主要用于发动机转速及车速的检测。发动机转速检测与曲轴位置检测原理相同。但为了提高转速检测精度,需增加每一转的输出脉冲。

(7)起动信号(STA)　起动信号(STA)用来判断发动机是否处于起动状态。在起动时,进气管内混合气流速慢,温度低,燃油雾化不良。为改善发动机起动性能,必须使混合气加浓。ECU检测STA信号,确认发动机处于起动状态,并根据冷却液温度等信号自动控制喷油器增加供油量,满足起动工况的需要。

(8)空调信号(A/C)　空调信号(A/C)用来检测空调压缩机是否工作。空调信号与空调压缩机电磁离合器的电源接合在一起,空调压缩机工作之前,向ECU输送高电平信号(申请空调工作信号),ECU根据A/C信号控制发动机怠速时的点火提前角和怠速转速等。

2. 电子控制单元(ECU)

电子控制器也叫电子控制单元(ECU),其作用是根据其内部存储的程序、信息和参数对发动机传感器输入的各种信息进行运算、处理、判断,然后输出指令,控制执行器动作。ECU是电控汽油喷射系统中最重要的装置,它主要包括:输入回路、A/D转换器、微型计算机、输出回路四部分组成。

(1)输入回路　在输入回路里,传感器采集的信号有模拟和数字信号两种,因此需进行预处理:除去杂波;数字信号直接进入电控单元(ECU);模拟信号需进行模数转换后进入电控单元(ECU);将正弦波转变为矩形波,再转成输入电平送至ECU。

(2)A/D转换器(模拟/数字转换器)　传感器输出的信号有模拟信号和数字信号,ECU只能接收数字脉冲信号。因此,须对一部分模拟信号(如空气流量传感器、冷却液温度传感器、节气门位置传感器等向ECU输入的信号,是变化缓慢的连续信号——模拟信号)经过A/D转换器进行处理,将模拟信号转换成数字信号,然后再输入ECU。

(3)微型计算机　微型计算机是发动机控制系统的神经中枢。它可将各传感器送来的信号,用内存程序和数据进行运算处理,并将处理结果(喷油信号、点火信号)送至输出回路。其主要由中央处理器(CPU)、存储器(RAM/ROM)和输入、输出口(I/O)等部分组成。

3. 执行器

执行器的作用是接受ECU控制,并完成ECU所发出的控制指令,将ECU所发出的电信号变为机械运动,以完成喷油、点火等功能。车用电控汽油喷射发动机使用的执行器有:电动燃油泵与继电器、电磁喷油器、怠速控制阀、废气再循环阀、点火控制器(点火模块)、冷却风扇继电器、空调压缩机继电器、自动变速器档位电磁阀、车速控制电磁阀、二次空气喷射阀、活性炭罐电磁阀、增压器释压电磁阀等。

(1)电动燃油泵　电动燃油泵的作用是将油箱中的燃油吸出经滤清后以一定的压力输送到各喷油器,并保持燃油供给系统的油压。电动油泵根据安装位置不同可分为,装在油箱内的内置式和安装在供油管路中的外置式;根据结构不同可分为滚柱式、转子式、涡轮式、叶片式电动油泵。而常用的电动油泵为安装在油箱内的滚柱式电动油泵和转子式电动油泵。

(2)电磁式喷油器　电磁式喷油器安装在进气支管上(对于MPI型喷射系统)或节气门体上(对于SPI型喷射系统),根据ECU的控制,将具有一定压力的燃油按ECU控制的时刻、时间以雾状的形式喷在进气门前方或进气管内。

① 电磁式喷油器　根据用途可分为多点喷油器和单点喷油器。多点喷油器一般细长;单

点喷油器供油量大,直径较粗,为便于安装在节气门体上,设计较短。

根据按供油方式分有上部供油和下部供油两种。上部供油方式的进油口在喷油器上部,结构简单,成本低,为多点喷射系统采用;下部供油方式的进油口在喷油器的下部,从供油分配器来的汽油直接流向喷油器下部,其压力损失较小。同时,下部供油方式采用循环供油,压力油从下部进来,上部回油,即使高温环境下产生蒸气也可以通过上部排出,因而可以防止气阻现象的发生。下部供油方式多为单喷射系统所采用。

按结构形式分有轴针式和孔式两种。轴针式的优点是不易堵塞,但喷射雾化效果差;孔式喷油器的最大优点是雾化质量高。孔式喷油器的使用越来越多,且随着多气门发动机的使用,向双孔和多孔式方向发展。

按磁化线圈阻值分有高阻值和低阻值两种。高阻值喷油器的磁化线圈电阻为 $12\sim17\Omega$ 不等;低阻值喷油器的磁化线圈电阻为 $0.6\sim3\Omega$ 不等。高阻值磁化线圈的电感较大,对控制信号的响应较慢。为了提高响应速度,一般减少线圈匝数以降低电感,即产生了低阻值喷油器。

② 电磁式喷油器的结构　电磁式喷油器的结构如图 2-8 所示。由喷嘴、阀体、电磁线圈、电源插座、燃油接头、针阀回位弹簧等构成。喷油器的形式根据结构可分为轴针型和孔型,轴针型喷油器的喷嘴不易堵塞,而孔型喷油器喷嘴喷出的燃油雾化较好。

③ 喷油器的工作原理　当发动机运转时,电动燃油泵向喷油器提供大约 250kPa 的供油压力。当喷油器喷嘴内的针阀开启(电磁线圈接收 ECU 喷油脉冲信号通电后,产生的电磁力克服弹簧弹力而使针阀打开喷孔),燃油以雾状的形式喷出。由于设计喷油器的针阀升程为 0.15mm 的定值,喷嘴的流通截面积和喷油压力也为定值。因此,燃油喷射量的大小就可通过 ECU 控制给电磁线圈通电时间来实现。

喷油器的喷油时间(针阀开启的持续时间在 $1.5\sim10$ms 范围内)可根据 ECU 控制的需要,在最小通电时间 T_{imin} 和最大通电时间 T_{imax} 之间选择。最小通电时间 T_{imin} 是指驱动脉冲信号输入开始到针阀升启至最大升程为止的时间与针阀保持在最大升程位置上需要稳定的时间之和(一般喷油器的 $T_{imin}=1.2\sim1.8$ms);最大喷油时间 T_{imax} 与发动机的配气相位,即与相应进气持续时间有关。

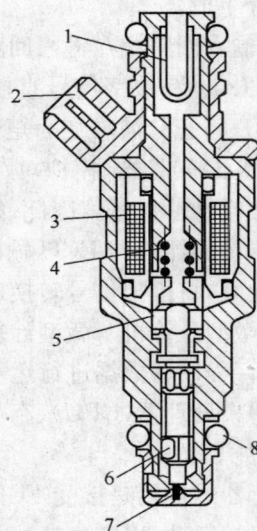

图 2-8　电磁式喷油器结构图
1. 滤网　2. 电插头　3. 电磁线圈　4. 回位弹簧　5. 衔铁　6. 针阀　7. 轴针　8. 密封圈

④喷油器的驱动与控制　喷油器的驱动方式可分为电压驱动和电流驱动两种。电压驱动是指 ECU 输出电压信号驱动喷油器工作;电流驱动是指 ECU 输出较大电流进行驱动。

(3)步进电动机　步进电动机是一种角度执行机构。当控制系统输入一定数量的控制脉冲后,步进电动机按指令指定的方向旋转一定的角度。由于其转动是非连续的,控制一步转动一个角度,因而称为步进电动机。步进电动机中有几组磁化线圈,ECU 通过控制相线中的通电顺序,实现其正、反转及角度变化的控制。转子一周分为 32 个步级进行,每个步级转动一个爪的角度,即 $360°/32=11.25°$(一般步进电动机为 $0\sim125$ 个步级)。

步进电机式怠速控制阀是现代电控喷射发动机最常用的怠速控制阀,是根据 ECU 发出的脉冲信号数目使步进电动机转子转动,启闭阀门以达到控制怠速进气量的目的。

4. 电子控制汽油喷射系统的工作过程

发动机起动后,ECU 即进入工作状态,某些程序或步骤从 ROM 中取出而进入 CPU。这些程序可以控制燃油喷射、点火正时、怠速运行等,然后通过 CPU 将一个个指令、数据逐个进行执行循环。

在执行程序过程中,各传感器采集发动机的运行信息,并将采集的电信号进入 ECU 输入回路,对信号进行处理:如果是数字信号经 I/O 接口直接进入微机;如果是模拟信号,须经 A/D 转换成数字信号后,再经 I/O 接口进入微机。对输入微机的大多数信息暂时存储在 RAM 内,根据指令再从 RAM 送至 ECU 中。然后,将存储在 ROM(或 PROM)中的参考数据引入 CPU,与传感器输出的信息进行比较、运算、判断后,作出决定并发出输出指令信号,经 I/O 接口,必要的信号还经 D/A 转换器将数字信号变成模拟信号,最后都经输出回路,放大处理后去控制执行器动作(如喷油器喷油等),完成燃油喷射控制的功能。

三、电子控制点火系统

电子控制点火系统主要由点火电子组件、点火线圈、火花塞及高压导线等构成,如图2-9所示,其作用是 ECU 根据曲轴位置和发动机转速、节气门位置及冷却液温度等传感器采集的发动机工况信号而计算出点火时刻和通电时刻,并将运算结果送至点火电子组件(点火器),由点火电子组件控制点火线圈的初级电路接通或断开,使火花塞跳火点燃压缩的可燃混合气。

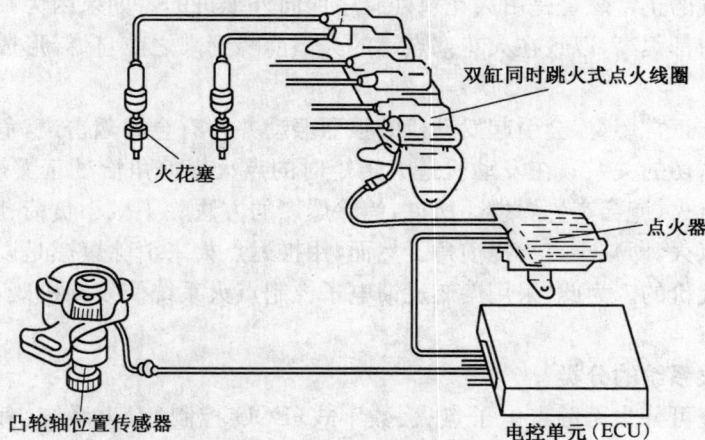

图 2-9　无分电器电子控制点火系统

(一)电子控制点火系统的优点

① 在不同的负荷和转速下,能为发动机提供最佳点火时间,特别是在小负荷时能提供较大的点火提前角。

② 点火线圈能产生较高而且稳定的次级电压,保证火花塞电极间始终能产生极强的电火

花。

③ 能将点火提前角调整到发动机刚好不致发生爆燃的范围。

④ 取消了机械运动,减少磨损,延长了免保养、维修的时间。

(二)点火系统的控制要素

点火系统最基本的原理是通过断电开关控制点火线圈一次绕组电流的大小和断电时刻,从而控制点火的能量和时刻,保证发动机气缸内的混合气彻底燃烧。

1. 点火线圈一次侧的通电时间(闭合角)

由于点火能量的高低是由点火线圈一次绕组电流的大小决定的,而该电流是按指数规律变化的,通电时间越长,其值越接近幅值,断电后在二次绕组产生的感应电动势就越高,点火能量就越大。所以,通常总是希望点火线圈一次绕组侧的通电时间长一些。但是,该电流过大会造成点火线圈发热乃至损坏以及电能损耗的加大。因此,控制点火线圈通电时间,是点火控制的要素之一。现代的电子控制点火系统中,由于使用半导体开关(通常用功率三极管)来控制电流的通断,所以通电时间的控制是通过控制半导体开关的导通时间来实现的。为了工作可靠,在通电时间控制的同时,往往还加入恒流控制。

2. 点火时刻(提前角)

点火正时即点火时刻,是点火控制的又一要素。实际的点火时刻都在上止点之前的某一曲轴转角处。所以,习惯上又称点火时刻为点火提前角。理论和实践都证明,在发动机压缩行程上止点前一定的提前角点火,可以提高发动机的动力性、经济性,并能降低排放污染,该提前角就是所谓的最佳点火提前角。

3. 爆燃控制

气缸内混合气的正常燃烧是由火花塞处有序地向外推进的。如果因为某种原因而部分混合气的温度和压力都很高,以致在火花塞点燃的火焰前峰到来之前自燃,形成无方向的爆炸燃烧,简称爆燃。

爆燃是一种非正常燃烧,会引起发动机的强烈振动并伴有金属敲击声,危害极大。爆燃与点火提前角有着密切的关系。在发动机最大转矩时的点火提前角恰处于爆燃的边缘,如果在此基础上再提前点火,就会产生爆燃。所以,消除爆燃的方法除了减小负荷、降低温度外,最有效的方法是推迟点火,即减小点火提前角。然而,用推迟点火来消除爆燃是以牺牲发动机的动力性和经济性为代价的。为此,采用爆燃反馈电子控制点火系统使发动机既不产生爆燃,又能处于最佳工作状态。

(三)电控点火系统的分类

电控点火系统可分为无触点电子点火、数字式(ECU控制)点火系统、直接点火系统 DIS(Distributorless Ignition System 或称为无分电器点火系统)。

无触点电子点火系统利用信号发生器代替传统点火系统中的断电器触点,其离心式、真空式点火提前装置保持不变;数字式(ECU控制式)点火系统去掉了离心式和真空式点火提前装置,由 ECU 来控制点火正时,而分电器只起到将高压电分配到相应气缸的作用;直接点火系统 DIS(无分电器点火系统)在数字式点火系统的基础上去掉了分电器,直接利用数个静态高压线圈与火花塞连接,形成了无机械零件的全电子点火系统。

四、电子控制怠速系统

(一)怠速控制的功用

电控汽油喷射式发动机怠速工况时,节气门全闭,空气通过节气门缝隙及旁通节气门的怠速调节通道进入发动机,由空气流量传感器(或进气支管压力传感器)检测进气量,并根据转速及其他修正信号控制喷油量,保证发动机的怠速运转。怠速控制装置的功用就是在发动机内部阻力矩不断变化的情况下,由 ECU 自动维持发动机以稳定怠速运转,以降低怠速工况时发动机有害物质的排放量,改善发动机的经济性;当车内空调开启时,能够提高怠速运转时的发动机转速,以适应空调压缩机工作的要求。

(二)怠速控制装置

怠速控制的内容包括起动后控制、暖机过程控制、负荷变化的控制和减速时的控制等。怠速控制的实质是通过怠速控制阀(ISCV)调节空气通道的流通面积来控制怠速的进气量以达到怠速控制目的。目前常用的怠速控制装置为步进电动机调节机构。

步进电动机调节机构安装在进气总管内,如图 2-10 所示,步进电动机按 ECU 指令顺时针或逆时针转动,通过螺旋传动机构驱动锥形阀轴向移动,改变阀与阀座的间隙,使流通面积发生变化,调节了进气量的大小,从而控制怠速转速的高低。步进电动机对怠速的控制主要有以下几种情况:

1. 初始值设定

由于步进电动机不具有复位功能,因此,当点火开关关闭后,ECU 控制电源延时 3s 关闭,使步进电动机对怠速控制装置的初始位置进行设定,保证下一次起动。

2. 暖机控制

起动时,旁通阀设定在全开位置,便于发动机起动。起动后,当发动机转速达到一定值时,

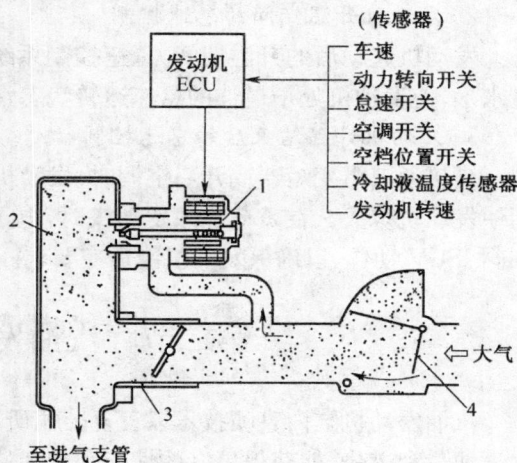

图 2-10　步进电动机式怠速控制机构
1. 怠速控制阀(ISCV)　2. 稳压箱
3. 节气门体　4. 空气流量传感器

ECU 控制将怠速控制阀关小到当时冷却液温度相应的最佳怠速转速值。如果是冷机起动(70℃以下),起动后以较高的怠速(快怠速)运转,此时又称为暖机控制。

3. 稳定怠速控制

当发动机冷却液温度达到 70℃时,一般怠速控制阀关闭,怠速控制阶段结束。如果此时由于某种原因使发动机转速与目标转速相差超过 20r/min,ECU 会对怠速进行再控制。

4. 怠速提前控制

在某些情况下,负荷的变化(自动变速器空档开关、空调开关的通断)会引起发动机转速发生可以预见的较大幅度的变化。为了防止这种转速变化,ECU 控制怠速控制阀提前开大或关小一定的值。

5. 其他控制

① 由于负荷等引起电源电压降低时,ECU 会自动控制提高发动机转速,保证系统正常供电。

② 随着机件的磨损等,ECU 原来控制步进电动机的步进数已达不到原来的控制效果,此时发动机会通过发动机转速的反馈控制,使其达到原来的控制目标值。这种控制方式又称为急速控制的自适应功能。

(三)发动机怠速控制

发动机怠速控制主要根据冷却液温度和辅助装置(空调、液力变矩器等工作与否)的信号来控制怠速控制阀的开启程度。

1. 发动机起动时的怠速控制

发动机起动时,由于节气门处于关闭,空气进入量很少。为了使发动机易于起动,ECU 控制 ISCV 使旁通空气量达到最大,同时,ISCV 开启程度与冷却液温度有关。

2. 发动机升温期间的怠速控制

发动机起动后的升温期间,怠速控制系统将进气量逐渐调整到冷却液温度所决定的进气量水平,使发动机处于最佳的怠速运转状态,并缩短"暖机"时间。

3. 发动机升温结束后的怠速控制

当接通液力变矩器或开启空调时,发动机负荷突然增大,为防止由于发动机负荷突然增大而使发动机熄火。在负荷加载发动机时,电子控制怠速系统根据已输入的加载信号使怠速控制阀 ISCV 动作,以确保发动机能适应要求。

第二节 汽油发动机缸内直喷技术

汽油发动机缸内直喷技术以三菱公司研制的 GDI 发动机为代表。这种发动机最有潜力优化喷油量和燃烧,能获得更好的性能和较低的油耗。GDI 发动机的显著特色是:在极稀混合气下,能对喷油量进行极精确控制,实现了比柴油发动机还高的燃烧效率;具备独有的高效进气和相对大的压缩比,使其获得了超越常规 MPI 发动机的高效性能和响应。

一、GDI 发动机低油耗和高功率输出的实现方式

三菱公司采用独有的方法和技术,使 GDI 发动机获得了低油耗和高功率输出。这看起来很矛盾、很困难的技术是通过采用两种燃烧模式实现的,喷油正时与发动机的负荷相匹配。

(一)GDI 发动机低油耗的实现方式

对传统的汽油发动机,难以在火花塞周围实现混合气浓度的理想分布。然而,GDI 发动机却可以实现。而且,在压缩冲程后期注入的燃料的理想层次状态使混合气能够维持超稀薄状态,实现了发动机的低油耗。一台用于分析研究的发动机已经证实:分层进气时,火花塞周围聚集了最佳浓度的混合气。对点火燃油喷雾的分析和对混合气自身的研究都证明了这一点。结果,空燃比为 40 的超稀薄混合气的极稳定燃烧就得以实现。通过优化喷油的两种燃烧模式和采用稀薄燃烧技术可以实现低油耗。

在市区行驶时,正如柴油发动机一样,燃油是在压缩冲程的后期喷入,空气燃油层状化混合的理想形态实现了超稀薄燃烧。在高性能行驶状态下，燃油在吸气冲程期间喷入。这就使得均匀的混合燃料像传统 MPI 发动机一样有更高的动力输出。

超稀薄燃烧模式：在车速达到 120km/h 的正常行驶条件下，三菱 GDI 发动机运转处于超稀薄燃烧模式，实现低燃油消耗。在这种模式下，燃料喷入发生于压缩冲程的后期，点火发生于空燃比值为 30～40(35～55，当 EGR 废气再循环)时。

1. 超稀薄混合气的燃烧

对传统的 MPI 发动机，由于燃烧特性的很大变化，混合气的稀薄度是有一定限度的。然而，GDI 的层状混合可允许空燃比大大增大，并不引起燃烧的恶化。例如，在燃烧最缓慢极不稳定的空载时，GDI 发动机即使是在空燃比为 40∶1(55∶1，包括废气循环)的极稀薄混合时仍可维持稳定和迅速的燃烧。

2. 车辆燃油消耗

燃油消耗在怠速、定速和市区行驶情形下进行评价。

(1)怠速燃油消耗　在低怠速转速下，GDI 发动机可以维持稳定的燃烧。而且在设置怠速转速时，它提供了更好的弹性。和传统发动机相比，怠速时的燃油消耗减少 40%。

(2)定速行驶时的燃油消耗　在 40km/h 定速行驶时，GDI 发动机比同等尺寸传统发动机燃油消耗减少 35%。

(3)市区行驶时的燃油消耗　GDI 发动机比同等尺寸传统汽油发动机燃油消耗减少 35%。此外，这些结果还显示 GDI 发动机甚至还比柴油发动机消耗更少的燃油。

3. 排放控制

以往所采用的燃烧稀薄混合气的方法，致使 NO_x 的排放无法控制。通过引用大量的 EGR，例如，EGR 率为 30%时，NO_x 排放量降低了 97%，此时 GDI 发动机仍能保持稳定燃烧状态。

(二)大功率输出模式

当 GDI 发动机处于高负荷、高转速运转时，燃油是在进气冲程时喷入缸内的，这样可保证混合气在均匀、低温时燃烧，此时发动机发生爆燃的可能性最小。发动机压缩比高，进气效率高，提高了的容积效率，从而在功率上优于 MPI 发动机。表现在：

1. 提高容积效率

GDI 发动机采用进气孔直立式设计减小了进气阻力，压缩行程后期燃油蒸发使空气温度降低，从而实现了提高容积效率的结果。

2. 增加了压缩比

由燃油蒸发产生的低温空气可以减少发动机的爆燃燃烧现象，因此可以使压缩比得到提高，达到 12，并且提高燃烧效率。

3. 提高转矩

GDI 发动机与同类的 MPI 发动机相比，在任意行驶速度都可以将输出功率与转矩提高约 10%。在大功率输出模式下，GDI 发动机具有优异的加速性能。

二、GDI 发动机的基本技术

GDI 发动机包含以下四个技术特性："直立式进气口"给气缸提供了最佳的气流；"曲面活

塞"通过促成混合燃料成形,控制了燃烧;"高压燃料泵"提供了缸内直喷所需的高压;"高压旋转喷油器"控制燃料喷雾的微粒化和分散化。

这些特性结合这独特的燃油控制技术,使三菱公司实现两个发展目标——低于柴油发动机的燃油消耗和高于传统 MPI 发动机的动力输出。

1. 缸内气流

GDI 发动机拥有直立式进气口而不是使用传统发动机的水平吸气口。直立式进气口有效地将气流对准曲面活塞,曲面活塞又使气流变为强烈的反向旋转流,以实现最佳的燃料注入。

2. 燃油雾化

高压旋转喷油器提供了理想的喷雾模式以匹配发动机的各种操作模式,同时通过充分旋转运动有效实现雾化。

3. 燃烧室的最优化配置

曲面活塞既控制燃烧室的气流也控制混合燃料的形状,并且对维持燃料的紧凑起重要作用。在压缩冲程的后期注入的燃料在扩散之前就被送往火花塞。在确定最佳的活塞形状时,采用了三菱发动机包括激光方法在内的先进缸内监测技术。

汽油直喷技术除了 GDI 技术,还有大众公司开发的 FSI 直喷汽油发动机也被广泛应用。

第三节　汽油发动机排放控制

为了减少汽车排放污染,现代汽车采用了由 ECU 控制的多种排气净化装置,如废气再循环(EGR)、三元催化转换、燃油蒸发控制、二次空气喷射控制系统等。

一、废气再循环控制系统

废气再循环是将一部分排气导入发动机的进气系统中,与混合气一起进入气缸中燃烧,降低气缸内燃烧的温度,以抑制氮氧化物(NO_x)的生成,是目前广泛采用减少氮氧化物生成的一种形式。

(一)废气再循环与发动机性能的关系

1. EGR 与 NO_x 排放的关系

废气的引入使得进入发动机气缸内的混合气中单位燃料所对应的惰性气体增加。随着废气热容量的增加,气缸内燃烧温度将下降;同时,由于惰性气体的增加使着火延迟期变长,燃烧的最高温度和压力也会下降。由于上述两种原因,发动机采用 EGR 循环可使气缸内燃烧温度大幅度下降,同时使 NO_x 的排放量也明显下降。

2. EGR 对发动机性能的影响

随着废气循环 EGR 率的增加,发动机的油耗率与输出转矩也随着恶化,而且尾气中的 HC 含量也随着增加;同时,EGR 造成了缺火率增加,使燃烧变得不稳定。因此,在进行 EGR 时,须对 EGR 率进行控制,同时要对点火提前角进行控制,EGR 率增大,应使点火提前角适当增大。

(二)废气再循环的控制

因 EGR 的量对发动机的工作性能有很大影响,循环量少,不能有效降低 NO_x 的排放;循环量过大,造成发动机性能恶化,工作不稳。并且,发动机不同工况要求 EGR 不同。因此,必须采用电子控制才能满足要求。一般情况下 EGR 采用开环控制,通过采集有关发动机的工作情况:发动机的冷却液温度、进气温度、发动机转速及节气门开度等信号进行 EGR 控制。

① 在低速、低负荷时,由于供油量少,燃烧变得不稳定,应降低 EGR 率;在高速、大负荷时,为了获得较高的输出功率也应降低 EGR 率。

② 急速时,燃烧温度不高,NO_x 的排放量不大,为使急速运转稳定,应切断 EGR。

③ 发动机冷却液温度低时,混合气在气缸内分布不均匀,燃烧不稳定,一般切断 EGR,而在电子控制 EGR 阀中,应随水温升高逐渐开启控制阀。

④ 在发动机起动时,为使发动机顺利起动,应关闭 EGR 阀。

⑤ 进气温度低时,气缸内的燃烧温度低,应减少废气再循环量。

(三)废气再循环系统

废气再循环过程是将高温排气引入进气系统,温度高达 800℃。因此,对流入的废气量如果直接控制,要求执行机构耐高温、不易氧化。特别是采用电子控制,因废气温度较高,用电子装置直接控制比较困难,所以一般采用间接控制 EGR。

EGR 控制阀分为两部分:上半部分为真空室,下半部分有孔通大气。上半部真空室的真空度控制来源于定压室,定压室是阀的一部分,阀有另一部分通大气,定压室通过气路与节气门后面的进气支管相通。当进气管压力低时,阀膜片关闭定压阀使室内有一定真空度,这时,EGR 阀的真空室真空度最高,EGR 阀开启时最大。

当打开电磁阀时,使大气与定压阀室相通,使 EGR 阀的真空度变小,EGR 阀开启量变小,可以通过控制电磁阀的开启时间来控制 EGR 的开启量,即控制废气循环量。

二、三元催化净化与空燃比反馈控制

催化净化器又称为催化反应器、催化转换器 C.C(Catalytic Converter)、触媒转换器,安装在排气管中,其作用是将尾气中 HC、CO 和 NO_x 转变为无害的 H_2O、CO_2 和 N_2。催化净化器有:氧化型催化净化器,用于净化 CO 和 HC;三元催化净化器,可用于控制 HC、CO 和 NO_x 的排放,为常用型现代汽油发动机机后净化新型装置。

(一)催化净化的工作原理

催化转换器中使用催化剂,排气中的有害成分在催化反应器中进行反应,使 HC、CO 氧化成 H_2O、CO_2,NO_x 还原成 N_2。

目前,性能好的三元催化净化器 TWC(Three Way Catalysts)其转化率可达 96% 以上,净化转化率 $\eta = \dfrac{\text{入口反应浓度} - \text{出口反应浓度}}{\text{入口反应浓度}} \times 100\%$。其中反应物为:HC、CO 和 NO_x。

(二)使用三元催化转换器的条件

为使三元催化转换器保持较高的净化转化率,在使用时应注意:

1. 使用理论空燃比的混合气

采用三元催化转换器可以有效地降低尾气中 HC、CO 和 NO_x 的排放。但是,要充分发挥三元催化转换器的净化效果必须要将混合气的空燃比控制在理论空燃比(A/F=14.8)附近的狭窄范围内("窗口"效应范围)。

因此,就需要氧传感器来检测排气中氧的含量,以检测实际空燃比相对于理论空燃比是小了还是大了,从而进行空燃比反馈(闭环)控制,使空燃比始终近似等于理论空燃比,保证三元催化转换器发挥最佳性能。

在理论空燃比 A/F＝14.8 附近时,催化转换器才能对 HC、CO 和 NOₓ 都进行高效转化。因此,要采用闭环式的电子控制汽油喷射系统才能够始终保证发动机在理论空燃比附近工作。

2. 使用无铅汽油

含铅汽油燃烧之后,铅化物(如 PbO_2)随废气进入排气管路,通过三元催化转换器时,铅化物被牢固地吸附于载体材料上的蜂窝小孔 $\gamma - Al_2O_3$ 催化剂表面上,并且不易脱附,导致废气中的有害气体不能接近催化剂进行化学反应,净化率 η 将降低。当铅化物覆盖住催化剂整个表面时,三元催化转换器将完全失效,这就是常说的三元催化转换器"铅中毒"。同时,含铅汽油会造成电磁式喷油器喷孔堵塞、氧传感器电信号失真等故障。

3. 保证入口温度

入口温度即进入催化器的废气温度,温度过低,催化器的转化率就会下降。通常将转化率为 50% 的入口温度为起燃温度,国产催化器的起燃温度为 330℃ 以上,国外的一般低于 300℃。

因此,为了使催化净化器"起燃",催化器采用:双催化器系统,把较小的催化器安装在靠近排气门处,使其迅速达到"起燃温度";电加热式催化器:在发动机起动前给催化器供电,加热至"起燃"温度。

(三)三元催化转换器

整体式三元催化转换器如图 2-11 所示,主要由以下部分组成:

1. 载体

载体是承载催化剂的一种支撑体,尾气中的 CO、HC 的氧化反应及 NOₓ 的还原反应均在载体上进行。载体为尾气进行催化反应提供反应基地,并使催化剂完全"固化"在载体的孔表面。当前载体主要以含量 95% 的蜂窝状的董青石($MgO \cdot Al_2O_3 \cdot SiO_2$)陶瓷作为载体材料,蜂窝状的小孔孔数为 300 孔/平方英寸左右。为确保良好的粘附性,常用干燥的热空气烘煅载体,使温度达到 450℃~500℃,镀层厚为 20~60μm。

2. 催化剂

均布在载体上的催化剂又称为"触媒",

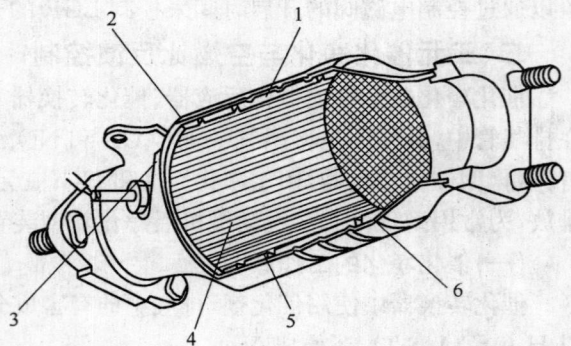

图 2-11　整体式三元催化转换器
1. 波纹网眼环　2、5. 密封层　3. 氧传感器　4. 载体
6. 外壳　7. 蜂窝状小孔(内覆催化剂)

可以促进 CO、HC 氧化反应及 NOₓ 还原反应的速度,而催化剂本身在反应过程中不被消耗和改变。催化剂由主催化剂、助催化剂组成,常用贵重金属如铂(Pa)、钯(Pd)、铑(Rh)作为主催化剂;助催化剂常用铈(Ce)、钡(Ba)、镧(La)。

3. 氧传感器

氧传感器安装在排气管中,用来检测排气中氧的浓度。

4. 外壳

密封催化剂载体的容器,常由不锈钢冲压而成,能经受高温,具有耐氧化的作用。

5. 缓冲层(密封层)

套在催化剂载体的外面置于壳体内,使催化剂载体免受冲击、振动,且具有散热和热补偿功能,以及保持载体正确位置的作用。

(四)三元催化转换器(TWC)的使用

在使用和驾驶带有 TWC 系统的汽油车时应注意:

① 必须燃用高品质的无铅汽油。

② 避免发动机长时间怠速运转。怠速工况运转,尾气中有害成分排放大,易造成 TWC 过热。一般要求发动机怠速运转不能超过 20min。

③ 尽量减少跳火试验。跳火试验会使未点燃的汽油直接进入 TWC,因此,只有在不可避免时才能进行火花塞跳火试验,并且要求时间短。

④ 避免进行发动机压缩试验。

⑤ 尽量避免汽车在关闭点火系统时进行滑行和长时间制动。

⑥ 燃油不足时不可起动发动机。在燃油不足时强行运行发动机,会造成发动机可能缺火,引起 TWC 超载过热;同时,对于内置式的电动汽油泵会出现过热、烧损现象。

⑦ 注意定期检查 TWC,有无陶瓷载体松动、破碎,在行驶规定的里程或时间后,应更换 TWC。

⑧ 注意安全停车。汽车在高速行驶时,高温废气和氧化反应产生大量的热,使 TWC 的温度将超过 900℃。如果高速行驶后将车停在枯草等易燃物上面,则有可能会点燃地面上的易燃物品,十分危险。所以必须注意停车安全。同时,应在 TWC 在上、下两面都应加装隔热罩,对上可防烧烤汽车地板,对下可防火保安全。

三、燃油蒸发控制系统

燃油蒸发控制系统(FECS)是利用活性炭罐作为燃油蒸汽的储存器来吸收油箱中的汽油蒸汽,防止蒸汽进入大气中;在发动机运行时,活性炭罐中被活性炭所吸附的汽油蒸汽重新被吸入进气系统中,进入气缸进行燃烧。采用燃油蒸发控制可以有效地减少未燃的 HC 蒸发排放,减少污染,并提高了发动机的经济性。

采用活性炭罐作为燃油蒸汽储存器的燃油蒸汽控制系统一般由活性炭罐、油气分离器、电磁阀、高压油箱盖、通气管等构成,如图 2-12 所示。

燃油蒸发控制系统组成有:

(一)高压油箱盖

为防止因油箱内燃油(汽油)压力波动而引起燃油溅出和燃油蒸汽逸出使大气造成污染,燃油蒸发控制系统必须安装密封性好的油箱盖(高压油箱盖:可以防止燃油蒸汽逸出),并能自动调节油箱内的气压。

(二)过满限制装置

过满限制装置安装在油箱内侧上表面,该装置为占油箱容积 1/10 的膨胀箱。膨胀箱上加工有一系列的小孔——节流孔,节流孔使加油时约需 15min 才能充满膨胀箱。当燃油表显示

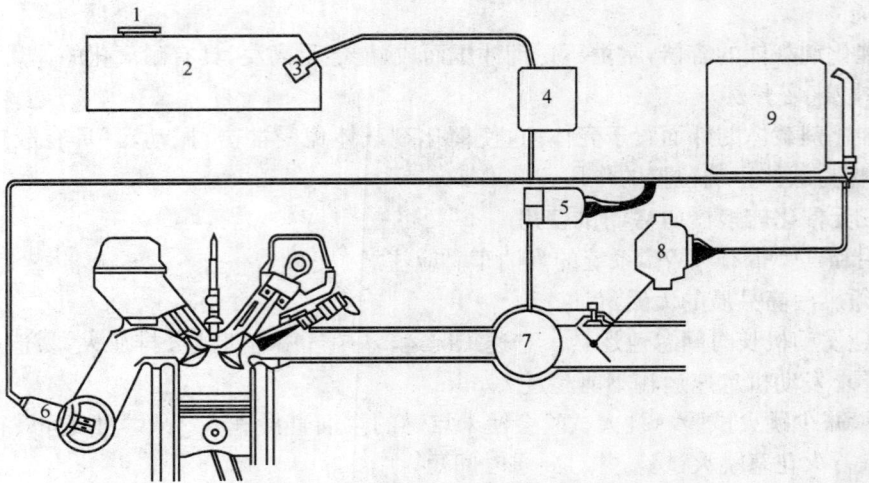

图 2-12　燃油蒸发控制系统
1. 高压油箱盖　2. 油箱　3. 油气分离器　4. 活性炭罐　5. 活性炭罐电磁阀
6. 氧传感器　7. 进气管　8. 节气门开关　9. ECU

加满时,膨胀箱还留有一定空间,以补偿燃油箱置于阳光暴晒时燃油膨胀,此空间还可做燃油蒸汽的收集区。

(三)油气分离器

燃油蒸发控制系统需要安装一个或几个燃油-燃气分离器,即油气分离器。设置油气分离器的作用是防止液态燃油进入活性炭罐(因为液态燃油进入活性炭罐就会使活性炭粒失效)。

(四)倾翻漏油保护装置

倾翻漏油保护装置安装在从油箱到活性炭罐的燃油蒸汽管路上,此装置可保证车辆倾翻后没有液态燃油从油箱漏出引起着火。倾翻漏油保护装置是一个气体流动单向阀,允许燃油蒸汽从油箱流向活性炭罐而不允许反向流动。

(五)活性炭罐

活性炭罐安装在发动机罩下或前轮翼子板内,里面装有 300～625g 活性炭粒,能吸附相当于自身重量 1/3 的燃油蒸汽,并可将吸附的燃油蒸汽"卸载"进入节气门后的进气支管内,然后进入气缸重新燃烧。

活性炭罐壳体上接有三根管子:第一根从油箱来,它把油箱里经油气分离出来的燃油蒸汽导入活性炭罐;第二根是通气管,与大气相通。当发动机运行、活性炭罐"卸载"时,新鲜空气由此进入活性炭罐;第三根管与活性炭罐电磁阀相通,当发动机工作时,ECU 控制电磁阀启闭。当电磁阀开启时,进气真空度把活性炭罐内储存的燃油蒸汽吸入,随发动机进气一起进入气缸燃烧。

活性炭罐工作原理如图 2-13 所示。油箱内的燃油蒸汽通过管道导入活性炭罐,并被活性炭粒表面所吸附。为了把储存在活性炭罐内的燃油蒸汽送出去,恢复活性炭粒的吸附能力,活性炭罐有一个"卸载"过程:采用发动机进气真空度从活性炭罐底部吸入一定量经过滤的新鲜空气进入活性炭罐,使空气在活性炭粒间流动,把已吸附在活性炭粒表面上的燃油蒸汽带走,并经管道、电磁阀进入发动机进气系统中。

(六)活性炭罐电磁阀

活性炭罐电磁阀在 ECU 控制下,接通或断开燃油蒸汽进入发动机的进气支管的通道。

四、二次空气喷射系统

二次空气喷射系统的主要功用是在冷起动时由 ECU 根据发动机温度,控制新鲜空气喷入排气支管或三元催化转换器中,以控制尾气中碳氢化合物(HC)和一氧化碳(CO)的成分,同时加快三元催化转换器的升温过程。

二次空气喷射系统由空气

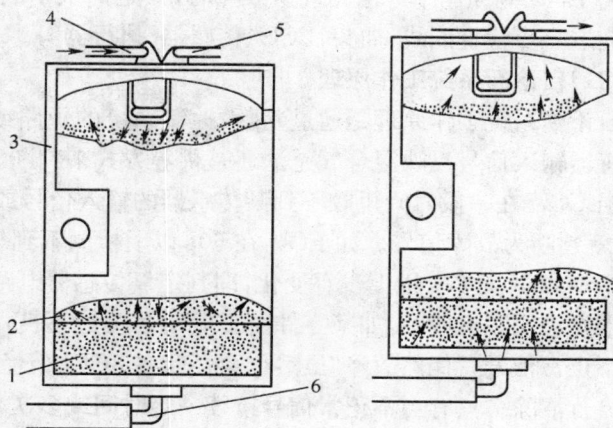

图 2-13 活性炭罐工作原理图
1. 空气滤清材料 2. 活性炭粒区 3. 活性炭罐壳体
4. 燃油蒸汽导入管 5. 活性炭罐卸载管 6. 通气管(接大气)

泵、内部开关阀和单向阀等组成。单向阀的功用是防止废气返回空气泵。空气泵的驱动可用带传动或电气操纵来完成。空气泵由 ECU 控制接地。在发动机温度超过 20℃时,起动后 ECU 控制空气泵继电器闭合,空气泵工作。空气泵工作时间最长不超过 4min。

注意:以下情况 ECU 不允许空气泵工作:

① 燃油系统进入闭环状态;

② 冷却液温度在 20℃~60℃之间且空气泵已工作 4min;

③ 冷却液温度超过 60℃且空气泵工作已达 30s;

④ 发动机转速超过 1900r/min;

⑤ ECU 发现有故障。

第四节 发动机电控系统的故障自诊断系统与保护系统

一、发动机电控系统的故障自诊断系统

(一)故障自诊断系统的功能

现代电控喷射汽油发动机的电子控制系统自诊断系统一般具有如下功能:

① 监测电子控制系统的工作状态,如发现故障,以故障警告灯闪亮的方式显示发动机存在故障。

② 将监测到的故障以代码的形式储存在 ECU 中的 ROM 中。进行维修时,可以用一定的方式提取故障码,方便查寻故障。

③ 因传感器或控制器及其电路发生故障时,控制系统起用备用系统(保护系统),使发动机维持基本的运转,保证车辆可以开回修理厂。

④ ECU 判断出某一电路发生故障时,只是提供了故障的性质和范围,最后要确定确切故障仍应进一步检查配线、插头、ECU、传感器、执行器等。

(二)自诊断系统工作原理

自诊断系统工作原理是通过判断:控制系统的短路或断路;输入信号是否在规定范围内;氧传感器输入信号反映混合气是浓还是稀等方式来判断。

当 ECU 在一段时间里收不到某传感器的输入信号或输入信号在一段时间内不发生变化,ECU 就判断为故障信号。如 ECU 在 60s 以上检测不到氧传感器的输出信号或氧传感器信号在 0.3~0.6V 间 60s 以上没有变化,即判定氧传感器电路有故障,并设定一故障码。

当发动机在运转中,如某零件由于振动而接触不良,后来该现象又不再发生,即偶然出现一次不正常信号,"偶然故障"虽然也会存储在 ECU,但经过 50 次以上的发动机起动之后,故障码会自行清除。只有当不正常信号持续一定时间或多次出现时,ECU 才判定为故障。

(三)自诊断系统故障信息的显示

自诊断系统检测出故障后,即将故障信息以故障码的形式存储到存储器中,同时点亮仪表盘上的(CHECK)警示灯。此外还有 LED 发光二极管显示故障码,仪表盘数字显示故障码,以及利用汽车电脑检测仪显示故障码等显示方式。

1. 由"检查发动机"(CHECK)警示灯闪烁显示故障码

(1)警示灯的检查功能　当发动机点火开关处于"ON"时,"检查发动机"灯闪亮,发动机起动后转速高于 500r/min 时,"检查发动机"警示灯熄灭。此时说明:警示灯正常,发动机无故障码存储。

(2)报警显示功能　当 ECU 的任何一个输入、输出信息出现故障时,由"检查发动机"灯的闪烁的形式显示出来。一般是用导线将故障码显示驱动电路接通后,通过指示灯的闪亮频率来显示故障代码。

故障码有 1、2、4 位三种数字码,一般为十进制,常用的为两位数字的故障码。利用故障灯(脉冲电压)显示的方法是:宽脉冲表示十位;窄脉冲表示个位。十位与个位间有一较短暂停时间(0.5s);故障码与故障码间有较长的暂停时间(1.5s);当所存故障码全部显示完后,停顿约 4.5s,然后按照由小数字故障码到大数字故障码的顺序再重新开始显示。

2. 仪表盘数字显示故障代码

利用仪表盘上显示屏直接显示故障码数字,具有直观、操作简便的特点。此种方法一般用在高档轿车上。

3. 利用汽车电脑检测仪显示故障代码

利用汽车电脑检测仪(汽车电脑解码器)进行检测,不仅能正确地读取故障码,而且还可以实现数据传送和发出有关的工作指令。

(1)数据传送　将发动机运转过程中 ECU 的运行状态和各种输入、输出瞬时值(传感器的信号、ECU 的计算结果、控制模式、向执行器发出的控制信号等),以串行输送的方式经故障检测插座内的插孔向外传送。可以准确地让维修人员判断出故障的类型和发生部位。

(2)通过电脑检测仪向 ECU 发出工作指令　通过电脑检测仪发出工作指令,消除 ECU 内存储的故障码,使故障警示灯熄灭,免去拆除蓄电池电缆的工作。

　　从电脑检测仪的显示屏上读出存储在发动机 ECU 的故障码,查阅该车型的《维修手册》,就可知道故障码所表示的故障内容和可能的故障原因。

　　美国 Snapon 公司生产的 Scanner 汽车电脑检测仪和美国 IAE 公司生产的 OTC 汽车电脑检测仪,可以检测美国三大汽车公司 1982 年以后生产的汽车及部分日、韩生产的小轿车,通用性很好。国产车小红旗、奥迪、捷达王和桑塔纳 2000 等车系的故障诊断、清除及显示可用德国大众公司生产的 V·A·G1551 或 V·A·G1552 故障诊断仪来检测。主要用它来读取车辆控制系统电脑存储的故障码,只要把检测插头与汽车上检测插座连接,然后按显示屏上提示或根据检测内容进行选择各个控制系统就可以读取电脑运行数据资料,并具备清除故障码功能。V·A·G1552 电脑诊断仪主机如图 2-14 所示。

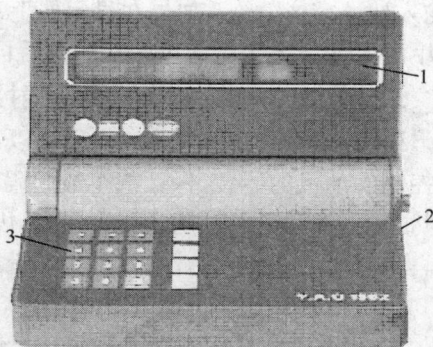

图 2-14　V·A·G1552 诊断仪主机
1. 显示区域　2. 程序卡及 RS422 插口的盖板
3. 输入和功能区域

　　在图 2-14 中:1—显示区域,从这里可以读取控制模块输出的数据;2—程序卡及 RS422 插口的盖板;3—数字和字母以及符号的输入和功能区域。其中 0~9 键是数字的输入,C 键是清除输入的内容及回到前一级操作内容或终止正在运行的程序,Q 键是进行(或确认)输入,→键是在程序中或文字中向前移动,↑ ↓ 键可改变功能 10"修正"中的修正值以及在功能 04"基本设置"和功能 08"读取测量值块"中的测量值块中移动,HELP 键是帮助,按 HELP 键可得到操作信息。

　　更换程序卡:阅读仪的所有功能都是由程序卡内的软件来控制的。当有新的车型上市,阅读仪内的软件则必须更新,因此程序卡必须更换。

　　注意:只有当电源被切断后,才可以拆下或插上程序卡,即测试电源接到汽车上时不要接触程序卡上的触点;同时也要防止静电。

　　更换程序卡步骤如下:拆下位于壳体右侧的程序卡插槽的盖板;向右拉出贴纸标签的薄片;将新的程序卡片插入插槽,尽量向内插,要保证程序卡正确地插入(按照标签上说明);将标签的薄片向内向上插入,盖上插槽盖板;接通电脑诊断仪;选择操作模式 3,测试仪开始进行自检测,如果自检测完成没有故障产生,则旧的程序卡已不再需要。

　　电脑诊断仪的连接:电脑测试仪通过测试电缆提供电源,装备有极性保护装置。尽管如此,只有当测试导线正确连接后,测试仪的输入和输出级才能被可靠地防护。

　　当连接测试导线 V·A·G 1551/1 及 V·A·G 1551/3 时,要遵循以下步骤:

　　① 将电脑诊断仪电源供应的黑色插头插入车辆上的黑色扁平插座内,注意显示的内容,应该显示出以下文字:Rapid data transfer HELP(快速数据传送帮助);Insert address word(输入地址字× ×)。一旦以上文字出现在显示器上后,将白色插头插入插座;如果在显示屏上没有出现以上文字,则不要插入白色插头。这时电脑诊断仪的极性接错,或没有电源供应。检查车辆上黑色扁插头插座上的电压(注意极性,防止极性接错),电源供应至少为 11V,否则要对蓄电池进行充电。

② 使用测试导线 V·A·G1551/3。将测试导线插入到车辆的诊断接口,注意显示屏上的读数,应该出现以下文字:Rapid data transfer HELP(快速数据传送帮助);Insert address word (输入地址字× ×)。如果在显示屏上没有文字输出,这有可能由程序卡污蚀引起。此时用浸透甲醇的无纤维布清洁程序卡触点后再将程序卡插入插座。

二、汽油发动机电子控制喷射系统的保护系统

ECU 内部的保护电路的作用是以设定的方式取代发生故障的传感器电路,使 ECU 能继续控制发动机的运转,保证汽车最起码的行驶能力,这种保护功能称为失效保护。在失效保护的状态下,发动机的性能会受到影响,因此,控制系统会自动切断汽车上的某些附属装置(如空调、音响等)的工作,以减少发动机负荷。

(一)传感器损坏

1. 空气流量传感器或进气管压力传感器发生断路或短路

ECU 将按节气门位置传感器的信号,以三种固定的喷油量控制喷油。当节气门位置传感器内的活动触点与急速触点闭合时,以固定的急速喷油量喷油;当节气门全开或接近全开时,以固定的大负荷喷油量喷油;当急速开关断开而节气门尚未全开,即活动触点既不与急速触点(IDL)闭合,又不与功率触点(PSW)闭合时,以固定的小负荷喷油量喷油。

2. 冷却液温度传感器发生断路或短路

ECU 将按冷却液温度为 80℃的状态控制喷油。

3. 进气温度传感器发生断路或短路

ECU 将按进气温度为 20℃的状态控制喷油。

4. 节气门位置传感器发生断路或短路

ECU 将按节气门全开的状态控制喷油。

5. 大气压力传感器发生断路或短路

ECU 将按 101.3kPa(1 个标准大气压)状态控制喷油。

6. 曲轴位置传感器发生断路或短路

曲轴位置传感器用来检测气缸上止点位置和发动机转速。当曲轴位置传感器发生断路或短路时,ECU 将得不到各缸上止点信号,无法进行喷油和点火正时控制,发动机无法运转,ECU 无法对发动机进行失效保护控制。

7. 氧传感器和爆燃传感器发生断路或短路

ECU 将取消反馈控制(闭环控制),实行开环控制。

(二)执行器发生故障

执行器(喷油器、点火器、ISCV、EGR 阀等)发生故障时,ECU 一般无法进行失效控制。

三、OBD 车载诊断系统

OBD 即车载诊断系统,OBD 从 OBD-Ⅰ、OBD-Ⅱ已发展到了第三代 OBD-Ⅲ。

(一)OBD 作用

各种与排放有关的部件信息连接到 ECU,ECU 具有检测和分析排放相关部件故障的功能,出现故障时,ECU 记录故障相关代码和故障相关信息,并通过故障灯(MIL)来提示驾驶人。ECU 具有标准数据接口和通信协议,保证可以利用通用扫描工具(Generic Scan Tool)进行访

问故障信息和处理故障。

引进 OBD 系统,修理技师要配备一套新工具,以便在诊断和修理发动机电子控制系统以及排放控制系统时提供指导。电脑监测发动机运转的时候,车辆能够告诉技师哪个信号、元件或功能超出正常的操作范围。在 OBD-Ⅰ时代,发动机控制电脑有不同的名称,包括电子控制单元(ECU)、多功能控制单元(MCU)、发动机控制模块(ECM)、发动机单板控制器(SBEC)、发动机单模块控制器(SMEC),克莱斯勒公司使用的包括许多微处理器的系统称为逻辑模块和动力模块。在 OBD-Ⅱ系统,电脑一般称为动力控制模块(PCM)。

(二)OBD 特点

1. OBD-Ⅰ特点

配置 OBD-Ⅰ的车辆,如果催化转换器停止工作,其他元件仍可以正常工作。例如由于缸垫泄漏,催化转换器也许已经被发动机冷却液污染,或者由于行驶里程超过 16 万 km,催化转换器可能已经失效。但除了催化转换器之外,所有系统和电子元件正如设计那样工作,而且电脑正进行所有必要的调整,发动机正在闭环运转。因此,故障指示灯(MIL)不亮,车辆驾驶人将不知道有故障。然而,催化转换器却没有对排气进行化学清洁,将会增加排气管中的排放物。OBD-Ⅱ将会监测这样的工况,并且提醒驾驶人发生故障。

2. OBD-Ⅱ特点

OBD-Ⅱ是第二代车载诊断系统,是带扩展能力的加强型车载诊断系统,与 OBD-Ⅰ比较有不同的初始目的。正如前面规定的,1988 年车型开始出现 OBD-Ⅰ的一些版本;1996 年以后的车型已经使用通用型 OBD-Ⅱ系统。

OBD-Ⅰ的最初设计是监测和警告驾驶人有关驾驶性能的故障。OBD-Ⅱ的设计实际上是监测由于电气、化学或机械故障引起的废气排放增加的任何问题。下面举例说明它们的基本区别。

OBD-Ⅱ系统使用 OBD-Ⅰ的所有诊断特征,同时增加监视器,检查催化转换器的效率,并且检查 OBD-Ⅰ无法测量的机械和电气故障。一般情况下排放物的增加将不会导致车辆驾驶性能的监测故障。有监测并提醒驾驶人故障类型的能力是 OBD-Ⅱ的主要不同特点。因为,OBD-Ⅰ主要关注的是驾驶性能,而 OBD-Ⅱ主要关注的是无法接受的排放物。设计 OBD-Ⅱ是为了向驾驶人和修理者报告美国环保署(EPA)已经认证的汽车可能引起废气排放增加到 1.5 倍水平的任何故障,或者报告将会损坏催化转换器的任何故障。

OBD-Ⅱ有在车辆内放置排放测试仪的优点,驾驶车辆时,提供实时测试。这比车辆每年重新登记要通过的排放测试更综合。在监测排放增加时,OBD-Ⅱ非常有效,在美国的许多地方,OBD-Ⅱ的故障码即插即用测试已经取代许多传统的排气管排放测试。从火花塞失火到加油口盖松动的任何故障将会通过 OBD-Ⅱ系统监测并且储存在 ECU 的内存中。故障指示灯(MIL)是 ECU 提醒驾驶人需要注意某事的通信接口。由于使用 OBD-Ⅱ,通过改变故障的显示方式,MIL 能够报告紧急故障。

MIL 灯的一次快速闪烁:MIL 灯的一次快速闪烁表明发生一个瞬时故障。没有必要维修,驾驶人不必注意故障灯或发生的故障。

MIL 灯一直亮:MIL 灯一直亮表明一个正在发生的故障必须引起注意。应该检查车辆,尽可能地确定和修理故障。

MIL 灯迅速闪烁：MIL 灯迅速闪烁表明存在足以严重损坏三元催化转换器的工况。应该立刻减少车速和负荷。如果这没有使 MIL 灯恢复到稳定地点亮，应该关闭发动机，而且应该把车辆拖到修理厂。

3. OBD-Ⅲ

OBD-Ⅱ和 OBD-Ⅲ之间除有相似性之外，还有许多差别。OBD-Ⅱ捕捉的所有车辆数据和故障码仍然适用于 OBD-Ⅲ。差别是 OBD-Ⅱ需要诊断仪或类似装置连接车辆的 DLC，而 OBD-Ⅲ能远程读出车辆的所有可用数据，车辆不必在场。车辆数据的无线传输将会代替以前的驾驶通过排放测试。在需要的地方，类似于收费道路使用的电子装置，仅仅需要驾驶车辆通过无线"热点"，就可以完成排放测试。在派遣技师或牵引车到达现场之前，紧急道路服务供应商将能够确定什么原因导致车辆不能正常运转。诸如需要换机油、维护指示灯以及车辆操作工况等不直接与排放有关的数据可以直接传送到修理厂。

OBD-Ⅲ的无线界面装置的其他用途在技术上也成为可能，而且有些还引起争议。例如，插入车辆数据传输频率可以允许执法人员强制关闭他们正在追赶车辆的发动机。然而，同一技术也可能用于有犯罪意向的黑暗目的，从根本上阻止受害人脱险。每天的诊断步骤和驾驶工况可能传送到交通主管当局，以便协助交通控制和公路事故管理，同样这个数据也可能用来报告交通违章和滥用车辆。

相信 OBD-Ⅲ不久将会成为新车的标准，但是出台以前，需要解决很多遵守法律和保障车主安全的问题。

(三)OBD-Ⅱ车载诊断系统

OBD-Ⅱ诊断系统的最初目标之一是标准化。单一通用的 DLC 尺寸、形状和端子配置允许单一的诊断仪接头插入任何遵守 OBD-Ⅱ的车辆。在每个 OBD-Ⅱ车型上，任何给定的故障码有相同定义。OBD-Ⅱ的术语和缩略语也标准化。这个标准化工序及其精简许多以前诊断流程和常规步骤的影响是普通型 OBD-Ⅱ系统最重要的功能之一。标准 OBD 术语和缩略语参照附录 B，推荐使用美国汽车工程师学会(SAE)所提供的 OBD-Ⅱ设计文件 J-1930。

1. 协议

标准化的另一个形式是所有遵守 OBD-Ⅱ标准车辆的自诊断和监测功能。在诊断和确认很多故障时，OBD-Ⅱ提供真正的信息和数据库，以便帮助技师。以当前的车况为基础，OBD-Ⅱ系统积极检查发动机的喷油、点火、排放控制和基本机械系统的操作。

通用的 16 端子 DLC 和诊断仪插头适用于全部协议。两个协议最初由 SAE 开发，一个协议由国际标准组织(ISO)开发。有关的协议号参考制定协议标准的组织文件。

目前通信协议和每个协议的通信数据所使用的为通用的 16 端子的 DLC 端子，如图 2-15 所示。

DLC 端子 1、3、8、9、11、12 和 13 不分配任何的 OBD-Ⅱ功能，车辆制造厂商可能根据所需的目的使用这些端子，这些端子的使用没有标准化。例如，克莱斯勒车辆可能使用端子 1 作为无钥匙进入系统，而福特车辆可能使用端子 1 作为点火控制，克莱斯勒可能使用端子 8 开关蓄电池电源，而福特汽车可能使用端子 9 用作同一目的。通常，制造厂商使用一些没有分配的

DLC 端子的组合,以便与配备制造厂商软件的特许经销商提供一级的诊断仪通信。这个通信等级允许在车辆上找到许多不同的电脑控制系统的信息。经过特许的诊断仪提供的其他功能可能包括从电子悬架故障诊断到音响系统低音和高音的编程。

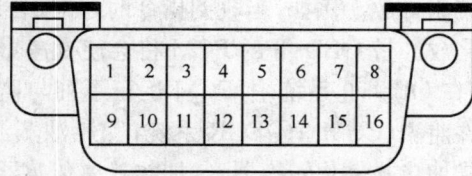

图 2-15　数据传输接头(DLC)图

端子 1、3、8、9、11、12、13. OEM 随意使用(不分配)　端子 2. SAE J-1850总线正极(＋)　端子 4. 底盘接地　端子 5. 信号接地　端子 6. 高速 CAN(SAE J-2284)　端子 7. ISO. 914t. 2K 线　端子 10. SAE J-1850 总线负极(一)　端子 14. 低速 CAN(SAE J-2284)　端子 15. ISO. 9141. 2 L 线　端子 16. 车辆蓄电池电源(＋)

2. 诊断仪界面

储存在 PCM(动力控制模块)内存中的信息与维修技师之间的通信程序被称为界面。诊断仪帮助技师观察 OBD-Ⅱ系统已经使用的各种链接。OBD-Ⅱ仅需要遵守最低程度的通信标准化。最低程度的标准化适用于诊断仪设计和 PCM 诊断编程。因而,许多制造厂商实际上提供了更多的信息,超过标准的 OBD-Ⅱ诊断系统的需要。OEM 和 OBD 诊断界面,见表 2-1。

表 2-1　OEM 和 OBD 诊断界面

标准型 OBD-Ⅱ	特许经销商 OBDU	OEM 专用测试(非 OBD-Ⅱ界面)
阅读动力系统故障码		数据流
阅读冻结数据帧数据	增加的数据参数	执行器输出测试
清除故障码	制造厂特殊的故障码及其描述	故障码(OBD)
清除冻结数据帧	监测状态	
阅读备用状态	故障码状态	注:※这些类别中的可用信息因年款、厂家、车型以及诊断仪的不同而变化
氧传感器监测	类似工况窗口	
连续监测※	再编程能力	※售后市场使用有限的再编程能力,但不是直接通过 OBD 进行编程,从车辆上拆卸 PCM 一般需要再编程
非连续监测※	多个系统和非 OBD-Ⅱ附件的诊断和数据	
动力系统数据流	总线通信网络界面	
参数显示※		

几乎所有的专业诊断仪都能够运行两种诊断程序:法规规范的标准型 OBD-Ⅱ故障码和数据流,以及车辆制造厂商(OEM)设计的故障码和数据流程序。因为制造厂商程序包括专有的信息和功能,将会限制可以使用的诊断仪的品牌,这些限制根据制造厂和车型的不同稍有改变。

使用多数诊断仪时,最大差别是标准型 OBD-Ⅱ程序不能存取故障诊断和修理指导。诊断故障时,无论你使用的是 OEM 专用系统或标准型 OBD-Ⅱ信息,都必须熟悉需要存取的特定修理信息和数据,以便知道读数意味着什么和你应该做什么。相应知识的来源包括制造厂商修理手册,售后市场数据库和可能安装在诊断仪、示波器或个人电脑上的故障诊断软件。记住,显示故障码不是诊断步骤的结束,而是诊断的开始!

3. OBD-Ⅱ系统监测

车辆运行工况监测是 PCM 执行测试的基本内容,以确保发动机控制系统内的所有传感器正在适当地工作,以便使排放控制在最小。事实上,OBD-Ⅱ监测所负责的每个元件,都直接或间接地控制排放。例如,当收到指令时,如果自动变速器液力变矩器离合器无法接合,就会影响废气排放。带 OBD-Ⅱ 的 PCM 将会使变速器进入应急模式,并且点亮 MIL 灯提醒驾驶人。

(1)在 OBD-Ⅱ 系统中,PCM 运行下列与监测有关的工况:①空调;②催化转换器效率;③综合元件监测(CCM);④EGR 系统;⑤燃油蒸汽系统(EVAP);⑥燃油系统(燃油系统调节自适应);⑦加热式催化转换器;⑧加热式氧传感器;⑨失火监测;⑩曲轴箱强制通风;⑪二次空气喷射;⑫节温器。

除了空调、曲轴箱强制通风和节温器外,其他为主要监测项目。

(2)监测分类　OBD-Ⅱ 系统有两种监测,即连续和非连续监测。当符合它们的起动标准,并且正在驾驶车辆的时候,总是运行连续监测。当符合它们的个别起动标准的时候,只运行非连续监测,PCM 将不检测任何可能导致测试结果不精确的工况和故障。连续监测的起动标准远没有非连续监测的详细。因为有两级监测优先次序,所以存在这个差别。OBD-Ⅱ 完成的最重要的工作是保护催化转换器免于损坏,以便使催化转换器连续有效率地工作。催化转换器失效的两个主要原因是喷油太多和点火失火。因此,连续进行的是失火、燃油系统以及综合元件监测。剩余的监测不是十分关键,因此,只有当所有工况完全正确的时候,它们才运行。

(3)加热型催化转换器和催化转换器效率监测　以加热型催化转换器和催化转换器效率检测为例,为确保催化转换器正常工作是 PCM 必须做的最重要的工作之一。通过观察氧传感器和喷油,如果没有错误,PCM 维持催化转换器在峰值工况。设计催化转换器监测是为了观察催化转换器如何工作。通常每个行程运行一次监测。

一到四个或更多的催化转换器安装在两个氧传感器之间。某些车型也可能配置中间氧传感器,安装在催化转换器的中间。发动机和催化转换器之间的氧传感器称为上游氧传感器,催化转换器后的氧传感器称为下游氧传感器。为了监测催化转换器的效率,催化转换器监测比较上游和下游氧传感器的读数。如果还使用中间氧传感器,确定燃烧效率和催化转换器是否工作正常时也要使用到它的读数。如果燃油输送正确,而且催化转换器正在有效率工作,上游氧传感器的读数将会从浓到稀来回变动。下游氧传感器将会显示很少的变动,排放水平将会接近零。

① 催化转换器监测的起动标准是:

a. ECT 在特定的温度。接近完成暖机时,通常约 70℃。

b. TPS 指示部分节气门开度。

c. 发动机闭环工作。

d. 发动机转速传感器(RPM)信号、MAP 信号或 MAF 信号在特定范围。

② 下列工况将会引起催化转换器监测延迟:

a. 等待:储存失火故障码;储存任何的氧传感器故障码;储存下游氧传感器加热器故障码;储存浓稀工况的燃油监测故障码;发动机开环运转。

b. 冲突:发动机起动后时间不足以进行下列任何一个监测:EGR 测试;某些模式的燃油系统测试;EVAP 清污测试。

c. 暂停:氧传感器监测结果没有通过。

(4)故障码和 MIL 灯的动作:①一个故障可能储存故障码,MIL 灯不亮;②在监测故障的第二或第三个行程，MIL 灯点亮；③三个正常行程之后，MIL 将会关闭，故障码保留在存储器。

4. 故障码

(1)故障码分类 遵守 OBD-Ⅱ标准的车辆的自诊断程序包括四种基本故障码，但是只有两种与排放有关。这种分类能帮助我们更好地理解不同类型故障的紧急程度。福特汽车公司、通用汽车公司和多数进口车辆使用下列分类：

① A 类故障码与排放有关，而且是最严重的一类故障。它们可能损坏催化转换器，或者通常包括 ECT、MAF、MAP、TPS 和 VSS 等 PCM 的基本输入异常。在多数情况下，一发现此类故障，就会点亮 MIL 灯，并且储存故障码。不过有些时候，直到第二个连续行程发生相同故障，这些 A 类故障码才点亮 MIL 灯。此外，A 类故障码将会引起 PCM 捕捉冻结数据帧数据，而且每次发生故障时，都可能储存和更新故障记录。

② B 类故障码与排放有相关，但是实际上不是很严重。第一个行程发生故障时，记录故障码，但是不报告故障。如果下一个连续行程的测试通过，将会清除故障码。然而，如果在第二个连续行程再次发生这个故障，MIL 灯将会点亮，而且将会储存故障码。也是在第二个行程发生这个故障时，才会捕捉冻结数据帧数据，而且每次发生故障时，可能储存和更新故障记录。

③ C 类故障码与排放无关，MIL 灯将不点亮，但是第一个行程发生故障之后，将会储存故障码。可能出现除 MIL 灯以外的警告灯或驾驶人显示信息。PCM 不捕捉冻结数据帧数据。然而，每次发生故障时，可能储存和更新故障记录。

④ D 类故障码与排放无关，MIL 灯将不点亮，将会储存故障码。可能出现警告灯或驾驶人显示信息。PCM 不捕捉冻结数据帧数据。每次发生故障时，可能储存和更新故障记录。

(2)故障码识别 OBD 故障码(SAE-J2012)所有 OBD 故障码都是一个 5 字符字母和数字混合的编码，如 P0300。

① 第 1 个字母代表编码的普通类型：P：为动力系代码(包括所有排放，传感器和电路代码，以及变速箱代码)；B：为车体代码；C：为底盘代码；U：未定义。

② 第 2 个字符：0 为普通 OBD 代码(所有车型都相同)，如 P0300 为缺火；1 为厂家代码(为特殊车型而指定的代码)，如 P1601 为 PCM 串行数据错误。

③ 第 3 到第 5 个字符：告诉你发生故障的零部件或系统。

第五节 柴油发动机电子控制喷射系统

柴油发动机采用电控燃油喷射系统，是提高柴油发动机动力性、燃油经济性和改善废气及噪声排放的有效手段。国外从 20 世纪 80 年代初就开始应用电控柴油喷射系统，到目前为止，国内外已开发和在研的柴油发动机电控燃油喷射系统种类繁多，但总的说来，可分为位置控制系统和时间控制系统两类。从发展的顺序上讲，位置控制系统在前，时间控制系统在后，所以我们通常将前者称之为第一代柴油电控系统，而把后者称之为第二代柴油电控系统。

一、柴油发动机电子控制喷射系统的特点

① 改善了柴油发动机的燃油经济性和排放。柴油发动机采用电子控制技术后，由于其控制精度高、控制自由度大、控制功能齐全，因而能实现整个运行范围内参数优化，不仅能改善排

放,还可以改善燃油经济性。

②提高了发动机的工作可靠性。

③响应快、控制精度高。响应快是对一个控制系统的基本要求。控制系统从接收到一个信息开始,到处理完毕并输出控制信号所需的时间一般为毫秒级。这个时间要远远小于发动机或其他机械控制机构的响应时间。

④控制策略灵活。单片机电子控制系统的最大特点之一是其控制策略的灵活性。对于不同用途的柴油发动机,其控制策略往往不同,需要改进的仅仅是 ECU 中的软件程序,而不涉及硬件系统。

二、柴油发动机电子控制喷射系统的分类

1. 位置控制系统

位置控制系统是在传统的机械式喷油泵、高压油管、喷油器系统的基础上,对传统的分配式泵或直列式泵的滑套或齿条的运动位置进行电子控制、实现电控功能。

其控制特点是通过线性电磁铁、旋转电磁铁或直流电动机来控制齿条或滑套的位置,并用位置传感器作为反馈信号,实现对喷油量的电子控制;通过对原来的喷油提前器进行改造,采用电、液伺服机构控制提前器活塞的位置,实现喷油定时的控制。但该系统结构复杂,角度控制范围仅为几度曲轴转角,喷油压力受机械因素的限制难以提高。

比较成熟的产品有日本电装公司的 ECD-V1 电控喷射系统;德国的博世系统、EDR 系统等。

2. 时间控制系统

时间控制系统采用高速电磁阀直接控制喷油的开始与结束,传统喷油泵上的齿条、滑套、柱塞上的斜槽以及提前器均可取消,从而使喷油泵大为简化,喷油量和喷油定时可自由控制。时间控制系统主要以电控泵喷嘴系统为代表。

电控泵喷嘴是将喷油泵、喷油器与电磁阀制成一体,作为一个部件直接安装在柴油发动机缸盖上,并通过摇臂由喷油泵凸轮轴驱动。该系统的喷油过程由电磁阀控制,电磁阀关闭的时刻决定喷油始点,电磁阀关闭的持续时间决定喷油量大小。这种系统可以保留原来的喷油泵-高压油管-喷油器系统。也可以采用新型的产生高压的燃油系统。用高速电磁阀直接控制高压燃油的喷射,一般情况下,电磁阀关闭,执行喷油;电磁阀打开,喷油结束。喷油始点取决于电磁阀关闭时刻,喷油量则取决于电磁阀关闭时间的长短。因此既可实现喷油量控制又可实现喷油定时的控制。时间控制系统的控制自由度比较大。

时间控制式电控喷油系统中,喷油泵仍采取传统直列泵、单体泵、分配泵博世柱塞供油的原理,即通过由柴油发动机曲轴驱动的喷油泵凸轮轴,使柱塞压缩燃油,从而产生高压脉冲,这一脉冲以压力波的形式传至喷油器,并顶开针阀。但传统的喷油泵中,柱塞同时起到建立供油压力与调节供油量的作用。时间控制式喷油系统,采用高速电磁阀泄油调节原理,柱塞只承担供油加压的功能。供油量、供油时刻则由高速电磁阀单独完成。因此供油加压与供油调节在结构上就互相独立。这样传统的喷油泵结构得以简化,强度得以提高,而且传统喷油泵中的齿圈、滑套、柱塞上的斜槽、提前器、齿杆等可全部取消,喷油泵的设计自由度提高,高压喷油能力大大加强。但是这种喷油系统喷油压力依旧利用脉动柱塞供油,因此其对转速的依赖性很大。

在低速、低负荷时,其喷油压力不高,而且难以实现多次喷射,极不利于降低柴油发动机的噪声和振动。

国内轿车上常见在电控泵喷嘴/电控单体泵系统实施时间控制主要是德国博世公司研制的电控泵喷嘴/电控单体泵系统。一汽大众生产的宝来、奥迪 A6 TDI 发动机就是采用博世泵喷嘴系统。

3. 电控共轨式燃油喷射系统

电控共轨式电控燃油喷射系统主要由高压泵、油轨(共轨)、高压油管、喷油器、电子控制装置、各种传感器和执行器等部件组成,其基本原理是通过高压共轨、共轨蓄压式或液力增压式形成高压,采用压力时间式燃油计量原理,用电磁阀控制喷射过程。

共轨式电控燃油喷射系统是比较理想的燃油系统,油泵的作用仅为一个公共蓄压室(共轨)建立压力,并且作用到每一个电控喷油器上。喷油压力、喷油量和喷油定时均可由 ECU 灵活控制,喷油速率可通过对喷油器内部结构的特殊设计,或通过电磁阀的多次动作而自由选择或灵活控制。共轨式电控喷油系统的优点是:喷油压力与发动机转速、喷油量无关;控制自由度大,可以实现喷油率的定型,预喷量、预喷时间可据最佳状态设定;发动机结构不需大的变动。

根据高压建立的不同,共轨式电控燃油喷射系统可分为高压共轨式、共轨蓄压式和共轨液压式 3 种。高压共轨式喷射系统的特点是:

① 可实现高压喷射,喷射压力比一般直列泵系统高出很多,最高可达 200MPa。

② 喷射压力独立于发动机转速,可以改善发动机低速、低负荷性能。

③ 可以实现预喷射,调节喷油速率形状,实现理想喷油规律。

④ 喷油定时和喷油量可自由选定。

⑤ 具有良好的喷射特性,可优化燃烧过程,使发动机油耗、烟度、噪声及排放等性能指标得到明显改善,并有利于改进发动机转矩特性。

⑥ 结构简单,可靠性好,适应性强,可在所有新老发动机上应用。

共轨的柴油压力较高,一般高于 100MPa,喷油器就是依靠其共轨压力进行喷射的;共轨蓄压式喷射系统的特点是共轨的柴油压力较低,一般低于 10MPa,要想实现高压喷射,共轨的柴油必须经过喷油器的蓄压室进行增压;共轨液压式喷射系统的特点是在系统中有燃油和润滑油两套液压回路,燃油回路为喷油器喷射提供燃油,而共轨的高压润滑油则是为驱动喷油器提供高压。

目前国外共轨式喷油系统较为成熟的产品主要有:德国博世公司的 CR 系统;日本电装公司的 ECD-U2 系统;美国 BKM 公司 Servojet 伺服电控喷油系统;美国卡特彼勒公司的 HEUI 系统;意大利菲亚特集团的 Unijet 系统(如索菲姆 8140.40.S3 电控柴油发动机)等。

三、博世电控泵-喷嘴/电控单体泵系统

电控泵-喷嘴/电控单体泵系统由燃油供给部分(低压部分)、高压部分、柴油发动机电控系统(传感器、电控单元和执行器)及外围设备(如废气涡轮增压器和废气再循环系统)组成。各系统之间的基本关系如图 2-16 所示。

工作原理:泵喷嘴和泵管嘴是通过做成一体的电磁阀采用时间控制的柴油发动机喷射系

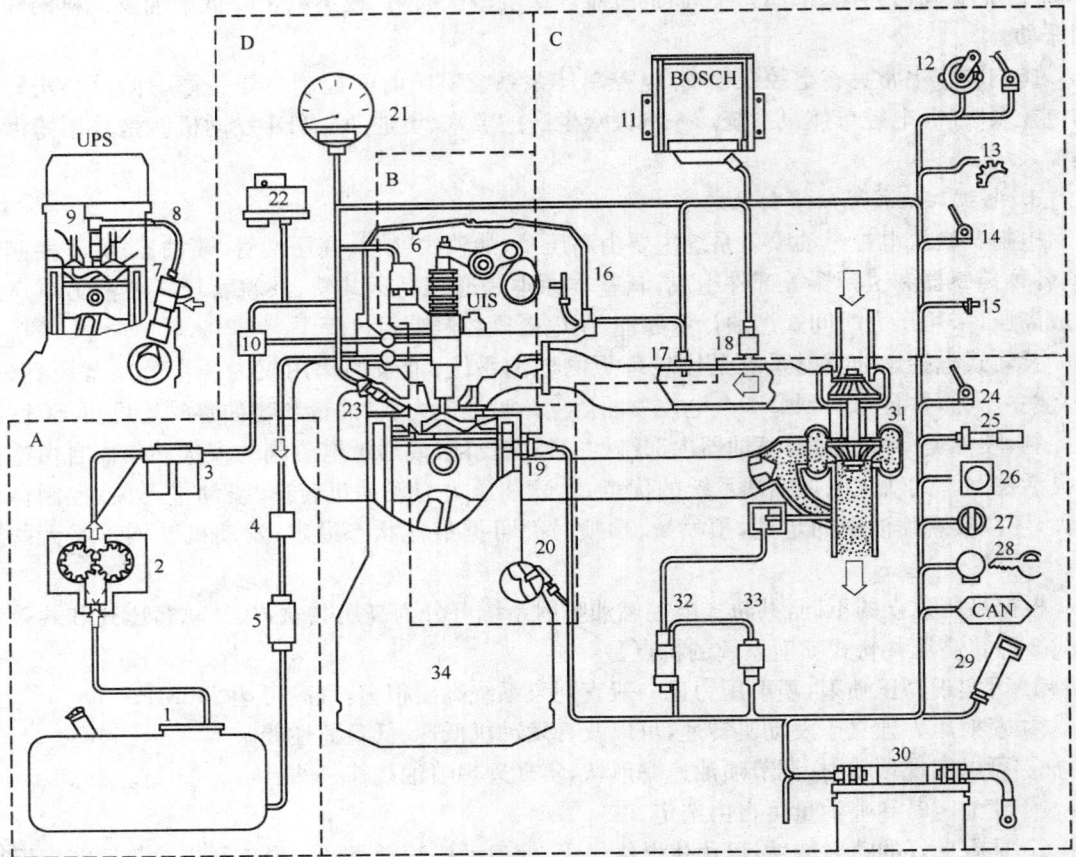

图 2-16　电控泵-喷嘴/电控单体泵系统组成示意图(商用车)

A燃油供给系统(低压部分):1. 带粗滤器的燃油箱　2. 带单向阀和手动输油泵的燃油泵　3. 燃油滤清器　4. 压力限制器　5. 燃油冷却器

B高压部分　商用车喷嘴泵系统(UIS):6. 泵喷油器　　泵管嘴系统(UPS):7. 泵管嘴　8. 高压油管　9. 喷油嘴座总成

C柴油发动机电子控制系统(EDC):10. 燃油温度传感器　11. 电控单元(ECU)　12. 加速踏板位置传感器　13. 行驶速度传感器(感应式)　14. 制动接触器　15. 空气温度传感器　16. 凸轮轴转速传感器(感应式)　17. 进气温度传感器　18. 增压压力传感器　19. 发动机温度传感器(冷却液)　20. 曲轴转速传感器(感应式)

D外围设备:21. 带油耗、发动机转速信号显示的仪表板　22. 炽热塞控制单元　23. 铠装的炽热塞　24. 离合器踏板　25. 巡航控制操纵单元(FGR)　26. 空调压缩机　27. 空调压缩机操纵单元　28. 行驶开关(炽热塞和起动机开关)　29. 故障诊断接口　30. 蓄电池　31. 废气涡轮增压器　32. 增压压力执行器　33. 真空泵　34. 发动机CAN局域网控制器(车辆中的串行数据总线)

统。电磁阀触发的时刻也就是它关闭的时刻,即确定了供油起点。它保持触发的时间长短是喷油量的一种度量。触发的时刻和保持触发的时间长短都由 ECU 根据编入程序的特性场,同时考虑当时的发动机工况和环境数据确定之。除上述以外,还需要下列数据:曲轴转速、凸轮轴转速、加速踏板位置、增压压力、进气温度、冷却液温度和燃油温度及车速等。这些数据由传感器记录下来,并由 ECU 进行处理。利用这些信息,ECU 能够对车辆,特别是对发动机实施开环和闭环控制,以确保最佳的车辆运行状态。

　　基本功能:用于在正确的时刻、以正确的量和以尽可能高的压力控制柴油发动机喷射。这保证了柴油发动机的低排放、好的燃油经济性和平稳安静的运转。

　　辅助功能:大量辅助的开环和闭环控制功能,用于减少废气排放和燃油消耗,或者提高安全性、舒适性和平顺性。这样的辅助功能实例是:废气再循环;增压压力控制;气缸密封;巡航控制;电子防盗等。

(一)燃油供给部分(低压部分)

　　燃油供给部分的任务是储存所需要的燃油和滤清燃油,并在所有工况下以规定的压力向燃油喷射系统提供燃油。在某些应用场合,还要对回流燃油进行冷却。

(二)泵-喷嘴

　　泵-喷嘴在所有的工况范围内,按 ECU 的控制指令,以精确的数量、规定的时刻和要求的压力将燃油喷射到发动机气缸内。泵-喷嘴代替了常见喷油系统中的喷油嘴总成,所以不需要高压油管。

　　1. 泵-喷嘴安装和驱动

　　在气缸盖上为发动机的每一气缸都安装一个泵-喷嘴。泵-喷嘴的喷油器突出于燃烧室之内。发动机凸轮轴为每一个泵-喷嘴设置了一驱动凸轮。各自的凸轮升程通过一个摇臂传递到泵柱塞上去。泵柱塞因此而上下运动。除了电控以外,喷油起点和喷油量还与当时的泵柱塞速度有关,而泵柱塞速度又是由凸轮形状预先规定的。所以,凸轮轴必须精确地加工。在运行中施加的力使凸轮轴激起扭振,因而使得喷油特性和喷油量公差受到负面影响。泵-喷嘴和电控单体泵系统统称为单缸喷射系统。为了减少扭振,必须将单缸喷射系统的驱动机构、凸轮轴、摇臂和摇臂轴承设计得具有很高的刚性。

　　2. 泵-喷嘴构造

　　泵-喷嘴构造如图 2-17 所示。泵-喷嘴用作泵的油缸。泵-喷嘴有一个加长臂,高压电磁阀即集成于其中。泵-喷嘴体通过内设的孔道将高压腔(又称分泵腔)与电磁阀/低压部分以及喷油器联系在一起。它的外形轮廓做成能够利用压板将它固定在发动机的气缸盖上。回位弹簧将泵柱塞压到摇臂上,又进一步将摇臂达到驱动凸轮上。因此,当运转时可以避免柱塞、摇臂和凸轮之间发生分离。喷油结束之后,弹簧将柱塞压回到初始位置。

　　泵-喷嘴可分割成下列功能单元:

　　(1)高压的产生　产生高压的主要部件是泵体组件、泵柱塞和回位弹簧。

　　(2)高压电磁阀　高压电磁阀的任务是控制喷油起始时刻和喷油持续时间。它由线圈、电磁阀针阀、衔铁、磁心和电磁阀弹簧等主要部件组成。

　　(3)喷油嘴　喷油嘴将燃油雾化,精确定量并分布到燃烧室中,并在此过程中形成喷油规律曲线。喷油嘴是利用压紧螺母安装到泵喷嘴体上去的。

　　3. 泵-喷嘴工作原理

　　(1)主喷过程　泵-喷嘴系统的工作过程可分成四个状态(如图 2-18 所示):

　　① 吸油行程(a):泵柱塞在回位弹簧的作用下往上运动。始终处于过压状态下的燃油从供油系统的低压部分通过集成于发动机机体中的进油孔和进油通道流入电磁阀阀腔。电磁阀是

开启着的。燃油通过一个连接孔流入高压腔（又称泵腔）。

② 预备行程（b）：由于驱动凸轮的转动，泵柱塞往下运动。此时，电磁阀是开启着的，燃油由泵柱塞通过回油通道压回到供油系统的低压部分。

③ 输油行程和喷油过程（c）：电子控制单元（ECU）在一个确定的时刻输出信息为电磁铁的线圈充电，将电磁阀针阀吸往阀座，切断了高压腔和低压腔之间的联系。这个时刻称为"电动喷油起点"（喷油过程的起点，BIP）。高压腔内的燃油压力因为泵柱塞的运动而上升。

④ 残余行程（d）：如果电磁阀线圈电路切断，电磁阀将在经过一段短暂的滞后时间以后开启，高压腔和低压部分之间重新连通。

供油行程和残余行程之间过渡阶段达到峰值压力，该峰值压力根据泵的类型在180～205MPa之间变动，此后压力迅速跌落。一旦跌落到低于喷油嘴关闭压力的水平，则喷油嘴关闭，喷油过程结束。残余的、驱动凸轮尖端接触到泵柱塞之间由分泵单元所输送的燃油通过回油通道压回到低压部分。

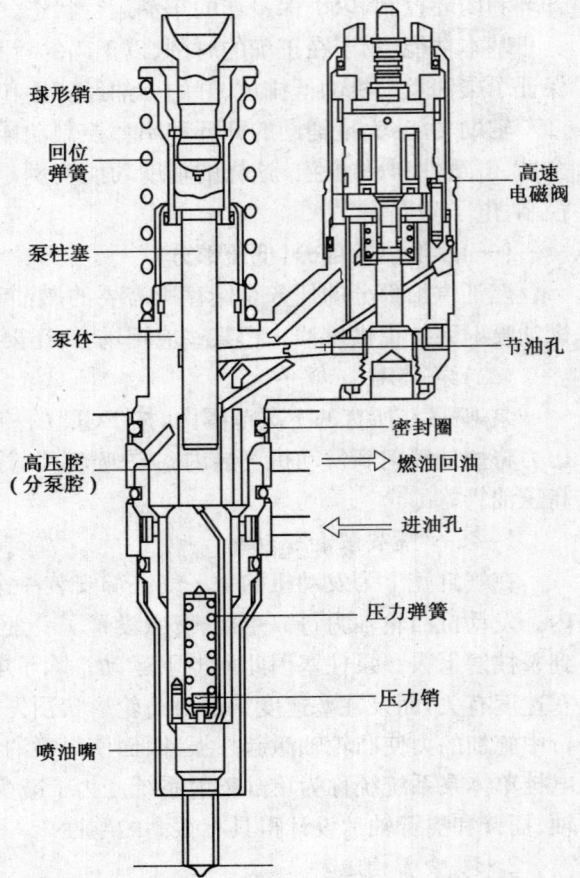

图 2-17　泵-喷嘴构造

如果电磁阀保持开启，也不可能喷油，因为燃油流回到低压部分去了，不能建立压力。由于高压腔的充油必须通过电磁阀进行，所以在电磁阀不工作的时候，不会有燃油进入高压腔。在这种情况下，至多只会喷射一次。

因为泵-喷嘴是安装在气缸盖内的，所以它受到高温的烘烤。为了使泵-喷嘴的温度保持尽可能地低，要用燃油对它进行冷却，这些燃油然后又流回到低压部分去。通过进油口的适当措施，确保了气缸与气缸之间燃油温度的差异最小。

（2）预喷（轿车）　在轿车单元喷油器中，集成了一种机械-液压控制的预喷装置，以减少噪声和有害物排放。这种预喷装置可以分成四个工况：

① 起始位置：喷油嘴针阀和蓄势器柱塞处在它们的阀座上。电磁阀是开启着的，不能建立起压力。

② 预喷起点：如果电磁阀关闭，就开始建立起压力。随着喷油嘴开启压力的达到，喷油嘴针阀升起，预喷开始。在这一阶段中，喷油嘴针阀的升程受到阻尼单元液压力的限制。

③ 预喷终点：如果压力继续升高，蓄势器柱塞离开它的阀座位置。高压腔和蓄势器腔连通。由此引起的压力降以及压力弹簧预紧力的同时增长促使喷油嘴针阀关闭。预喷结束。

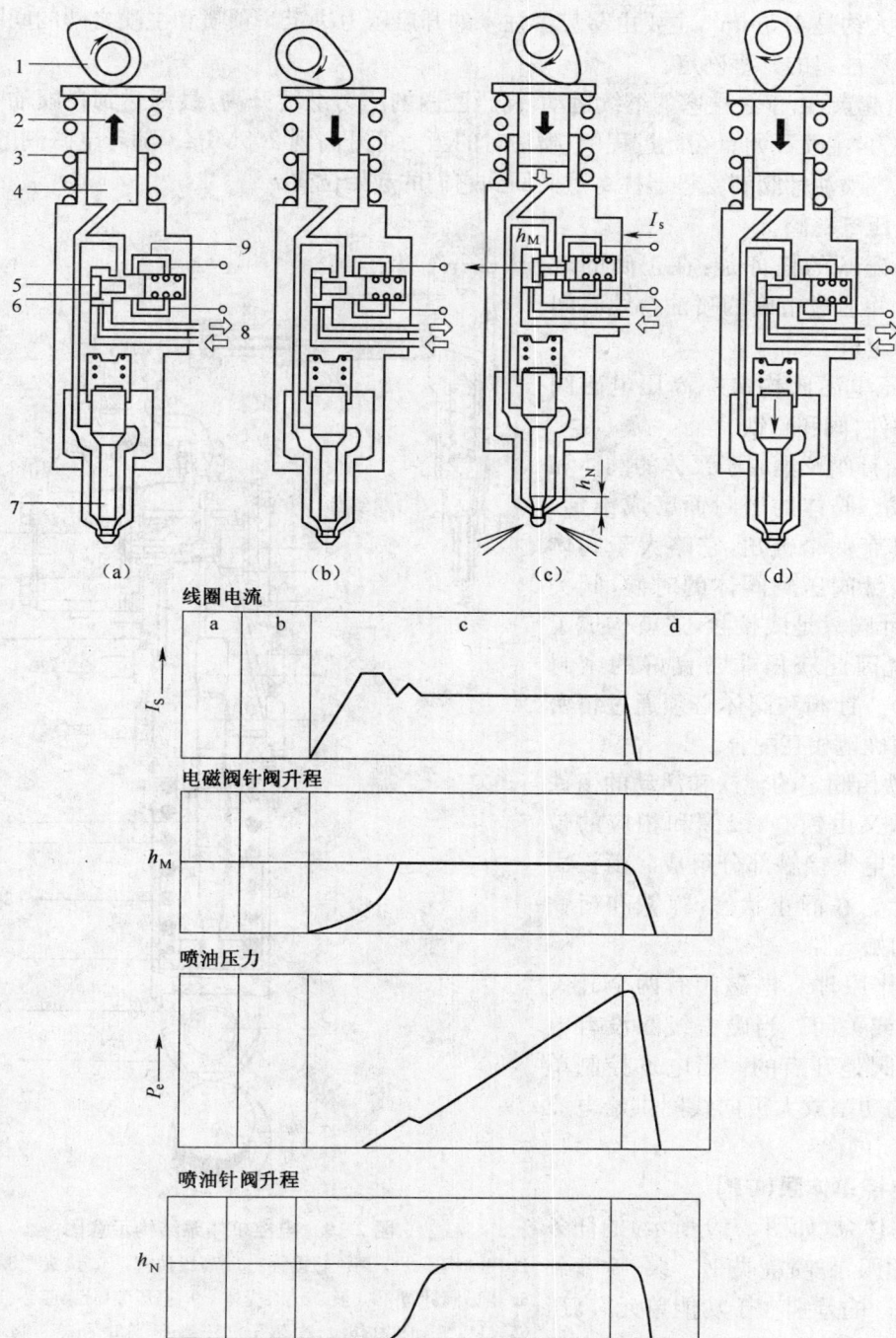

图 2-18　泵-喷嘴工作原理

(a)吸油过程　(b)预备压油过程　(c)输油过程(喷油)　(d)残余行程

1.驱动凸轮　2.泵柱塞　3.回位弹簧　4.高压腔(分泵腔)　5.电磁阀针阀　6.电磁阀阀腔　7.喷油器针阀
8.进、回油通道　9.线圈　I_s—线圈电流　h_M—电磁阀针阀升程　P_e—喷射压力　h_N—喷油嘴针阀升程

预喷量大约是 $1.5mm^3$，主要由蓄势器柱塞的开启压力决定。预喷和主喷之间的间隔时间主要由蓄势器柱塞的升程确定。

④ 主喷起点：由于泵柱塞的继续运动，高压腔内的压力继续升高，最终达到在喷油嘴上更高的开启压力，主喷开始。在此过程中，喷油时的压力可升高到 205MPa。随着电磁阀的开启，主喷期结束。喷油针阀和蓄势器柱塞重又回到它们的起始位置。

(三)高压电磁阀

高压电磁阀的任务是：在正确的时刻引入喷油并通过精确的喷油持续时间保证精确的定量。

(1)高压电磁阀构造　高压电磁阀分成两个构件：阀和磁铁。

① 阀由针阀及集成于泵体的阀体和阀弹簧组成。阀体的密封面磨成锥形。针阀同样具有一个锥角，它略大于阀体的锥角。当针阀压到阀体的时候，阀关闭，阀体和针阀只是线接触，这就构成了阀座。阀就因此获得非常良好的密封（双锥密封）。针阀和阀体必须通过精密加工非常精确地相互配合。

② 磁铁由固定的轭铁和活动的衔铁组成。轭铁又由铁心、线圈和相应的带电气接头的电气接触部分组成。衔铁固定在针阀上。在静止状态，轭铁和衔铁之间存在初始气隙。

(2)工作原理　电磁阀有两个开关位置：开启或关闭。当磁铁线圈没有电流流过时，阀是开启的。当电子控制单元(ECU)的功率放大极向线圈供给电流时，阀是关闭的。

(四)电控单体泵(UP)

电控单体泵(如图 2-19 所示)的任务和工作原理跟泵-喷嘴类似。泵-喷嘴和 UP 之间唯一的差别在于功能单元"高压产生"和"高压电磁阀"通过短短的高压油管与"喷油嘴"分开了。电控单体泵安装在发动机机体上，具有下列优点：①气缸盖不用做成新结构；②驱动系统的刚

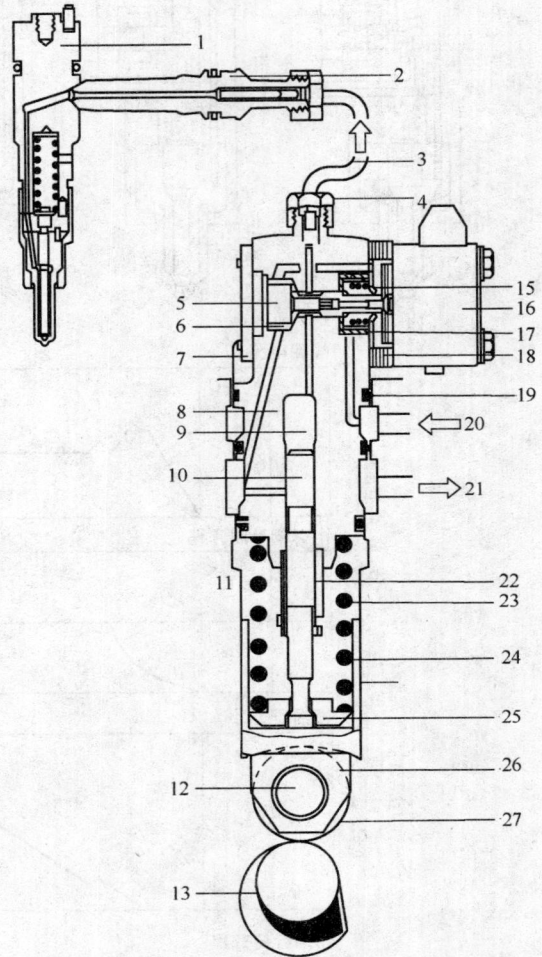

图 2-19　电控单体泵结构示意图

1. 喷油嘴座　2. 高压短接管　3. 高压油管　4. 接头　5. 挡铁 6. 电磁阀针阀　7. 板　8. 泵壳体　9. 高压腔(分泵腔)　10. 泵柱塞　11. 发动机缸体　12. 辊子挺杆销子　13. 凸轮　14. 弹簧盘 15. 电磁阀弹簧　16. 带线圈和磁心的阀壳体　17. 衔铁板　18. 中间板　19. 密封件　20. 燃油入口(低压部分)　21. 燃油回流 22. 泵柱塞回位保持装置　23. 挺杆弹簧　24. 挺杆体　25. 弹簧盘　26. 辊子挺杆　27. 挺杆辊子

度较大,因为不需要摇臂;③售后服务中便于搬动,因为泵很容易拆出;④电控单体泵系统中的喷油嘴偶件安装在喷油器壳体中,便于维修。

1. 高压油管

高压油管非常之短,对所有的气缸都必须同样长短。高压油管必须能够长时间经受得住最大泵压力和在喷油间歇期产生的一定程度的高频压力波动。所以高压油管用高延展性的无缝钢管制成,通常其外径为 6mm,内径为 1.8mm。

2. 电控单体泵

电控单体泵直接由发动机凸轮轴上的喷油凸轮驱动。通过回位弹簧和辊子挺杆与泵柱塞建立联系。此泵利用泵体的法兰盘固定在发动机机体上。

(五)喷油嘴座和喷油嘴

喷油器壳体和所属的喷油嘴偶件是柴油发动机的重要部件。喷油嘴座和喷油嘴的任务是:

① 构成喷油规律曲线的形状(喷油压力和喷油量精确地对应于每一度曲轴转角)。

② 使燃油雾化并使燃油分布到燃烧室中。

③ 使燃油系统相对于燃烧室保持密封。燃油通过喷油嘴喷入柴油发动机的燃烧室。喷油嘴是与喷油嘴座一起装入发动机的。在高压喷射共轨系统(CR)和泵-喷嘴(UIS)中,喷油嘴集成于喷油器之中。在这些系统中不需要喷油嘴座。喷油嘴是由燃油压力开启的。喷油量主要由喷油嘴开口大小和喷油持续时间确定。

(六)柴油发动机电子控制(EDC)系统

柴油发动机电子控制(EDC)系统分为三个系统模块:传感器、电控单元、执行器。

1. 传感器

柴油发动机电控系统所采用的主要传感器有:发动机温度传感器、空气温度传感器、燃油温度传感器、进气管压力传感器或增压压力传感器、发动机转速传感器、加速踏板传感器、热膜式空气流量传感器等。

2. 电控单元

柴油发动机电控单元(ECU)在硬件及整车管理系统的软件方面与汽油发动机相似。近年来,在柴油发动机电控系统中,其 CPU 基本上都采用了 32 位微处理器,64 位已逐步开始使用,当前 ECU 也是在朝着集成化、智能化、综合控制化方向发展。

3. 执行器

执行器将电控单元(ECU)的电信号转换成机械量(例如排气再循环阀或者节气门的位置)。由于柴油发动机的燃油喷射具有高压、高频、脉动等特点,其喷射压力为汽油喷射的几百倍,乃至上千倍,而且柴油喷射对喷射正时的精度要求很高,相对于上止点的角度位置要求很准确。因此,执行器是柴油发动机电控系统的关键部件,也是开发的难点所在,其响应速度和动作精度及工作可靠性决定着电控系统的最终执行效果。执行器主要有电气-气动转换器(增压压力执行器、废气再循环阀、涡流执行器)。

(1)电气-气动转换器　包括以下五部分。

① 增压压力执行器:涡轮增压器是这样设计的,它较低速时就已经产生很高的增压压力,

以便求得低速范围内有高的发动机转矩。通过一个电气-气动的旁通通道（放空阀）从涡轮增压器的滑轮机上旁通放空。有些制式涡轮增压器的功率也可以利用可变涡轮几何形状（VTC）得到匹配。此时，电气-气动阀用于改变空气通道中的空气导向叶片的迎角。

② 废气再循环阀：废气再循环就是将一部分废气引入到进气管中，以便降低有害物质排放。排气管和进气管之间的电气-气动阀控制着引回去的废气量。

③ 节气门：通过电气-气动阀控制的节气门在柴油发动机中的作用与在汽油发动机中完全不同，它通过减小进气管内相对于环境压力的压力差来提高废气再循环率。节气门闭环控制仅仅在低转速范围内才激活。

④ 进气管活门：在轿车泵-喷嘴系统中，由电气-气动阀控制的进气管活门在关闭发动机时用于切断空气输入。这样一来，只有少量的空气受到压缩，发动机柔和的退出运转。

⑤ 涡流执行器：轿车的涡流执行器影响着气缸内吸入空气的旋转运动。涡流通常是通过螺旋进气道产生的。它确定了燃油和空气在气缸内混合的好坏，因而对燃烧质量有重要影响。通常在低转速时产生强的涡流，而在高转速时产生弱的涡流。涡流可以借助于装在进气门区域内的涡流执行器（一个活门或者一个滑阀）来调整。

（2）永久制动装置　用于重型货车的这种制动装置可以无磨损地使车辆减速，然而不是减速到静止状态。与运行制动相反，永久制动装置主要适用于在一段很长的下坡坡道上行驶的情况，因为在长时间的制动时，制动热量能够以满足的程度被引走。

① 发动机制动：在接通发动机排气制动的情况下，通过喷油装置使燃油输入切断，并且由一个电气-气动阀推动排气管内的旋转阀或者活门。这使得吸入的纯空气很难通过排气管流出。由此在气缸内形成的气垫在压缩行程和排气行程使得活塞制动。

② 附加的发动机制动：当发动机应当受到制动的时候，通过一个电气-液压操纵的气门升程调节装置在压缩行程的终点将排气门打开。压缩压力变的柔和，并从系统中提取了能量。操纵气门升程调节装置的介质是机油。

（3）风机控制　发动机的风叶片轮根据冷却液温度在需要时由电控单元（ECU）接通。这通过一个电磁离合器实现。

（4）起动辅助系统　柴油与汽油相比非常容易自燃。所以，热的柴油发动机和直喷式柴油发动机在直到0℃左右的冷起动中都可以通过拖转较容易地起动。在拖转过程中以发动机转速起动时，可以达到250℃的自燃温度。直喷式柴油发动机在温度低于0℃时需要一个起动辅助系统，分隔室式柴油发动机在低于0℃时同样需要起动辅助系统。

预燃室式柴油发动机和涡流室式柴油发动机在副燃烧室中有一个炽热塞作为"热点"。在小型直喷式柴油发动机（每缸放量1L以下）中，这个热点处在燃烧室的外周。商用车用的大型直喷式柴油发动机就不是这样，它们利用吸入空气预热或者利用特别容易点燃的特种燃油（起动预喷）喷入到吸入的空气中。

① 吸入空气预热方式包括火焰塞和电气加热。

火焰塞：火焰塞通过在进气道中燃烧燃油来加热吸入空气。通常，燃油喷射装置的燃油输送泵通过一个电磁阀将燃油引向火焰塞。在火焰塞的连接接头中放置着一个滤清器和一个定量装置，这个定量装置让与发动机相协调的燃油量流过。燃油在一个围绕着炽热塞布置的蒸发管中蒸发，并与吸入的空气混合。混合气在火焰塞的前部超过1000℃的炽热塞上被点燃。由于加热火焰只能利用发动机燃烧所需要的一部分氧气进行燃烧，所以加热功率受到限制。

电气加热：在吸气系统中布置一个加热元件，这个加热元件通过继电器接通和断开。

② 炽热塞：炽热塞中的加热元件固定在壳体之中，是压入的，并且具有气密性。它由一个耐高温气体和耐腐蚀的炽热管组成，炽热管里面是一根以氧化镁粉末为床的加热电阻丝。加热电阻丝由两根串联的电阻组成（加热电阻丝和调节电阻丝），加热电阻丝的电阻值几乎与温度无关，而调节电阻丝具有正温度系数，也就是说，它的电阻值随着温度升高而增大。在炽热塞中，它的电阻值随着温度的升高而比常见的炽热塞升高得更快。这种新型炽热塞因其迅速地达到点燃所需要的温度（4s内达到850℃）以及较低的稳定温度而见优。这样一来，温度可以限制在炽热塞能够承受的水平。

③ 炽热时间电子控制单元：炽热时间电控单元通过一个功率继电器控制炽热塞。它从发动机电控单元或者通过一个温度传感器获得起动脉冲。炽热时间电控单元控制炽热塞的炽热时间，或者确保安全性功能和监测功能。控制输入信号是通过多重电气插头传输的。

④ 功能的进行：预热过程和起动过程是利用炽热起动开关起动，其设计与汽油发动机中类似。钥匙在"点火接通"位置时，预热过程开始。在仪表板上的炽热检查灯熄灭的情况下，炽热塞足够热，起动过程能够进行。在接下来的起动阶段，喷入的燃油油滴会蒸发，并在经过了压缩的热空气中点燃，其释放出来的热量导致燃烧过程的引入。

目前，柴油发动机燃油喷射系统的执行机构主要有步进电动机、力矩电动机、线性电磁铁、高速强力电磁阀、压电式执行机构、电控压力补偿流量比例控制阀、压力流量控制阀、油门执行器等。发动机其他部件的执行机构有可调增压驱动机构、EGR控制阀、电磁开关和可变气门驱动机构等。

四、蓄压式电控共轨柴油喷射系统

在蓄压式电控共轨柴油喷射系统（第三代电控系统）中，压力的形成和燃油的喷射过程是独立的，相互之间没有影响。喷油压力的形成取决于发动机的转速和喷油的数量。高压蓄压器里存储了待喷射的高压油，喷油量取决于驾驶人的驾驶意图，喷油始点和喷油压力通过ECU比较预先存储的基本喷油特性图运算出来，再触发电磁阀，最终喷油器将燃油喷入气缸。

共轨喷射系统的电子控制系统包括：ECU、曲轴转速传感器、凸轮轴转速传感器、加速踏板传感器、增压传感器、共轨压力传感器、冷却液温度传感器、空气流量传感器。使用以上传感器的输入信号，ECU采集到驾驶人的驾驶意图（加速踏板传感器）以及发动机当前的工况，并处理由传感器产生的、通过数据线路接收到的信号。借助所得到的信息，对发动机实施开闭环控制。发动机速度的测量是通过曲轴转速传感器，凸轮轴转速传感器决定发火的顺序（相位）。加速踏板传感器反映了驾驶人踩下踏板的高度，换句话说就是关于驾驶人对发动机转矩的要求。空气流量传感器向ECU提供关于空气流动的瞬时数据以便燃烧过程能够满足废气排放法规的要求。对带有废气涡轮增压器的发动机来说，增压传感器用于测量增加压力。在外界温度低并且发动机冷机时，ECU根据冷却液温度和空气温度改变喷油器的起始喷油时刻、预喷射的额定值及其他的参数以适应特定的工况。

(一)蓄压式电控共轨柴油电控系统功能

1. 基本功能

就是让柴油以正确的喷油压力在正确的时间点喷射出正确的油量,因而保证了柴油发动机运行的平稳及燃油消耗的经济性。

2. 附加功能

附加调节和控制功能主要用于降低废气排放和燃油消耗或者是用于提高安全性和舒适性。例如废气再循环、增压压力控制、车速控制和电子防盗等。CAN 总线系统用于与其他的车内电子系统(例如 ABS、电子变速控制)进行数据交换。诊断接口用于车辆检修时可对存储的系统数据进行分析。

(二)燃油系统的组成

共轨燃油喷射系统由低压供油的低压级、高压供油的高压级和 ECU 组成。

1. 低压供油系统

共轨燃油系统的低压级包括:带粗滤器的燃油箱、油水分离器、输油泵、燃油滤清器、低压油管等。

2. 共轨高压燃油系统(见图 2-20)

共轨燃油系统的高压级包括:带压力控制阀的高压泵、高压油管、带轨压传感器、限压阀、

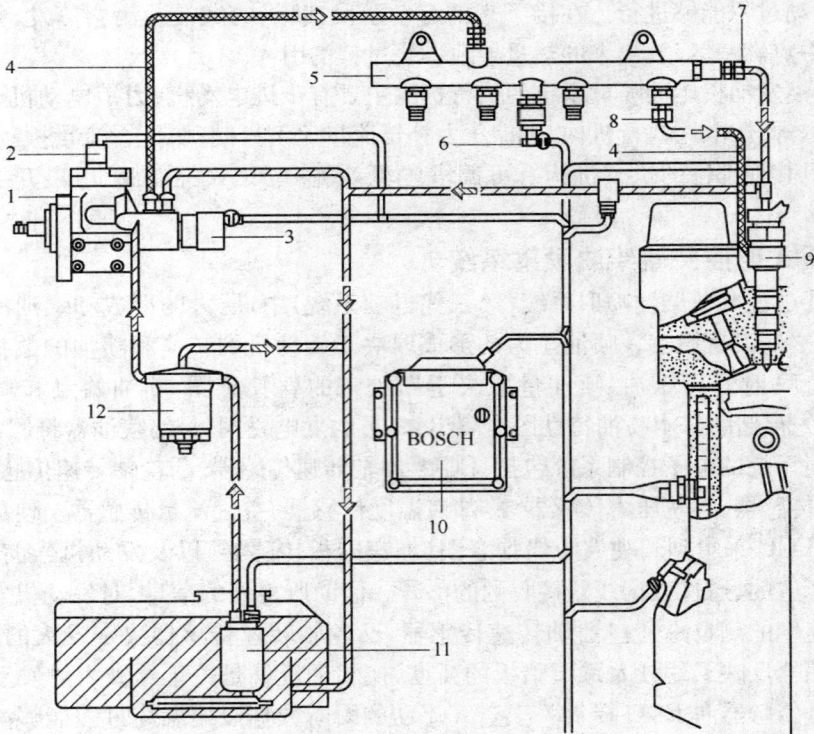

图 2-20　共轨高压燃油系统

1. 高压泵　2. 停油阀　3. 内压控制阀　4. 高压燃油管　5. 高压蓄压器(轨道)　6. 轨道压力传感器　7. 压力限制阀　8. 流量限制器　9. 喷油器　10. ECU　11. 输油泵　12. 油水分离器

流量计和喷油器的作为高压蓄压器的轨道、回油管。

　　高压泵：高压泵压缩燃油至高达 135MPa 的系统压力，之后燃油通过高压管进入管状的高压燃油蓄压器（轨道）。

　　高压蓄压器（轨道）：当喷油器喷射从轨道中获得的燃油时，轨道内的压力仍可保持恒定，这是由于燃油的固有弹性而产生的蓄压器效应的结果。燃油压力由共轨压力传感器测量并通过压力控制阀保持在理想的水平。

　　限压阀：限压阀的工作是限定共轨中的燃油压力不超过 150MPa。高压燃油通过限流计直接从轨道进入喷油器，限流计避免过多的燃油流向燃烧室。

　　喷油器：当电磁阀被触发，燃油流出时，喷油器的喷油嘴开启。它将燃油直接喷射入发动机燃烧室内。为了打开喷油嘴而多出的燃油通过集油管流回油箱。从压力控制阀以及低压级回油的燃油再加上对高压泵进行润滑的燃油一起引入集油管中。

　　高压级的燃油管：输送高压燃油的油管必须能够持续承受最大系统压力以及偶尔出现的喷射间隙高频率压力波动。因此高压输油管由钢管制成。通常外径为 6mm 而内径为 2.4mm。轨道与喷油器之间的喷油管长度必须相同，喷油管的长度差要采用每个喷管的或轻或重的弯曲度来补偿。

　　（1）高压泵　它是低压级和高压级的接口，如图 2-21 所示。在所有工况下，它可在汽车的整个使用寿命内可靠地提供充足的高压燃料。高压泵连续产生高压蓄压器（轨道）中所需的系统压力。

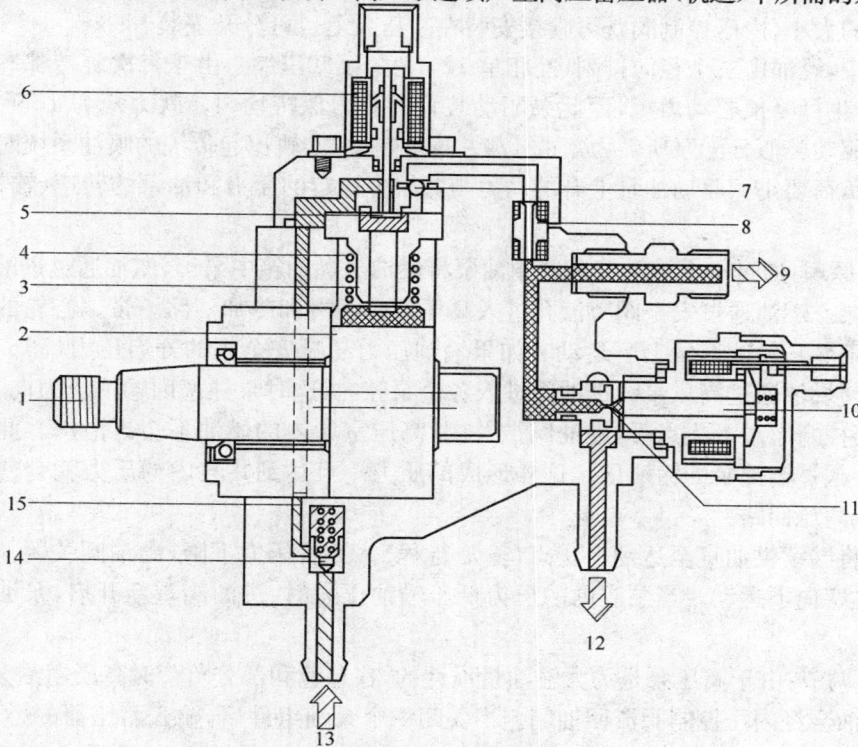

图 2-21　高压油泵纵断面(a)

1. 驱动轴　2. 偏心轮　3. 带油泵柱塞的泵油组件　4. 高压室　5. 吸油阀　6. 停油阀　7. 出油阀　8. 密封件　9. 通往轨道的高压接头　10. 内压控制阀　11. 球阀　12. 回油口　13. 进油口　14. 带节流孔的安全阀　15. 通向泵油元件的低压槽

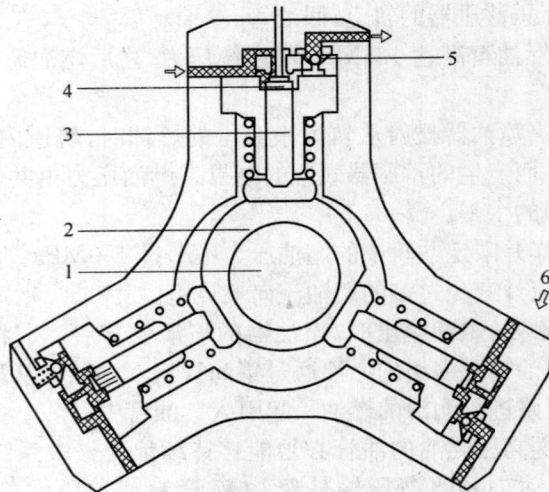

图 2-21   高压油泵截面图(b)
1. 驱动轴   2. 偏心凸块   3. 带油泵柱塞的泵油组件   4. 吸油阀   5. 出油阀   6. 进油

① 设计构造:高压泵同传统分配泵安装在柴油发动机上的相同位置。它通过联轴器、齿轮、链或锯齿带来带动(以发动机转速的一半,最大为 3000r/min),并由其泵送的柴油润滑。根据装配空间的大小,内压控制阀既可直接安装在高压泵上也可分开安装。

高压泵中,燃油由三个径向排列、互相呈 120°角的泵塞压缩。由于每次旋转都产生三次压送冲程,只产生低峰值驱动力矩,因此泵驱动装置的受力保持均匀。就力矩为 16N·m 来说,该力矩只是驱动类似分配泵所需力矩的 1/9。这就是说,共轨比起传统的喷油系统对油泵驱动装置产生的负荷要小。驱动油泵上升的动力与共轨中设定的压力和油泵的转速(输油量)成正比。

② 工作原理:通过一个油水分离器输油泵将燃油从燃油箱中泵出,燃油通过进油口和安全阀进入高压泵。燃油通过安全阀节流孔进入高压泵的润滑和冷却油路。带偏心轮的驱动轴使三个泵柱塞随着凸轮的形状上下运动。如果输油压力超过安全阀的开启压力(50~150kPa),输油泵能够使燃油通过高压泵的进油阀进入各个泵腔内,这时泵柱塞因输油压力向下运动(吸油行程)。当柱塞超过下止点时,进油阀被关闭,高压室 4 内的燃油不会再泄出。此时燃油被压缩,压力会超过输油泵的输油压。这样形成的压力一旦达到共轨内的压力就会使出油阀开启,燃油进入高压回路。

泵柱塞将继续供油直至达到上止点(输油行程)。然后压力下降,出油阀关闭。剩余的燃油解压,泵柱塞向下运动。当泵腔内的压力低于输油压力时,进油阀重新开启,泵油过程再次开始。

③ 输油调节:由于高压泵是为大输油量设计的,在怠速和部分负荷时高压燃油会过剩。这些过多的燃油会经内压控制阀流回油箱。当关闭一个泵油组件后,输入蓄压器的燃油量下降。这样吸油阀便会一直保持开启状态。当泵油组件关闭而触发电磁阀后,安装在电枢上的一个销钉会一直顶住吸油阀。这样被吸的燃油在供油行程中就不会被压缩。因为吸入的燃油重又流回低压管路,结果是泵腔内没有压力产生。在功率需求较小时高压泵通过关掉一个泵油

组件使燃油输送不再保持持续不断而是出现一个输油停顿。

高压油泵的供油量同其转速成正比，而这本身又是发动机转速的函数。在发动机喷油系统应用技术研究过程中，传动比是确定的，这样一方面多余燃油量不会太多，另一方面，燃油需要量在节流阀全开过程中仍能满足。根据曲轴不同，传动比可以是1：2和2：3。

(2)内压控制阀　内压控制阀根据发动机的负荷函数设定轨中压力，并将其压力保持在该水平。

如果轨压超出，内压控制阀打开，一部分燃油通过集油管从轨道返回到油箱。若轨压太低，内压控制阀关闭，将高压级与低压级隔开并密封。

(3)高压蓄压器　高压蓄压器(轨道，见图2-22)存储高压燃油，同时，高压泵供油和喷油而产生的压力波动可在共轨中得到抑制。

高压蓄压器为所有气缸所共有，因此将其称作"共轨"，即使大量燃油排出时，共轨也能将其内部压力保持基本不变，因而确保了喷油器的喷油压力保持恒定。

结构：带有限流器(可选)的共轨可以根据不同发动机的安装条件而加装轨道内压力传感器、内压控制阀和压力限制阀。

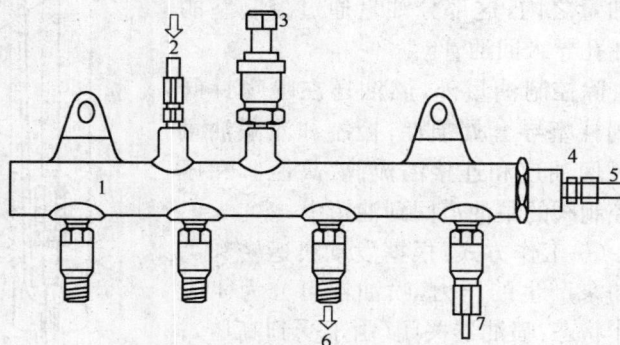

图 2-22　高压蓄压器(共轨)

1. 轨道　2. 高压泵端的进油口　3. 轨道压力传感器　4. 压力限制阀
5. 油箱端的出油口　6. 流量限制器　7. 喷油器端的油管

功能：轨道空间内永远都充满着高压燃油。利用因高压而被压缩的燃油以取得蓄压器的效果。当燃油离开轨道进行喷射时，高压蓄压器中的压力基本恒定。同样，由高压泵提供脉动供油产生的压力变化也得到了平衡。

(4)轨压传感器　为了根据施加压力给 ECU 一个电压信号，轨压传感器必须测量轨中的瞬时压力，且具有足够的精度和尽可能迅速反馈。

(5)压力限制阀　压力限制阀与溢流阀的作用相同。在超压情况下，限压阀通过打开溢流阀来限制共轨中的压力。压力限制阀允许短时轨中最大压力为 150MPa。

(6)流量限制器　流量限制器的作用是在非常情况下阻止喷油器常开并持续喷油。一旦从轨道输出的油量超出规定的水平，流量限制器就关闭通往该喷油器的油路。

(7)喷油器　喷油器的作用、构造和工作方式如下：

① 作用：喷油始点和喷油量由电控喷油器调节。这些喷油器取代了喷油器总成(喷嘴和喷油器体)。在缸盖上安装喷油器时用了夹持器。

② 构造：由孔型喷嘴、液压伺服系统及电磁阀组成，如图2-23所示。

燃油从轨道端进油口，通过进油槽进入喷嘴，通过进油孔进入阀控制腔。控制室通过泄油孔与回油管相连，泄油孔由电磁阀打开。泄油孔关闭后，作用到阀控柱塞上的液压力超过了喷嘴针阀压肩上的力。因此针阀被压入针阀座从而封住了通往燃烧室的高压通道。当喷油器电磁阀触发时,泄油孔打开。这样控制室中的压力下降,作用在柱塞上的力也减小。一旦液压压力小于作用在针阀压肩上的力,喷嘴针阀就打开,燃油从喷孔喷入燃烧室。应用液压增益系统对喷嘴针阀进行间接控制,是因为电磁阀不能直接产生快速打开针阀所需要的力。打开喷嘴针阀所需要的控制量不包括在实际喷油量之内,这部分油量通过控制室的泄油孔导入回油管。

除控制油量外,燃油还在喷嘴针阀和阀柱塞导套处损耗,控制和泄漏油量通过回油道和连接溢流阀、高压阀和压力控制阀的集油道回到油箱中。

③ 工作方式:根据发动机运转和高压油泵产生的压力,喷油器可分为 4 个工作状态:喷油器关闭(由于受到高压);喷油器开启(开始喷油);喷油器全开;喷油器关闭(喷油结束)。

这些工作状态由施加到喷油器部件上的压力分布来产生。发动机静止,共轨中无压力时,喷嘴弹簧将喷油器关闭。

喷油器关闭(静止状态):在静止状态,电磁阀未被触发,因此喷油器关闭。当泄油孔关闭时,阀弹簧会将电枢的球

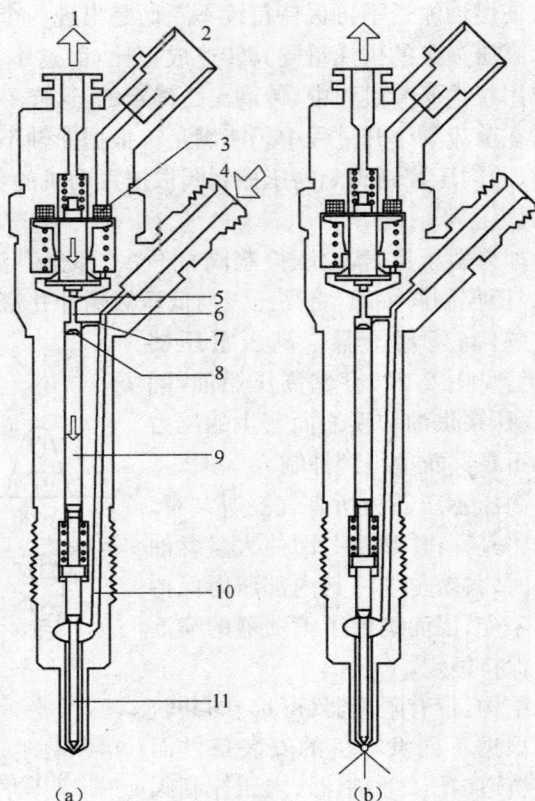

图 2-23   喷油器结构示意图
(a)喷油器关闭(静止状态) (b)喷油器开启(喷油)
1. 回油管 2. 电子接头 3. 控制单元(电磁阀) 4. 轨道端进油口(高压) 5. 球阀 6. 泄油孔 7. 进油孔 8. 阀控制腔 9. 阀控制柱塞 10. 通向油嘴的进油槽 11. 油嘴针阀

阀压在回油节流孔上。在阀控制腔内形成了共轨的高压。稍后同样的压力在喷嘴腔内形成。因轨道压力而形成的对控制柱塞端面施加的压力与喷嘴弹簧力一起对抗燃油施加在针阀锥形承压面上的开启力,使针阀保持关闭状态。

喷油器开启(开始喷油):喷嘴在其静止位置,电磁阀被起动电流触发以保证快速开启。触发螺线管产生的力超过了弹簧力,电枢将泄油孔打开。几乎在同时,高起动电流降低到电磁铁所需的低维持电流(由于磁路的气隙现在变得很小)。当泄油孔球阀打开时,燃油就能从阀控室流到位于其上方的空腔中,并通过回油道返回燃油箱。泄油孔使得压力不完全平衡,从而阀控室中的压力降低。这样阀控室中的压力低于喷嘴室中仍保持的轨中压力水平,阀控室中压力的降低减小了作用在控制柱塞上的力,因此喷嘴针阀打开,开始喷油。喷嘴针阀的开启速度取决于通过泄油孔和进油孔的流量差。控制柱塞到达其上止点,并由一层油垫维持着,这层油垫是由泄油孔和进油孔之间的油流产生的。喷嘴这时完全打开,燃油以几乎等于共轨中燃油的压力喷入燃烧室。喷嘴中的压力分布类似于开启阶段的压力分布。

　　喷油器关闭(喷油结束):一旦电磁阀不再被触发,阀弹簧就将电枢下压,阀球将泄油孔关闭。电枢为两件式设计。尽管电枢块在向下运动过程中被压力台肩导向,但它能随回位弹簧回弹,因此不会对电枢和球阀施加向下的作用力。泄油孔的关闭使燃油从进油孔进入控制室建压。该压力与轨道压力相同,并在控制柱塞端面施加增大压力。这个力加上弹簧力超过了喷嘴室中的压力,使喷嘴针阀关闭。喷嘴针阀的关闭速度取决于通过进油孔的流量。一旦喷嘴针阀再次碰到其下座,喷油就停止了。

(三)共轨用柴油发动机电子控制装置

1. 共轨用柴油发动机电子控制装置(EDC)组成

　　包括三个主要系统模块:传感器、ECU和执行机构。

　　传感器:用于收集运行条件和期望值的传感器和设定值发生器。它可将不同的物理参数转换成电子信号。ECU:根据特定的数学计算方式将信息处理成电子输出信号。执行机构:将ECU的电子输出信号转换成机械参数。共轨喷射系统的传感器及其他系统部件见图2-24。

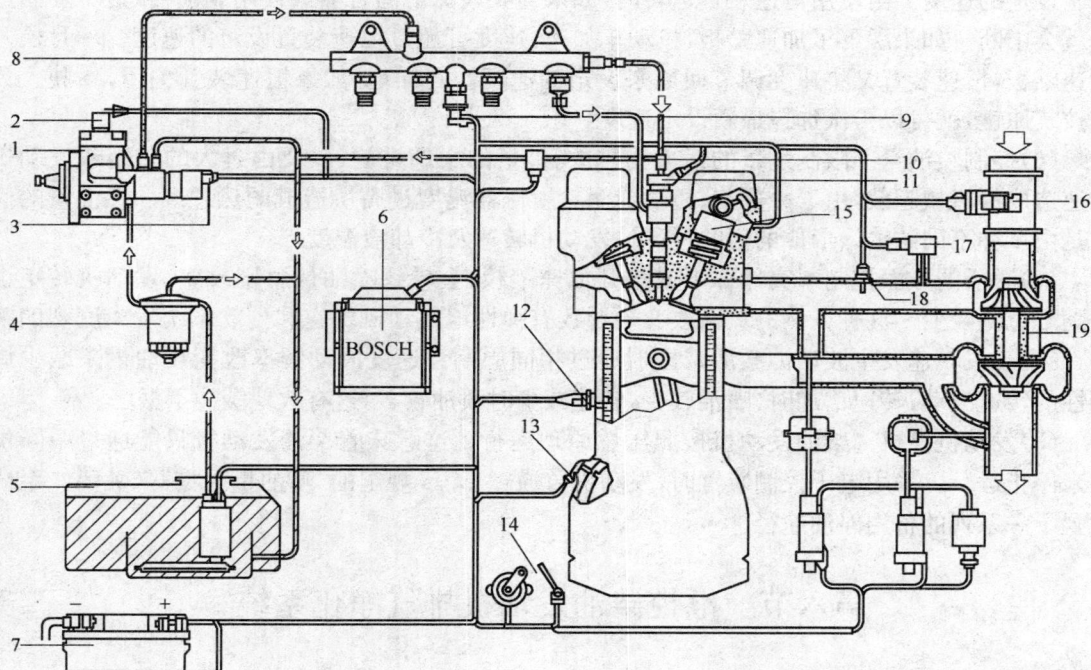

图2-24　共轨燃油喷射系统的传感器及其他系统部件示意图

1.高压泵　2.停油阀　3.内压控制阀　4.燃油滤清器　5.带粗滤和输油泵的燃油箱　6.ECU　7.蓄电池　8.蓄压器(轨道)　9.轨道压力传感器　10.燃油温度传感器　11.喷油器　12.冷却液温度传感器　13.曲轴位置传感器　14.加速踏板位置传感器　15.凸轮轴位置传感器　16.空气流量传感器　17.增压传感器　18.进气温度传感器　19.涡轮增压器

2. 共轨用柴油发动机电子控制装置(EDC)的控制

　　(1)起动喷油量　对起动来说,喷油量是温度及曲轴转速的函数。起动喷油量是从起动开关转到"开启"位置的瞬间喷油一直到发动机达到规定的最低转速为止。

(2)行驶状态　当汽车正常行驶时起动开关在关闭位置,喷油量可根据加速踏板装置(加速踏板位置传感器)及发动机转速来计算。

(3)怠速控制　怠速控制下,燃油耗大多随发动机效率及怠速而定。为了达到所需的怠速,怠速控制器改变喷油量直至实际发动机速度与所需怠速相同。在这里,所需怠速和调速特性受特定档位及发动机温度(冷却液温度传感器)影响。另外除外部负载力矩外、内部摩擦力矩也必须考虑在内并且通过怠速控制来补偿。

(4)平稳行驶控制　由于机械公差和老化会导致发动机气缸之间的转矩出现偏差。这会导致发动机在运行期间特别是怠速运行期间出现不平稳运转。平稳运转调速器可根据每次的燃烧计算转速变化,并进行相互比较。根据测量到的转速差别调节每个气缸的喷油量,使得每个气缸对发动机转矩作出相同的贡献。平稳运转调速器在较低转速水平时才起作用。

(5)汽车速度控制器　汽车速度控制器(恒速装置)在汽车以恒速运转时,才开始运行。它控制汽车速度,并由驾驶人操纵盘上的操纵装置输入。增加或减少喷油量直至实际的速度等同于设定的速度。当使用恒速装置运转时,如果驾驶人踩下离合器或使用制动器,这个控制过程就会中断。如果踩下了加速踏板,机动车加速,速度可超过恒速装置设定的速度。一旦松开加速踏板,恒速装置又将速度调节回原来设定的速度。同样地,如果恒速装置关闭,驾驶人只需按复原键,就可以再次选择最新设定速度。

(6)控制喷油量　限制过量的污染物排放、过量的炭烟排放,以及由过大的转矩或发动机转速造成的机械超载,由于冷凝剂、机油或涡轮增压器温度过高所造成的热过载。喷油量的极限是由多种不同的输入形成的,如进气量、发动机转速及冷却液温度。

(7)激活的减振控制　突然踩下或松开加速踏板,会导致喷油量急剧改变,发动机转矩也会随之急剧改变。这种突然的负荷改变会导致有弹性地发动机机座和传动系统发生剧烈的跳动,使发动机转速发生波动。激活减振器通过相同周期性速度波动频率改变喷油量来减少周期性的转速波动,转速增加时,喷油较少,转速减少时喷油较多,这有效地缓冲了振荡。

(8)发动机停机　柴油发动机按照压燃原理运行。这意味着柴油发动机只能通过中断供油来停止运行。采用电子控制装置时,发动机可通过 ECU 规定的"喷油量为零"来关闭。系统设置了一系列的备用停油途径。

第六节　电控柴油发动机排气净化系统

一、柴油发动机废气再循环系统

(一)增压柴油发动机 EGR 的实现

自然吸气柴油发动机所用的 EGR 系统与汽油发动机类似。由于进排气之间有足够的压力差,EGR 的控制比较容易。在现代增压柴油发动机中,由于涡轮增压器效率的提高,增压器后的进气压力(增压压力),在很多工况下会高于增压器前的排气压力,造成 EGR 的困难,至少不会获得足够高的 EGR 率。为此可采用下列措施:

① 如图 2-25a 所示,在 EGR 阀 5 前,加一个排气脉冲阀 6,利用排气脉冲加大 EGR 量。

② 用节流阀 7 对进气进行节流(见图 2-25b),可降低柴油发动机前的进气压力,可使 EGR

率大为提高。但显然会增加柴油发动机的泵气损失,有损燃油经济性。

③ 在进气系统中,装一个文丘里管 8(见图 2-25c),可以提高 EGR 的有效压差,从而扩大 EGR 率的可调范围。由于文丘里管喉口的压降,在喉口下游可得到部分的恢复,压力损失可以减小,调节文丘里管的旁通阀 9,可改变 EGR 的有效压差。

④ 用专门的 EGR 泵 11(见图 2-25d)强制进行 EGR,当然具有最大的灵活性。但由于 EGR 泵的流量要求很大,机械驱动泵显然过于庞大昂贵。如图上所示涡轮增压器驱动一个外加的 EGR 泵 11 是一个实用方案。

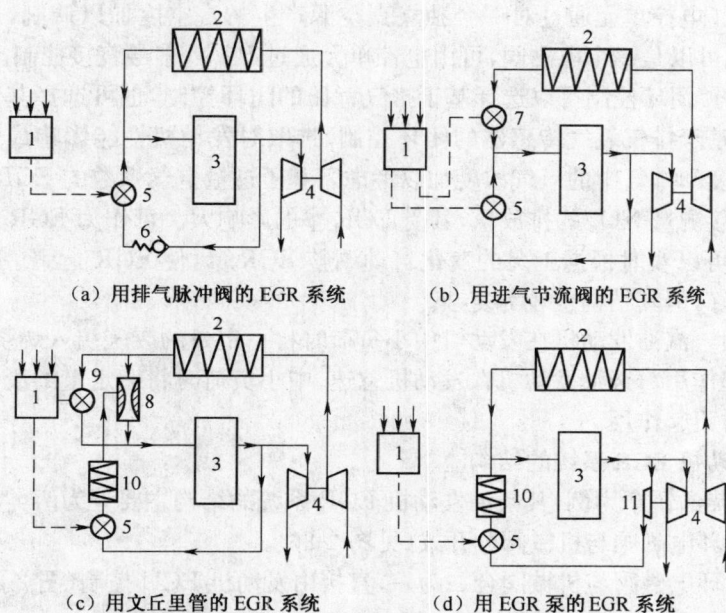

(a) 用排气脉冲阀的 EGR 系统　　　　(b) 用进气节流阀的 EGR 系统

(c) 用文丘里管的 EGR 系统　　　　(d) 用 EGR 泵的 EGR 系统

图 2-25　增压中冷柴油发动机的 EGR 系统

1. 电控单元(ECU)　2. 中冷器　3. 柴油发动机　4. 涡轮增压器　5. EGR 阀　6. 排气脉冲阀
7. 进气节流阀　8. 文丘里管　9. 文丘里管旁通阀　10. EGR 冷却器　11. EGR 泵

⑤ 用可变喷嘴增压器(VNT),是实现增压柴油发动机有效 EGR 的一个新途径。用普通涡轮增压器,实现足够的 EGR 往往有困难。有试验结果已表明:用普通的涡轮增压器时,只能在部分负荷下获得 0.1 左右的 EGR 率;用可变喷嘴涡轮增压器时,柴油发动机大负荷时,可以通过减小涡轮喷嘴流通面积来提高排气压力,进而增大大负荷领域的 EGR 率。

(二)废气再循环排气的冷却

试验证明,把再循环的排气加以冷却,即采用所谓冷 EGR,可使进入缸内的新鲜空气的损失减少,从而避免了大负荷燃油经济性和排气烟度的恶化。

冷 EGR 系统布置如图 2-25c、图 2-25d 所示。EGR 冷却器 10 可以用柴油发动机的冷却液冷却,但是冷却温降有限,最好是用空气直接冷却。现已成功投产的 EGR 冷却器,可在不同工况下,使 EGR 温度下降 $50℃ \sim 150℃$,使 NO_2 下降 10% 左右。

(三)柴油发动机 EGR 的控制

(1)控制方式　柴油发动机的 EGR 控制比较复杂,尤其是增压柴油发动机,一般都采用电子控制。其控制方式可以是开环控制,也可以是闭环控制。

① 开环控制。开环控制一般基于脉谱(MAP)的控制,即通过实验确定典型工况下,达到排放要求的最佳 EGR 率。这种方法控制简单,目前应用较为普遍。但其准确性依赖于各种工况下 MAP 图的精确制取,同时动态响应慢。较典型的开环控制为对混合气的成分加以考虑,根据不同转速、负荷条件,由进气和排气中的氧气浓度来确定最优的 EGR 率。例如在图 2-25 中,电控单元根据柴油发动机转速、负荷,以及进气和排气中的氧气浓度、温度等传感器的输入信号,按标定的 EGR 脉谱对 EGR 阀 5、节流阀 7、旁通阀 9 等执行机构进行控制。EGR 阀 5 可以是一个真空阀。电控单元通过对一个独立真空源产生的真空度加以调制,来控制真空阀的开度。EGR 阀也可以是一个电磁阀,可由电控单元通过 PWM 信号直接控制。

② 闭环控制。闭环控制可以选择基于排气背压的闭环控制,也可选择基于排气氧气传感器的闭环控制。基于排气氧气传感器的闭环控制,选取对发动机性能影响最大的两个参数——进气中的氧气浓度和排气中的氧气浓度加以考虑。基于过量空气系数的 EGR 控制,是通过过量空气系数来间接测量 NO_x 的排放量,其受 EGR 率的影响大。可作为 EGR 闭环控制的反馈信号。闭环控制可以实时根据工况的变化自动调整 EGR 量,使 EGR 达到最佳。因此它比开环控制的效果更好,但其结构也较为复杂。

(2)控制时间　汽油发动机在发动机中小负荷时将一定量的废气引入燃烧室参与燃烧,怠速、全负荷时不起作用。柴油发动机在发动机怠速、中小负荷时将一定量的废气引入燃烧室参与燃烧,全负荷时不起作用。

(四)柴油发动机 EGR 系统的结构

以一汽大众柴油轿车为例,其柴油发动机 EGR 系统的结构主要分为两类:

① 废气再循环电磁阀与机械阀分开式(见图 2-26)。

② 废气再循环电磁阀与机械阀合二为一,直接由发动机 ECU 控制(图 2-27)。

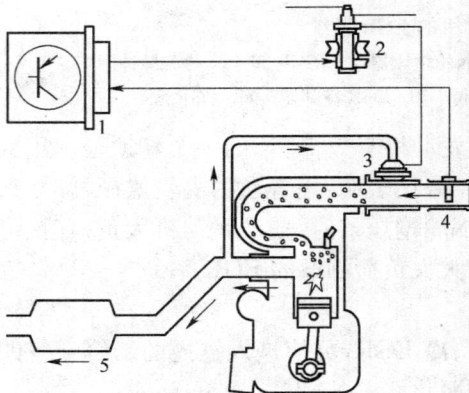

图 2-26　EGR 与机械阀分开式
1. 电控单元　2. EGR 电磁阀　3. EGR 阀
4. 空气流量传感器　5. 排气(废气)

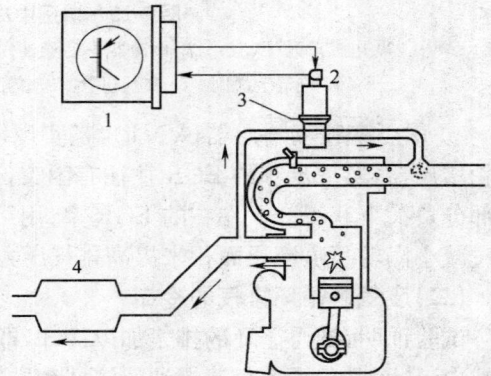

图 2-27　EGR 阀与机械阀合并式
1. 电控单元　2. EGR 电磁阀
3. EGR 阀　4. 排气(废气)

(五)新奥迪 A6 3.0L V6-TDI 型电控柴油发动机 EGR 系统

发动机的废气再循环系统的循环压力总是高于进气管的压力。进入进气管内的废气气流与吸入的空气气流的方向相反,可以使新鲜空气与废气均匀而充分地混合。发动机冷机状态时,旁通阀打开,废气再循环直接进行,以便能以最快速度加热催化转换器。为了能有效减少废气中的颗粒和氮氧化合物(NO_x),发动机暖机状态时,旁通阀关闭,废气被强制通过由开关控制的内部充满流动的冷却液的冷却器进行冷却。

二、电控柴油发动机催化转换器

柴油发动机用催化剂与汽油发动机的基本相同,可用铂(Pt)等贵金属。催化剂的作用是促使排气中的微粒、HC 和 CO 发生催化反应,被氧化为水和二氧化碳排出。但因柴油发动机排气温度低,微粒中的炭烟难以氧化,氧化催化剂主要用于转化可溶性有机组分(SOF),达到微粒排放降低的效果。同时也可使 HC 和 CO 排放进一步降低,还可净化其他有害成分(如乙醛等),以及减轻柴油发动机排气臭味。

图 2-28 为带有吸附功能的催化转换器的原理图。在发动机刚起动后的催化剂活性很低的低温阶段,排气中的未燃成分 HC 和微粒中的可溶有机成分(SOF)被 HC 的吸附材料所吸附,当温度升高后,催化剂的活性提高,吸附材料的吸附能力降低,于是未燃 HC 和 SOF 脱离吸附材料,在催化剂的作用下变为无害的成分排出,催化转换器的寿命和效率得到了提高。试验结果表明,这种带有吸附功能的催化转换器可使排气中的 CO、HC、SOF 减少 50%～90%。这种催化器的缺点是不能除去 PM 中的炭粒。

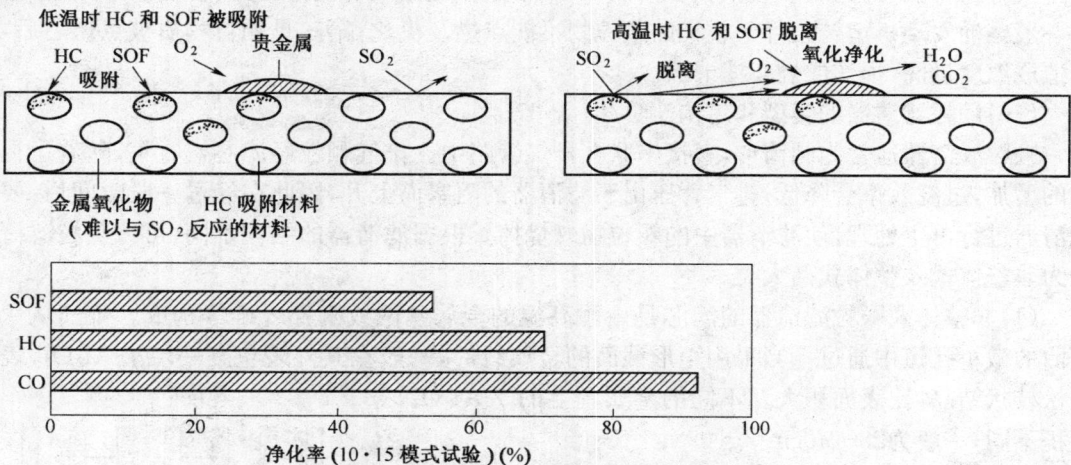

图 2-28　带吸附功能的催化转换器原理图

催化转换器应用的困难主要为柴油中含有较高的硫,燃烧后生成 SO_2,经催化器氧化后变为 SO_3,然后与排气中的水结合后会生成硫酸盐等。催化转化效果越好,硫酸盐生成越多,甚至达到平时的 8～9 倍。这无疑将抵消掉 SOF 的减少所带来的环境效益,甚至反而使微粒排放上升。同时,硫也是催化剂中毒劣化的原因之一。

一汽大众轿车电控柴油发动机催化转换器如图 2-29 所示。

三、颗粒物的净化技术

柴油发动机颗粒物的净化技术主要有上述的催化转换技术以及过滤净化技术、颗粒收集或捕集(捉)技术以及催化转换器和滤清器并用技术。其中最为有效的方法是各种滤清器。颗

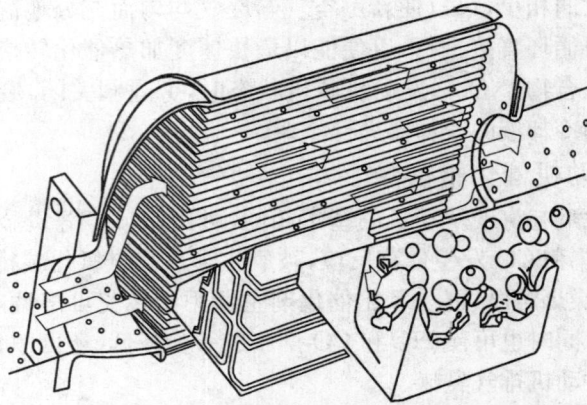

图 2-29　大众轿车电控柴油发动机催化转换器工作原理示意图

粒滤清器也叫颗粒收(捕)集器、颗粒捕捉器等。

　　颗粒滤清器(DPF)的原理是先用过滤装置过滤废气中的颗粒物质,当滤清器收集到的颗粒物太多影响柴油发动机工作时,则采用更换滤清器或对收集的颗粒采用氧化或燃烧技术进行清洁,使颗粒滤清器恢复原状重新工作。这种技术的难点主要有三个:第一是滤清器的安装使排气背压增大,并且随着收集颗粒物的增加而增大,这将导致发动机性能指标下降;第二是在一般柴油发动机运转条件下收集的颗粒物不能点燃及氧化;第三是颗粒物质被点燃之后,容易造成温度过高,损伤或烧坏滤清器。

(一)颗粒滤清器的类型和结构

　　颗粒滤清器通常为圆筒形,直接串联在排气管路中。排气颗粒经滤芯被收集,随着运行时间的增加,过滤效率会降低,排气背压由于滤清器的阻塞而上升,因此在经过一段时间后,要对滤清器进行再生处理,使滤清器中的颗粒物燃烧掉。根据滤清器的结构不同,可将颗粒滤清器分为非整体式及整体式两大类。

　　(1)非整体式颗粒滤清器的滤芯是由耐高温的金属丝网或陶瓷纤维等构成。排气从弯弯曲曲的微小孔道中通过。当采用矩形截面的金属线时,一般在其外表包裹一层 $\gamma\text{-}Al_2O_3$,表面呈松枝状结晶,比表面积大。不同的金属丝上的 $\gamma\text{-}Al_2O_3$ 表面积不同,一般为 $20\sim40\text{cm}^2/\text{g}$。

　　(2)整体式滤清器的滤芯为整体蜂窝状,常用堇青石(由 MgO、Al_2O_3 及 SiO_2 组成)制成。两端面孔道的进、排气孔间隔地用图 2-30 中的陶瓷塞堵住。排气(箭头所示方向)经过细微多孔的壁时,颗粒被拦截住。

　　通常在滤芯与不锈钢管的外壳之间,安装具有弹性的陶瓷衬垫。目的是为了补偿金属外壳和滤芯的不同的轴向、径向伸缩;缓冲车辆行驶时对滤芯的冲击及滤芯的振动;密封滤芯的外圆周,防止排气从外围流过;隔热保温,减少金属管及滤芯的径向温度下降梯度与热应力;调节金属管不同的轴

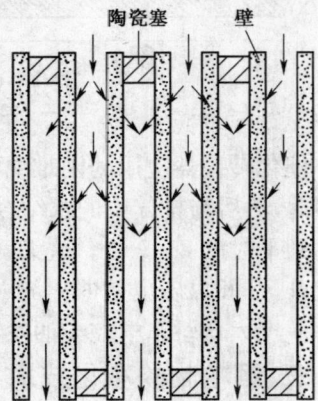

图 2-30　整体式滤清器滤芯示意图

向膨胀及剪切变形,减小传给滤芯的应力。

(二)对颗粒滤清器的要求

① 过滤效率高　颗粒滤清器的过滤效率为车辆行驶每单位里程或单位时间,在滤清器中收集到的颗粒质量与车辆行驶每单位里程或单位时间进入滤清器的颗粒质量之比。过滤效率越高,滤清器的过滤效果越好。

颗粒滤清器的过滤效率一般为50%～80%。陶瓷载体孔径的大小、壁厚、壁孔的密度及滤清器的外形尺寸是影响过滤效率的主要因素。为了使滤清器的效率较高、排气流动阻力小,而外形尺寸又不大,则必须研究它们之间的关系及对主要结构尺寸进行优选。在设计滤清器时,还应考虑车型及应达到的颗粒法规标准。一般对于颗粒排放量高的重型车用柴油发动机,过滤效率应达到80%,而对于颗粒排放量低的轻型柴油发动机,则要求可以低些。

② 应有低的初始流动阻力和在宽的负荷范围内有自行再生的能力　排气经过滤清器时会受到一定的阻力,这造成排气背压增加。随着运行时间增加,滤清器中颗粒存储量增多,背压也增加。排气背压的增加将导致柴油发动机功率下降,比油耗增加,排放进一步恶化。因此要求设计的滤清器应有低的初始流动阻力和在宽的负荷范围内有自行再生的能力,即在排气温度和催化剂的作用下,颗粒能够烧掉,而不在滤清器中积累,从而保持低的流动阻力。根据正在使用的滤芯的压力降与未使用过的滤芯的压力降进行对比,可以确定滤清器的颗粒积累程度,以判断出是否要用辅助手段对滤清器进行再生。

③ 滤芯材料性能好　颗粒滤清器不仅经常处于温度变化的排气中,而且在进行再生处理时,由于颗粒的燃烧,要释放出大量热量,温度可高达1000℃以上。因此,滤芯材料应能承受高温及热冲击,应具有足够的强度、化学稳定性、抗热裂及融熔等性能。滤芯损坏的主要形式是材料软化、局部因高温融粘及产生裂纹等。

④ 滤清器容积适当　增加滤清器容积可以提高过滤效率,减少压力降,但其外形尺寸增加。为了不妨碍在排气管路中安装,在保证过滤效率和低流通阻力的前提下,应尽可能减小外形尺寸,并且应具有一定的通用性。

⑤ 寿命长　滤清器在排气管路中,要受到热胀、振动以及由此产生的机械应力和热应力作用,因此,它应有足够的可靠性。滤清器的成本较高,应有足够的寿命及较好的再生技术措施,在长期使用后,仍能保持较高的过滤效率。

四、颗粒滤清器的再生技术

滤清器的作用是拦截颗粒并将它们储存起来,然而滤清器的容积有限,使用一段时间后,排气背压会增加,如不清除掉颗粒,则柴油发动机性能会变坏,比油耗增加。所以,对颗粒滤清器进行及时的再生是非常必要的。

滤清器再生的原理是使颗粒发生氧化反应变成CO_2气体随排气一起排入大气。能否使颗粒发生氧化反应变成CO_2气体,主要取决于以下几个方面:①温度是否大于开始着火燃烧的最低温度;②氧浓度是否大于2%;③是否有足够的反应时间等。其中最关键的是颗粒物的温度。

柴油发动机在高速、高负荷运转时,排气温度可以达到600℃以上,滤清器的颗粒能较快地氧化燃烧。试验表明,大约有85%的颗粒氧化成CO_2气体,其余部分因缺氧未完全燃烧成CO_2。而在部分负荷、小负荷时,由于温度低,不能进行颗粒滤清器的再生。为了能在多种工况下使颗粒物发生氧化反应变成 CO_2 气体,通常采用降低颗粒开始着火燃烧的最低温度或者提高排气温度的方法。

(一)提高排气温度

1. 采用进气节流

在部分负荷时,可通过进气节流使柴油发动机的进气量降低,排气流量减少,排气温度升到较高水平,以满足滤清器再生的需要。但过分节流,氧浓度会降低得过大,排气颗粒量增多,动力性及燃油经济性下降;当柴油发动机从节流回到不节流状态、转速降低时,滤清器中过热的颗粒得到氧气而迅速燃烧,释放出大量的热,滤芯材料会因温度骤升而损坏。

在低负荷时,为了获得再生条件,需要进行更大程度的节流,但这会使比油耗大大增加,柴油发动机性能变差。

2. 设置燃烧器

柴油发动机在怠速工况时排气温度仅是 120℃～150℃,在低速、低负荷工况 时排气温度也较低,只靠进气节流等措施,仍不能达到颗粒点燃温度。此时提高排气温度的较可靠的方法是,在滤清器入口前,设置一燃烧器,用喷油器向燃烧器喷入少量燃油,利用排气的氧或另外供给燃烧器的二次空气,用火花塞或电热塞点燃燃油,产生高温燃气,点燃滤清器中的颗粒。一般经过 l～2min 时间即可完成再生过程,如图 2-31 所示。

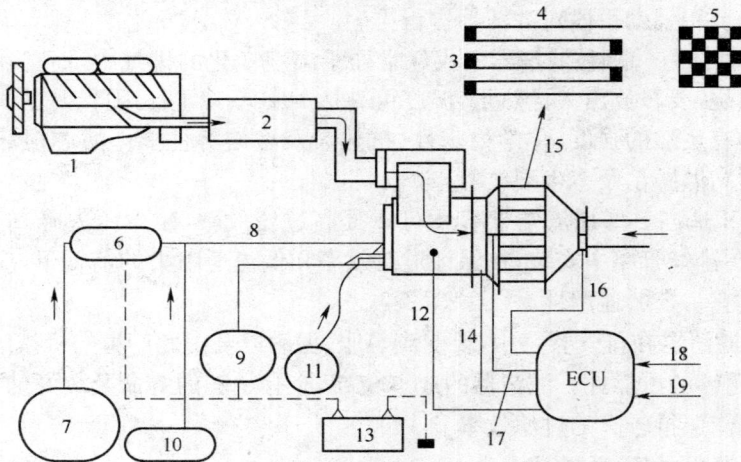

图 2-31　燃油喷射式再生系统示意图

1. 发动机　2. 消声器　3. 气体入口　4. SiC滤清器　5. 出口　6. 燃油泵　7. 燃油罐　8. 燃油及空气　9. 点火线圈　10. 空气罐　11. 空气泵　12. 燃烧器温度信号　13. 蓄电池　14. 温度信号　15. 局部放大图　16. 温度信号　17. 压力信号　18. 发动机负荷　19. 发动机转速

另外通过排气再循环或者调整喷油正时,增加排气的 HC 及 CO 含量,使它们在排气较高温度及富氧情况下燃烧,产生较高的热量,再点燃颗粒,这种方法的不足是可能产生新的二次污染。

除了进气节流外,还可以采用排气节流、推迟喷油时间、加热进气等方法提高排气温度。

(二)降低颗粒开始着火燃烧的最低温度

由于提高排气温度会产生油耗增加、产生新的二次污染等新问题,所以可以采用催化剂(如铂、钯、铜、铅及锰等金属化合物)降低颗粒着火燃烧温度的方法。一是在滤芯材料表面涂催化剂。但这种方法只有与催化剂表面接触的颗粒,才能在较低温度下进行催化燃烧。二是在燃油中加入催化剂。在柴油中加入金属化合物催化剂的方法有两种,一种是预先调制成混合燃料,另一种是边混合边使用。前一种方法容易分层,两种方法都会使柴油供应分配系统复杂化。这种方法有可能造成新的二次污染。

在排量为 4.3L 柴油发动机上的试验表明,柴油中加入不同金属化合物催化剂,能使整体式多孔陶瓷滤清器的颗粒物发生催化燃烧的最低温度(也称点燃温度)明显降低,几种常用催化剂对颗粒点燃温度的影响见表 2-2。

表 2-2　柴油中催化剂对颗粒点燃温度的影响

催化剂的种类和数量	未加催化剂	加入 0.139 g/L 的铜	加入 0.139 g/L 的铅	加入 0.139 g/L 的锰
颗粒点燃温度(℃)	600~700	400~450	450~500	500~550

(三)逆向再生方式的颗粒过滤装置

1. 带电加热器的颗粒过滤装置

图 2-32 所示为带电加热器的颗粒过滤装置。该装置最显著的特点是对收集在滤清器内的颗粒采用从滤清器出口侧到入口侧进行燃烧的逆向再生方式。与传统再生方式相比逆向再生的优点为:

① 有利于将颗粒燃烧温度控制到较低水平,能扩大滤清器内累积颗粒安全再生的上下限。

② 在滤清器的出口侧的颗粒比进口侧的多,容易点燃累积的颗粒和易于开始燃烧。

③ 在逆向再生中,二次空气流可将颗粒燃烧产生的热从滤清器壁带走,而传统再生产生的热量直接传给滤清器壁,造成温度过高,损坏或烧坏滤清器壁。

④ 能缩短所需的再生时间。

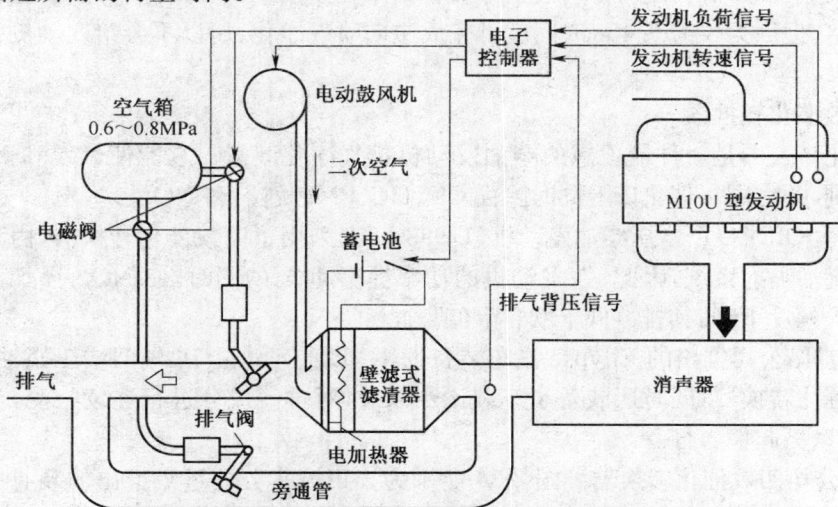

图 2-32　带专用电加热器的颗粒过滤装置示意图

2. 带逆向喷气净化器的颗粒过滤装置

带有逆向喷气净化器的颗粒过滤装置的最大特点是能将滤清器与颗粒燃烧部分隔开。所以该装置解决了以下两个问题：①再生时滤清器由于颗粒燃烧放热而产生的裂缝和熔化；②因颗粒燃烧留下灰烬并在滤清器内累积。

图 2-33 所示是带有四块横流滤清器的过滤系统及过滤装置的示意图。含有颗粒的废气从滤清器上部流入过滤颗粒的圆柱形通道，没有颗粒的废气从侧壁缝隙排出。急速喷射的压缩空气从与排气流相反的方向喷入，于是颗粒从柱形通道表面被清除落到漏斗罩。收集到漏斗里的颗粒由其中的铠装电加热器燃烧掉。

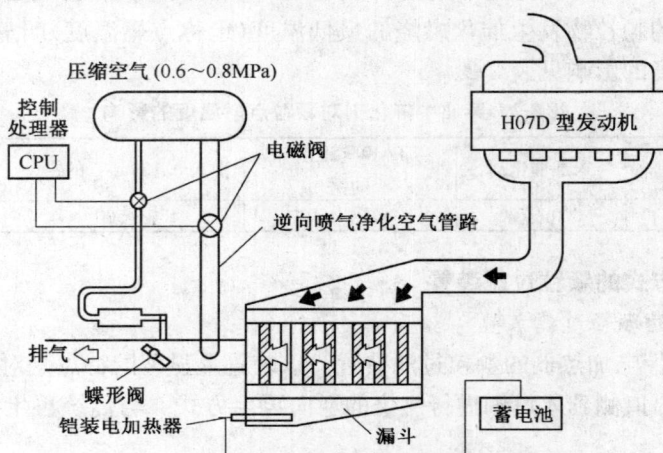

图 2-33　逆向喷气净化滤清器系统示意图

为了提高逆向喷气净化的效果，过滤装置具有控制排气的蝶形阀，这些阀门在进行逆向喷气净化的瞬间即刻关闭，防止压缩空气反向流动。过滤装置有两个隔开的排气管道，在不同的时间内分别在每侧排气管道内进行逆向喷气净化。

不管发动机工作如何，随时都可进行净化。如果在发动机工作时进行净化，过滤装置的压降要增加一倍，但因为仅需 0.45s 时间就可完成逆向喷气净化，所以不会给发动机工作带来任何问题。

（四）四效催化转换器

四效催化转换器是一种最理想的柴油发动机排气净化装置。它能使微粒和 NO_2 互为氧化剂和还原剂，并在同一催化床上同时除去 CO、HC、PM（微粒）和 NO_x。

① 马自达 DIREC-D 增压柴油发动机（1.998 L）上采用了四效催化转换器，由于同时采用了共轨高压燃油喷射系统，因此，在发动机的功率提高 40% 的同时，使 NO_x、黑烟、振动噪声、CO_2 及油耗大幅度下降，其排放低于欧Ⅳ限值。

② 法国雷诺公司推出的 Ellypse 汽车装备的 1.2L 直列 4 缸 16 气门增压柴油发动机，也装载了四效催化转换器，同时还装备了车载诊断系统，对排气成分进行连续检测，当汽车应该维修时，将自动亮起警告灯。

③ 丰田公司四效催化转换器。图 2-34 所示为丰田汽车公司近年推出的装有四效催化转换器的电子喷射柴油发动机。该柴油发动机为共轨燃油系统发动机，还具有排气道喷射装置

（EPI）、低温燃烧装置（LTC）和补充喷油装置（PI）等。这种四效催化转换器的构造与颗粒滤清器类似，不同之处是在颗粒滤清器的表面涂抹了催化剂（NSR），为了使 PM、CO 和 HC 进一步降低，在 DPNR 催化转换器的下游还布置了氧化催化器。该装置以多孔陶瓷颗粒滤清器和稀薄混合气汽油发动机使用的吸附还原型三效催化转换器为基础，其原理是利用在稀混合气运行吸附 NO_2 时产生的氧和排气中的氧氧化 PM。当在瞬间的浓混合气侧运行时，虽然排气中的氧含量少，但可应用 NO_x 脱附后还原时产生的氧来氧化 PM。为了最大限度的净化 NO_x 和提高 PM 的氧化率，必须精确控制再生和脱硫时间等。

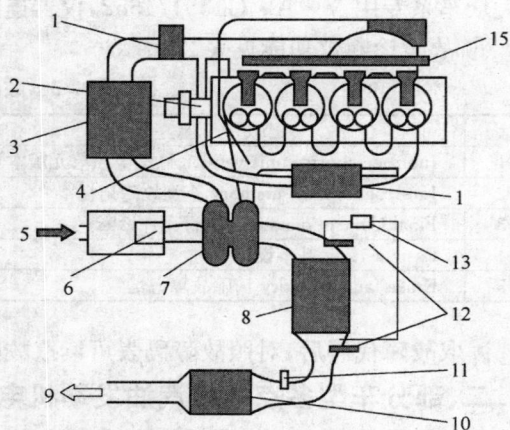

图 2-34　丰田公司的四效催化转换器电子喷射柴油发动机系统示意图

1. 节气门　2. EGR 阀　3. 中冷器　4. 排气道喷射器　5. 进气　6. 空气流量传感器　7. 增压器　8. DPNR 净化器　9. 排气　10. 氧化转换器　11. 空燃比传感器　12. 温度传感器　13. 压差传感器　14. EGR 冷却装置　15. 共轨系统

安装了这种净化系统的 2t 货车，其排放中的 PM 和 NO_x 仅为 2000 年日本排放限值的 20%。如果进一步改变排气的流入方向，则可促进催化器内 NO_x 和 PM 的反应，对大排量的重型车，PM 的净化效率可以达到更高值。

注意：燃料中的硫会使四效催化转换器的净化能力下降，应使用低硫燃油。

第七节　典型发动机电控系统的检修

一、电控发动机控制系统故障码的显示及清除方法

（一）电控发动机故障码的显示和清除方法

电控发动机故障码的显示有两种：

① 使用专用解码器或通用型解码器，如大众系列专用设备是 V·A·G1551/1552 汽车系统诊断仪，通用解码器如由美国的红盒子 MT2500 解码器、德国博世公司生产的 KTS300/500 解码器、美国生产的 OTC 系列解码器及国内生产的电眼睛（431ME）、车博世、修车王、仪表王等。

②有些车型可利用普通方法，短接故障诊断插座调取故障代码。

（二）使用专用仪器调取故障码

① 选择与所检测车型配套的诊断插座，在点火开关关闭状态下与发动机诊断通信插座相连。

② 打开故障诊断仪，选择所要检测的车型，输入必要数据。

③ 打开点火开关，读取故障码，根据故障码的提示初步确定故障部位。

④ 执行元件检测功能，对怀疑有故障的元件进行深入检查，确定故障元件。

⑤ 更换故障器件，清除故障码，重新起动发动机，检查是否还有故障码，故障症状是否已经消失。

进行故障诊断时，首先要保证蓄电池电压正常（大于 11.5V），车身搭铁可靠。宝来轿车使

用大众车系专用 V·A·G1551/1552,仪器连接需正确、可靠。

⑥ 故障诊断仪功能见表 2-3。

表 2-3　故障诊断仪功能

代码	功　　能	代码	功　　能
01	Internee control unit version 显示电控单元版本号	06	End out put 结束测试
02	Interrogate fault memory 查询故障记忆	07	Code control unit 为电控单元编码
03	Final Control diagnosis 执行元件诊断	08	Read measuring value block 阅读测量数据块
04	Basic setting 基本设定	09	Read individual measuring value 读每个测量值
05	Erase fault memory 清除故障记忆	10	Adaptation 匹配

读取故障代码后,对照故障码表可读取故障含意,进一步对可能故障部位进行确诊。

二、部分车型多点喷射汽油发动机电控系统故障检修

(一)桑塔纳 2000GLi 发动机电控系统故障检修

桑塔纳 2000GLi 装备 1.8L AFE 型发动机电控燃油喷射系统,其电控系统常见故障码含义及排除方法见表 2-4。

表 2-4　AFE 型发动机电控燃油喷射系统常见故障及排除

故障码	V·A·G1551 打印信息	可能的故障原因	故障的消除
00518	节气门位置传感器(G69)对正极断路/短路	电缆或 G69 对正极短路;电缆断路、G69 损坏	检查 G69 的电路
00519	进气压力传感器(G71)对正极断路/短路	G71 损坏、电缆断路	检查 G71 的电路
00522	冷却液温度传感器(G62)对正极断路/短路	G62 损坏、电缆断路	检查 G62 的电路
00523	进气温度传感器(G72)对正极断路/短路	G72 损坏、电缆搭铁短路;G72 损坏、电缆断路	检查电缆或 G72 搭铁电路;检查 G72 的电路
00524	爆燃传感器(G61)无信号	在传感器电路内有电缆断路或短路;G61 损坏	更换 G61 的电路;更换 G61
00525	氧传感器(G39)无信号;对正极短路	G39 损坏、电缆断路;电缆对正极短路	检测氧传感器 G39;检查 G39 电路、电缆;检查 G39 对正极短路情况
00532	信号过大;信号过小	蓄电池电压大于 16.0V;蓄电池电压小于 10.0V	检测发电机、检测蓄电池
01249	1 缸的喷油器(N30)对正极短路/断路	电缆或 N30 对正极短路;电缆搭铁断路/短路 N30 损坏	检查 N30 或 N30 的电缆,必要时更换 N30
01250	2 缸喷油器(N31)对正极短路/断路	电缆或 N31 对正极短路;电缆搭铁断路/短路 N31 损坏	检查 N31 或 N31 的电缆,必要时更换 N31
01252	3 缸喷油器(N32)对正极短路/断路	电缆或 N32 对正极短路;电缆搭铁断路/短路 N32 损坏	检查 N32 或 N32 的电缆,必要时更换 N32
01250	4 缸喷油器(N33)对正极短路/断路	电缆或 N30 对正极短路;电缆搭铁断路/短路 N33 损坏	检查 N33 或 N33 的电缆,必要时更换 N33
65535	ECU 故障	ECU 部件损坏	更换 ECU

(二)红旗轿车发动机电控系统故障与排除

红旗轿车装备的 CA488 系列和 CA4GE 系列发动机采用德国西门子公司生产的电控系统,其故障码可用普通方法调用,亦可用 V·A·G1551 汽车故障诊断仪检测,其故障码含义见

表 2-5。

表 2-5　红旗轿车发动机电控系统常见故障及排除

故障码	V·A·G检测仪故障码	故障码含义	故障可能原因	故障现象	排除方法
12	正常				
13		冷却液温度传感器与供电端短路	与蓄电池短路,引线断路,传感器故障		
14	00522	冷却液温度传感器搭铁短路	信号端搭铁短路,传感器故障		
15		冷却液温度传感器温度变化率太大	短路,插接器接触不牢,传感器故障	冷起动性能差,热起动性能差,怠速不稳,进入跛行功能	检查插接器和线束,若正常,则更换传感器
16	00523	空气温度传感器与供电端短路	与蓄电池短路,引线断路,传感器故障		
17		空气温度传感器搭铁短路	搭铁短路,引线断路		
18	00520	空气流量传感器搭铁短路	搭铁短路,供电端引线断		
19		空气流量传感器与供电端短路	与蓄电池短路		
20	00515	凸轮轴位置传感器信号错误	搭铁或蓄电池短路,接触不良,分电器安装位置不对,传感器故障	进入跛行功能,发动机转速限制在4500r/min,功率下降,起动性能差,油耗增加	检查线束和插接器及分电器安装位置;若正常,更换传感器
21		曲轴位置传感器信号故障	搭铁或供电端短路,插接器接触不良,传感器与靶轮间隙过大;传感器上有金属屑;传感器固定不牢或有故障	发动机不能运转	检查线束和插接器;检查传感器与靶轮的间隙;检查传感器外壳;若正常,更换传感器
22	00625	车速信号故障	引线断路,搭铁短路,与供电端短路,车速里程表故障	车速显示不对,不能使用CO电位计调节空燃比,行驶性能差,进入跛行功能	检查线束和插接器;若正常,更换车速里程表
23	00524	爆燃传感器	噪声过大,噪声超过额定值,ECU中爆燃放大器故障	功率下降,油耗升高,进入跛行功能	更换传感器;若正常,更换ECU
24			无信号,短路		
30	01249	喷油器1与供电端短路	喷油器故障,与供电端短路		检查线束和插接器;若正常,更换1缸喷油器检查线束和插接器;若正常,更换2缸喷油器
31		喷油器1搭铁短路	与供电端短路,喷油器故障	起动困难,怠速不稳,发动机少数缸不工作,行驶性差,排气管冒黑烟	
32	01250	喷油器2与供电端短路	与供电端短路,喷油器故障,引线断路		
33		喷油器2搭铁短路	喷油器故障,搭铁短路		
34	01251	喷油器3与供电端短路	与供电端短路,喷油器故障,引线断路		检查线束和插接器;若正常,更换3缸喷油器
35		喷油器3搭铁短路	喷油器搭铁短路		

续表 2-5

故障码	V·A·G检测仪故障码	故障码含义	故障可能原因	故障现象	排除方法
36	01252	喷油器 4 与供电端短路	与供电端短路,喷油器故障,引线断路	起动困难,急速不稳,发动机少数缸不工作,行驶性差,排气管冒黑烟	检查线束和插接器;若正常,更换 4 缸喷油器
37		喷油器 4 搭铁短路	喷油器故障,搭铁短路		
50	00518	节气门位置传感器与供电端短路	搭铁断路;与供电端短路,传感器故障,传感器滑臂卡在全开限制点	起动性能差。急速不稳,进入跛行功能,负荷过渡性差	消除故障码,点火开关置于"ON"档。检查故障是否再出现;检查线束和插接器;检查节气门操纵机构
51		节气门位置传感器搭铁短路	传感器故障,搭铁短路,电源(41端子)断路,传感器的滑臂卡在全关限制点		
52		节气门位置传感器信号故障	传感器故障,短路,接触不良		
53	00530	急速节气门位置传感器搭铁短路	搭铁短路,传感器断路,电源引线断路,接触不良	起动性能差;急速不稳;进入跛行功能;负荷过渡性差	消除故障码,将点火开关置于"ON"档,检查故障是否再出现;检查线束和插接器;检查节气门体总成
54		急速节气门位置传感器与供电端短路	与供电端(蓄电池)短路,地线导线断路,接触不良,传感器故障		
55		急速节气门位置传感器信号故障	信号故障,传感器损坏,接触不良,节气门卡死		
56	00516	急速开关搭铁短路	搭铁短路,引线断路,触点锈蚀,节气门操纵机构安装故障	急速不稳,起步时行驶性能差	消除故障码,将点火开关置于"ON"档,检查故障是否再出现;检查线束和插接器;检查节气门体总成
57		急速开关断路			消除故障码,将点火开关置于"ON"档,检查故障是否再出现;检查线束和插接器;检查节气门体总成及操纵机构
58		急速开关信号故障	信号故障(节气门卡死,接触不良,急速开关故障)		
59	00282	节气门急速直流电动机引线断路	直流电动机引线断路	冷起动性能差,进入跛行功能,冷车无急速,急速不稳,负荷过渡不圆滑	消除故障码。将点火开关置于"ON"档。检查故障是否再出现;检查线束和插接器;检查节气门体消除故障码,将点火开关置于"ON"档,检查故障是否再出现;检查线束和插接器;检查节气门体及操纵机构
60		节气门急速直流电动机短路	25 端子或 30 端子与供电端短路,25 端子或 30 端子搭铁短路,或其两端子之间短路		
61		急速执行器节气门卡死	节气门卡死		
62		急速执行器旋转方向相反	25 端子和 30 端子相互接错		

续表 2-5

故障码	V·A·G检测仪故障码	故障码含义	故障可能原因	故障现象	排除方法
63	00533	怠速执行器卡死在节气门关闭位置	节气门卡死	冷起动性能差,冷车无怠速,怠速不稳,进入跛行功能,负荷过渡不圆滑,行驶性差	消除故障码,将点火开关置于"ON"档,检查故障是否再现;检查节气门体及其操纵装置
64		怠速执行器卡死在打开位置	节气门卡死		
65	00530	怠速执行器卡死在上限	节气门体故障,节气门卡死	冷起动性能差,冷车怠速困难,怠速不稳,进入跛行功能,负荷过渡不圆滑,行驶性差	消除故障码,将点火开关置于"ON"档,检查故障是否再现;检查线束和插接器;检查节气门体及其操纵装置
66		怠速执行器超出规定值	节气门故障		消除故障码,将点火开关置于"ON"档,检查故障是否再现;检查线束和插接器;检查节气门体总成
67		怠速执行器、节气门位置传感器检测的结果与执行器动作相反	节气门卡死,节气门体故障,25端子和30端子相互接错		
70		CO电位计与供电端短路	与供电端蓄电池短路	无法调节空燃比	检查线束和插接器;若正常,更换CO电位计
71		CO电位计搭铁短路	搭铁短路		
73	01259	燃油泵继电器输出故障	与蓄电池短路,电流过大	发动机不能运转	检查线束和插接器;检查继电器
74	00624	空调控制器故障	与蓄电池短路,超载	发动机怠速失速,没有空调,全负荷时不能关空调	检查线束和插接器;检查空调继电器;检查ECU的13号端子输出
75	00546	通信电缆信号故障	与蓄电池短路,超载	V·A·G无输出或输出故障	检查线束和插接器
76	00000	ECU放大器短路	V·A·G诊断仪无输出,仪表盘无信号或信号故障,没有空调,发动机故障诊断线短路。发动机转速输出短路,空调控制器短路,油泵继电器短路	V·A·G诊断仪无输出,仪表盘无信号或信号故障,没有空调,发动机不能运转	检查线束和插接器
77		故障指示灯与供电端短路	与供电端(蓄电池)短路,引线折断	起动时指示灯不亮;没有闪烁代码	检查线束和插接器;若正常,更换灯泡
78		故障指示灯搭铁短路	搭铁短路	指示灯不熄灭,没有闪烁代码	检查线束和插接器;若正常,更换灯泡

续表 2-5

故障码	V·A·G检测仪故障码	故障码含义	故障可能原因	故障现象	排除方法
80	00832	蓄电池电压过低	发电机故障,电压调节器故障,蓄电池故障	行驶性差、发动机不能运转	检查线束和插接器;检查发电机和电压调节器
81	00532	蓄电池电压过高	电压调节器故障,双蓄电池串联起动而造成	过电压,元件损坏	检查发电机和电压调节器
82	65535	ECU 故障	内部检查和错误;RAM/ROM/EEPROM故障	发动机不能运转	更换 ECU

三、电控泵-喷嘴柴油发动机的检修

一汽宝来 ATD 柴油发动机为 1.9L,74kW,配备电控泵-喷嘴废气涡轮增压柴油发动机。

(一)故障码读取和清除方法

1. 自诊断技术数据

连接 V·A·G1551、V·A·G1552 或 V·A·S5051,选择发动机 ECU,显示屏显示 ECU 版本。通过 V·A·G1551、V·A·G1552 或 V·A·S5051 输入地址码 01:发动机电子系统即可选择功能。表 2-6 为自诊断可供选择的功能。

表 2-6　自诊断可供选择的功能

V·A·G1551/1552 的功能		接通 ON,发动机不起动	发动机怠速运转	车辆行驶
01	查询电控单元版本	有	有	有
02	查询故障存储器	有	有	有
03	执行部件诊断	有	有	无
04	基本设置	无	有	无
05	清除故障存储器	有	有	有
06	结束输出	有	有	有
07	编码电控单元	有	无	有
08	读取测量数据块	有	同	有

2. 连接 V·A·G1551 或 V·A·S5051 仪器的方法

(1)测试条件　蓄电池电压应大于 11.5V,12 号熔丝正常,发动机和变速器的接地线正常。

(2)V·A·S5051 连接方法　按以下四步进行测试。

① 将 V·A·S5051/1 或 V·A·S5051/3 连接器插入诊断插口,打开 V·A·S5051。

② 选择操作模式,按下显示屏上的"车辆自诊断"按钮。

③ 选择车辆系统,按显示屏上"01-发动机电子系统"按钮,ECU 识别码和代码显示在显示屏上。若代码与车型不符,则检查 ECU 编码。

④ 选择诊断功能,显示屏上显示所有可用诊断功能。按显示屏上的按钮,选择所需功能。

(3)V·A·G1551 连接方法　按以下两步进行测试。

① 用 V·A·G1551/3 连接器连接 V·A·G1551。根据所需要的功能,接通点火开关或

起动发动机。注意:若显示屏无显示,则检查诊断插口的电压。若因输入错误而使显示屏显示"数据传递故障",则断开 V·A·G1551,重新连接 4 并再次进行测试。显示屏显示如下内容,显示屏中的 1 和 2 交替显示。

```
V · A · G-Self-diagnosis                                      HELP
1-Rapid data transfer(快速数据传输)
2-Flash code output(闪光码输出)
```

②按显示屏显示的内容操作 V·A·G1551,按 1 键,进入"快速数据传输"。按 0 和 1 键,进入"发动机电子系统",按 Q 键确认,V·A·G1551 显示电控单元识别码。显示屏显示如下内容:

```
038906019DF   1.91   R4   EDC   G000SG
1260
Coding 00002                        WSC00000
```

其中:038906019DF 表示电控单元零件号;

1.91 表示发动机排量;

R4 表示发动机形式(4 缸直列);

EDC 表示喷射系统(电子柴油控制);

G 表示配有巡航控制系统(CCS);

SG 表示手动变速器(AG 表示自动变速器);

1260 表示电控单元软件版本;

Coding 00002 表示电控单元编码,00001 编码适用自动变速器车型,00002 编码适用手动变速器车型;

WSC×××× 表示上一次编制代码的服务站的 V. A. G1551 服务站代码(若未改编出厂编码,则显示为 WSC00000),若编码与车型不符,则检查电控单元编码并对发动机电控单元进行编码。

3. 所有存储器的自动测试程序查询方法

注意:V·A·G1551/1552 可以执行的所有功能,用 V·A·S5051 也可以执行。各种电控单元/部件通过数据总线连接在一起,应先按"自动检测程序"查询所有电控单元的故障信息。检测和装配过程中,可能查出其他电控单元的故障,如连接器松脱等。因此,检修完成后应查询和清除所有电控单元故障存储信息。

① 按两次 0 键,进入"自动检测程序",按 Q 键确认。显示屏会显示电控单元识别码或储存的故障数量或"无故障识别"。所有存储的故障信息将被依次显示和打印,然后 V·A·G1551 转到下一个地址码。

②显示屏显示如下内容时,自动测试程序结束。

```
V · A · G-SELF-DIAGNOSIS                                      HELP
1-Rapid data transfer(快速数据传输)
2-Flash code output(闪光码输出)
```

③清除所有故障信息,路试。用"自动测试程序"再次查询所有电控单元存储故障信息,应无故障信息。若无故障,则按 1 键,显示屏显示如下:

```
Rapid data transfer(快速数据传输)                              HELP
Select function ××(选择功能××)
```

④按 0 和 6 键,进入"结束数据传输"功能,按 Q 键确认。

4．故障码读取方法

① 连接 V·A·G1551,输入地址码"01",选择发动机电控单元,这时发动机应急速运转。发动机未起动时,接通点火开关,按打印键打开打印机,警告灯应亮。显示屏显示如下:

```
Rapid data transfer(快速数据传输)                    HELP
Select function × ×(选择功能××)
```

②按显示屏显示的内容操作 V·A·G1551,按 0 和 2 键,进入"查询故障存储器"功能,按 Q 键确认。显示屏显示存储的故障数量或"无故障识别",显示屏显示如下:

```
× Faults recognisde!（×个故障）
```

③若存储了一个或多个故障,存储的故障信息会被依次显示并打印出来。存储的故障信息打印出来后,显示屏显示如下:

```
Rapid data transfer(快速数据传输)                    HELP
Select function × ×(选择功能××)
```

④按故障码表排除故障,清除故障存储信息。若没有故障,则按 1 键,显示屏显示如下:

```
Rapid data transfer(快速数据传输)                    HELP
Select function××(选择功能××)
```

⑤按 0 和 6 键,选择"结束数据传输"功能,按 Q 键确认。

5．清除故障码的方法

① 测试条件:故障被排除后进行。

② 连接 V·A·G1551 或 V·A·G1552,选择"发动机电控单元",这时发动机应急速运转,显示屏显示如下:

```
Rapid data transfer(快速数据传输)                    HELP
Select function × ×(选择功能××)
```

③按 0 和 2 键,进入"查询故障存储器",按 Q 键确认。按 1 键,直到储存的所有故障信息出现在显示屏上。

④按 0 和 5 键,进入"清除故障存储器",按 Q 键确认,显示屏显示如下:

```
Rapid data transfer(快速数据传输)                    HELP
Fault memory is erased!（故障记忆被删除）
```

⑤若未清除存储的故障信息,则系统仍有故障,应将故障排除。故障全部排除且故障码清除后,显示屏显示如下:

```
Rapid data transfer(快速数据传输)                    HELP
Select function × ×(选择功能××)
```

⑥按 0 和 6 键,进入"结束数据传输"功能,按 Q 键确认。

6. 故障码含义

宝来电控柴油轿车的自诊断故障码含义见表 2-7。

表 2-7　宝来电控柴油轿车故障码含义

故障码	辅助故障码	故障诊断	故障产生的可能原因	可能产生的影响	故障排除
16485	P0101	空气流量传感器 G70 信号不正常	1. 电路断路或与车身短路 2. G70 失效	1. 输出功率降低 2. 冒黑烟	检查 G70
16684	P0300	不点火	1. 一缸或多缸不点火 2. 气缸没有压力	1. 输出功率降低 2. 发动机运转粗暴 3. 尾气排放值升高	检查气缸压力
16685	P0301	1 缸不点火	1. 1 缸不点火 2. 气缸没有压力		
16686	P0302	2 缸不点火	1. 2 缸不点火 2. 气缸没有压力		
16687	P0303	3 缸不点火	1. 3 缸不点火 2. 气缸没有压力		
16688	P0304	4 缸不点火	1. 4 缸不点火 2. 气缸没有压力		
16705	P0321	发动机转速传感器 G28 信号不正常	1. G28 失效 2. 速度传感器/传感器轮间隙过大 3. G28 上有金属屑或底座松动 4. 电路断路或与车身短路	1. 发动机无法起动 2. 发动机运转粗暴 3. 预热时间警告灯闪亮 4. 尾气排放物增多 5. 转速表无显示	检查 G28
16706	P0322	发动机转速传感器无信号	1. G28 失效 2. 电路断路或与车身短路	1. 发动机无法起动 2. 发动机熄火 3. 预热时间警告灯闪亮 4. 转速表无显示	
16725	P0341	凸轮轴位置传感器 G40 信号不正常	1. G40 失效 2. 传感器不正常或未紧固 3. 传感器与凸轮轴齿轮间的间隙不正确 4. 电路断路或与车身短路	发动机起动时间延长	检查 G40
			传感轮的轮毂在凸轮轴上转动且松动	1. 发动机不起动 2. 发动机失速	检查凸轮轴位置传感器
16885	P0501	车速信号不正常	无速度传感器 G22 信号	1. 车速表显示不好 2. 换档车辆振动 3. 空调会关闭 4. 巡航控制系统会关闭	检查 G22
16944	P0560	电源电压信号不正常	1. 端子 30 电源供电继电器 J317 失效 2. 继电器卡住	1. 发动机不起动 2. 各种运转问题,包括发动机不起动	检查发动机电控单元的电压
16944	P0562	电源电压太低	电压小于 4V		
16947	P0563	电源电压太高	电压大于 20V		

续表 2-7

故障码	辅助故障码	故障诊断		故障产生的可能原因	可能产生的影响	故障排除
16955	P0571	制动灯开关信号不正常		1. 制动灯开关 F 失效 2. 制动踏板开关 F47 失效	1. 预热时间警告灯闪亮 2. 制动灯失效	检查 F 和 F47
16989	P0605	发动机电控单元故障		发动机电控单元 J248 内部故障	1. 存在各种运行问题 2. 发动机熄火	更换 J248
17552	P1144	空气流量传感器 G70 断路或短路		1. 电路断路或短路 2. G70 失效	1. 输出功率降低 2. 冒黑烟	检查 G70
17553	P1145					
17554	P1146	空气流量传感器工作电压故障		1. 工作电压过高或过低 2. 电路断路		
17563	P1155	进气支管压力传感器 G71 与蓄电池正极短路		1. 电路与蓄电池正极短路 2. G71 故障	1. 输出功率降低 2. 尾气排放值升高	检查 G71
17564	P1156	进气支管压力传感器断路或与车身短路		1. 电路断路或与车身短路 2. G71 失效		
17565	P1157	进气支管压力传感器工作电压故障		1. 工作电压过高或过低 2. 电路断路 3. G71 失效		
17568	P1160	进气支管温度传感器 G72	与车身短路	1. 电路与车身短路 2. G72 故障	达到预先设定值 136.8℃	检查 G72
17569	P1161		断路或与蓄电池正极短路	1. 电路断路或与蓄电池正极短路 2. G72 故障		
17677	P1269	4 缸泵-喷嘴 N243 信号不正常		不能控制泵-喷嘴	1. 发动机运转问题 2. 发动机运转粗暴 3. 输出功率降低 4. 排放值升高	检查泵-喷嘴
17678	P1270	4 缸泵-喷嘴 N243 超过控制极限		1. 控制时间过长 2. 传输受阻		
17679	P1271	4 缸泵-喷嘴 N243 未达到控制极限		1. 控制时间过短 2. 缺油 3. 燃油系统内有空气		1. 检查泵-喷嘴 2. 检查供油系统
17810	P1402	废气再循环阀(电子)N18	与蓄电池正极短路	电路与蓄电池正极短路	无废气再循环	检查 N18
17849	P1441		断路或与车身短路	1. 电路断路 2. N18 失效		
				电路与车身短路	1. 废气再循环过强 2. 输出功率降低,冒黑烟	
17910	P1502	燃油泵继电器 J17 与蓄电池正极短路		1. J17 失效 2. 电路断路或蓄电池正极短路	1. 输出功率下降 2. 行驶性能恶化 3. 发动机停机	检查 J17
17911	P1503	发电机 DF 端子负荷信号不正常		1. 发电机故障 2. 电压调节器失效 3. 电路断路	发动机预热无效	检查发电机
17932	P1524	燃油泵继电器 J17 断路或与车身短路		1. 电路断路或与车身短路 2. J17 失效	1. 输出功率降低 2. 行驶性能恶化	检查 J17

续表 2-7

故障码	辅助故障码	故障诊断		故障产生的可能原因	可能产生的影响	故障排除
17948	P1540	车速信号太高		1. 车速大于 260km/h 2. 组合仪表失效	1. 巡航控制系统不正常 2. 巡航控制系统关闭 3. 挂档时车辆振动 4. 空调关闭	检查车速表信号
17954	P1546	进气压力控制电磁阀 N75	与蓄电池正极短路	电路与蓄电池正极短路	1. 输出功率降低 2. 进气压力过低	检查 N75
17957	P1549		断路或与车身短路	1. 电路断路 2. N75 失效		
				电路与车身短路	1. 输出功率下降 2. 进气压力过高	
17958	P1550	进气压力控制有偏差		1. N75 失效 2. 软管接头未接上 3. 涡轮增压器与发动机间漏气 4. 涡轮增压器失效	输出功率下降	检查 N75
17964	P1556	进气压力未达到调节极限		1. N75 失效 2. 涡轮增压器失效 3. 涡轮增压器与发动机间漏气	1. 输出功率降低 2. 进气压力太低	检查 N75
17965	P1557	进气压力超过调节极限		软管接头未插上	1. 输出功率降低 2. 进气压力太高	检查 N75
17977	P1569	巡航控制系统开关 E45 信号不正常		1. E45 失效 2. 电路断路或短路	巡航控制系统关闭	检查巡航控制系统
17978	P1570	发动机电控单元故障		1. 用未授权的钥匙起动车辆 2. 试图起动车辆 3. 电路短路 4. 防盗系统故障 5. 防盗电控单元失效或无法找到 6. 已更换发动机电控单元,但与防盗器不匹配	1. 发动机短时起动后再次熄火 2. 预热时间警告灯闪亮	将发动机电控单元与防盗器进行匹配
18008	P1600	电源电压端子 15 电压不正常		点火开关开时无电压(端子 15)	存在各种运行问题,包括发动机不运转	检查发动机电控单元电源电压
18009	P1601	端子 30 电源供电继电器 J317 不正常		1. J317 失效 2. 继电器卡住	1. 发动机无法起动 2. 存在各种运行问题,包括发动机不运转	检查发动机电控单元电源电压
18017	P1609	应急开关触发		安全气囊触发		进行车身自诊断
18020	P1612	发动机电控单元编码不正确		发动机电控单元编码无效	预热时间警告灯闪亮	对发动机电控单元进行编码

续表 2-7

故障码	辅助故障码	故障诊断		故障产生的可能原因	可能产生的影响	故障排除
18024	P1616	预热时间警告灯 K29 与蓄电池正极短路		与蓄电池正极短路	预热时间警告灯闪亮	检查 K29
18025	P1617	K29 电路断路或与车身短路		1. 电路断路 2. 灯泡失效 与车身短路	预热时间警告灯不工作	
18026	P1618	预热塞继电器 J52	蓄电池正极短路	1. 电路与蓄电池正极短路 2. J52 失效	1. 无预热过程 2. 冷起动困难 3. 预热时间警告灯闪亮	检查 J52
18027	P1619		断路或与车身短路	1. 电路断路或与车身短路 2. J52 失效		
18034	P1626	没有变速器电控单元信息		至变速器电控单元的数据线有故障	发动机运转问题（换档时产生振动、负荷改变时有振动）	检查数据总线的匹配电阻
18039	P1631	加速踏板位置传感器 G79	信号电压过高	G79 失效	急速转速升高	检查 G79
18040	P1632		电压不正常	1. 电路断路 2. 工作电压太高或太低	1. 预热时间警告灯闪亮 2. 急速转速升高	
18044	P1636	没有安全气囊电控单元信息		安全气囊电控单元数据总线有故障		检查数据总线匹配电阻
18047	P1639	加速踏板位置传感器 G79 信号不正常		G79 失效	1. 急速转速升高 2. 预热警告灯闪亮	检查 G79
18048	P1640	发动机电控单元失效		发动机电控单元 J248 内部故障	1. 存在各种运行问题 2. 发动机熄火	更换 J248
18056	P1648	传动系统数据总线失效		电控单元内部故障	1. 预热时间警告灯闪亮 2. 发动机运转问题（换档或带负荷时有振动）	检查数据线匹配电阻
18057	P1649	没有 ABS 电控单元信息		ABS 电控单元的数据总线有故障	不能进行电子稳定控制	检查数据线匹配电阻
18090	P1682	ABS 电控单元信号不正常			1. TCS 功能失效 2. EBC 功能失效	
18058	P1650	没有组合仪表信息		组合仪表数据总线有故障		检查数据线匹配电阻
19456	P3000	组合仪表有故障				
18062	P1654	组合仪表故障		机油油位/机油温度传感器失效	机油油位警告灯闪亮	进行电气系统自诊断
18065	P1657	空调输入/输出与蓄电池正极短路		电路与蓄电池正极短路	空调打开时车辆加速性能降低	检查空调压缩机
18067	P1659	散热器风扇触发器与蓄电池正极短路		电路短路	没有触发散热器风扇	检查散热器风扇触发器
18071	P1663	泵-喷嘴触发器与蓄电池正极短路		1. 电路与蓄电池正极短路 2. 发动机电控单元内部与蓄电池正极短路	1. 发动机停机 2. 发动机有的缸不点火	检查泵-喷嘴
18072	P1664	泵-喷嘴触发器电路电气故障		电路断路或与车身短路		
18073	P1665	泵-喷嘴机械故障		泵-喷嘴机械故障		

续表 2-7

故障码	辅助故障码	故障诊断		故障产生的可能原因	可能产生的影响	故障排除
18074	P1666	1 缸泵-喷嘴 N240 电路故障		电路断路或与车身短路	1. 发动机运转问题 2. 发动机运转粗暴 3. 输出功率下降 4. 尾气排放值升高	检查泵喷嘴
18075	P1667	2 缸泵-喷嘴 N241 电路故障				
18076	P1668	3 缸泵-喷嘴 N242 电路故障				
18077	P1669	4 缸泵-喷嘴 N243 电路故障				
18080	P1672	散热器风扇触发器 1 电路断路或与车身短路		电路断路或与车身短路	没有触发散热器风扇	检查散热器风扇触发器
19458	P3002	强制降档开关 F8 信号不正常		G79 失效	自动变速器换档点设置不好	检查 G79
19459	P3003	低热输出继电器 J359 与蓄电池正极短路		1. 电路断路或与蓄电池正极短路 2. J359 失效	发动机没有预热功能	检查 J359
19461	P3005	高热输出继电器 J360 与蓄电池正极短路		1. 电路断路或与蓄电池正极短路 2. J360 失效	发动机没有预热功能	检查 J360
19463	P3007	没有凸轮轴位置传感器 G40 信号		1. G40 失效 2. 传感器不对或未紧固 3. 传感器与凸轮轴链轮间的间隙不正确 4. 电路断路或与车身短路	发动机起动时间延长	检查 G40
19764	P3008	凸轮轴位置传感器 G40 信号不正常		传感器轮毂在凸轮轴处扭曲变形或松动	1. 发动机不能起动 2. 起动机停机	检查凸轮轴和传感器轮毂位置
19560	P3104	进气支管翻板转换阀 N239	与蓄电池正极短路	电路与蓄电池正极短路	发动机停机时振动过大	检查 N239
19561	P3105		断路或与车身短路	1. 电路断路或与车身短路 2. N239 失效		

(二)执行部件诊断

1. 按下列顺序触发各部件

① 废气再循环阀(N18);

② 空调压缩机;

③ 进气压力调节电磁阀(N75);

④ 进气支管翻板转换阀(N239);

⑤ 预热警告灯(K29);

⑥ 鼓风机继电器(J323)(散热器风扇触发器);

⑦ 预热塞继电器(J52);

⑧ 低热输出继电器(J1359)(只用于手动变速器车辆);

⑨ 高热输出继电器(J360)(只用于手动变速器车辆)。

说明:每个执行件被激活 30s,但期间可通过按键激活另一个执行件。重复进行执行件诊断前,必须关闭点火开关。

2. 必备专用工具,维修设备及测试仪

带 V・A・G1551/3 的 V・A・G1551。

3. 带空调系统车辆的测试要求

汽车处于室温(高于 15℃),打开空调系统,温度调至最低档,鼓风机转速调至最高档。

4. 操作程序

① 连接 V・A・G1551(或 V・A・G1552),输入地址码 01,选择发动机控制单元,此时发动机必须怠速运转,显示器显示:

Rapid data transfer　　　　　　　　　　Help	译文	快速数据传递　　　　　　　　　　　　帮助
Select function × ×		选择功能× ×

② 按 0 和 3 键,进入"执行元件诊断"功能,显示器显示:

Rapid data transfer　　　　　　　　　　Q	译文	快速数据传递　　　　　　　　　　　　Q
03 Final control diagnosis		03 执行元件诊断

③ 用 Q 键确认,显示器显示:

Final control diagnosis	译文	执行元件诊断
Exhaust gas recirculation valve-N18		废气再循环阀-N18

必须听到电磁阀发出的"咔哒"声,若电磁阀无"咔哒"响声,检查废气再循环系统。

说明:若因发动机运转声的影响而听不到电磁阀的"咔哒"声,则可通过触摸确定阀是否动作;如必要,打开点火开关,再次进行检查。

④ 按→键,显示屏显示:

Final control diagnosis	译文	执行元件诊断
Conditioner compressor interuption		空调压缩孔切断功能

检查空调压缩机切断。空调压缩机必须在 5s 内停转,然后约 5s,起动和关闭一次。如果空调压缩机未切断,检查到空调系统的信号。

⑤ 按→键,显示屏显示:

Final control diagnosis	译文	执行元件诊断
Charge pressure control solenoid valve-N75		进气压力调节电磁阀 N75

电磁阀必须发出"咔哒"声,如果电磁阀无"咔哒"声,检查进气压力调整电磁阀(N75)。

⑥ 按→键,显示器显示:

Final control diagnosis	译文	执行元件诊断
Intake manifold flap changeover valve-N239		进气支管翻板转换阀 N239

发动机必须停转。如发动机不停转,检查进气支管翻板转换状况。

⑦ 按→键,显示器显示:

Final control diagnosis	译文	执行元件诊断
Glow period warning lamp-K29		预热警告灯 K29

控制灯必须闪亮。如果控制灯不闪亮,检查预热警告灯。

⑧ 按→键,显示器显示:

Final control diagnosis Fan relay J323	译文	执行元件诊断 鼓风机继电器 J323

如果风扇不运转，检查电扇继电器。

⑨按→键，显示屏显示：

Final control diagnosis Glow plug relay J52		执行元件诊断 预热塞继电器 J52

继电器必须发出"咔哒"声，由于预热塞耗能大，因此，继电器接通和断开时可看到车内灯随之一明一暗。如果继电器无"咔哒"声，检查预热塞继电器。

⑩对于手动变速器车辆，按→键，显示屏显示：

Final control diagnosis Low heater output relay-J359	译文	执行元件诊断 低热输出继电器 J359

继电器必须发出"咔哒"声。如果继电器无"咔哒"声，检查低热输出继电器。

⑪按→键，显示屏显示：

Final control diagnosis High heater output relay-J360	译文	执行元件诊断 高热输出继电器 J360

控制灯必须闪亮。如果控制灯不闪亮，检查预热警告灯。继电器必须发出"咔哒"声。如果继电器无"咔哒"声，检查高热输出继电器。

⑫按→键，显示屏显示：

Rapid data transfer　　　　Help Select function × ×	译文	快速数据传递　　　　帮助 选择功能 × ×

按 0 和 6 键，进入"结束数据传输"功能，用 Q 键确认输入。

⑬关闭点火开关。至此，完成执行元件诊断。

四、电控高压共轨柴油发动机检修

奥迪 A6 V6 3.0L 柴油发动机采用高压共轨电控柴油发动机。

(一)自诊断

奥迪 A6 自诊断方法参考宝来柴油发动机自诊断方法。

(二)查询和清除故障码

奥迪 A6 柴油发动机查询和清除故障码的方法参考捷达柴油发动机查询和清除故障码的方法。奥迪 A6 轿车柴油发动机故障码表，见表 2-8。

表 2-8　一汽大众奥迪 A6 轿车柴油发动机故障码表

V·A·G1551 打印输出		故障产生的条件	故障原因	可能产生的影响	故障排除
00513 发动机转速传感器(328)	信号不正常	G28 的脉冲变化比转速变化快	飞轮上的靶轮或感应钢板上的销钉损坏，G28 损坏	1. 发动机不能起动 2. 发动机停转 3. 预热指示灯闪亮	检查靶轮，检查 G28
	无信号	G28 收到的转速与喷油泵转速传感器收到的转速不同	1. G28 损坏 2. 电路断路或短路		

续表 2-8

V·A·G1551 打印输出		故障产生的条件	故障原因	可能产生的影响	故障排除
00519 进气支管压力传感器（G71）	与蓄电池正极短路	G71 的信号电压高于 4.80V	1. 电路断路或与蓄电池正极短路 2. G71 损坏	发动机功率不足	检查 G71
	断路或与车身短路	G71 的信号电压低于 0.68V	1. 电路断路或与车身短路 2. G71 损坏		
	G71 的电源电压不正常	G71 的信号电压低于 4.92V 或高于 5.03V	1. 电路断路或短路 2. G71 损坏		
	信号不正常	发动机转速低于 1000r/min 约 3s,空气压力和增压压力的压力差超过 40kPa	1. G71 上结冰 2. G71 损坏		
00522 冷却液温度传感器（G62）	与车身短路	G62 的信号电压低于 0.4V	1. G62 损坏 2. 电路与车身短路	一定要预热约 20s	检查 G62
	断路或与蓄电池正极短路	G62 的信号电压高于 4.7V	1. G62 损坏 2. 电路断路或与蓄电池正极短路		
00523 进气温度传感器（G42）	与车身短路	G42 的信号电压低于 0.4V	1. G42 损坏 2. 电路与车身短路	用固定的替代值模拟 G42 信号	检查 G42
	断路或与蓄电池正极短路	C-42 的信号电压高于 4.7V	1. G42 损坏 2. 电路断路或与蓄电池正极短路		
00532 电源电压	信号电压太小	发动机电控单元的电源电压低于 9V 超过 60s	1. 蓄电池放电 2. 与发动机电控单元（ECU）相连的线路连接不好	1. 发动机无法起动 2. 行驶性能不佳乃至熄火	1. 检查发动机电控单元（ECU）电源电压 2. 检查直喷装置
	无法识别故障类型	点火开关打开后,发动机电控单元（ECU）电压不稳定	电路偶尔断路(接触不良)	发动机无法起动	
01126 发动机转速信号	超出公差范围	在一段时间内,喷油泵没有收到发动机转速传感器的信号	1. 喷油泵喷油始点错误 2. 电路断路	1. 发动机无法起动 2. 发动机停机	1. 检查喷油始点 2. 检查发动机转速信号
	无信号	喷油泵没有收到发动机转速传感器的信号	1. 电路断路 2. 喷油泵损坏		检查发动机转速信号
01180 发动机压缩机电气连接断开	与蓄电池正极短路	空调控制电路和显示单元电路的电流过大	电路内部短路	空调接通时,车辆加速性差	检查空调系统电路

续表 2-8

V·A·G1551 打印输出	故障产生的条件		故障原因	可能产生的影响	故障排除
01259 燃油泵继电器 (J17)	断路或与车身短路		1. 电路内部短路 2. 与车身短路 3. 与蓄电池正极短路	发动机停机	检查电路
	无信号输出或与蓄电池正极短路				
01262 增压压力控制电磁阀 (N75)	断路或与车身短路	发动机 ECU 不能控制 N75,且发动机 ECU 输入端无电压	1. 电路断路 2. N75 损坏	1. 发动机功率下降 2. 增压压力过低	检查 N75
			与车身短路	1. 发动机功率下降 2. 增压压力过高	
	无信号输出或与蓄电池正极短路	发动机 ECU 不能控制 N75,且发动机 ECU 输入端电流过大	与蓄电池正极短路	1. 发动机功率下降 2. 增压压力过低	
01265 废气再循环阀（电子）(N18)	断路或与车身接地短路	发动机 ECU 不能控制 N18,且发动机 ECU 输入端无电压	1. 电路断路 2. N18 损坏	废气再循环系统没有工作	检查 N18
			与车身短路	1. 再循环废气量过多 2. 发动机功率下降,冒黑烟	
	无信号输出或与蓄电池正极短路	发动机 ECU 不能控制 N18,且发动机 ECU 输入端电流过大	与蓄电池正极短路	废气再循环系统没有工作	
01266 预热塞继电器 (J52)	断路或与车身短路	发动机 ECU 不能控制 J52,且发动机 ECU 输入端无电压	1. 电路断路 2. J52 损坏	预热装置不工作	检查电路
			与车身短路	预热装置一直处于接通状态	
	无信号输出或与蓄电池正极短路	发动机 ECU 能控制 J52,且发动机 ECU 输入端电流过大	与蓄电池正极短路	预热装置不工作	
01268 喷油量电磁阀（油量调节器）(N146)	损坏		N146 损坏	喷油泵损坏	1. 发动机功率下降 2. 发动机停机（安全切断）	更换喷油泵
00626 预热指示灯 (K29)	无信号输出或与蓄电池正极短路	发动机 ECU 不能控制 K29,发动机 ECU 输出电流过大	与蓄电池正极短路	预热指示灯失效	检查预热指示灯

续表 2-8

V·A·G1551 打印输出	故障产生的条件	故障原因	可能产生的影响	故障排除
00628 调节参数监控	信号不正常	喷油泵收到了发动机 ECU 发送的切断信号，但发动机仍然运转	喷油泵损坏	发动机停机（安全切断）	更换喷油泵
	断路或与车身接地短路	喷油泵没有收到发动机 ECU 发送的切断信号	电路断路或与车身短路	发动机停机（通过数据总线安全切断）	检查切断信号
	调节参数监控电路与蓄电池正极短路	发动机 ECU 没有发送切断信号至喷油泵，喷油泵却收到了切断信号	电路断路或与蓄电池正极短路	发动机停机	
00667 车外温度信号	信号不正常	发动机 ECU 没有收到车外温度信号	电路断路		检查车外温度信号
00668 表示 30 号电源接线柱	电压过低	喷油泵电源电压低于 6V 或高于 24V	1. 喷油泵电源电压过低 2. 喷油泵电路连接有故障	1. 发动机无法起动 2. 行驶性能不佳，乃至熄火	1. 检查发动机 ECU 电源电压 2. 检查直喷装置
00671 GRA 开关（E45）	开关状态故障		1. E45 损坏 2. 电路断路或短路	GRA 被关闭	检查 GRA
00741 制动踏板监控	信号不正常	制动踏板开关（F47）不能正确识别制动灯开关 F 的动作情况	1. 两个制动灯损坏 2. 熔丝损坏 3. 开关调整不当 4. 电路断路 5. F 或 F47 损坏	1. 有时无法加速，发动机功率不正常波动 2. 预热指示灯闪亮	1. 检查制动灯 2. 检查熔丝 3. 调整 F 和 F47
00777 加速踏板位置传感器（G79）	信号不正常	加速踏板位置传感器传送错误的信号	1. 电路断路 2. G79 损坏	1. 怠速转速升高 2. 无法加速	检查 G79
	与蓄电池正极短路	G79 的信号电压高于 5.2V	1. 电路断路或与蓄电池正极短路 2. G79 损坏		
	电源电压故障	G79 的信号电压低于 4.76V 或高于 5.2V	1. 电路断路或短路 2. G79 损坏		
01028 风扇继电器（J323）	断路或与车身短路	发动机 ECU 不能控制散热器风扇续动 ECU（J138），且 ECU 输入端无电压	1. 电路断路 2. J323 损坏	风扇不能连续运转	检查电路
			与车身短路	风扇始终运转	
	无信号输出或与蓄电池正极短路	发动机 ECU 能控制散热器风扇续动 ECU（J138），且 ECU 输入端的电流过大	与蓄电池正极短路	风扇不能连续运转	

续表 2-8

V·A·G1551 打印输出	故障产生的条件	故障原因	可能产生的影响	故障排除
01044 ECU 编码错误	发动机 ECU 编码不正确	发动机 ECU 编码失效	预热指示灯闪亮	给发动机 ECU 编码
01282 进气支管翻板转换阀(N239)	断路或与车身短路	发动机 ECU 不能控制 N239,且发动机 ECU 输入端无电压	1. 电路断路 2. N239 损坏	检查 N239
			与车身短路	发动机起动后立即熄火	
	无信号输出或与蓄电池正极短路	发动机 ECU 能控制 N239,且发动机 ECU 输入端电流过大	与蓄电池正极短路		
01318 喷油泵 ECU (J399)	损坏;不能识别故障类型;无信号;信号电压超出公差范围;信号电压过大;信号不正常	喷油泵自检时识别出故障	喷油泵损坏	1. 发动机功率下降 2. 发动机停机(安全切断)	更换喷油泵
	无法通信	发动机 ECU 与喷油泵通过数据总线交换时信号中断	喷油泵数据总线断路	1. 发动机无法起动 2. 发动机停机	检查发动机 ECU 与喷油泵间的数据总线
01375 第一级发动机悬架阀	断路或与车身短路	发动机 ECU 能控制该阀,且发动机 ECU 输入端无电压	1. 电路断路 2. 发动机悬架阀 N144 或 Nl45 损坏	电液式发动机悬架一直较硬	检查电路
	无信号输出或与蓄电池正极短路	发动机 ECU 能控制该阀,且发动机 ECU 输入端电流过大	与车身短路	电液式发动机悬架一直较软	
			与蓄电池正极短路	电液式发动机悬架一直较硬	
01376	喷油泵转速信号异常	喷油泵内的转速传感器没有发送信号或发送了错误信号	喷油泵损坏	发动机停机(安全切断)	更换喷油泵
01440 燃油液面信号	断路或与蓄电池正极短路	与组合仪表相连的电路断路或与蓄电池正极短路	电路断路或与蓄电池正极短路	预热指示灯闪亮	检查燃油液面信号电路
	与车身短路	与组合仪表相连的电路与车身短路	电路与车身短路		
01441 燃油不足传感器(G210)	断路或与蓄电池正极短路	G210 的信号电压高于 2.65V	1. 电路断路或与蓄电池正极短路 2. G210 损坏	预热指示灯闪亮	检查 G210
	与车身短路	G210 的信号电压低于 0.50V	1. 与车身短路 2. G210 损坏		
	信号不正常	G210 传送错误的信号	油箱内有足够的燃油,但背压腔内没有燃油 1. G210 损坏 2. 燃油油面信号不正常	1. 预热指示灯闪亮 2. 燃油系统内有空气,导致发动机停机	检查燃油油面信号电路 1. 检查燃油泵 2. 检查背压腔内是否有燃油

续表 2-8

V·A·G1551 打印输出	故障产生的条件	故障原因	可能产生的影响	故障排除
01442 因缺少燃油而熄火	背压腔内没有燃油	燃油箱内有足够的燃油,但背压腔内没有燃油	1. 有故障码 01441 2. 燃油系统内有空气,导致发动机停机	1. 检查燃油泵 2. 检查背压腔内是否有燃油
		油箱内的燃油已用光	1. 有故障码 01441 2. 发动机熄火 3. 发动机没有燃油停机	添加燃油
01613 燃油冷却泵继电器	无信号输出或与蓄电池正极短路	发动机 ECU 能控制燃油冷却泵继电器,但发动机 ECU 输入端电流过大	与蓄电池正极短路	发动机功率下降	检查电路
	断路或与车身短路	发动机 ECU 不能控制燃油冷却泵继电器,且发动机 ECU 输入端无电压	1. 电路断路 2. 与车身短路 3. 燃油冷却泵继电器损坏		
01686 散热器风扇续动 ECU(J138)	断路或与车身短路	发动机 ECU 不能控制 J138,且发动机 ECU 输入端无电压	1. 电路断路 2. 继电器损坏	风扇不能转动	检查电路
			与车身短路	风扇一直接通	
	无信号输出或与蓄电池正极短路	发动机 ECU 能控制 J138,且发动机 ECU 输入端电流过大	与蓄电池正极短路	风扇不能转动	
17583 P1175	提前喷油已切断	因数值不可靠,导致提前喷油被切断	喷油泵内部机械故障	发动机运行噪声过大	1. 更换回油管内的溢流节流阀 2. 更换喷油泵
17931 P1523	来自安全气囊 ECU 的撞车信号不正常	安全气囊 ECU 电路有故障	电路断路或短路		1. 检查撞车信号 2. 检查电路
17978	发动机 ECU 被锁止	打开点火开关,发动机 ECU 没有收到来自防盗器的起动授权信号	1. 试图非法起动 2. 防盗器不匹配 3. 防盗器损坏	发动机起动后立即熄火	检查防盗器
18017	撞车切断信号已触发	发动机 ECU 收到来自安全气囊 ECU 的气囊已触发信号	1. 安全气囊 ECU 已完成部件诊断 2. 安全气囊已触发	发动机停机	消除存储的故障码

续表 2-8

V·A·G1551 打印输出		故障产生的条件	故障原因	可能产生的影响	故障排除
18033 P1625 驱动数据总线	来自变速器 ECU 的信号不正常	发动机 ECU 与变速器 ECU 通过数据总线交换信息时受到干扰	变速器 ECU 电路断路	变速器处于应急运行状态	检查电路
18034 P1626 驱动数据总线	缺少来自变速器 ECU 的信息	发动机 ECU 与变速器 ECU 通过数据总线交换信息时受到干扰	变速器 ECU 电路断路	变速器处于应急运行状态	检查电路
18034 P1626 驱动数据总线	缺少来自空调 ECU 的信息	发动机 ECU 与空调 ECU 通过数据总线交换信息时受到干扰	空调 ECU 电路断路		检查电路
18044 P1636 驱动数据总线	缺少来自安全气囊 ECU 的信息	发动机 ECU 与安全气囊 ECU 通过数据总线交换信息时受到干扰	安全气囊 ECU 电路断路		检查电路
18053 P1645 驱动数据总线	缺少来自四轮驱动车电子装置信息	发动机 ECU 与变速器 ECU 通过数据总线交换信息受到干扰	变速器 ECU 电路断路		检查电路
18056 P1648 驱动数据总线	硬件损坏	所有 ECU 均无法用数据总线进行信息交换	电路断路或与车身/与蓄电池正极短路	行驶性能不佳	检查电路
18057 P1649 驱动数据总线	缺少来自 ABS ECU 的信息	发动机 ECU 与 ABS ECU 通过数据总线交换信息时受到干扰	ABS ECU 电路断路	1. ABS 指示灯亮 2. ABS 失效	检查电路
18058 P1650 驱动数据总线	缺少来自 ABS ECU 的信息	发动机 ECU 与 ABS ECU 通过数据总线交换信息时受到干扰	组合仪表电路断路		检查电路
18062 P1654	查询组合仪表故障		组合仪表有故障		确定并排除组合仪表故障
18259 P1851 驱动数据总线	缺少来自 ABS ECU 的信息	发动机 ECU 与 ABS ECU 通过数据总线交换信息时受到干扰	ABS ECU 电路断路	1. ABS 指示灯亮 2. ABS 失效	检查电路
65535	发动机 ECU 损坏		发动机 ECU 内部故障	1. 车辆行驶性能不佳 2. 发动机停机	更换发动机 ECU

(三)执行元件诊断

按顺序执行元件诊断触发下列部件:预热塞继电器(J52)、预热警告灯(K29)、散热器风扇续动 ECU(J138)、风扇继电器(J323)、低热输出继电器(J359)、高热输出继电器(J360)。

执行元件诊断触发方式和诊断过程参考宝来轿车执行元件诊断。

(四)发动机 ECU 编码

若显示的编码与车辆不符,则应给发动机 ECU 编码,发动机 ECU 编码见表 2-9。

表 2-9 发动机 ECU 编码

车 型	未使用	国别/废气排放标准	变 速 器
00＝—	0＝显示为 0	0＝MVEG－Ⅱ	0＝—
01＝Audi A6	1＝—	1＝EU－Ⅱ D3	1＝自动变速器,前轮驱动,有或没有 ESP
02＝—	02＝—	2＝EU－Ⅳ	2＝手动变速器,前轮驱动,有或没有 ESP
03＝—	3＝—	3＝—	3＝手动变速器,四轮驱动,无 ESP
04＝—	4＝—	4＝—	4＝自动变速器,四轮驱动,无 ESP
05＝—	5＝—	5＝—	5＝手动变速器,四轮驱动,有 ESP
06＝—	6＝—	6＝—	6＝自动变速器,四轮驱动,有 ESP
07＝—	07＝—	07＝—	7＝01J Multitronic 自动变速器
08＝—	8＝—	8＝—	8＝带串联级的全轮驱动(Low-Range)

(五)自适应

利用自适应可在规定范围内改变怠速转速和预热时间。

① 连接 V·A·S5051 或 V·A·G1551,选择"01-发动机 ECU",让发动机怠速运转,显示屏显示如下:

```
快速数据传递          帮助
选择功能××
```

②按 1 和 0 键,选择"自适应",按 Q 键确认,显示屏显示如下:

```
自适应          Q
输入通道号××
```

③输入所需通道号,改变怠速转速时为通道 02,改变预热时间时为通道 12。按 Q 键确认,显示屏显示如下:

```
通道  2  自适应          32768
800r/min 0,0%0  01  00  18,4  5℃
```

④改变自适应值有分步自适应和直接自适应两种方法。

⑤分步自适应。可通过按 V·A·G1551 上的 1(3)键或按 V·A·S5051 上的 L(S)键来逐步减小(增大)自适应值,显示屏显示如下:

```
通道  2  自适应          32768
  ♯1                3%
```

紧接着显示屏显示如下：

```
通道  2  自适应                    32768
790r/min 0,0%0  01  00  18,4  5℃
```

然后按 Q 键确认。

⑥直接自适应。按 1 键，直接输入新的自适应值，显示屏显示如下：

```
通道  2  自适应              32768
输入自适应值××××××
```

紧接着显示屏显示如下：

```
通道  2  自适应              32768
输入自适应值 32788
```

按 Q 键确认，显示屏显示如下：

```
通道  2  自适应              32768
800r/min 0,0%0  01  00  18,4  5℃
```

按 Q 键确认，显示屏显示如下：

```
通道  2  自适应              32788
记忆值是否存储
```

按 Q 键确认，显示屏显示如下：

```
通道  2  自适应              32788
记忆值已存储
```

⑥按 1 键，显示屏显示如下：

```
快速数据传递              帮助
选择功能× ×
```

第三章　汽车传动系统电控技术及维修

第一节　电控液动式自动变速器概述

一、电控液动式自动变速器（ECT）的特点

（1）简便了操作　消除了离合器操作和频繁的换档,消除了驾驶人换档技术的差异性,降低了对驾驶人的技术要求,减轻驾驶人疲劳,提高了行车安全性及工作效率,使驾驶操作简单、省力。

（2）提高了乘坐的舒适性　汽车起步、加速更加平稳,自动变速器能把发动机的转速控制在一定范围内,避免急剧的变化,有利于减弱发动机的振动和噪声,能吸收和衰减换档过程中的振动与冲击,提高乘坐舒适性。

（3）改善了汽车的性能　能自动适应行驶阻力的变化,在一定的范围内实现无级变速,提高了汽车的动力性和平均车速;可避免因外界负荷突增而造成发动机熄火的现象,提高燃油经济性,降低排放污染。

（4）延长了零部件的使用寿命　自动变速器采用液力元件,可消除和吸收传动装置的动载荷,而且由于自动换档减少了换档时产生的冲击与动载,延长有关零部件的寿命。

（5）结构较复杂　设计、制造和维修技术要求较高,购置及维护费用较高;传动效率降低（一般液力传动的传动效率,最高只能达到 $86\% \sim 90\%$,比机械传动效率要低 $8\% \sim 12\%$）,功率损失较大,加速性能较差。

二、自动变速器的分类

（一）按不同的档位分类

自动变速器分为 2 档、3 档、4、6、8 档等。新型轿车装用的自动变速器大多数采用 4 个前进档,其中增加了 1 个超速档,改善了汽车的燃油经济性。如图 3-1 所示为常见的自动变速器选档手柄。

1. 自动变速器档位

（1）P 为停车档位　自动变速器操纵手柄置于该位置时,自动变速器中的停车锁止机构将变速器输出轴锁止,驱动轮不能转动,以防止汽车移动,同时换档执行机构使自动变速器处于空档状态。当自动变速器操纵手柄离开停车档位置时,停车锁止机构即被释放。

（2）R 为倒档位　汽车倒车时使用的档位。

（3）N 为空档位　自动变速器操纵手柄位于空档位置时,

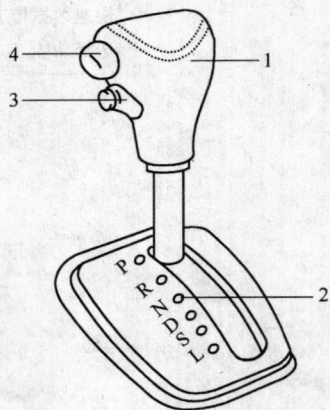

图 3-1　ECT 选档操纵手柄
1. 选档手柄　2. 档位指示
3. 超速(O/D)开关　4. 锁止开关

换档执行机构的动作和停车档相同,也使自动变速器处于空档状态。此时,发动机的动力虽经输入轴传入自动变速器,但只能使各齿轮空转,输出轴无动力输出。

(4)D为前进档位　自动变速器操纵手柄位于此档位置时,可在1~4档之间变换。其中3档为直接档,4档为超速档。自动变速器的控制系统根据车速、节气门开度等因素,按照预先设定的换档规律,自动进行换档。

(5)2(或S)和1(或L)为前进低档位　当操纵手柄位于前进低档位时,自动变速器的控制系统将限制前进档的变化范围。操纵手柄位于S档时,只能在1~3档之间自动变换;操纵手柄位于L档时,自动变速器固定在1档或只能在1~2档之间自动变换档位。

2. 自动变速器控制开关

(1)超速档开关(O/D开关)　用来控制自动变速器的超速档。当这个开关打开后,超速档控制电路接通,此时若操纵手柄位于D位,自动变速器随着车速的提高而升档时,最高可升入4档(即超速档)。该开关关闭后,超速档控制电路被断开,仪表盘上的"O/D OFF"指示灯随之亮起(表示限制超速档的使用),自动变速器随着车速的提高而升档时,最高只能升入3档,不能升入超速档。

(2)锁止开关(HOLD)　这种开关通常位于操纵手柄上。按下这个开关后,行星齿轮变速器的档位完全由操纵手柄的位置决定,自动变速器便不能自动换档。当操纵手柄位于D位、S位、L位时,自动变速器分别保持在3档、2档、1档。汽车在雪地上行驶时,可以按下这个开关,用操纵手柄选择档位,以防止驱动轮打滑。

(3)模式开关　用来选择自动变速器的控制模式,以满足不同的换档规律。常见的自动变速器的控制模式有以下几种:

① 经济模式(ECONOMY):以汽车获得最佳的燃油经济性为目标来设计换档规律的。当自动变速器在经济模式下工作时,其换档规律应能使发动机在汽车行驶过程中经常处在经济转速范围内运转,从而提高了燃油经济性。

② 动力模式(POWER):这种控制模式是以汽车获得最大的动力性目标来设计换档规律的。在这种控制模式下,自动变速器的换档规律能使发动机在汽车行驶过程中经常处在大功率范围内运转,从而提高了汽车的动力性能及爬坡能力。

③ 标准模式(NORMAL):标准模式的换档规律介于经济模式和动车模式之间。它兼顾了动力性和经济性,使汽车既保证一定的动力性,又有较佳的燃油经济性。

(4)S4控制开关　在许多运动型跑车上都设有S档位,自动变速器在S档位工作时加速性能比D档位好。打开S4档控制开关,自动变速器就能自动换到4档。S4控制开关只在S档位起作用,在其他位置时均自动解除S4控制。当采用S4控制时,相当于其他车型的动力换档模式。

(5)巡航控制(CC)开关　行驶时,当加速到规定车速以上时接通此开关,汽车会自动以稳定车速持续行驶,使驾驶操作简便、节省燃油。当驾驶人关闭巡航控制开关或使用制动时,巡航控制随即解除。

(二)按控制方式不同分

自动变速器分为液力控制式和电子控制式两类。液力控制式由许多控制阀组成的阀板总成以及液压管路。电子控制式也称为电控液动式或电液式,除了阀板及液压管路之外,还包括电控单元(ECU)、传感器、执行器及控制电路等。

(三)按液力变矩器的类型分

有锁止离合器和无锁止离合器两种。带锁止离合器的变矩器的汽车达到一定车速时,控制系统使锁止离合器结合,液力变矩器输入部分和输出部分连成一体,发动机动力以机械传递的方式直接传入齿轮变速器,从而提高了传动效率,降低了汽车的燃油消耗。

(四)按其齿轮变速器的类型不同分

普通齿轮式和行星齿轮式两种。普通齿轮式自动变速器体积较大,最大传动比较小。行星齿轮式自动变速器结构紧凑,能获得较大的传动比,为绝大多数轿车所采用。

(五)按汽车驱动方式分

后桥驱动和前桥驱动自动变速器。前桥驱动自动变速器的壳体内装有差速器,有纵置和横置两种,又称为自动变速器驱动桥。

三、自动变速器组成

电子控制自动变速器主要由液力变矩器、行星齿轮装置、油泵、控制系统、液压油散热系统、变速器油(ATF)、壳体、最终传动装置等几部分组成,如图3-2所示。

(一)液力变矩器

液力变矩器位于自动变速器的最前端,并通过驱动端盖螺栓安装在发动机的飞轮上,其作用与采用手动变速器的汽车中的离合器相似,利用液力传递的原理,将发动机的动力传给自动变速器的输入轴,同时驱动液压泵工作。此外,液力变矩器还能实现无级变速,并具有一定的减速增矩的功能。液力变矩器常为三元件,即泵轮、涡轮和导轮。

(二)行星齿轮变速器

行星齿轮变速器是自动变速器的主要组成部分,它包括齿轮变速机构和换档执行机构。液力变矩器后面再装一个有级式齿轮变速器。有级式齿轮变速器多采用行星齿轮机构,通常由多个行星排组成,行星排的多少与变速器的档位数有关。换档执行机构可以使齿轮变速机构处于不同的档位,以实现不同的传动比。大部分自动变速器的齿轮变速机构有3至4个前进档和1个倒档,执行机构受液压控制装置的作用,使行星齿轮机构提供适当的转矩和转速,并提供倒档和空档传动。

(三)油泵

油泵通常安装在液力变矩器之后,由飞轮通过液力变矩器壳直接驱动,为液力变矩器、控制系统及换档执行机构提供一定压力的液压油。

(四)控制系统

自动变速器的控制系统有液控式和电控式两种。

(1)液力式控制系统　包括由许多控制阀组成的阀板总成以及液压管路,将发动机负荷和车辆速度等输入信号通过液压施加于行星齿轮离合器和制动器上,以根据各种行驶条件自动变换传动比。

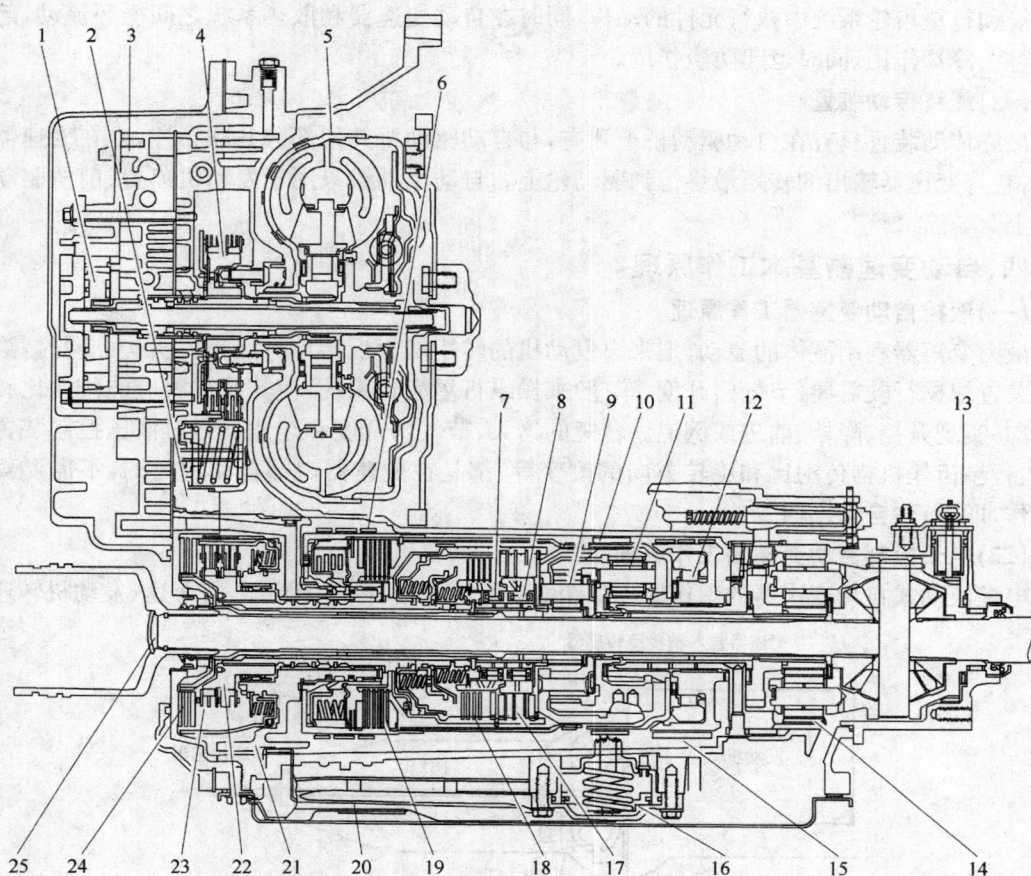

图3-2　自动变速器结构图(机械部分)

1. 油泵总成　2. 壳体盖总成　3. 控制阀体总成　4. 驱动链轮　5. 变矩器离合器总成　6. 倒档制动带总成　7. 离合器撑块总成　8. 输入离合器撑块总成　9. 前行星齿轮组　10. 2/1档手动制动带总成　11. 后行星齿轮组　12. 1/2档滚柱离合器总成　13. 车辆速度传感器总成　14. 主减速器/差速器总成　15. 前进档制动带总成　16. 2/1档手动制动带伺服机构总成　17. 输入离合器总成　18. 三级离合器总成　19. 二级离合器总成　20. 变速器油滤清器总成　21. 从动链轮支架总成　22. 从动链轮　23. 驱动链总成　24. 四级离合器总成　25. 输出轴

(2)电子控制系统　除了阀板及液压管路之外,还包括电控单元(ECU)、传感器、执行器及控制电路等。根据选档操纵手柄的位置及节气门开度、车速、控制开关的状态等因素,利用电子自动控制原理通过电磁阀的开闭控制油路,按照一定的规律控制齿轮变速器中的换档执行机构的工作,实现自动换档。

(五)散热系统

散热系统大都与自动变速器分开而自成一体,也有与自动变速器合而为一的,主要用于散发自动变速器工作过程中产生的热量。

(六)变速器油(ATF)

变速器油(ATF)充满于自动变速器内腔,并作为介质传递液力变矩器的转矩,控制液压控制系统和行星齿轮系统中执行元件的动作,同时在自动变速器和散热系统之间循环流动,起润滑、清洗、冷却作用,同时也起防尘作用。

(七)最终传动装置

最终传动装置只有在自动驱动桥上才有,与自动驱动桥其他部分并联布置,也在变速器壳体内,它将变速器输出的转矩最终传到驱动轮上。自动驱动桥只用于发动机前置、前桥驱动的轿车上。

四、自动变速器基本工作原理

(一)液控自动变速器工作原理

液力变矩器利用液体的流动,把来自发动机的转矩增大后传给行星齿轮机构。同时,液压控制装置根据行驶需要(节气门开度、车速)来操纵行星齿轮系统,使其获得相应的传动比和旋转方向,实现升档、降档、前进或倒退。转矩的增大、节气门开度和车速信号对液压控制装置的操纵、行星齿轮机构传动比和旋转方向的改变等,都是在变速器内部自动进行的,不需要驾驶人操作,即进行"自动换档"。

(二)电子控制自动变速器工作原理

电控液动式自动变速器的工作原理如图 3-3 所示,通过各种传感器,将车速、发动机转速、

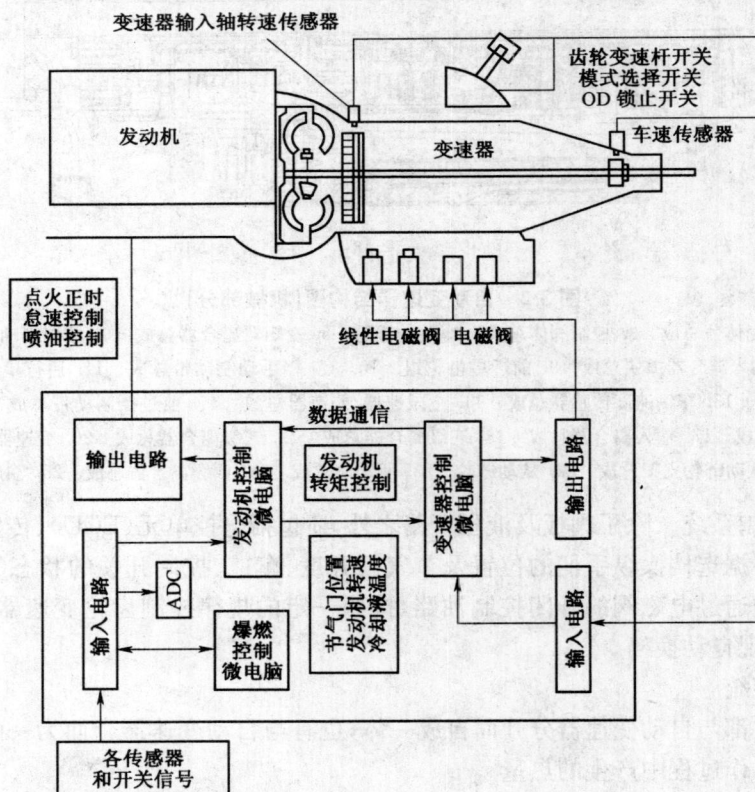

图 3-3　电控液动式自动变速器控制系统工作原理图

节气门开度、发动机冷却液温度、自动变速器液压油温度等参数转变为电信号输入电控单元（ECU），ECU 根据这些电信号，按照程序设定的换档规律，向执行机构——换档电磁阀、油压电磁阀等发出电子控制信号，换档电磁阀和油压电磁阀再将 ECU 的电子控制信号转变为液压控制信号，阀板中的各个控制阀根据这些液压控制信号，控制换档执行机构的动作，从而实现自动换档。其特点是：

① 在由油泵、阀体和若干控制阀组成的液压操纵系统上增加了若干个由 ECU 控制的完成各种执行动作的电磁阀。

② 表征节气门开度的信号是电信号，利用节气门传感器把节气门开度信号传给 ECU；表征车速高低的信号是车速传感器输出的电脉冲信号，由 ECU 控制两个换档电磁阀，再由电磁阀改变油路来控制换档阀的动作，实现换档。

③ 换档范围除由选档操纵手柄控制的手动阀外，还增设了档位指示器，由 ECU 和手动阀油路共同控制换档范围。驾驶人可通过换档模式选择开关分别选择 N（标准）、P（动力）、E（经济）、S（运动）等位置模式，当选择某一种模式后，ECU 就按照该模式的换档规律来控制换档和进行其他方面的控制。

④ 由于 ECU 能够存储与处理多种换档规律，所以它可以按车辆的行驶需要选择相应换档规律，可以实现更合理更复杂的控制，获得更理想的燃油经济性；控制精度高、反应快且动作准确；便于整车的控制系统（如发动机控制、巡航控制、牵引力控制、制动系统、四轮驱动控制等）集成，控制系统兼容性好。

⑤ 自诊断与保护功能：ECU 有内置自检系统，它对电控系统任何可能出现的故障均可记录在储存器内，以帮修理人员处理故障；失效保护功能，即当电子控制系统中的某个传感器和执行装置出现故障时，由于 ECU 具有一个备用系统，故使汽车仍能行驶。

五、自动变速器的编号原则

自动变速器的型号代表的主要内容如下：

(1)变速器的性质　字母"A"表示自动变速器，字母"M"表示手动变速器。

(2)自动变速器的生产厂家　例如，德国 ZF 公司生产的自动变速器，其型号前面大多为"ZF"字样。

(3)驱动方式　一般用字母"F"表示前驱动，用字母"R"表示后驱动。

(4)前进变速档位数　表示自动变速器前进档位个数，用数字表示。

(5)控制类型　主要说明变速器是电控、液控，还是电液控制，电控一般用字母"E"表示，液控一般用"L"表示，电液控制用"EH"表示。

(6)改进序号　自动变速器在原变速器基础上改进的顺序号。

(7)额定驱动转矩　在通用、宝马等公司的自动变速器型号中有此参数。

如上海通用别克系列（GL、GLX、新世纪）轿车装配了 4T65-E 型电子控制全自动变速器，其中各符号的意义如下：4 为 4 个前进档；T 为横梁装配；65 为产品系列号；E 为电子控制系统。

第二节　电液式自动变速器控制系统结构与工作原理

一、电液式自动变速器控制系统组成

电液式自动变速器控制系统由电子控制装置和阀板两大部分组成。电子控制系统是电液自动变速器控制系统的核心,由传感器、电控单元(ECT ECU)和执行元件三部分组成,如图3-4所示。

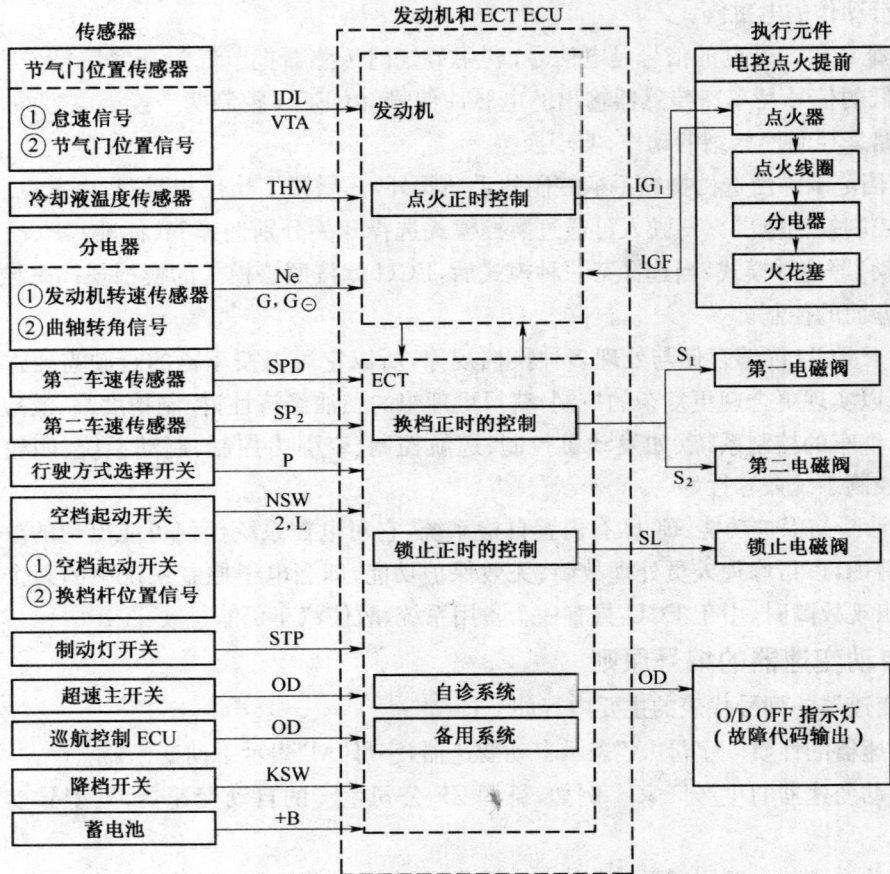

图3-4　自动变速器电控系统组成与换挡规律

传感器用于感知车速、节气门开度和其他工作,并将这些信息转变成电信号输入 ECT ECU。ECT ECU 根据传感器输送的信号确定换挡和锁止时机并相应地控制液压装置的电磁阀,ECT ECU 还有自我诊断车速传感器和电磁阀的功能。电控系统的执行元件主要指电磁阀,用于控制作用于液压阀门上的液压,从而控制换挡和锁止时机。

二、电液式自动变速器控制系统功能

(一)换挡(时刻)控制

在控制程序存储器内存有几种换挡模式。在驾驶时,根据模式选择开关位置设定换挡模

式。控制系统根据选定的换档模式、车速和节气门开度,向电磁阀输出控制信号,实现换档。现代轿车自动变速器的换档规律一般都是采用组合型换档规律:小负荷以达到舒适、噪声小、污染少为主;大负荷则以动力性能好为主;在中等负荷下则要求有较好的经济性和良好的动力性能。

换档控制即控制自动变速器的换档时刻,在汽车达到某一车速时,让自动变速器升档或降档。它是自动变速器 ECU 最基本的控制内容。自动变速器的换档时刻(即换档车速,包括升档车速和降档车速)对于汽车的某一特定行驶工况来说,有一个与之相对应的最佳换档时刻或换档车速。自动变速器 ECU 应使自动变速器在汽车的任意行驶条件下都按最佳换档时刻进行换档,从而使汽车的动力性和燃油经济性等各项指标达到最优。

汽车的最佳换档车速主要取决于汽车行驶时的节气门开度。不同节气门开度下的最佳换档车速特点是:节气门开度愈小,汽车的升档车速和降档车速愈低;反之,节气门开度愈大,汽车的升档车速和降档车速愈高。这种换档规律十分符合汽车的实际使用要求。例如,当汽车在良好路面上缓慢加速时,行驶阻力较小,节气门开度也小,升档车速可相应降低,即可以较早地升入高档,从而让发动机在较低的转速范围内工作,减小汽车油耗;反之,当汽车急加速或上坡时,行驶阻力较大,为保证汽车有足够的动力,节气门开度应大,换档时刻应相应延迟,升档车速应相应提高,从而让发动机工作在较高的转速范围内,以发出较大的功率,提高汽车的加速和爬坡能力。

汽车自动变速器的操纵手柄或模式开关处于不同位置时,其换档规律也应作相应的调整。ECT ECU 将汽车在不同使用要求下的最佳换档规律以自动换档图的形式储存在存储器内。在汽车行驶中,ECT ECU 根据档位开关和模式开关的信号从存储器内选择出相应的自动换档图,并将车速传感器和节气门位置传感器测得的车速、节气门开度与自动换档图进行比较;根据比较结果,在达到设定的换档车速时,ECT ECU 便向换档电磁阀发出电信号,以实现档位的自动变换。4 档自动变速器控制系统中的换档电磁阀通常有 2 个或 3 个。控制系统通过这些换档电磁阀开启或关闭(通电或断电)的不同组成不同的档位。

另外,电控换档的特点有:

自动变速器 ECU 只在汽车前进时才提供换档时刻和锁止时刻的控制,而倒档、停车档和空档,变速器只有机械控制,没有电子控制。

正常行驶,选档操纵手柄在 D 位置时,如果超速主开关打开,则变速器可以进入超速档行驶;但如果超速主开关关闭,则变速器不能进入超速档,如果变速器已在超速档,则会降至 3 档。

当汽车在巡航控制系统控制下行驶时,如果在超速档行驶时实际车速低于设定车速10km/h 以下,则巡航 ECU 送一个信号给发动机 ECU 和变速器 ECU,以释放超速状态,并阻止变速器回到超速档,直至实际车速达到巡航设定的车速为止。

如果发动机冷却液温度低于设定值(例如 60℃),自动变速器 ECU 控制变速器不能升至超速档,以保证汽车良好的行驶性。

(二)锁止系统(离合器)控制

在变矩器中设置了一个由液压油自动操纵的锁止离合器。当汽车起步或在坏路面上行驶(车速较低)时,可将锁止离合器分离,使变矩器起作用,以充分发挥液力传动自动适应行驶阻力剧烈变化的优点。当汽车在良好道路上行驶时,应接合锁止离合器,使变矩器的输入轴和输出轴成为刚性连接,即直接机械传动,传动效率达100%。这样就提高了汽车的行驶速度和燃油经济性。锁止离合器的接合取决于发动机转速和车速,并由液压自动操纵控制机构控制。当发动机转速、车速、节气门开度、自动变速器油温等达到预先设定值时,锁止离合器便接合。

在驾驶中,根据选定的换档模式、车速和节气门开度向锁定电磁阀输出控制信号,使锁定离合器接合或分离。在换档时,即使锁定离合器处于接合状态也会暂时分离,使换档冲击减少,换档更加平顺,换档后又会自动锁定。

ECT ECU在进行锁止离合器控制时,还要根据自动变速器的工作条件,在下述一些特殊工况下禁止锁止离合器接合,以保证汽车的行驶性能。这些禁止锁止的条件有:液压油温度低于60℃;车速低于140km/h,且怠速开关接通。

此外,利用锁止电磁阀调节作用于锁止离合器的液压力,使锁止离合器接合和分离更为柔和、平顺。早期的锁止电磁阀是采用开关电磁阀,即通电时锁止离合器接合,断电时锁止离合器分离。目前新型电子控制自动变速器采用脉冲线性式电磁阀作为锁止电磁阀,ECT ECU在控制锁止离合器接合时,通过改变脉冲电信号的占空比,让锁止电磁阀的开度缓慢增大,以减小锁止离合器接合时产生的冲击,使锁止离合器的接合过程变得更加柔和。

(三)油路压力控制

ECT ECU根据节气门开度、选档手柄位置、车速等信号,控制主油路电磁阀的通电和断电时间比,从而控制系统油路压力。

电子控制自动变速器的电液式控制系统节气门油压由一个油压电磁阀来产生。油压电磁阀是一种脉冲线性式电磁阀,ECT ECU根据节气门位置传感器测得的节气门开度,计算并控制送往油压电磁阀的脉冲电信号的占空比,以改变油压电磁阀排油孔的开度,产生随节气门开度变化的油压(即节气门油压)。节气门开度愈大,脉冲电信号的占空比愈小,油压电磁阀的排油孔开度愈小,节气门油压愈大。这一节气门油压被反馈至主油路调压阀,作为主油路调压阀的控制压力,使主油路调压阀随着节气门开度的变化改变所调节的主油路油压的大小,以获得不同的发动机负荷下主油路油压的最佳值,并将驱动油泵的动力损失减少到最小。此外,ECT ECU还能根据档位开关的信号,在操纵手柄处于倒档位置时提高节气门油压,使倒档时的主油路油压升高,以满足倒档时对主油路油压的需要。

此外,除了正常的主油路油压控制之外,ECT ECU还可以根据各个传感器测得的自动变速器的工作条件,在一些特殊情况下,对主油路油压作适当的修正,使油路压力控制获得最佳的效果。例如:在操纵手柄位于前进低档(S、L或2、1)位置时,由于汽车的驱动力相应较大,ECT ECU自动使主油路油压高于前进档时的油压,以满足动力传递的需要;ECT ECU可以根据液压油温度传感器的信号,在液压油温度未达到正常工作温度时(低于60℃),将主油路油压调整为低于正常值,以防止因液压油在低温下黏度较大而产生换档冲击;当液压油温度过低时(低于-30℃),ECT ECU使主油路油压升到最大值,以加速离合器、制动器的接合,防止温度过低时因液压油黏度过大而使换档过程过于缓慢;在海拔较高时,发动机输出功率降低,ECT ECU将主油路油压控制为低于正常值,以防止换档时产生冲击。

(四)发动机制动控制

电子控制自动变速器的强制离合器或强制制动器的工作也是由 ECT ECU 通过电磁阀来控制的。ECT ECU 按照设定的发动机制动控制程序,在操纵手柄位置、车速、节气门开度等因素满足一定条件(如操纵手柄位于前进低档位置,且车速大于 10km/h,节气门开度小于 1/8)时,向强制离合器电磁阀或强制制动器电磁阀发出电信号,打开强制离合器或强制制动器的控制油路,使之接合或制动,让自动变速器具有反向传递动力的能力,在汽车滑行时可以实现发动机制动。

(五)改善换档感觉的控制

控制自动变速器的换档过程,以改善换档感觉,提高汽车的乘坐舒适性。目前常见的改善换档感觉的控制功能有以下几种:

1. 换档油压控制

在升档或降档的瞬间,ECT ECU 通过油路压力电磁阀适当降低主油路油压,以减小换档冲击,改善换档感觉。或者控制系统是通过电磁阀在换档时减小减振器活塞的背压,以减缓离合器或制动器液压缸内油压的增长速度,达到减小换档冲击的目的。

2. 降低转矩控制

在换档的瞬间,通过延迟发动机的点火时间或减少喷油量,暂时减小发动机的输出转矩,以减小换档冲击和输出轴的转矩波动。这种控制的执行过程是 ECT ECU 在自动变速器升档或降档的瞬间,通过电路向发动机 ECT ECU 发出减小转矩控制信号,发动机 ECT ECU 接收到这一信号后,立即延迟发动机的点火时间或减少喷油量,执行减转矩控制,并在执行完这一控制后,向 ECT ECU 发回已减转矩信号。

3. N-D 换档控制

这种控制是在操纵手柄由停车档或空档(P 或 N)位置换至前进档或倒档(D 或 R)位置,或相反地由 D 位或 R 位换至 P 位或 N 位时,通过调整发动机的喷油量,将发动机的转速变化减至最小程度,以改善换档感觉。

(六)故障自诊断功能

ECT ECU 在工作的同时不断地检测各传感器、执行器和 ECT ECU 的本身。当检测到故障时,ECT ECU 自动作出判断,并点亮仪表板的故障指示灯(通常"O/D OFF"作为自动变速器故障指示灯),同时把故障以故障代码形式记忆在存储器中,只要不拆除汽车蓄电池,被测到的故障码就会一直保存在 ECT ECU 内以便检修时利用故障灯或解码器读取。

(七)失效保护功能

失效保护功能的目的是在传感器或电磁阀出现故障时,仍可以使汽车继续行驶,这种工作状态下,自动变速器的性能会受到影响。

三、电子控制系统结构与工作原理

电子控制系统由传感器、ECT ECU 及执行机构组成,如图 3-5 所示。电子控制系统根据安装在发动机、自动变速器及汽车上的各种传感器,测得发动机转速、车速、节气门开度、自动变速器油温等运转参数,并通过分析运算,根据各个控制开关送来的操作指令和 ECT ECU 内设定的控制程序,向各个执行元件发出指令信号,以操纵阀板中各种控制阀的工作,从而最终实现对自动变速器的控制。

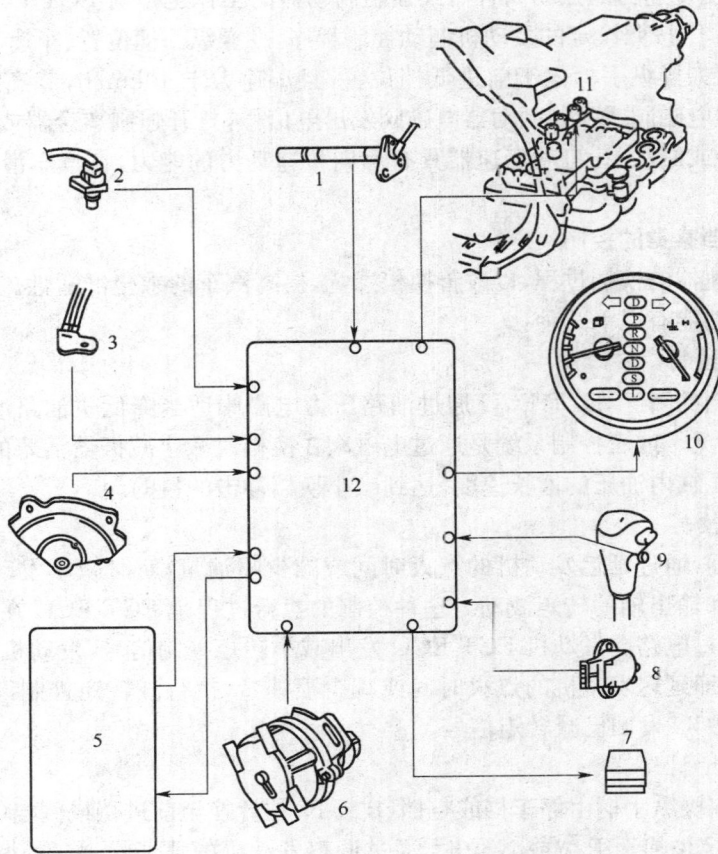

图3-5　自动变速器电子控制系统组成

1. 输入轴传感器　2. 车速传感器　3. 液压温度传感器　4. 档位开关　5. 发动机
ECU　5. 发动机转速传感器　7. 故障检测插座　8. 节气门位置传感器
9. 控制模式开关　10. 档位指示灯　11. 电磁阀　12. ECT ECU

(一)传感器结构与工作原理

1. 节气门位置传感器

汽车发动机的节气门是由驾驶人通过加速踏板来操纵的,以便根据不同的行驶条件控制发动机的运转。例如上坡或加速时节气门开度要大,而下坡或等速行驶时节气门开度要小。ECT ECU是利用安装在发动机节气门体上的节气门位置传感器来测得节气门的开度,作为ECT ECU控制自动变速器档位变换的依据,从而使自动变速器的换档规律在任何行驶条件下都能满足汽车的实际使用要求。

装有自动变速器的汽车通常采用线性可变电阻型的节气门位置传感器。节气门开度的变化被转变为电阻或电压信号输送给ECT ECU。ECT ECU通过节气门位置传感器可以获得表示节气门由全闭到全开的所有开启角度的连续变化的模拟信号以及节气门开度的变化速率,以作为其控制不同行驶条件下的档位变换的主要依据之一。

2. 车速传感器

车速传感器安装在自动变速器输出轴附近,是一种电磁感应式转速传感器,用于检测自动变速器输出轴的转速。ECT ECU 根据车速传感器的信号计算出车速,作为其换档控制的依据。

车速传感器由永久磁铁和电磁感应线圈组成,固定在自动变速器输出轴附近的壳体上,靠近安装在输出轴上的停车锁止齿轮或感应转子。当输出轴转动时,停车锁止齿轮或感应转子的凸轮不断地靠近或离开车速传感器,使感应线圈内的磁通量发生变化,从而产生交流感应电压。车速愈高,输出轴的转速也愈高,感应电压的脉冲频率也愈大。ECT ECU 根据感应电压脉冲频率的大小计算出车速。

3. 输入轴转速传感器

输入轴转速传感器的结构、工作原理与车速传感器相同,安装在行星齿轮变速器的输入轴或与输入轴连接的离合器鼓附近的壳体,用于检测输入轴转速,并将信号送入 ECT ECU。此外,ECT ECU 还将该信号和来自发动机控制系统的发动机转速信号进行比较,计算出变矩器的传动比,使油路压力控制过程和锁止离合器的控制过程得到进一步的优化。

4. 液压油温度传感器

液压油温度传感器安装在自动变速器油底壳内的阀板上,用于检测自动变速器液压油的温度,以作为 ECT ECU 进行换档控制、油压控制和锁止离合器控制的依据。

5. 控制开关

电子控制系统中的控制开关有:超速档开关(O/D 开关),用来控制自动变速器的超速;模式开关,用来选择自动变速器的控制模式,以满足不同的换档规律;档位开关,位于自动变速器操纵手柄手动阀轴上或手柄下方,用于检测操纵手柄所处的位置,ECT ECU 根据档位开关的位置从而按照对应的程序控制自动变速器工作。

自动变速器的控制系统还将发动机控制系统中的一些信号,如发动机转速信号、发动机冷却液温度信号、大气压力信号、制动信号、进气温度信号等,作为控制自动变速器的辅助参考信号。

(二)ECT ECU

ECT ECU 接收各种监测汽车行驶状况和发动机工况的传感器信号,精确控制换档正时、锁止正时、行星齿轮系统执行机构的液压,改善换档感觉及控制换档时的发动机转矩;同时,ECT ECU 还有自我诊断功能,能监测和识别电控元件故障,并通过超速关断指示灯以故障码的形式将这些自诊断信息输出;ECT ECU 在车辆出现某些故障时能执行失效防护功能,保证车辆以最低要求继续行驶,此功能又称为"软备件"功能。

(三)执行机构

电子控制装置中的执行机构是各种电磁阀。根据结构不同,可分为开关式电磁阀和脉冲线性式电磁阀。根据控制功能不同可分为主油路调压阀、换档电磁阀及锁止离合器控制阀等。

1. 开关式电磁阀

开关式电磁阀的作用是开启或关闭液压油路,通常用于控制换档阀及变矩器锁止控制阀的工作。

2. 脉冲线性式电磁阀

控制脉冲线性式电磁阀工作的电信号不是恒定不变的电压信号,而是一个固定频率的脉冲电信号。电磁阀在脉冲电信号的作用下不断反复地开启和关闭泄油孔,ECT ECU 通过改变每个脉冲周期内电流接通和断开的时间比率(称为占空比,变化范围为 0~100%),改变电磁阀开启和关闭的时间比率,来控制油路的压力。占空比愈大,经电磁阀泄出的液压油愈多,油路压力就愈低;反之,占空比愈小,油路压力就愈大。

脉冲线性式电磁阀一般安装在主油路或减振器背压油路上,ECT ECU 通过这种电磁阀在自动变速器升档或降档的瞬间使油压下降,进一步减小换档冲击,使档位的变换更加柔和。

ECT ECU 控制这些电磁阀,由电磁阀的通断来改变油路,参与液压系统的控制。3 个电磁阀是最基本的类型,其中两个是控制换档电磁阀,另一个控制变矩器的锁止离合器;6 个电磁阀控制的内容最多,其中两个是控制换档,一个或者两个控制变矩器的锁定,一个控制系统油压,一个控制蓄压器背压,一个控制超速档。

四、自动变速器控制系统故障诊断简介

(一)故障码的作用

目前,汽车电液式自动变速器均具有故障自诊断和保护功能,当自动变速器的电子控制系统出现工作不正常时,ECT ECU 检测到故障信号,经判断为故障后,即将故障信息以故障码的形式储存到存储器中,通过专门的仪器可将故障码读出。根据故障码所代表的故障内容,迅速准确地确定故障的性质和部位,有针对性地检查排除故障,待故障排除后要将故障码清除。

(二)故障码的分类

变速器控制系统故障码的读取方式分为两大类:一类是利用汽车本身的自诊断系统读取,自诊断系统只能得到故障码,具体代表什么故障还要通过《维修手册》查询;另一类是通过解码器读取故障码,解码器不但可以读到故障码,同时也能得到故障码代表的具体内容及自动变速器的其他工作参数。

(三)自动控制系统故障码的读取与清除

1. 故障码的读取工具

故障码的读取使用的专用检测仪主要有两大类:一类是带故障自诊断功能的综合检测仪(也称其为解码器),另一类是生产厂家配置的检测某一系统而用的监测器。解码器又可分为原厂专用型与通用型两类,常见的有如下种类:

① 原厂专用型解码器,即各汽车生产厂家为自己所生产的车型而设计的,它主要是为了检测本公司所生产的指定车型。例如:福特公司的 STAR-Ⅱ 与 NGS、克莱斯勒公司的 DRB-Ⅱ、大众汽车公司的 V·A·G1551 和 V·A·G1552、奔驰公司的 HHT、现代公司的 Hi-Scan。

② 通用型解码器。根据其来源目前使用的主要有两种:进口解码器与国产解码器。进口解码器常见的是美国实耐宝(Snap-On)公司生产的 Scanner(红盒子)和欧瓦顿勒工具公司生产的 OTC 解码器,用于检测欧洲车的 EAAT3000 解码器及 Datascan OB91 解码器,与 OBD-Ⅱ

自诊断系统相配套的各型 OBD-Ⅱ解码器。国产解码器主要有电眼睛、仪表王、修车王、金德 PC 机等。

2. 故障码的读取

(1)通用公司车系故障码的读取方法　通用公司车系采用 OBD-Ⅱ型 16 端子 ECU 故障诊断插座,在读取发动机和自动变速器电控系统故障码时,需要把诊断插座的 5 号和 6 号端子用诊断连接线跨接,由仪表板上的故障指示灯"CHECK ENGINE"的闪烁次数读取故障码。

(2)福特公司车系故障码的读取方法　福特公司从 1994 年起采用 OBD-Ⅱ型 16 端子诊断插座,在读取故障码时,需要把诊断插座的 13 号和 6 号端子用诊断连接线跨接,由仪表板上的故障指示灯"CHECK ENGINE"的闪烁次数读取故障码。如果仪表板上没有故障指示灯或虽有但不闪烁,则需要使用 OBD-Ⅱ型专用 ECU 故障诊断仪才能读取。

(3)克莱斯勒公司车系故障码的读取方法　克莱斯勒车系故障码的读取方法:将点火开关置"ON"后,等待 5～10s,即可由仪表板上的故障指示灯"CHECK ENGINE"的闪烁次数读取故障码。

(4)丰田公司车系故障码的读取方法　1996 年起,丰田公司生产的汽车部分采用 OBD-Ⅱ系统,在读取故障码时,需要使用专用 ECT ECU 故障诊断仪。

1994～1995 年该公司生产的部分汽车采用 OBD-Ⅱ系统的,在读取故障码时,需要把 16 端子诊断插座中的 5 号和 6 号端子用诊断连接线跨接,或将方形、圆形 ECU 故障诊断插座中的 TE1 和 E1 端子跨接起来,由仪表板上的故障指示灯"CHECK ENGINE"的闪烁次数读取故障码。

(5)三菱公司车系故障码的读取方法　三菱公司汽车 ECT ECU 控制系统故障码的读取,则需要把 OBD-Ⅱ系统的 16 端子诊断插座中的 4 号和 6 号端子间用 LED 灯跨接,由 LED 灯的闪烁次数读取故障码。

三菱车系故障码的清除是将蓄电池负极搭铁线拆除 15s 以上,再装回即可清除(除 ABS 系统故障码)故障码。而 ABS 系统故障码清除将安装在点烟器后方的两导线插头(红/黄和绿/白线)用诊断连接线跨接(因为该接头与 ABS ECU 的 9 号和 10 号端子相连),然后打开点火开关,此时 ABS 电磁阀全关闭,显示灯闪烁,等待 7s 以上关闭点火开关,并将诊断连接线拆下,再将点火开关转至"ON"位置,即完成 ABS ECU 控制系统故障码的清除工作。

(6)奔驰公司车系故障码的读取方法　奔驰公司车系 OBD-Ⅱ型 ECU 故障诊断需用专用仪器读取故障码。由圆形 38 端子 ECU 故障综合诊断插座中的 4 号端子读取 HFM 发动机 ECU 故障码,或由 19 号端子读取 DM 电控单元(ECU)故障码。

(7)上海通用别克轿车故障码的读取与清除　上海通用别克自动变速器采用了第二代车载系统(OBD-Ⅱ),使用指定的 TECH 2 扫描工具进行诊断。

① 故障码的读取:将检测仪器插进位于仪表板下面的自诊接头内。用户可以通过数据线读取故障码并测量系统电压。扫描工具检测仪可以提供输出元件(电磁阀及继电器)的状态信息。

② 故障码的清除：使用解码器可以清除故障码。但是如果没有解码器，可将点火开关置于"OFF"位置，从熔丝盒上拆下控制模块熔丝30s以上即可。如果不能确定熔丝的位置，拆下蓄电池上的负极电缆30s，故障码将搭铁被清除，但这种方法将使时钟和音响等装置中存储的信息也被清除，带密码的音响将被锁死。

第三节　上海通用别克轿车 4T65-E 电液式自动变速器维修

一、上海通用别克轿车自动变速器结构特点

(一)4T65-E型自动变速器性能参数

上海通用别克系列轿车装配了 4T65-E 型电子控制全自动变速器，其中各符号的意义如下：4为4个前进档；T为横梁装配；65为产品系列号；E为电子控制系统。自动变速器的识别信息见表3-1所示。

表 3-1　4T65-E 型电液式自动变速器性能参数

项目名称	参数、规格	项目名称		规格
RPO 代码	MN3/MN7	壳体材料		铝压
名称	电控液压自动式 4T65-E	变速器驱动机构油液	底盘的拆卸(L)	7.0
生产位置	Warren MI		全部大修(L)	9.5
驱动机构	装配横梁、前轮驱动		干燥(L)	12.7
第一档齿轮传动比	2.921：1	链传动比(驱动器/从动链轮)		35/35 或 37/37
第二档齿轮传动比	1.568：1	驱动传动比		3.05,3.29
第三档齿轮传动比	1.000：1	所有最后的驱动传动比		3.05,3.29
第四档齿轮传动比	0.705：1	重量	变速器驱动机构净重(kg)	87.9
倒档齿轮传动比	2.385：1		变速器驱动机构毛重(kg)	97.0
变矩器涡轮直径(mm)	258		最大挂车牵引能力(kg)	907
变速器油液类	DEXRON-Ⅲ		最大车辆总重量(kg)	2903
齿扇档位	P,D,N,R,3,2,1			

(二)4T65-E型自动变速器的特点

4T65-E 型自动变速器为全自动前轮驱动电子控制四档变速器，有4个前进档(包括超速档)。动力系统控制模块(PCM)通过两个换档电磁阀控制换档。可通过七种模式中的任一种模式来操纵变速器工作，即：

① D 为前进及超车档。此位置变速器齿轮有四个传动比，在所有的正常驱动情况下使车辆都能工作。

② P 为驻车档。此位置可防止车辆发生滚动，为安全起见，在车辆驻车时，还要用驻车制动器来一起工作。

③ N 为空档。利用空档可以进行发动机的起动和其他操作。

④ R 为倒车档。利用倒车档可以使车辆向后行使。

⑤ 3 为驱动档。此档位有 1、2、3 档。防止变速器在四级齿轮工作,主要用于城市交通和多山地带。

⑥ 2 为手动二档。具有两个齿轮传动比,具有加速和发动机制动的功能。车辆速度在 100km/h 之前,变速器不会挂入此档位。

⑦ 1 为手动低速档。此档位只有一个齿轮传动比,具有最大的发动机制动。车辆速度在 60km/h 之前变速器不会挂入此档位。

4T65-E 型自动变速器由机械装置和电气装置组成。

机械装置有带有电子控制功能的离合器(ECCC)的变矩器总成,四个多片式离合器总成(输入、二档、三档和四档),三个摩擦制动带(前进制动带、滑行制动带、倒档制动带),两个行星调整机构(输入和反应),三个单向离合器(一个滚柱离合器和两个楔块离合器),最终传动和差速器总成,自动变速器油油泵驱动总成,制动阀总成和轮叶型机油泵,变速器壳体和油道等构成。

电气装置有两个换档电磁阀(1-2/3-4,2-3),一个 TCC PWM 电磁阀,一个压力控制(PC)电磁阀,一个自动变速器油液温度(TFT)传感器,两个速度传感器(主动轴和车辆速度的测量),一个自动变速器油液压力(TFP)手动阀位置开关及一套自动变速器线束总成等构成。

4T65-E 型自动变速器主要部件有:

①车辆速度传感器(VSS);

②自动变速器主动轴速度传感器;

③1-2、3-4 和 2-3 换档电磁阀;

④压力控制(PC)电磁阀;

⑤变矩器离合器(TCC)脉冲宽度调制电磁阀(PWM);

⑥自动变速器油液压力手动阀位置开关(TFP);

⑦自动变速器油液温度(TFT)传感器。

二、上海通用别克轿车自动变速器故障码的读取和清除

由于别克轿车自动变速器采用了第二代车载系统(OBD-Ⅱ),因此自动变速器进行故障诊断时,要使用扫描工具(解码器,上海别克轿车指定的 TECH 2 扫描工具)进行诊断。当自动变速器发生电气、电路故障时,要读取存储在 PCM 内的故障码(DTC),故障清除后要清除故障码。

(一)故障码的读取

已经存储的故障码,可以通过扫描工具检测仪从存储器中读取。将检测仪器插进位于仪表板下面的自诊接头内,可以通过数据线读取故障码并测量系统电压。扫描工具检测仪可以提供输出元件(电磁阀及继电器)的状态信息,但是此状态参数只是指示输出信号已由控制模块发送给输出元件,它不能显示输出元件是否对信号作出正确反应。使用电压表或检测灯可检测输出元件的参数是否正确。

如果没有故障码显示,并不表明没有故障问题存在。因为与驱动性能相关的故障,存储故障代码的只占 20%,不存储故障代码的占 80%。传感器的状态参数不在规定范围之内,不能存储一个故障码,却能产生驱动性故障。使用检测仪器是监测传感器和其他一些数据参数的最简单的办法。通过摇动电气线束及插头(点火开关 ON,发动机不运转)时监测检测仪,还可

以发现线路的间歇性故障。

(二)故障码的清除

使用扫描工具(解码器)可以清除故障码。但是如果没有解码器,可置点火开关于"OFF"位置,从熔丝盒上拆下控制模块熔丝 30s 以上,即可清除故障码。如果不能确定熔丝的位置,可拆下蓄电池的负极搭铁电缆 30s,故障码将被清除。但是这会导致其他数据(如调整收音机的频率等)丢失。

在下列的情况下也可消除故障码:

① 经过连续 3 次点火循环,而没有故障出现,PCM(动力控制模块)将关闭故障指示灯;

② 故障不再存在,且点火开关关闭足够长时间,PCM 将消除故障码;

③ 汽车达到 40 次暖机循环后无故障出现,故障码也会被清除。

(三)硬故障与间歇性故障码

在故障诊断过程中,应确定所显示的故障码是硬故障(永久故障)码还是间歇性故障码。按下述方法可确定是硬故障还是间歇故障。

① 进入诊断模块,读出并记录下所有存储的故障码。退出诊断模式,清除故障码。

② 拉紧驻车制动,把变速器置于空档位置。挡好车轮,起动发动机,故障指示灯将熄灭。在规定的急速下运转发动机约 2min 暖机,观察故障指示灯。

③ 如果故障指示灯亮,进入诊断模式。读取并记录故障码。此时将显示出硬故障代码,硬故障诊断代码需要路试后重新设定。如果故障指示灯不亮,所有储存的故障码都是间歇性故障代码。

(四)别克轿车自动变速器故障码(DTC)

上海通用别克轿车的自动变速器常见故障码及含义如下:

DTC P0218:变速器油液温度过高;

DTC P0502:车辆速度传感器电路低输入;

DTC P0503:车辆速度传感器电路间断;

DTC P0711:TFT 传感器电路范围/效能;

DTC P0712:TFT 传感器电路低输入;

DTC P0713:TFT 传感器电路高输入;

DTC P0716:输入速度传感器电路间断;

DTC P0717:输入速度传感器电路低输入;

DTC P0719:制动器开关电路低输入;

DTC P0724:制动器开关电路高输入;

DTC P0730:不正确的齿轮传动比;

DTC P0741:TCC 系统卡滞停止;

DTC P0742:TCC 系统卡滞接通;

DTC P0748:PC 电磁阀电路电气;

DTC P0751:1-2 换档电磁阀效能;

DTC P0753:1-2 换档电磁阀电路电气;

DTC P0756:2-3 换档电磁阀性能；

DTC P0758:2-3 换档电磁阀电路电气；

DTC P1810:TFP 开关电路故障；

DTC P1811:最大适配以及换档时间过长；

DTC P1860:TCC PWM 电磁阀电路电气；

DTC P1887:TCC 释放开关电路故障。

(五)使用自动变速器扫描工具的条件

① 在下列条件下使用扫描工具数据值:动力系统车载诊断系统(OBD)检查已经完成;车载诊断功能正常;没有诊断故障码(DTC)。

② 自动变速器扫描工具数据值是在车辆以下的工作条件下记录的:发动机怠速工作;上部散热器软管发热;节气门处于关闭位置;自动变速器处于驻车位置;车辆处于闭路操作;关闭附件,未使用制动踏板。

(六)自动变速器扫描工具数据定义

① 1-2 换档误差:扫描工具显示范围是 −3.20～＋3.18s。该参数为理想的 1-2 换档时间与实际的 1-2 换档时间之间的差距。负数绝对值越大表示换档时间越长。

② 1-2 换档时间:扫描工具显示范围是 0.00～6.38s。该参数是上次 1-2 换档的实际换档时间。换档时间是根据 1-2 档受控换档后的传动比来计算的。

③ 1-2 换档电磁阀:扫描工具显示"ON"(通电)或"OFF"(断电)。该参数表示 1-2 换档电磁阀的受控状态。ON(通电)表示电磁阀处于受控的通电状态,OFF(断电)表示电磁阀处于受控的不通电状态。

④ 1-2 换档电磁阀对地线断路/短路:扫描工具显示"YES"(是)或"NO"(否),该参数表示 1-2 换档电磁阀反馈信号至 PCM 之间是否存在对地线的断路或短路故障。当该参数有效时,1-2 换档电磁阀必定被控制于 OFF(断电)状态。

⑤ 2-3 换档误差:扫描工具显示范围是 −3.20～3.18s。该参数为理想的 2-3 换档时间与实际的 2-3 换档时间之间的差距。负数绝对值越大表示换档时间越长。

⑥ 2-3 换档时间:扫描工具显示范围是 0.00～6.38s。该参数是上次 2-3 换档的实际换档时间。换档时间是根据 2-3 档受控换档后的齿轮传动比来计算的。

⑦ 2-3 换档电磁阀:扫描工具显示"ON"(通电)或"OFF"(断电)。该参数表示 2-3 换档电磁阀的受控状态。ON(通电)表示电磁阀处于受控的通电状态,OFF(断电)表示电磁阀处于受控的不通电状态。

⑧ 2-3 换档电磁阀对地线断路/短路:工具显示"YES"或"NO"。该参数表示 2-3 换档电磁阀反馈信号至 PCM 之间是否存在对地线的断路或短路故障。当该参数有效时,2-3 换档电磁阀必定被控制为 OFF(断电)状态。

⑨ 2-3 换档电磁阀对电源短路:扫描工具显示"YES"或"NO"。该参数表示 2-3 换档电磁阀反馈信号至 PCM 之间是否存在对蓄电池(B＋)的短路故障。当该参数有效时,2-3 换档电磁阀必定被控制于"ON"(通电)状态。

⑩ 3-4 换档误差:扫描工具显示范围是 −3.20～+3.18s。该参数为理想的 3-4 换档时间与实际的 3-4 换档时间之间的差值。负值数字越大表示换档时间越长。

⑪ 3-4 换档时间:扫描工具显示范围是 0.00～6.38s。该参数是上次 3-4 换档的实际换档时间。换档时间是根据 3-4 档受控换档后的齿轮传动比来计算的。

⑫ A/C 空调离合器:扫描工具显示"ON"(接通)或"NO"(关闭)。表示 PCM 对空调压缩机离合器继电器驱动电路的控制状态。当显示"ON"(接通)时,空调压缩机离合器应啮合。当显示"ON"(接通)时,将随着发动机负荷的增加而调节管路压力和换档次数。

⑬ 适配换档:扫描工具显示"YES"或"NO"。当变速器的换档反应能力正常时,扫描工具在换档计算过程中以及档位受控改变后,显示"YES"。当变速器的换档反应能力不正常时,扫描工具显示"NO"。

⑭ 制动开关:扫描工具显示"断开"或"闭合"。当踩下制动踏板时,TCC 制动开关向 PCM 发送出一个信号,以使 TCC 分离,并使巡航控制关闭。

⑮ 巡航控制:扫描工具显示"打开"或"关闭"。当显示打开启用时,PCM 操纵巡航控制运作。当显示终止时,PCM 操纵巡航控制停止运作。PCM 具有在特定条件下操纵巡航控制停止运作的功能。当巡航控制接通时,换档模式将发生改变,可以是 2-3 和 3-4 升档,或者是 4-3 和 3-2 降档。

⑯ 受控档位齿轮:扫描工具显示数字 1、2、3 或 4。PCM 检查变速驱动桥的档位位置以及由 PCM 所控制的档位。

⑰ 当前的 TAP 变速器适配压力单元:扫描工具显示范围是 0～16。该参数表示用于管路压力调节适应当前的 TAP 单元。

⑱ 当前的 TAP 变速器自调压力存储器:扫描工具显示范围是 −110～+110kPa。该参数是换档过程中为调节施加在离合器或制动带内作用力而必须在管路基本压力基础上增加的压力值。

⑲ 发动机冷却液温度:扫描工具显示范围是 −40℃～151℃。发动机冷却液温度传感器安装在冷却液中,并将发动机温度信息传送给 PCM。它是一个随着温度变化而改变其内部电阻大小的热敏电阻。

当传感器处于冷态时(内部电阻大),PCM 采集到一个电压高的信号并将其解释为发动机处于冷态。当传感器处于高温时(内部电阻小),PCM 采集到一个电压低的信息并将其解释为发动机处于高温态。

⑳ 发动机运转时间:扫描工具对此的显示范围是 h/min/s。表示发动机自起动后所运转的时间。如果发动机处于停机状态,则发动机运转时间将被重新设置为 00:00:00。

㉑ 发动机转速(r/min):扫描工具显示范围是 0～8192r/min。发动机转速是由 PCM 根据曲轴位置传感器计算而得。

㉒ 发动机转矩:扫描工具显示范围是 0～510N·m。该参数表示的是由发动机曲轴输出的转矩。

㉓ 传动比:扫描工具显示范围是 0.00～3.98。该显示内容是指当变速器在所有档位时,变速器的实际齿轮传动比。

㉔ 热态模式:扫描工具显示"ON"(接通)或"OFF"(关闭)。"ON"显示内容表示自动变速器油液温度(TFT)已经超过 130℃。"OFF"表示 TFT 未超出 130℃,并且在 5s 后没有冷却至 120℃。这些数字为近似值,其数值将随着变速器的不同而有所不同。

㉕ 点火装置电压:扫描工具显示范围是 0.0～25.5V。该参数是当点火开关在 RUN(运行)位置时由 PCM 在 PCM 点火输入端测得的系统电压。

㉖ 进气温度(IAT):扫描工具显示范围是 40℃～151℃,进气支管中空气温度的变化会引起通过 IAT 传感器的电压发生变化,PCM 将电压换算为空气温度。PCM 应用 IAT 传感器信息来调节燃油供给、点火正时、管路压力和换档正时等。

㉗ 上次换档时间:扫描工具显示范围是 0.00～6.38s。该参数是上次升档的实际换档时间。

㉘ 压力控制电磁阀(PC SOL)有效电流:扫描工具显示范围是 0.0～1.25A。该参数是由 PCM 测量的通过 PC 电磁阀电路的有效电流。电流小,表示管路压力高;电流大,表示管路压力低。

㉙ 压力控制电磁阀工作循环:扫描工具显示范围是 0～100%。该参数表示 PC 电磁阀电路的受控状态,其以接通时间(通电)的百分比来表示。0%工作循环表示没有电流(零接通时间)。怠速时高电流可产生 60%的工作循环。

㉚ 压力控制电磁阀参考电流:扫描工具显示范围是 0.0～1.25A。该参数是由 PCM 通过 PC 电磁阀电路控制的电流。电流小表示管路压力高。电流大表示管路压力低。

㉛ 换档模式:扫描工具显示"PERFORMANCE"(操作性能)或"NORMAL"(正常)。该参数表示操作性能控制程序的状态。当操作性能模式未启动时,扫描工具显示 NORMAL;当操作性能模式启动时,扫描工具显示"PERFORMANCE"(操作性能)。

㉜ 节气门位置的变速器可调压力百分比(TAP% OF TP):扫描工具显示范围是 0～100%。

㉝ 变矩器离合器(TCC)工作循环:扫描工具显示范围是 0～100%。该显示内容表示 TCC PWM 电磁阀受控接通时间的百分比。20%表示一种通电受控状态,而 0%表示一种不通电的受控状态。当车速大于 16km/h 时,进入受控状态。

㉞ 变矩器离合器(TCC)工作循环断路:扫描工具显示"YES"(是)或"NO"(否)。该参数表示在 TCC 脉冲宽度调制电磁阀反馈信号至 PCM 之间是否存在对地线的断路或短路故障。当该参数有效时,TCC 脉冲宽度调制电磁阀必须被控制于关闭状态。只有当 TCC 脉冲宽度调制电磁阀关闭时扫描工具才能显示"YES",该显示为脉冲形式。

㉟ 变矩器离合器(TC)工作循环短路:扫描工具显示"YES"或"NO"。该参数表示 TCC 脉冲宽度调制电磁阀反馈信号至 PCM 之间是否存在对蓄电池(B+)的短路故障。当该参数有效时,TCC 脉冲宽度调制电磁阀必须被控制于通电状态。只有当 TCC 脉冲宽度调制电磁阀通电时扫描工具才能显示"YES",该显示为脉冲形式。

㊱ 变矩器离合器(TCC)分离压力:扫描工具显示"YES"(是)或"NO"(否)。该参数表示 TCC 分离开关处于正常闭合的状态。扫描工具显示"YES"时表示开关已闭合,存在 TCC 分离油液压力,并且 TCC 已分离等;扫描工具显示"NO"表示开关已断开,不存在 TCC 分离油液压

力,并且 TCC 已啮合。

㉟ 变矩器离合器(TC)滑差转速:扫描工具显示范围是 −4080～+4080r/min。该显示内容是指变速器输出轴转速与发动机转速之差。负数值表示减速,即发动机转速小于变速器输出轴转速;正值表示加速,即发动机转速大于变速器输出轴转速;零表示 TCC 已啮合,发动机转速等于输出轴转速。

㊳ 自动变速器油液压力手动阀位置(TFP)开关 A/B/C:扫描工具显示"ON"(接通)或"OFF"(断开)。该参数是来自自动变速器油液压力手动阀位置开关,分别用于档位 A/B/C 的三个输入信号。"ON"(接通)表示电压信号弱,说明开关闭合。"OFF"(断开)表示电压信号强,说明开关断开。PCM 根据输入顺序决定手动阀实际位置,PCM 根据手动阀实际位置来控制管路压力、TCC 和换档电磁阀等。

㊴ 自动变速器油液温度:扫描工具显示范围是 −40℃～151℃。该显示内容是指将输入至 PCM 由自动变速器油液温度的电压输入信号换算成的温度。当自动变速器油液温度高时(151℃),信号电压低(0.00V)。当自动变速器油液温度低时(−40℃),信号电压高(5.00V)。

㊵ 自动变速器油液温度(TFT)传感器:扫描工具显示范围是 0.00～5.00V。该显示内容表示通过 TFT 传感器的电压降。PCM 对 TFT 传感器电路施加 5V 的电压。传感器是一个随着温度变化而改变其内部电阻大小的热敏电阻。当传感器处于冷态时(内部电阻大),PCM 监测到一个电压高的信号并将其解释为发动机处于冷态。当传感器处于温态时,(内部电阻减小),信号电压降低,PCM 将这个电压降低的信号解释为发动机处于温态。

㊶ 节气门位置(TP)传感器:扫描工具对此的显示范围是 0.00～5.00V。该电压是由 PCM 通过 TP 传感器信号电路来监测的。

㊷ 节气门(TP)角度:扫描工具对此的显示范围是 0～100%。TP 角度是由 PCM 根据 TP 传感器电压计算而得的。TP 角度在怠速时应显示 0%,在节气门全开时应显示 100%。

㊸ 牵引力控制:扫描工具显示"ACTIVE"(起动)或"INACTIVE"(关闭)。当 PCM 从电子制动牵引力控制模块处接收到要求减小转矩的信号时,扫描工具显示"ACTIVE"(起动)。

㊹ 变速器输入转速传感器(ISS):扫描工具显示范围是 0～8191r/min。该参数是指变速器输入轴转动速度。

㊺ 变速器输出转速传感器(OSS):扫描工具显示范围是 0～8191r/min。该显示内容表示变速器输出轴转动速度。

㊻ 车速:扫描工具显示范围是 0～255km/h。该参数表示的是车速传感器(VSS)输入信号。

三、故障码为 DTC P0756(2-3 换档电磁阀性能)的故障检修

(一)电路图

电路如图 3-6 所示。根据电磁阀的指令状态,由电路 1039/839 向 2-3 换档电磁(2-3 SS)阀输入点火电压,并且搭铁路径由动力系控制模块(PCM)提供。当 PCM 指令电磁阀关闭时,不会提供搭铁路径,并且排空输入到电磁阀经过的管路压力;当 PCM 指令电磁阀接通时,就会提

供搭铁路径,并堵住排气端口,停止排放管路压力。通过监视所指令的齿轮与齿轮传动比之间的关系,动力系控制模块(PCM)可确认 2-3 换档电磁阀效能状态。

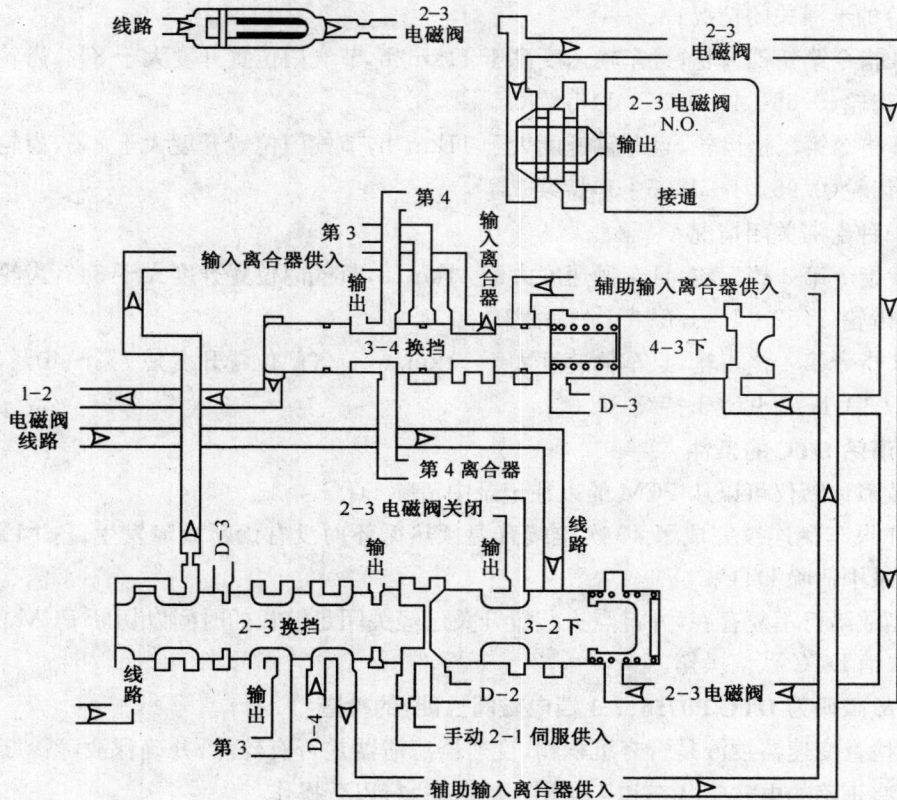

图 3-6　4T65-E 型自动变速器 2-3 换档电磁阀电路图

如果 PCM 检测到齿轮传动比在特定指令齿轮的限制之外,将设定 DTC P0756,DTC P0756 是 D 型故障码。

(二)运行 DTC 的条件

① 没有设定以下 DTC:

TP:DTC P0121、P0122、P0123;VSS:DTC P0502、P0503;

A/T ISS:DTC P0716、P0717;

1-2,3-4 SS 换档电磁阀电气 DTC P0753;

2-3 换档电磁阀电气 DTC P0758;

TFP 手动阀位置开关 DTC P1810;

TCC PWM 电磁阀 DTC P1860 等故障码。

② 发动机转速高于 500r/min 持续 5s,并且燃油没有切断供给。

③ 自动变速器油液温度高于 20℃ ,变速器操作手柄没有处于驻车或空档位置。

④ 当在同一行程中,出现第(1)种卡滞关闭情况 1 次,或出现第(2)种卡滞关闭情况 2 次,DTC P076 被设定。

第(1)种卡滞关闭情况:

PCM 指令第一档齿轮,且车辆速度高于 11km/h,节气门位置开度大于 8%,齿轮传动比指示第四档齿轮(0.65:1～0.75:1)持续 2s。

PCM 指令第二档齿轮,且车辆速度大于 11km/h,节气门位置开度大于 8%,齿轮传动比指示第三档齿轮(0.95:1～1.05:1)持续 1s。

第(2)种卡滞关闭情况:

PCM 指令第 3 档齿轮,且车辆速度大于 11km/h,节气门位置开度大于 8%,齿轮传动比指示第二档齿轮(1.52:1～1.62:1)持续 3s。

PCM 指令第 4 档齿轮,且车辆速度大于 11km/h,节气门位置开度是 7%～40%,齿轮传动比指示 1.05:1～2.97:1 持续 3s。

(三)清除 DTC 的条件

(1)故障诊断仪可以从 PCM 的以往记录中清除 DTC。

(2)如果车辆连续完成了 40 次连续升温预热循环而没有诊断故障发生,PCM 就从 PCM 的以往记录中清除 DTC。

(3)当故障已不复存在,并且点火装置开关已经关闭足够长的时间以切断 PCM 的电源时,PCM 会取消 DTC 默认操作。

(四)故障码为 DTC P0756(2-3 档电磁阀性能)的检查

首先检查变速器油液是否有沉积物、变速器滤清器是否有碎片,并确保故障诊断仪所指令的齿轮具有正确的电磁阀状态和传动比。然后,执行以下操作:

① 检查是否执行了车载动力系统诊断系统(OBD)的检查? 是,进行步骤②;否,执行车载动力系统诊断系统(OBD)的检查。

② 检查是否已经执行了油液检查程序? 是,进行步骤③;否,进行油液检查程序。

③ 安装故障诊断仪,清理 DTC 之前,利用故障诊断仪记录冻结画面和故障记录以备参考,记录冻结画面和故障记录。将点火开关调至运行位置,清除 DTC。在下列条件下,在 D4 范围驱动车辆:加速车辆,确保 PCM 指令第 1、第 3 和第 4 档齿轮。是否检查到 3-3-3-4 或 1-2-2-1 换档模式? 是,进行步骤④;否,进行系统诊断。

④ 检查 2-3 换档电磁阀/液压电路是否有下列情况:内部故障;一个或两个换档电磁阀密封垫损坏。是否发现并排除故障? 是,进行步骤⑤。

⑤ 为核实维修,执行下列程序:选择 DTC,选择清除信息,然后清除 DTC。

在 D4 档路试车辆,在节气门位置开度为 8%时,确保变速器完成 1-2、2-3 和 3-4 换高档。监测故障诊断仪上节气门位置开度、当前齿轮和齿轮比。确保齿轮比值对每个齿轮都是正确的,且每次换档至少 1s。选择专用 DTC,输入 DTC P0756。检查是否已进行了测试并已通过? 是,系统正常;否,进行步骤①。

第四节　电控金属带无级变速(CVT)传动系统

一、无级变速传动的特点

理想的汽车变速器具有无级变化的传动比,此变速器称为无级变速器(CVT),它具有以下特点:

① 最好的燃油经济性和最低的排放污染。这是因为发动机工作在较高的效率区,与有级式变速传动相比没有动力的中断,传动比变化非常地平滑,动力传动系统冲击小,从而使乘坐舒适性得到了进一步提高。

② 无级变速传动效率远高于带有液力传动的有级式自动变速器。在变速过程中,由于没有动力的中断,因而提高了行驶的动力性能。

③ 无级变速系统可以控制发动机的转速在最小的范围内变化,使车速在较宽的范围内变化(目前传动比可达 5.0 以上)。有级式变速器只能一档一档地升或降,而发动机的转速随着每个相应的档位不断地交替变化,造成发动机的工作状态不稳定。

④ 能最好地协调汽车的外界行驶条件与发动机负荷,充分发挥发动机的功率潜力,提高整车燃油经济性。

二、无级变速传动原理

目前,在轻型汽车上广泛应用的无级变速传动是采用 V 带传动,图 3-7 所示为 V 带传动的无级变速传动原理示意图。

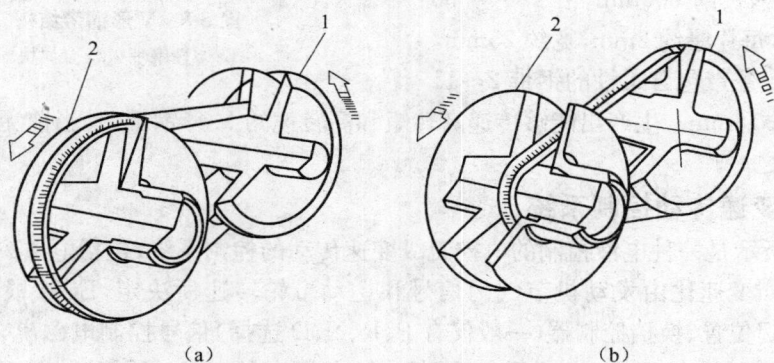

图 3-7　V 带传动无级变速传动原理
(a)低速档　(b)高速档
1. 主动带轮　2. 从动带轮

变速部分由主动带轮(也称初级轮)V 带和从动带轮(也称次级轮)所组成。每个带轮都由两个带有斜面的半个带轮组成一体,其中一个半轮是固定的,另一个半轮可以通过液压伺服缸控制其沿轴向移动,即半轮间的轴向相对位置可以通过控制机构来改变;两个带轮的中心距是固定的,所以形成传动比 $i = r_2 : r_1 = n_1 : n_2$。$r_1$ 和 r_2 分别为主动轮和从动轮的半径(mm);n_1 和 n_2 分别为主动轮和从动轮的转速(r/min)。当主动带轮的半径 r_1 处于最小半径(两个半轮之间的轴向距离最大），从动带轮的 r_2 处于最大半径（两个半轮间的轴向距离最小）时，传动系统所形成的传动比最大，相当于低档行驶状态；当通过液压伺服缸控制改变 r_1 和 r_2 的半径时，如 r_1 逐渐增大，由于两个带轮轴之间的距离和传动带的周长是固定的，为了保证正常传动而相应使 r_2 的值减小，则所形成的传动比也相应减小，直至 n_1 达到最大而 n_2 达到最小，此时相当于汽车的高档行驶状态。由于 r_1 和 r_2 可以连续无级地变化，因而所形成的传动比（在一定范围内，一般在 0.44～4.69 之间变化）也是连续无级变化的。控制 r_1 与 r_2 的大小，是通过控制作用在主动带轮和从动带轮可滑动半轮上的液压力实现的，液压力减小则相应的带轮与 V 带的接触半径减小，反之则增大。

目前，无级变速传动的关键部件 V 带主要是采用钢带，如图 3-8 所示，它由一层层带有 V 形斜面的金属片通过柔性的钢带所组成，靠 V 形金属片传递动力，而柔性钢带则只起支撑与保持作用。在图 3-8 中，上边的带为紧边，下边的带为松边，相当于由主动轮通过钢带推着从动轮旋转来传递动力。一般钢带总长约 600mm，由 280～600块金属片组成，每片厚约 2mm，宽约 25mm，高约 12mm。每条带包含柔性的钢带 2～11

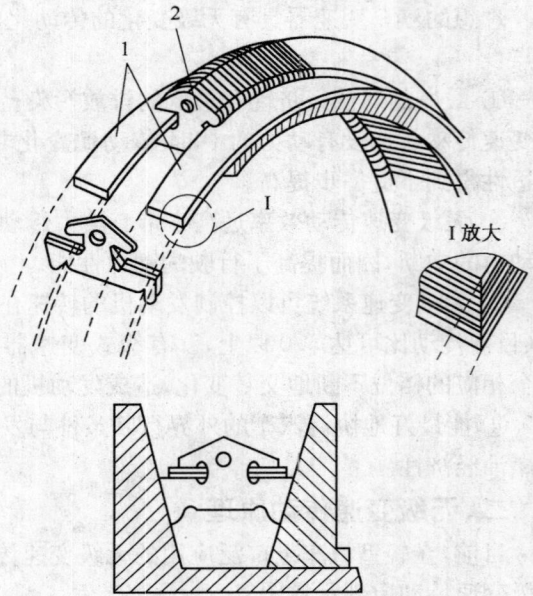

图 3-8　V 形钢带结构
1. 柔性钢带　2. 金属块

条，每条厚约 0.18mm。生产出能够传递高转矩和高转速的 V 形钢带，是当前无级变速传动的主要研究问题之一。

三、无级变速传动控制系统

如图 3-9 所示是一种电液控制的电控无级变速传动的控制系统，包括电磁离合器的控制和V 带变速控制。变速比由发动机节气门信号和主动带轮转速所决定，ECU 根据发动机的转速、车速、节气门位置、换档控制器（一般仅有 P、R、N、D 选择）信号控制电磁离合器，以及控制V 带轮上液压伺服缸的压力，实现无级变速一般在最高传动比（低档）时控制压力最大，约2.2MPa；在最低传动比（高档）时的控制压力最小，约 0.8MPa。由于传动比的改变仅受节气门和主动带轮转速的控制，因而控制的灵活性相对受到了限制。

四、无级变速传动系统的工作特性

无级变速传动的工作特性如图 3-10 所示，系统具有理想的恒功率输出，输出转矩与车速成反比。因此，其工作特性如下：

当换档控制器在"D"的位置，发动机处于怠速工况，前进档离合器刚刚接合产生较小的牵引力（1）点，汽车处于蠕动状态。轻轻使节气门开启，离合器全部接合，汽车开始以较小的速度向前行驶（2）点。

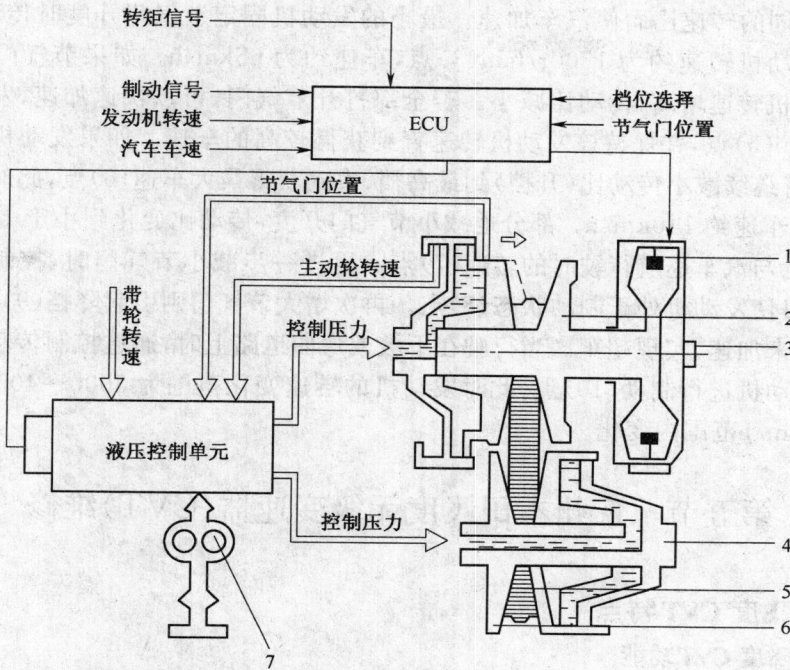

图 3-9　无级变速传动电子控制系统
1. 电磁离合器　2. 主动带轮　3. 输入轴　4. 输出轴　5. 钢带　6. 从动带轮　7. 液压泵

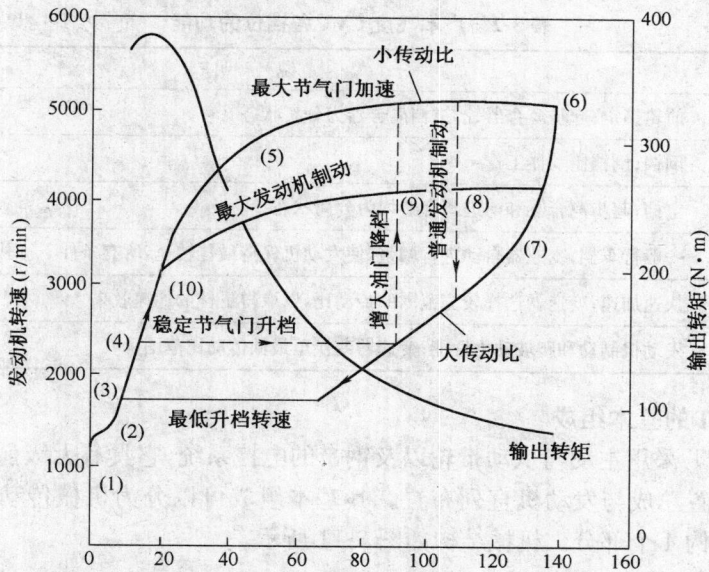

图 3-10　电子控制无级变速传动工作特性曲线

如果进一步踩下加速踏板,电子控制系统根据发动机的转速、车速和驾驶人的选择,控制带轮得到不同的转速比而使汽车加速。最小的发动机固定节气门开度时传动比最大(低档),对应于发动机转速约为 1700r/min(3)点,车速约为 65km/h。如果节气门开度再增大(4)点时,发动机转速增高,传动比减小。若全部打开节气门,可以快速加速,发动机转速达到约 4500r/min(5)点,并保持该发动机转速直到获得较高的车速。如果发动机转速仍然增加,变速系统将继续减小传动比(升档)到最高档,直到获得最大车速(6)点,此时发动机转速约 5000r/min,车速约 140km/h。部分地减小节气门开度,传动比变化到小于 1,发动机转速有所下降,接近与汽车巡航行驶时的转速(7)点。再进一步减小节气门时,控制系统使传动比达到最小,可使发动机处于制动状态(8)点。再次增大节气门则引起降档(9)点,以便得到更大的牵引力来加速,实现超车。当行驶在下坡或弯曲道路上时,通过控制传动比可以最大限度地利用发动机进行制动(10)点,此时发动机的转速变化范围为 3000~4000r/min,而车速在25~135km/h范围内变化。

第五节　广州本田飞度无级变速器(CVT)维修

一、广本飞度 CVT 特点

(一)广本飞度 CVT 功能

广本飞度 CVT 采用金属带传递的无级变速器,能根据实际路况提供连续变化的传动比,以保证发动机在最佳的功率范围内运行。其档位有 6 个:P(驻车)、R(倒档)、N(空档)、D(行车档)、S(第 2 档)和 L(低速档)。其各档的主要功能见表 3-2。

表 3-2　广本飞度 CVT 各档位的功能

换档操纵手柄位置	说　明
P	前轮锁定;起步离合器、前进档离合器为分离状态
R	倒档;倒档制动器工作
N	空档;起步离合器和前进离合器均为分离状态
D	一般行车档;变速器自动进行调整,使发动机保持最佳转速,所有条件下行驶
S	快速加速;变速器选择较宽范围的传动比,以取得更佳的加速效果
L	发动机制动和爬坡动力性能;变速器变换至最低传动比范围

(二)飞度 CVT 的基本组成

广本飞度 CVT 采用主动与从动带轮以及钢带的电控系统,它具有无级前进档变速和二级倒档变速功能,装置总成与发动机直列布置。其基本组成可以分为机械传动、电子控制、液压控制、换档控制机构 4 个部分。机械结构如图 3-11 所示。

1. 机械传动

带有以下 4 条平行轴:输入轴、主动带轮轴、从动带轮轴以及主传动轴。输入轴和主动带轮轴与发动机曲轴呈直线布置。主动带轮轴和从动带轮轴均由带活动和固定两种轮面的带轮构成,两个带轮通过钢带联接。

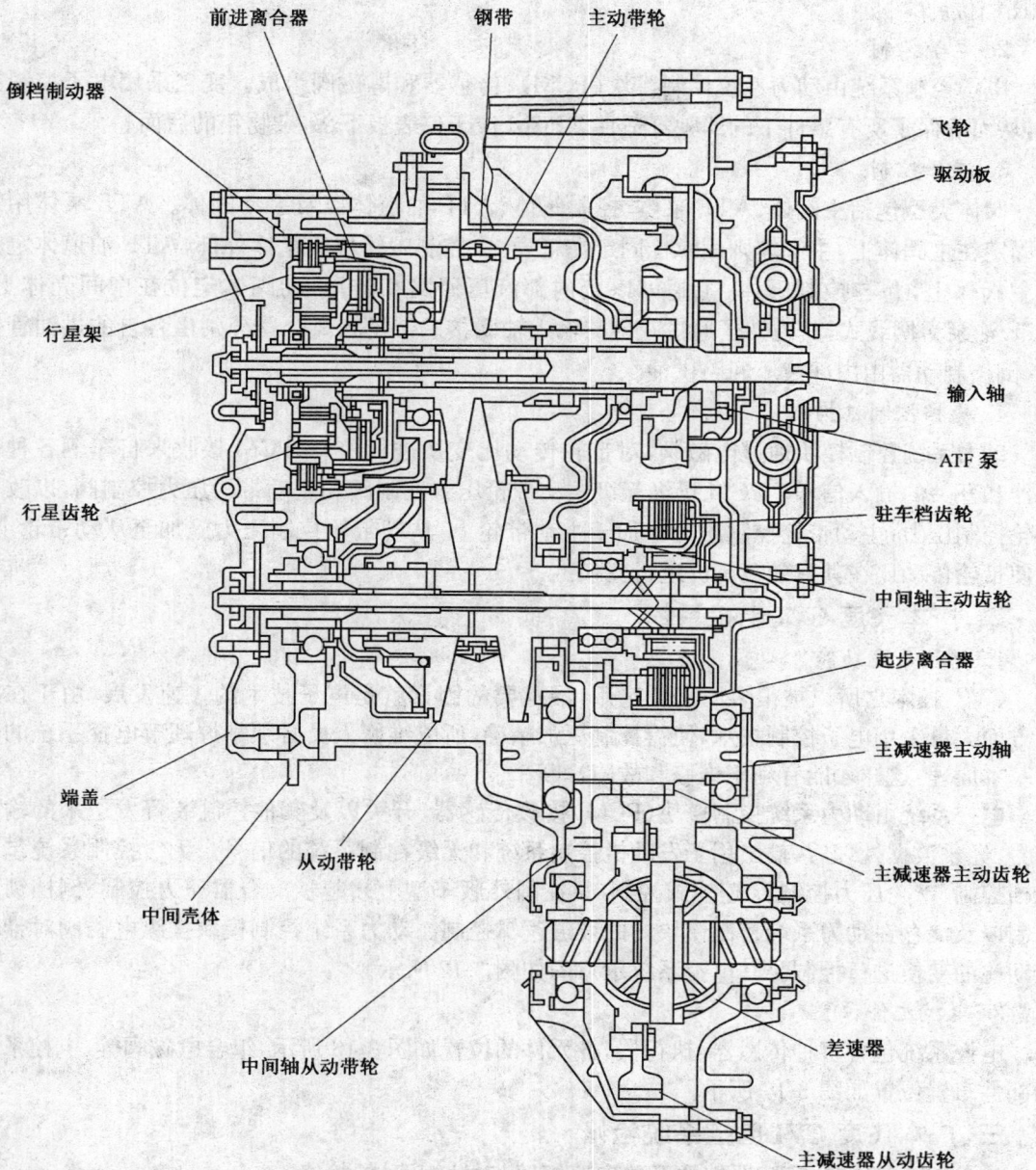

图 3-11　广本飞度 CVT 的结构图(机械部分)

前进离合器　钢带　主动带轮

倒档制动器

飞轮
驱动板

行星架

输入轴

ATF 泵

行星齿轮

驻车档齿轮

中间轴主动齿轮

起步离合器

主减速器主动轴

端盖

主减速器主动齿轮

中间壳体

从动带轮

中间轴从动带轮

差速器

主减速器从动齿轮

　　输入轴由太阳轮、行星齿轮、齿圈及行星架构成;主动带轮轴包括主动带轮以及前进离合器;从动带轮轴包括从动带轮、起步离合器以及与驻车齿轮一体的中间从动齿轮。主传动轴位于中间主动齿轮与主减速从动齿轮之间。主传动轴由主减速主动齿轮和中间从动齿轮组成,中间从动齿轮用以改变旋向,因为主动带轮轴和从动带轮轴的旋向相同。当行星齿轮通过前进离合器和倒档制动器接合后,动力即由主动带轮轴传递至从动带轮轴,从而提供了 L、S、D

和 R 档位。

2. 电子控制

电子控制系统由动力系统控制模块（PCM）、传感器和电磁阀组成。变档采用电子控制方式，从而确保了所有条件下的驾驶舒适性。PCM 位于仪表板下部，杂物箱的后面。

3. 液压控制

阀体类型包括主阀体、ATF 泵体、控制阀体、ATF 油道体以及手动阀体。ATF 泵体用螺栓固定在主阀体上，主阀体则用螺栓固定在箱壳上；控制阀体位于箱体外部，ATF 油道体定位在主阀体上，并与控制阀体、主阀体以及内部液压回路相连；手动阀体定位在中间壳体上。ATF 油泵为摆线式，其内转子通过花键与输入轴联接。带轮和离合器分别由各自的供油管供油，倒档制动器由内部液压回路供油。

4. 换档控制机构

动力系统控制模块通过电磁阀，对带轮传动比变换进行控制，PCM 接收来自车辆各种传感器和开关的输入信号。PCM 操纵无级主动带轮压力控制阀和从动带轮压力控制阀，以改变带轮控制压力；主动带轮控制压力施加于主动带轮上，从动带轮控制压力施加至从动带轮上，以使带轮传动比在其有效范围内进行变换。

二、广本飞度 CVT 电控系统

1. 电控系统功能

CVT 技术之所以被很多厂家所选用，最重要的因素就是电子技术的飞速发展，由于在控制方面大量采用电子控制技术，使得控制更加精确，所以维修人员必须掌握理解电控系统的工作基本原理，这样才能有利于维修和故障诊断。

电控系统由动力系统控制模块（PCM）接收传感器、开关以及其他控制装置发送来的输入信号，经过数据处理后，输出用于发动机控制系统和无级控制系统的信号。无级控制系统包括换档控制/带轮压力控制、7 速模式控制（只在国外版车型上）、起步离合器压力控制、倒档锁止控制以及储存在动力系统控制模块内的坡道逻辑控制。动力系统控制模块操纵电磁阀对带轮传动比的变换进行控制。其电控系统示意图如图 3-12 所示。

2. 电控元件位置

电控系统包含多种传感器、执行器，各元件的位置如图 3-13 所示，组合电磁阀等，电控系统的部件布置位置如图 3-14 所示。

三、广本飞度 CVT 电控系统检修

（一）DTC P1705：变速器档位开关电路短路（对地短路）的检修

检修步骤如下：

① 将点火开关置于"ON"。

② 观察档位指示灯，分别换档到每个位置。换档时，该档位指示灯是否亮。如果指示灯亮，则转到第③步。如果不亮，转到第⑦步。

③ 断开变速器档位插接器。是否所有的档位指示灯都熄灭。如果所有的档位开关都熄灭，则更换变速器档位开关。如果档位指示灯不熄灭，将点火开关置于"OFF"，然后转到第④步。

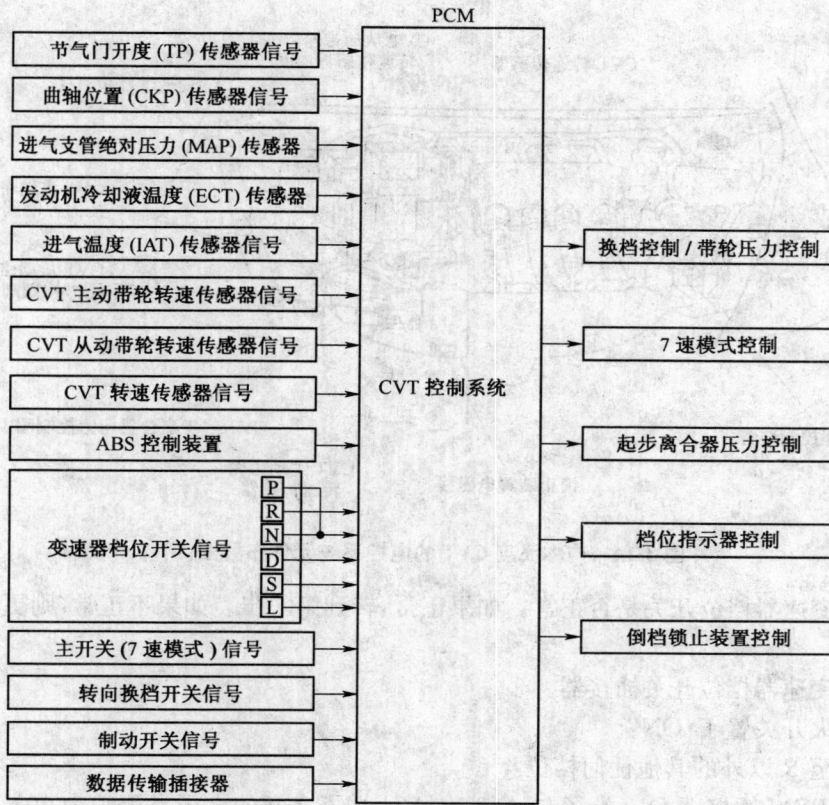

图 3-12　广本飞度 CVT 的电控系统示意图

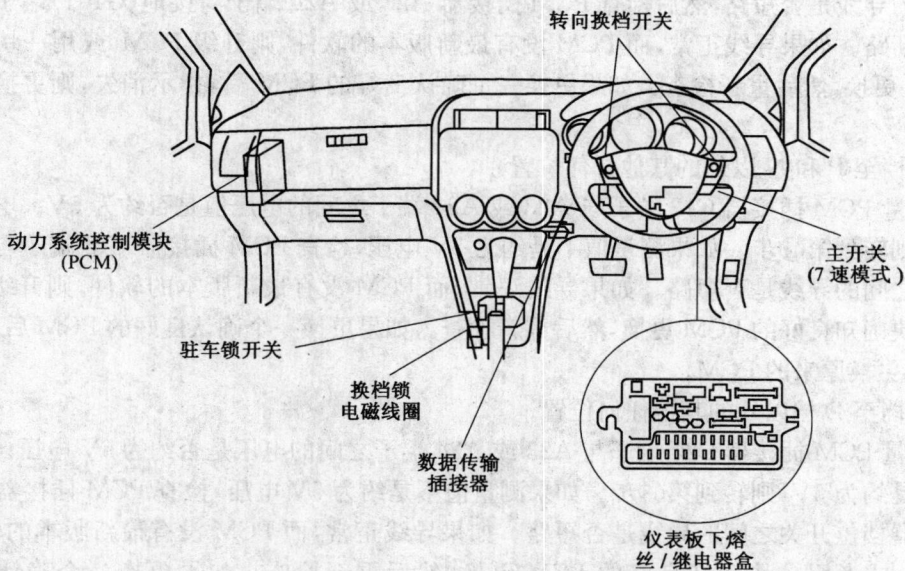

图 3-13　广本飞度 CVT 的电控系统元件布置图(a)

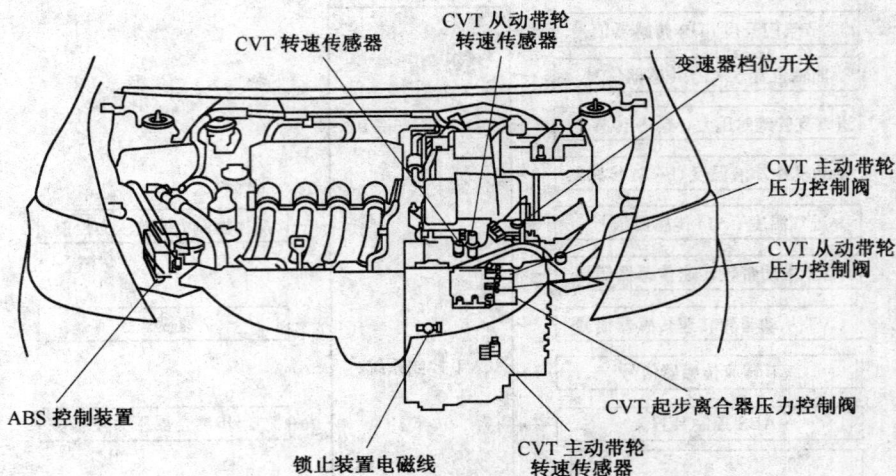

图 3-14　广本飞度 CVT 的电控系统元件布置图(b)

④ 测试变速器档位开关是否正常。如果正常,转到第⑤步。如果不正常,则更换变速器档位开关。

⑤ 连接变速器档位开关插接器。

⑥ 将点火开关置于"ON"。

⑦ 换档至 R 以外的其他任何档位。

⑧ 测量 PCM 插接器 C10 端子与 A23 或 A24 端子之间的电压是否约为 10V。电压值是 10V,转到第⑨步。电压值不是 10V,检查 PCM 插接器 C10 端子与变速器档位开关或档位指示器之间的导线是否短路,然后检查 PCM 插接器 A23 或 A24 端子与接地(G101)端子之间的导线是否断路。如果导线正常,而 PCM 没有最新版本的软件,则升级 PCM,或用一块确知良好的 PCM 更换,然后重新检查。如果更换一个确认良好的 PCM 后,指示消失,则更换原有的 PCM。

⑨ 换档至 P 和 N 以外的其他任何位置。

⑩ 测量 PCM 插接器 C12 端子与 A23 或 A24 端子之间的电压值是否约为 5V。电压值是约为 5V,则转到第⑪步。如果测量值不是约为 5V 电压,检查 PCM 插接器 C12 端子与变速器档位开关之间的导线是否短路。如果导线正常,而 PCM 没有最新版本的软件,则升级 PCM,或者用一块确知良好的 PCM 更换,然后重新检查。如果更换一个确认良好的 PCM 后,症状指示消失,则更换原来的 PCM。

⑪ 换档至 D 档以外的其他任何位置。

⑫ 测量 PCM 插接器 C20 端子与 A23 或 A24 端子之间的电压是否约为 5V 电压。如果所测电压值是约为 5V,则转到第⑬步。如果测量值不是约为 5V 电压,检查 PCM 插接器 C20 端子与变速器档位开关之间的导线是否短路。如果导线正常,而 PCM 没有最新版本的软件,则升级 PCM,或者用一块确知良好的 PCM 更换,然后重新检查。如果更换一个确认良好的 PCM 后,症状指示消失,则更换原来的 PCM。

⑬ 换档至 S 以外的其他任何位置。

⑭ 测量 PCM 插接器 C9 端子与 A23 或 A24 端子之间的电压是否约为 10V。如果是约 10V 电压,转到第⑮步。如所测电压值不是约为 10V,检查 PCM 插接器 C9 端子与变速器档位开关或档位指示器之间的导线是否短路。如果导线正常,而 PCM 没有最新版本的软件,则升级 PCM。或者用一块确认良好的 PCM 更换,然后重新检查。如果更换一个确认良好的 PCM 后,症状指示消失,则更换原有的 PCM。

⑮ 换档至 L 以外的其他任何位置。

⑯ 测量 PCM 插接器 C11 端子与 A23 或 A24 端子之间的电压是否约为 10V 电压。如果是约为 10V 电压,如果没有最新版本的软件,则升级 PCM,或者用一块确知良好的 PCM 更换,然后重新检查。如果更换一个确认良好的 PCM 后,症状指示消失,则更换原来的 PCM。如果测试的电压值不是约为 10V 电压,则检查 PCM 插接器 C11 端子与变速器档位开关或档位指示器之间的导线是否短路。如果导线正常,而 PCM 没有最新版本的软件,则升级 PCM,或者用一块确知良好的 PCM 更换,然后重新检查。如果更换一个确认良好的 PCM 后,症状指示消失,则更换原有的 PCM。

(二)DTC P1706:变速器档位开关断路的检修

检修步骤如下:

① 检查是否指示有 DTC P1705。如果有 DTC P1705,执行 DTC P1705 故障检修,故障检修完毕后,转到第②步。如果没有 DTC P1705,则转到第⑧步。

② 将点火开关置于"OFF"。

③ 使用本田 PCM 测试仪或 HDS,清除"CLEAR MENU"(清除菜单)中的 DTC。

④ 在 D 档位起动车辆,驾驶车辆,直到车速达到 60km/h,然后减速,停车。

⑤ 将点火开关置于"OFF",然后再将其置于"ON"(Ⅱ)。

⑥ 在 D 档位起动车辆,驾驶车辆,直到车速达到 60km/h,然后减速,停车。

⑦ 点火开关仍然停留在"ON"位置,重新检查 DTC 中有无 P1706。如果指示中有 DTC P1706,转到第⑧步。如果指示中没有 DTC P1706,故障已排除。

⑧ 测试变速器档位开关是否正常。如果正常,连接变速器档位开关,然后转到第⑨步。如不正常,更换变速器档位开关。

⑨ 将点火开关置于"OFF"。

⑩ 检查 PCM 插接器 A23 端子与车身接地、A24 端子与车身接地之间的导通性。如果导通,转到第⑪步。如不导通,维修 PCM 插接器 A23 和 A24 端子与车身接地(G101)之间的导线断路故障,或者处理接地(G101)不良故障。

⑪ 将点火开关置于"ON"。

⑫ 将换档操纵手柄换至 D 位置。

⑬ 测量 PCM 插接器 C20 端子与 A23 或 A24 端子之间的电压值是否为蓄电池电压。如是蓄电池电压,检查 PCM 插接器 C20 端子与变速器档位开关之间的导线断路故障。如果不是蓄电池电压,转到第⑪步。

⑭ 换档至 R 位置。

⑮ 测量 PCM 插接器 C10 端子与 A23 或 A24 端子之间是否有电压。如果有电压存在，维修 PCM 插接器 C10 端子与变速器档位开关之间的导线断路故障。如果没有电压，则转到第⑯步。

⑯ 换档至 P 或 N 位置。

⑰ 测量 PCM 插接器 C12 端子与 A23 或 A24 端子之间是否有电压。如有电压，维修 PCM 插接器 C12 端子与变速器档位开关之间的导线断路故障。如没有电压存在，转到第⑱步。

⑱ 换档至 S 位置。

⑲ 测量 PCM 插接器 C9 端子与 A23 或 A24 端子之间是否有电压。如有电压，维修 PCM 插接器 C9 端子与变速器换位开关之间的导线断路故障。如没有电压，转到第⑳步。

⑳ 换档至 L 位置。

㉑ 测量 PCM 插接器 C11 端子与 A23 或 A24 端子之间有无电压。如有电压存在，维修 PCM 插接器 C11 端子与变速器档位开关之间的导线断路故障。如没有电压，则升级 PCM，或者用一块确知良好的 PCM 更换，然后重新检查。如果更换一个确认良好的 PCM 后，症状指示消失，则更换原有的 PCM。

（三）DTC P1879：CVT 起步离合器压力控制阀电路故障的检修

检修步骤如下：

① 断开 CVT 起步离合器压力控制阀插接器。

② 测量控制阀插接器端子之间的电阻值是否为 $3.8\sim6.8\Omega$。如果是，转到第③步。如果不是，CVT 起步离合器压力控制阀故障，更换控制阀体。

③ 断开蓄电池负极端子。

④ 断开 PCM 插接器 B(24P) 和 C(22P)。

⑤ 检查 PCM 插接器 A16 端子与车身接地、C8 端子与车身接地之间导通性。如果导通，维修 PCM 插接器 A16 端子与 CVT 起步离合器压力控制阀插接器、C8 端子与 CVT 起步离合器压力控制阀插接器之间导线对地短路故障。如不导通，转到第⑥步。

⑥ 重新连接 CVT 起步离合器压力控制阀插接器。

⑦ 测量 PCM 插接器 B16 端子与 C8 端子之间的电阻值是否为 $3.8\sim6.8\Omega$。如果是 $3.8\sim6.8\Omega$，则升级 PCM 或者用一块确知良好的 PCM 更换，然后重新检查。如果更换一个确认良好的 PCM 后，症状指示消失，则更换原来的 PCM。如果测量电阻值不是 $3.8\sim6.8\Omega$，维修 PCM 插接器 B16 和 C8 端子与 CVT 起步离合器压力控制阀插接器之间的导线连接松动或断路故障。

（四）DTC P1882：限止装置电磁阀电路故障

检修步骤如下：

① 断开限止装置电磁阀插接器。

② 在电磁阀插接器处，测量端子之间的电阻值是否为 $17.1\sim21.0\Omega$：如果电阻值是 $17.1\sim21.0\Omega$，转到第③步；如果电阻值不是 $17.1\sim21.0\Omega$，更换限止装置电磁阀。

③ 断开 PCM 插接器 C(22P)。

④ 检查 PCM 插接器 C6 端子与车身接地之间的导通性。如导通，维修 PCM 插接器 C6 端

子与限止装置电磁阀之间的导线对地短路故障。如不导通,转到第③步。

⑤ 连接限止装置电磁阀插接器。

⑥ 断开 PCM 插接器 A(31P)。

⑦ 测量 PCM 插接器 C6 端子与 A4 或 A5 端子之间的电阻值是否为 17.1~21.0Ω。如电阻值是 17.1~21.0Ω,则升级 PCM 或者用一块确知良好的 PCM 更换,然后重新检查。如果更换一个确认良好的 PCM 后,症状指示消失,则更换原有的 PCM;如果电阻值不是 17.1~21.0Ω,维修 PCM 插接器 C6、A4 或 A5 端子与限止装置电磁阀之间的导线连接松动或断路故障。

(五)DTC P1885:CVT 主动带轮转速传感器电路故障的检修

检修步骤如下:

① 检查是否指示有节气门位置传感器(TPS)的 DTC。如果指示有 TPS 的 DTC,则执行故障检修,故障检修完成后,重新检查 DTC P1885。如果指示中无 TPS 的 DTC,转到第②步。

② 将点火开关置于"OFF"。

③ 检查 PCM 插接器 A23 端子与车身接地,A24 端子与车身接地之间的导通性。如导通,转到第④步。如果不导通,维修 PCM 插接器 A23 和 A24 端子与车身接地之间的导线断路故障,或者,处理接地 G101 不良故障。

④ 断开 CVT 主动带轮转速传感器插接器。

⑤ 将点火开关置于"ON"。

⑥ 测量 CVT 主动带轮转速传感器插接器的 1 号端子与车身接地之间的电压是否约为 5V。如果电压值是约为 5V,转到第⑦步;如所测电压值不是约为 5V,转到第⑲步。

⑦ 将点火开关置于"OFF"。

⑧ 断开 PCM 插接器 C(22P)。

⑨ 检查 CVT 主动带轮转速传感器的 2 号端子与车身接地之间的导通性。如导通,维修 PCM 插接器 C7 端子与 CVT 主动带轮转速传感器之间的导线对地短路故障。如不导通,转到第⑩步。

⑩ 检查 CVT 主动带轮转速传感器插接器的 3 号端子与车身接地之间的导通性。如导通,转到⑫步。如果不导通,维修 CVT 主动带轮转速传感器插接器的 3 号端子与车身接地(G101)之间的导线断路故障,或者,处理接地(G101)不良故障。

⑪ 重新连接 PCM 插接器 C(22P)。

⑫ 将点火开关置于"ON"。

⑬ 测量 CVT 主动带轮转速传感插接器的 2 号端子与 3 号端子之间的电压是否约为 5V。如果测量电压值是约为 5V,转到第⑭步;如测量值不是约为 5V,转到第㉓步。

⑭ 连接 CVT 主动带轮转速传感器插接器。

⑮ 测量 PCM 插接器 C7 端子与 A23 或 A24 端子之间的电压是否为 0V 或 5V。如是 0V 或 5V。转到第⑯步;如不是,则更换 CVT 主动带轮转速传感器。

⑯ 换档至 P 位置。

⑰ 起动发动机,并让其怠速运转。

⑱ 在发动机运转时,测量 PCM 插接器 C7 端子与 A23 或 A24 端子之间的电压是否为 1.5～3.5V。如果测量电压是 1.5～3.5V,则升级 PCM 或者用一块确知良好的 PCM 更换,然后重新检查。如果更换一个确认良好的 PCM 后,症状指示消失,则更换原来的 PCM;如果测量电压值不是 1.5～3.5V,则更换 CVT 主动带轮转速传感器。

⑲ 测量 PCM 插接器 A20 端子与 A23 或 A24 端子之间的电压是否为 4.75～5.25V。如果测量值是 4.75～5.25V,维修 PCM 插接器 A20 端子与制动带轮转速传感器之间的导线断路故障。如果测量值不是 4.75～5.25V,转到第⑳步。

⑳ 将点火开关置于"OFF"。

㉑ 断开 PCM 插接器 A(31P)。

㉒ 检查 PCM 插接器 A20 端子与车身接地之间的导通性。如导通,维修 PCM 插接器 A20 端子与 CVT 主动带轮转速传感器之间的导线对地短路故障。如不导通,则升级 PCM 或者用一块确知良好的 PCM 更换,然后重新检查。如更换一个确认良好的 PCM 后,症状指示消失,则更换原有的 PCM。

㉓ 测量 PCM 插接器 C7 端子与 A23 或 A24 端子之间的电压值是否约为 5V。如果测量值是约为 5V,维修 PCM 插接器 C7 端子与 CVT 主动带轮转速传感器插接器之间的导线断路故障。如果测量值不是约为 5V 电压,则升级 PCM,或者用一块确知良好的 PCM 更换,然后重新检查。如果更换一个确认良好的 PCM 后,症状指示消失,则更换原有的 PCM。

(六)DTC P1886:CVT 从动带轮转速传感器电路故障的检修

检修步骤如下:

① 检查是否指示有进气支管绝对压力(MAP)传感器的 DTC。如果指示有 MAP 传感器的 DTC,则对 MAP 传感器进行故障检修,故障检修后重新检查 DTC P1886。如果指示中无 MAP 传感器的 DTC,转到第②步。

② 将点火开关置于"OFF"。

③ 检查 PCM 插接器 A23 端子或 A24 端子与车身接地之间的导通性。如导通,维修 PCM 插接器 A23 和 A24 端子与车身接地之间的导线断路故障,或者,处理接地(G101)不良故障。

④ 断开 CVT 从动带轮转速传感器插接器。

⑤ 将点火开关置于"ON"。

⑥ 检查 CVT 从动带轮转速传感器插接器的 1 号端子与车身接地之间的电压值是否约为 5V。如电压值是约为 5V,转到第⑦步;如果电压值不是约为 5V,则转到第⑲步。

⑦ 将点火开关置于"OFF"。

⑧ 断开 PCM 插接器 C(22P)。

⑨ 检查 CVT 从动带轮转速传感器插接器的 2 号端子与车身接地之间的导通性。如导通,维修 PCM 插接器 C15 端子与 CVT 从动带轮转速传感器插接器之间的导线对地短路故障。如果不导通,转到第⑩步。

⑩ 检查 CVT 从动带轮转速传感器插接器的 3 号端子与车身接地之间的导通性。如导通,转到第⑪步。如不导通,维修 CVT 从动带轮转速传感器插接器的 3 号端子与车身接地之

间的导线断路故障,或者,处理接地(G101)不良故障。

⑪ 重新连接 PCM 插接器 C(22P)。

⑫ 将点火开关置于"ON"。

⑬ 测量 CVT 从动带轮转速传感器插接器的 2 号端子与 3 号端子之间的电压是否约为 5V。如是约为 5V,转到第⑭步。如不是约为 5V,转到第㉓步。

⑭ 连接 CVT 从动带轮转速传感器插接器。

⑮ 测量 PCM 插接器 C15 端子与 A23 或 A24 端子之间的电压值是否约为 0V 或 5V。如测量值是 0V 或 5V,转到第⑯步。如果测量值不是 0V 或 5V,则更换 CVT 从动带轮转速传感器。

⑯ 换档至 P 位置。

⑰ 起动发动机,并让其怠速运转。

⑱ 在发动机怠速运转时,测量 PCM 插接器 C15 端子与 A23 或 A24 端子之间的电压值是否为 1.5～3.5V。如电压值为 1.5～3.5V,如果 PCM 没有最新版本的软件,则升级 PCM 或者用一块确知良好的 PCM 更换,然后重新检查。如果更换一个确认良好的 PCM 后,症状指示消失,则更换原有的 PCM。

⑲ 测量 PCM 插接器 A23 或 A24 端子之间的电压是否为 4.75～5.25V。如是 4.75～5.25V 时,维修 PCM 插接器 A21 端子与 CVT 从动带轮转速传感器之间的导线断路故障。如不是 4.75～5.25V,则转到第㉑步。

⑳ 将点火开关置于"OFF"。

㉑ 断开 PCM 插接器 A(31P)。

㉒ 检查 PCM 插接器 A21 与车身接地之间的导通性。如导通,维修 PCM 插接器 A21 端子与 CVT 从动带轮转速传感器之间的导线对地短路故障。如果不导通,且 PCM 没有最新版本的软件,则升级 PCM,否则,用一块确知良好的 PCM 更换,然后重新检查。如果更换一个确认良好的 PCM 后,症状指示消失,则更换原有的 PCM。

㉓ 测量 PCM 插接器 C15 端子与 A23 或 A24 端子之间的电压是否约为 5V。如果是约为 5V 电压,维修 PCM 插接器 C15 端子与 CVT 从动带轮转速传感器插接器之间的导线断路故障。如果测量值不是 5V 电压,且 PCM 没有最新版本的软件,则升级 PCM,或者用一块确知良好的 PCM 更换,然后重新检查。如果更换一个确认良好的 PCM 后,症状指示消失,则更换原来的 PCM。

(七)DTC P1887:VABS 电路故障的检修

检修步骤如下:

① 检查是否指示有 ABS 的 DTC 故障码。如有 ABS 的 DTC 故障码,则根据所指示的 DTC 故障码,对 ABS 进行故障检修,故障检修完成,重新检查 DTC P1887。如果 ABS 没有 DTC 故障码显示,则转到第②步。

② 将点火开关置于"OFF"。

③ 检查 PCM 插接器 A23 和 A24 端子与车身接地的导通性。如导通,转到第④步。如果不导通,维修 PCM 插接器 A23 和 A24 端子与车身接地 G101 之间的导线断路故障,或者,处理

接地(G101)不良故障。

④ 举升车辆,让车轮能够自由转动。

⑤ 驱动车辆,测量 PCM 插接器 A18 端子与 A23 或 A24 端子之间的电压是否在 0~5V 之间波动。如电压值是在 0~5V 电压之间波动,如果没有最新版本的软件,则升级 PCM,或者用一块确知良好的 PCM 更换,然后重新检查。如果更换一个确认良好的 PCM 后,症状指示消失,则更换原有的 PCM。如果测量值不是在 0~5V 电压之间波动,则转到第⑥步。

⑥ 断开 ABS 控制装置插接器。

⑦ 驱动车辆,并不断提速,测量 ABS 控制装置插接器 15 号端子与车身接地之间是否有电压。如有电压,检查 ABS 控制装置的端子是否松动。如无电压,维修 PCM 插接器 A15 端子与 ABS 控制装置之间的导线断路或短路故障。

(八)DTC P1888:CVT 转速传感器电路故障的检修

检修步骤如下:

① 检查是否指示有进气支管绝对压力(MAP)传感器的 DTC。如有 MAP 传感器 DTC 故障码,执行 MAP 传感器的故障检修,故障检修完毕后,重新检查 DTC P1888。如果没有 MAP 传感器故障码出现,转到第②步。

② 将点火开关置于“OFF”。

③ 检查 PCM 插接器 A23 端子与车身接地,A24 端子与车身接地之间的导通性。如导通,转到第④步。如果不导通,维修 PCM 插接器 A23 和 A24 端子与车身接地 G101 之间的导线断路故障,处理接地(G101)不良故障。

④ 断开 CVT 转速传感器插接器。

⑤ 将点火开关置于“ON”。

⑥ 检查 CVT 转速传感器插接器的 1 号端子与车身接地之间的电压是否约为 5V:如测量值是 5V 电压,转到第⑦步;如测量值不是 5V 电压,转到第⑱步。

⑦ 将点火开关置于“OFF”。

⑧ 断开 PCM 插接器 C(22P)。

⑨ 检查 CVT 转速传感器插接器的 2 号端子与车身接地之间的导通性。如导通,维修 PCM 插接器 C(22P)端子与 CVT 转速传感器插接器之间的导线对地短路故障。如果不导通,转到第⑩步。

⑩ 检查 CVT 转速传感器插接器的 3 号端子与车身接地之间的导通性。如导通,转到第⑪步。如果不导通,维修转速传感器插接器的 3 号端子与车身接地 G101 之间的导线断路故障,或者,处理接地(G101)不良故障。

⑪ 重新连接 PCM 插接器 C(22P)。

⑫ 将点火开关置于“ON”。

⑬ 测量 CVT 转速传感器插接器的 2 号端子与 3 号端子之间的电压是否约为 5V。如果是约为 5V 电压,转到第⑪步;如果不是约为 5V 电压,转到第㉒步。

⑭ 连接 CVT 转速传感器插接器。

⑮ 测量 PCM 插接器 C22 端子与 A23 或 A24 端子之间的电压值是否约为 0V 或 5V。如

果是 0V 或 5V 电压,则转到第⑯步;如果电压值不是 0V 或 5V 电压,则更换 CVT 转速传感器。

⑯ 举升车辆,让车轮能够自由转动。

⑰ 驱动车辆,测量 PCM 插接器 C22 端子与 A23 或 A24 端子之间的电压值是否为 1.5~3.5V。如果电压值是 1.5~3.5V,若 PCM 没有最新版本的软件,则升级 PCM,或者用一块确知良好的 PCM 更换,然后重新检查。如果更换一个确认良好的 PCM 后,症状指示消失,则更换原有的 PCM。如果电压值不是 1.5~3.5V 电压,则更换 CVT 转速传感器。

⑱ 测量 PCM 插接器 A21 端子和 A24 端子之间的电压是否约为 4.75~5.25V。如果测量电压值是 4.75~5.25V 电压,维修 PCM 插接器 A21 端子与 CVT 转速传感器之间的导线断路故障;如果测量电压值不是 4.75~5.25V 电压,则转到第⑲步。

⑲ 将点火开关置于"OFF"。

⑳ 断开 PCM 插接器 A(31P)。

㉑ 检查 PCM 插接器 A21 端子与车身接地之间的导通性。如导通,维修 PCM 插接器 A21 端子与 CVT 转速传感器之间的导线对地短路故障。如果不导通,如果没有最新版本的软件,则升级 PCM,或者用一块确知良好的 PCM 更换,然后重新检查。如果更换一个确认良好的 PCM 后,症状指示消失,则更换原有的 PCM。

㉒ 测量 PCM 插接器 C22 端子与 A23 或 A24 端子之间的电压值是否约为 5V。如果电压值是约为 5V,维修 PCM 插接器 C22 端子与 CVT 转速传感器插接器之间的导线断路故障;如果测量的电压值不是约为 5V,若 PCM 没有最新版本的软件,则升级 PCM,或者用一块确知良好的 PCM 更换,然后重新检查。如果更换一个确认良好的 PCM 后,症状指示消失,则更换原有的 PCM。

(九)DTC P1890:换档控制系统故障的检修

检修步骤如下:

① 检查是否指示有其他 DTC。检查有其他 DTC,则执行所指示 DTC 的故障检修。故障检修完毕后,重新检查 DTC P1890。如果没有其他的 DTC,则转到第②步。

② 测量在 D、S、L 和 R 位置时的失速转速 RPM,失速点是否超过 3500r/min。如是,更换变速器。如不是,如果失速点低于 2000r/min,则更换控制阀体。如果失速点在 2000~3500r/min,则转到第③步。

③ 将点火开关置于"OFF"。

④ 设定数字万用表,来监测 PCM 插接器 A15 端子与 A23 或 A24 端子之间节气门位置传感器上的电压。

⑤ 节气门电压为 2V,在 D 位置,以 60km/h 的车速,在平坦道路上驾驶车辆,并测量发动机转速。

如果发动机转速是 2000~3500r/min,更换控制阀体;如果发动机转速不是在 2000~3500r/min 时,则更换变速器。

(十)DTC P1891:起步离合器控制系统故障的检修

检修步骤如下:

① 检查是否指示有其他 DTC。如果有其他的 DTC,则执行指示 DTC 的故障检修,故障检修完毕后,重新检查 DTC P1891。如果没有其他的 DTC,转到第②步。

② 将点火开关置于"OFF"。

③ 从控制阀体上,断开 CVT 起步离合器压力控制阀插接器。

④ 起动发动机,并换档至 D 位置。

⑤ 检查车辆是否移动。车辆移动,转到第⑥步。如果车辆不移动,则更换起步离合器。

⑥ 将点火开关置于"OFF"。

⑦ 重新连接 CVT 起步离合器压力控制阀插接器。

⑧ 起动发动机,并换档至 D 位置。

⑨ 检查车辆是否缓慢前进,并检查在水平地面上缓慢前进的速度是否约为 5km/h。如是,转到第⑩步;如果不是,更换控制阀体。

⑩ 测量在 D、S、L 和 R 位置时的失速转速。失速点是否超过 3500r/min。如失速点超过 3500r/min,更换起步离合器;如失速点不超过 3500r/min,转到第⑪步。

⑪ 将点火开关置于"OFF"。

⑫ 从控制阀体上,断开 CVT 起步离合器压力控制插接器。

⑬ 起动发动机,并换档至 D 位置。

⑭ 检查车辆是否移动。如果车辆移动,系统正常。PCM 没有最新版本的软件,则升级 PCM,或者用一块确认良好的 PCM 更换,然后重新检查。如果更换一个确认良好的 PCM 后,症状指示消失,则更换原有的 PCM。如果车辆没有移动,则更换起步离合器。

(十一)DTC P1894:CVT 主动带轮压力控制阀电路故障的检修

检修步骤如下:

① 断开 CVT 主动带轮压力控制阀插接器。

② 在控制阀插接器处,测量插接器端子之间的电阻。如果测量的电阻值是 3.8～6.8Ω,转到第③步;如测量的电阻值不是 3.8～6.8Ω,则是 CVT 主动带轮压力控制阀故障,更换控制阀体。

③ 断开 PCM 插接器 B(24P)和 C(22P)。

④ 检查 PCM 插接器 B24 端子与车身接地、C16 端子与车身接地之间的导通性。如导通,维修 PCM 插接器 B24 端子与 CVT 主动带轮压力控制阀插接器、C16 端子与 CVT 主动带轮压控制插接器之间的导线对地短路故障。如不导通,到第⑤步。

⑤ 重新连接 CVT 主动带轮压力控制阀插接器。

⑥ 测量 PCM 插接器 B24 端子与 C16 端子之间的电阻值。如果测量的电阻值是 3.8～6.8Ω,若 PCM 没有最新版本的软件,则升级 PCM,或者用一块确知良好的 PCM 更换,然后重新检查。如果更换一个确认良好的 PCM 后,症状指示消失,则更换原有的 PCM。如果测量的电阻值不是 3.8～6.8Ω,维修 PCM 插接器 B24 端子和 C16 端子与 CVT 主动带轮压力控制阀插接器之间的端子连接松动或导线断路故障。

(十二)DTC P1890:CVT 从动带轮压力控制阀电路故障的检修

检修步骤如下:

① 断开 CVT 从动带轮压力控制阀插接器。

② 在控制阀插接器处,测量插接器端子之间的电阻值是否为 3.8~6.8Ω。如果所测电阻值是 3.8~6.8Ω,转到第③步;如测量的电阻值不是 3.8~6.8Ω,CVT 从动带轮压力控制阀故障。

③ 断开 PCM 插接器 B(24P)和 C(22P)。

④ 检查 PCM 插接器 B7 端子与车身接地,C1 端子与车身接地之间的导通性。如导通,维修 PCM 插接器 B7 端子与 CVT 从动带轮压力控制阀插接器、C1 端子与 CVT 从动带轮压力控制阀插接器之间的导线对地短路故障。如果不导通,则转到第⑤步。

⑤ 重新连接 CVT 从动带轮压力控制阀插接器。

⑥ 测量 PCM 插接器 B7 端子与 C1 端子之间的电阻值是否为 3.8~6.8Ω。如果测量的电阻值是 3.8~6.8Ω,若没有最新版本的软件,则升级 PCM,或者用一块确知良好的 PCM 后,然后重新检查。如果更换一个确认良好的 PCM 后,症状指示消失,则更换原有的 PCM。如果测量的电阻值不是 3.8~6.8Ω,维修 PCM 插接器 B7 端子和 C1 端子与 CVT 从动带轮压力控制阀插接器之间的端子,排除连接松动或导线断路故障。

第四章　汽车转向系统电控技术与维修

汽车转向电控技术包括汽车动力电控转向系统和汽车四轮转向电控系统。

动力电控转向系统是驾驶人依靠其他能源帮助进行汽车转向的系统。动力转向器以前多用于大型和重型汽车，随着发动机前置前轮驱动汽车的增加，助力转向装置已成为轿车的标准装备。助力转向装置可称为转向力放大装置，用来降低汽车转向时驾驶人施加在转向盘上的力。动力电控转向系统根据车速与行驶条件的变化产生相应的、合适的转向作用力，从而提高汽车的操纵轻便性和行车安全性。电子控制动力转向系统（EPS），根据动力源不同可分为液压式电子控制动力转向系统和电动式电子控制动力转向系统。

电子控制四轮转向系统是为了满足汽车在以不同车速转弯时能够得到稳定的转向性能，使四轮的转向相位根据不同车速或者转向轮的转向角而变化，以满足各种车速转向特性的要求，提高车辆的操纵稳定性和转向灵活性。

第一节　液压式电子控制动力转向系统

液压式电子控制动力转向系统是在传统的液压动力转向系统的基础上增设电子控制装置而组成的。根据控制方式的不同，液压式电子控制动力转向系统可分为流量控制式、反力控制式和电动-液压式（ECU 控制的电动-液压泵取代由发动机驱动的液压泵工作）。下面简述常用的流量控制式液压电子控制动力转向系统。

流量控制式液压电子控制动力转向系统如图 4-1 所示，它由车速传感器、电磁阀、液压动力转向器、发动机驱动的转向油泵和电子控制器等组成。

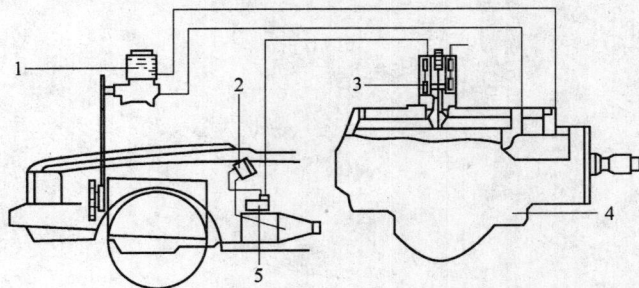

图 4-1　流量控制式电子控制动力转向系统
1. 转向油泵　2. 车速传感器　3. 分流电磁阀　4. 液压动力转向器　5. 电子控制器

图 4-1 所示的转速传感型液力动力转向系统中，由车速传感器 2 检测车速的高低，并向电子控制器 5 传送电信号，电子控制器对车速信号进行处理后，控制分流电磁阀 3 的开度，同时改变转向油缸工作油压的高低，从而控制转向油缸增力的大小。当车速较低时，产生正常的增

力,使转向轻便;当车速升高后,转向动力缸的增力减小,从而使所需的转向操纵力增大。

分流电磁阀在转向油缸上有连通油缸活塞两侧油室的分流油道,该油道受分流电磁阀控制。当电磁阀将分流油道打开时,转向油缸高压油室的高压油有一部分被分流到低压油室并流回转向油罐,使得转向油缸中活塞两边的压差减小,转向增力减弱,这时要使汽车转向,驾驶人就需要施加较大的转向操纵力。

第二节　电动式电子控制动力转向系统

电动式电子控制动力转向系统(EPS)不再使用液压装置,完全依靠电动机实现动力转向,使结构更加紧凑,近年来在轿车上得到了广泛的应用。

一、电动式电子控制动力转向系统原理

图 4-2 所示为一种电动力转向系统示意图。该系统由传感器、电子控制器和执行器等组成。传感器由转矩传感器、转向角传感器和车速传感器组成,转矩传感器和转向角传感器安装在转向器中,车速传感器安装在仪表盘内。执行器由电动机、离合器与减速器组成,三者构成一体,通过橡胶底座安装在车架上。

系统以转矩传感器、转向角传感器和车速传感器作为助力转矩的信号源,电子控制器根据不同的信号调整辅助动力的大小,电动机输出的转矩经减速器增加后,由万向节传递给辅助转向器小齿轮,向转向齿条提供助推转矩,从而起到电动助力转向的作用。

二、主要组件的结构及原理

(一)转矩传感器

转矩传感器的功用是测量转向轮一侧小齿轮轴上的负载转矩。测量原理是当操作转向盘时转向轴将产生扭转变形,其变形的扭转角与转矩成正比,所以只要测定扭转角大小,即可知道转向力的大小,即转矩是利用测量扭转角而间接测量的。

1. 电位计式转矩传感器

转向轴通过扭杆与转向齿轮连接,转向轴上装有滑环,滑环的一端装有电位计。由操纵力矩引起的扭杆的扭转角位移经转换成为电位计的电阻变化,这个电信号经滑环传递出来作为转矩信号。

图 4-3 所示是转矩传感器的工作原理图,其定子与转子均用磁性材料制成,形成闭合磁路;线圈 L_1、L_2、L_3、L_4 分别绕在定子极靴上,接成桥式回路,a、b 为电桥的两输入端,c、d 为两输出端。

在电桥的 a、b 端加入脉冲电压 U_i,当转向轴上无转矩时,其转角为零,转子与定子之间的相对转角也为零,此时转子处于图 4-3 所示位置,其纵向对称面与定子 L_1、L_2、L_3、L_4 的对称面重合,每个极靴上的磁通量相同,电桥处于平衡状态,c、d 两端输出为零,即 $U_o = 0$。

当转动转向盘时,转向盘扭杆产生扭转变形,使转子与定子之间产生角位移,于是 L_1、L_3 之间的磁阻增大,L_2、L_4 的磁阻减小,各线圈磁通产生差异,电桥失去平衡,c、d 间有电压输出。在转角较小的情况下,U_o 与 θ 角成正比。

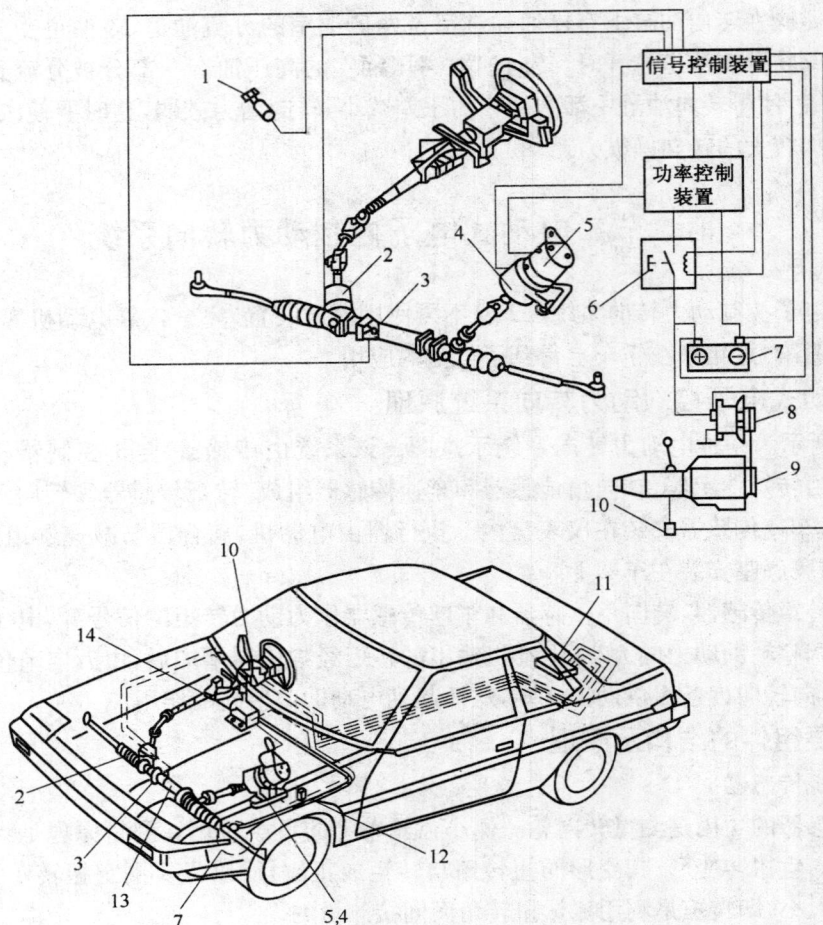

图 4-2　电动式电子控制转向系统

1. 点火起动开关　2. 转矩传感器　3. 转向角传感器　4. 离合器减速器　5. 电动机　6. 继电器　7. 蓄电池　8. 发电机　9. 发动机　10. 车速传感器　11. 信号控制装置　12. 电动机继电器　13. 转向器　14. 功率控制

2. 转向角传感器

转向角传感器有光电式传感器和霍尔式传感器等。转向角传感器可根据齿条的位移量和位移方向测出转向角。

(二)电动机

电动机大多采用永磁式电动机,其工作原理与起动电机基本相同。用于小型轿车电动动力转向的电动机最大电流为 30A 左右,电压为 12V,额定转矩为 $100N \cdot m$。

用于转向助力的电动机需要正反转控制,一种比较简单适用的转向助力电动机的正反转控制电路如图 4-4 所示。a_1、a_2 为触发信号端,由微机系统的 D/A 转换得到的直流信号输入到该端,用以触发电动机的正反转。当 a_1 端得到输入信号时,晶体管 VT_3 导通,VT_2 得到基极电流也导通,电流经过 VT_2 的发射-集电极,电动机 M、VT_3 的集电-发射极而搭铁接地,形成回路。

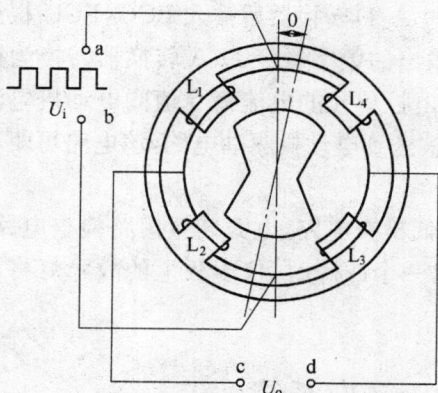

图 4-3　转矩传感器的工作原理图

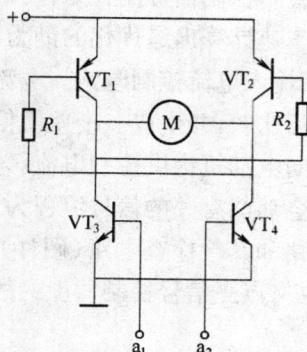

图 4-4　电动机正反转控制电路

电动机有电流经过而正转。当 a_2 端得到输入信号时,晶体管 VT_4 导通,VT_1 得到基极电流而导通,电流经过 VT_1 的发射-集电极、电动机 M、VT_4 的集电-发射极而搭铁接地,形成另一回路,电动机因有反向电流而反转。控制触发信号端电流的大小,就可以控制电动机通过电流的大小。

(三)电磁离合器

电磁离合器用来传递助力转矩,按 ECU 的指令及时接通和断开辅助动力。图 4-5 所示为单片式电磁离合器工作原理图。

主动轮随电动机轴一起转动,来自控制装置的控制电流从滑环输入离合器磁化线圈,于是主动轮上产生电磁吸力,吸引装在花键上的压板移动并压紧主动轮,电动机的动力经主动轮、压板、花键、从动轴传到转向执行机构。

随着转速的提高,转向操纵力矩应减小,因而离合器设定了一个工作范围,当车速高过 30km/h 时,电磁离合器停止工作。另外,当电动机停止工作时,为了不使电动机和离合器的惯性影响转向系工作,离

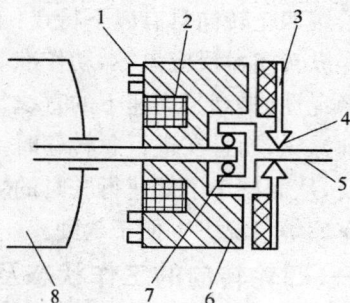

图 4-5　单片式电磁离合器结构示意图
1. 滑环　2. 线圈　3. 压板　4. 花键　5. 从动轴
6. 主动轮　7. 滚珠轴承　8. 电动机

合器在 ECU 的控制下及时分离;当电动机停止工作时,离合器也会自动分离,此时可用手动操纵转向。

(四)电子控制系统

电子控制转向系统一般采用微机控制。常见的电子控制由传感器、输入接口、计算机、输出接口、驱动电路、执行器(助力电动机与电磁离合器)、反馈电路等组成。系统的输入信号,除了转矩、转向角和车速这三个控制助力转矩所必需的参数外,还有电动机电流、动力装置温度、蓄电池端电压、起动机开关电压和交流发电机电枢端电压等输入信号。

助力转矩控制信号流程为:转矩和转向角信号经过 A/D 转换器后输入 ECU,ECU 根据这些信号和车速计算出最优化的助力转矩。控制器把输出的数字量经 D/A 转换器转换为模拟量,再将其输入电流控制电路。电流控制电路把来自电控单元的电流命令值同电动机电流的实际值进行比较,并生成一个差值信号。该差值信号被送到电动机驱动电路,该电路可驱动动力装置并向电动机提供控制电流。

与安全功能有关的信号流程为:当由电池电压过低检查电路、电源装置短路检查电路、时钟监督电路和其他检查电路(硬件)或由 ECU 检测出一个故障时,仪表板上的故障灯将被点亮,同时也将点亮信号控制器上的故障码显示灯。

第三节　电子控制四轮转向系统

近年来,为了使汽车具有更好的操纵稳定性,一些汽车在后轮上也采用了相位可变(转向)系统。转弯时,如保持汽车前轮转向角不变,汽车将进入等速圆周运动。但由于其他方面的干扰,汽车的"等速圆周运动"在实际中不易出现。为了保证操纵稳定性,人们已经习惯于在低速转弯时采取中性转向,在高速时采取不足转向。但在汽车设计时,很难同时兼顾到这两方面。四轮转向系统正是为了满足汽车在以不同车速转弯时能够得到稳定的转向性能,使四轮的转向相位根据不同车速而变化,以满足各种车速转向特性的要求。

采用四轮转向具有以下特点:①提高了汽车在高速行驶和在光滑路面上的转向性能;②驾驶人操纵转向盘反应灵敏,动作准确;③在不良路面和有侧向风等条件下,汽车也具有较好的方向稳定性,提高了高速下的直线行驶稳定性;④提高了汽车高速转弯的行驶稳定性,不但便于转向操纵,而且在进行急转弯时,也能保持汽车的行驶稳定性;⑤通过使后轮转向与前轮转向相反,从而减小了低速行驶时的转弯半径,不但便于在狭窄的路面上进行 U 形转弯,而且在驶入车库等情况下也便于驾驶。

一、四轮转向的工作状态及主要类型

所谓四轮转向,就是四个车轮都起转向的作用。采用四轮转向技术出于两点考虑:一是可以提高车辆高速转向的稳定性,尤其是在紧急换道行驶时;二是可以提高车辆在密集排放的停车场内进、出的灵活性。

(一)四轮转向(4WS)的工作状态

四轮转向通常有两种工作状态,即:同向转向和反向转向,如图 4-6 所示。

同向转向　　　　　　　　　　反向转向

图 4-6　四轮转向的两种工作状态示意图

1. 同向转向

在转向盘转角较小时,后轮的偏转方向与前轮相同。这样,增大了转向半径,减小了离心力,可避免向外侧滑。适用于高速转弯或变换车道的情况。

2. 反向转向

在转向盘转角较大时,后轮的偏转方向与前轮相反。这样,减小了转向半径,可改善急转弯和低速行驶时的机动性。适用于调头、倒车等情况。

(二)四轮转向(4WS)的工作原理

1. 高速行驶时

一辆传统结构的 2WS 汽车,在转弯开始仅转动前轮。由于从前轮开始转弯到后轮也跟着开始转弯之间,有一个时间差,在这段微小的时间差里,因为后轮没有侧向力,会使车轮后部向外偏移。

对于 4WS 车,因为和前轮同一方向(同方向或同相位)转动后轮,所以在后轮也同时产生侧向力,于是,车身的侧偏角就小,甚至可以为零。这样,汽车就能平滑地换道行驶,从而提高了汽车操纵的稳定性。

2. 低速行驶时

当汽车在狭窄的停车场地停车时,其停车是否容易,主要取决于转弯半径的大小。汽车低速行驶时的转弯半径可根据反向转向的几何关系来确定。2WS 车只有前轮转向,而对于 4WS 车,因为转动后轮的方向和前轮相反(逆相位),所以它的转弯半径和 2WS 车相比就小些。由此可知,4WS 车的停车和进行 U 形转弯时比较容易。

(三)四轮转向特征

目前各种汽车上所采用的四轮转向系统有很大不同,有采用后悬架衬套变形使后轮向内侧偏转的从动式四轮控制系统,有转向操作角度应动式机械系统,有车速感应式电-液系统、机电式系统等。但是,大部分汽车四轮转向技术都采用同向位和逆相位(反向位)的技术,几种汽车四轮转向特征见表 4-1。

表 4-1　日本各公司汽车四轮转向特征

制造公司	后轮操纵的形式	四轮转向的特点	
		高速时	低速时
本田	转向盘转角联动型	同向位	逆相位
马自达	车速感应型	同向位	逆相位
三菱	车速感应型/转动转向盘力感应型	同向位	
日产	车速感应型	同向位	逆相位
丰田	车速感应型	同向位	逆相位

二、四轮转向汽车控制系统的组成

四轮转向是通过安装在后悬架上的后轮转向机构来实现,它可使驾驶人能对汽车全部四个车轮进行转向操纵。

如图 4-7 所示,四轮转向控制系统主要由电子控制器、车速传感器、转向角比例传感器和执行器所构成。有关前轮转向的信息被输送入电子控制器(ECU)后,电子控制器将处理后的信息发送给执行器使执行器动作控制后轮的偏转。后轮的偏转量及偏转方向是根据前轮的偏转信息所决定的。

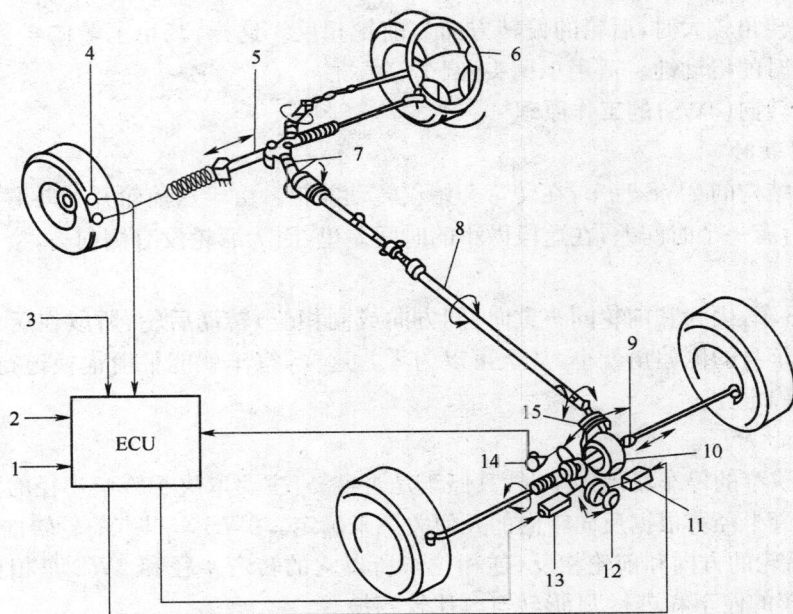

图 4-7　四轮转向控制系统结构框图
1. 转向模式选择信号　2. 反向二轮转向信号　3. 车速信号　4. 车轮转速传感器　5. 前转向齿轮箱
6. 转向盘　7. 万向节　8. 驱动轴　9. 中继杆　10. 中心轴　11. 副电动机　12. 蜗轮
13. 主电动机　14. 转向角比例传感器　15. 扇形齿轮

三、电子控制四轮转向操纵系统

电子控制四轮转向操纵系统如图 4-8 所示。它包括用于两个转向前轮的前轮转向机构和后轮转向机构,后轮转向机构通过转向传动轴机械地连接到前轮转向机构上,并且随着前轮的转向角 θ_F 而使后轮转动一个目标后轮角度 θ_R。在该系统中,控制单元通过一个设置在后轮转向机构中的后轮转向角度比率调整机构,来控制后轮转向机构。后轮转向角度比率调整机构确定并调整后轮转向角度比率 θ_S,其中: $\theta_S = \theta_R / \theta_F$。

后轮转向机构中除了转向角度比率调整机构外,还包括有液压开关阀、后轮转向杆、位移传递机构和液压缸等。该系统的前、后动力转向都是采用齿轮、齿条液压动力转向机构,它们共用一个液压油泵。当前轮转向时,由中间转向轴将信号传递给后动力转向机构。后动力转向根据前轮转向角、车速和后轮转向角度比率,由控制器控制步进电动机转动,并通过蜗杆拨动并控制偏转齿轮的旋转角度,再由摇臂、连接杆和助力油缸的动作来改变后轮的转动方向与角度。

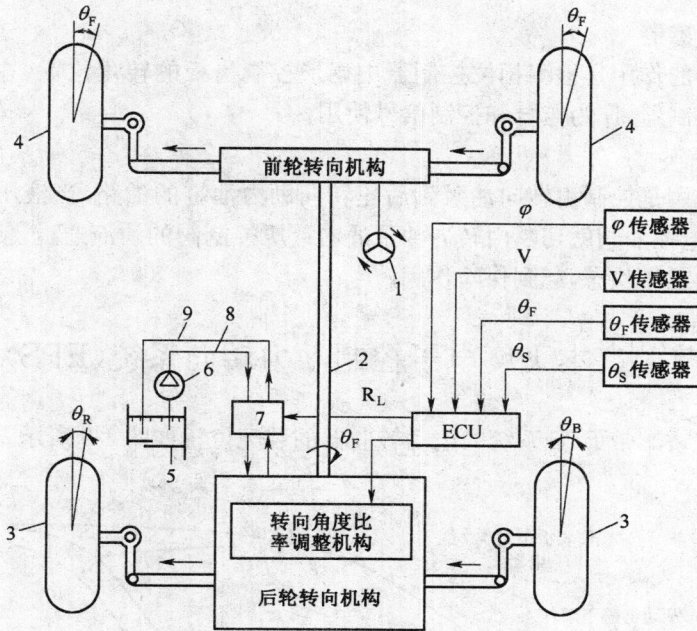

图 4-8　电子控制四轮转向操纵系统
1. 转向盘　2. 中间转向轴　3. 后轮　4. 前轮　5. 油箱　6. 油泵
7. 液压释放回路　8. 油管　9. 回油管

四、四轮转向系统的电子控制系统

四轮转向电子控制系统包括车速传感器、四轮转向电子控制器、步进电动机、转角比传感器、电控油阀等。

(一)车速传感器

车速传感器有 2 个,分别设置在汽车车速表的输入轴处和变速器的输出轴端,其结构为舌簧触点开关式传感器,这两个传感器同时向四轮转向控制器输送有关车速的电脉冲信号。车速传感器的结构和原理与 ABS 的车速传感器相同。

(二)四轮转向电子控制器(ECU)

四轮转向控制系统的电子控制器所用的微机与其他控制系统所用微机相同。

四轮转向电子控制器的作用:一是根据车速传感器的电脉冲信号计算汽车的车速,然后根据车速大小,计算出汽车转向时前后车轮偏转的转角比;二是对前、后车轮的理论转角比和实际转角比进行比较,然后向步进电动机发出正转或反转及转角大小的运动指令。另外,它还起到监视四轮转向电控系统工作是否正常,当出现异常时,及时点亮警告信号灯,断开电控油阀的电源,使步进电动机处于两轮转向状态。

(三)步进电动机

其作用是根据四轮转向电子控制器输送来的指令,带动相位控制器中的扇形控制齿板正向摆动或逆向摆动。

(四)转角比传感器

转角比传感器的作用是检测相位控制器中扇形控制齿板的转角位置,并将检测出的信号反馈给四轮转向控制器,作为监督和控制信号使用。

(五)电控油阀

电控油阀的作用是控制由转向油泵到后轮转向助力油缸的油路,当液压回路或电子控制线路出现故障时,电控油阀就切断由转向油泵通向液压控制阀的油液通道,使四轮转向装置处于一般的两轮转向工作状态,起到保险作用。

第四节 广本飞度电子控制动力转向系统(EPS)检修

广州本田飞度轿车带 EPS 系统的电动转向器的装配位置如图 4-9 所示。

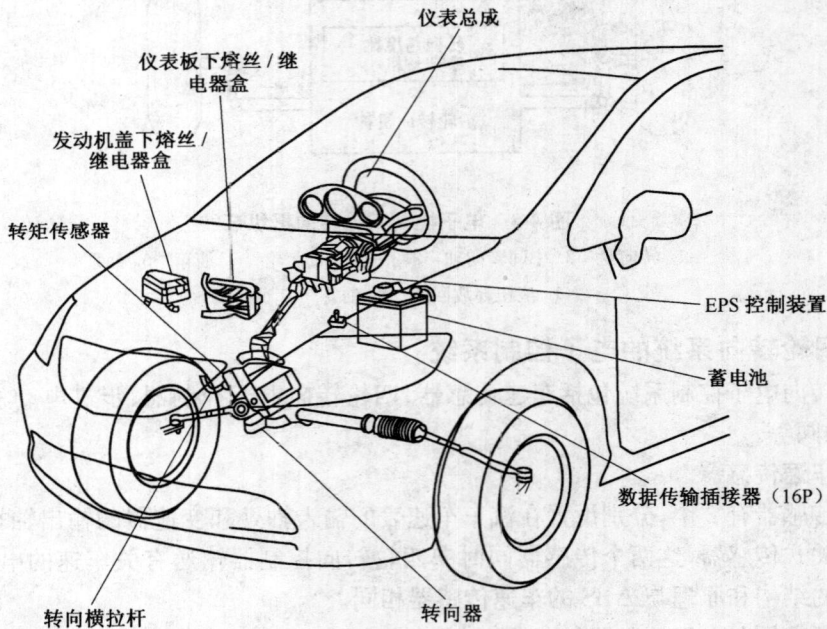

图 4-9 飞度 EPS 部件安装位置

一、一般故障检修

(一)EPS 指示灯

通常点火开关置于"ON"位置时,EPS 指示灯会亮,发动机起动后它会熄灭。此时说明,EPS 指示灯及其电路运行正确。

发动机起动后,如果系统有任何问题,则 EPS 指示灯会常亮,且动力转向会关闭。EPS 指示灯亮时,控制装置会记忆 DTC。这种情况下,如果发动机再次起动,控制装置将不会激活 EPS 系统,但系统会让 EPS 指示灯常亮。

在检测到故障,而且 EPS 指示灯亮时,会出现下列情况:指示灯常亮,直到点火开关置于"OFF",系统恢复正常后,指示灯自动熄灭。即使系统运行正常,在下列情况下,EPS 指示灯也会亮。

① 车辆不移动时,发动机转速为 2500r/min 或更高,持续大约 30min 时。

② 发动机转速为 280r/min 或更低,且车辆以 10km/h 或更高的速度行驶大约 3min 时。

要确定故障的真正原因,需要询问车主发生问题时的情况,并考虑上述情况。

(二)故障码(DTC)

① 如果 CPU 不能被激活,或者激活失败,EPS 指示灯会亮,但是,DTC 没有被记忆。

② 内存可以保存任何数量的 DTC,然而,如果同样的 DTC 被多次检测到,最近的 DTC 会改写先前的 DTC。因此,只有一次被记忆。

③ DTC 将会重复指示,直到点火开关置于"OFF"。

④ 如果 DTC 未被记忆,则 EPS 指示灯会常亮。

⑤ DTC 被存储在 EEPROM(可擦写编程存储器)中,因此,即使断开蓄电池负极搭铁线,DTC 也不会被擦除。用执行规定的程序来消除 DTC。

(三)自诊断

自诊断分为初始诊断和常规诊断。

(1)初始诊断　点火开关一接通"ON"即开始执行,至 EPS 指示灯熄灭。

(2)常规诊断　初始诊断结束后即开始执行,直到点火开关转至"OFF"。

自诊断检测到故障时,EPS 控制系统装置将执行以下操作:①将 EPS 指示灯打开;②存储DTC;③停止动力助力,开始手动转向操作。

检测到 DTC22(发动机故障)时,如果车速为 10km/h 或以上,动力助力将恢复正常。当系统恢复正常时,除 DTC22、23、64 或 66 外,EPS 指示灯将熄灭。对于所有其他代码,当点火开关从"OFF"转到"ON"系统正常时,EPS 指示灯将熄灭。

(四)动力助力操作的限制

不断重复的剧烈转向力,如车辆停止时,不断地来回转动转向盘,会造成 EPS 电动机的功率消耗增加。电流增大会造成电动机发热。由于发热相应地影响系统,所以,控制装置会监控电动机的电流。

当控制装置检测到电动机中热量增大时,它会逐渐降低电动机的电流,以保护系统,从而限制了动力助力的操作。执行该功能时,EPS 指示灯不亮。如果转向盘上没有施加转向力矩,或者点火关闭时控制装置将逐渐恢复动力助力,直到完全恢复为止(时间大约为 15min)。

(五)EPS DTC 进行故障检修

故障检修流程程序假设故障原因仍然存在,且 EPS 指示灯一直亮着。EPS 指示灯不亮时,执行本程序会造成不正确的诊断。

① 询问车主故障发生时的工况,尝试再现该故障工况。确定 EPS 指示灯何时点亮,如转动过程中,或转动结束,或者车辆以某一速度行驶时等。

② 已根据 DTC 进行故障检修,但在试车时 EPS 指示灯不亮,则在故障检修开始前,检查插接器是否松动,端子是否接触不良等。

③ 故障检修结束后清除 DTC，并进行试车。确认 EPS 指示灯或制动系统指示灯不亮。

（六）EPS DTC 的检修

点火开关置于"OFF"位置，将本田 PGM 测试仪或本田诊断系统 HDS，与车辆驾驶员侧仪表板下的 16P 数据传输插接器 DTC 连接。

将点火开关置于"ON"，并根据 PGM 检测仪或本田诊断系统 HDS 上提示，在屏幕上显示 DTC。在确定了 DTC 后，参考 DTC 故障检查项目、症状和故障检修表 4-2 和表 4-3 进行排除。

表 4-2　飞度 EPS DTC 含义

故障码 DTC	检查项目	故障码 DTC	检查项目
DTC12	转矩传感器 AMP 电路故障	DTC46	电动机继电器（继电器始终保持 ON 或 OFF）故障
DTC16	转矩传感器 5V 和 VT6 平均电压故障		
DTC17	转矩传感器 12V 电源 Vcc1 故障	DTC47	电动机继电器故障
DTC18	转矩传感器 5V 电源 Vcc2 故障	DTC50	EPS 控制装置中的 CPU 故障
DTC22	平均车速和发动机平均转速故障	DTC51	EPS 控制装置中的 EEPROM 故障
	车速传感器信号频繁变化	DTC62	失效保护继电器始终保持 ON
DTC23	发动机转速信号电路故障	DTC64	蓄电池电压低故障
DTC37	EPS 控制装置输入电动机电压故障		失效保护继电器接触失败
DTC41	电动机电压故障	DTC66	电动机驱动电压故障
DTC42	电动机驱动电流故障	DTC67	转矩传感器 I/F 电路故障
DTC43	电动机驱动电流故障	DTC68	联锁电路（转矩）故障
DTC45	电动机驱动电流故障	DTC69	联锁电路（电流）故障

表 4-3　EPS 症状和故障检修

症　状	诊断程序
EPS 指示灯不亮	EPS 指示灯电路故障检修
EPS 指示灯不灭，且无 DTC 被存储	EPS 指示灯电路故障检修
EPS 指示灯不常亮，无 DTC 被存储，且无动力助力	1. 检查 EPS 控制装置和电动机之间的导线是否对地短路，根据需要进行维修 2. 如果电动机导线正常，则更换转向器（电动机内部短路）

二、EPS 故障码（DTC）检修

（一）DTC12：转矩传感器（AMP）的检修

① 清除 DTC。

② 起动发动机。

③ 等待至少 10s，检查 EPS 指示灯是否点亮：如果点亮，转到第④步；如果不点亮，说明此时系统正常。

④ 停止发动机，检查 DTC 是否指示有 DTC22：如果有 DTC22，转到第⑤步；如果没有，执行所指示故障码相应的检修。

⑤ 确认点火开关置于"OFF"，然后断开 EPS 控制装置插接器 B（14P）和转矩传感器 7P 插

接器。

⑥ 检查 EPS 控制装置插接器 C(14P)的 7 号端子与车身接地之间的导通性。如果导通，维修转矩传感器与 EPS 控制装置之间的导线对车身接地的短路故障；如果不导通，则转到第⑦步。

⑦ 将点火开关置于"ON"。

⑧ 测量 EPS 控制装置插接器 B(14P)的 7 号端子与车身接地之间的电压是否为蓄电池电压。如果测量值是蓄电池电压，维修转矩传感器和 EPS 控制装置和 EPS 之间的＋电路导线对电源的短路故障；如果不是蓄电池电压，则转到第⑨步。

⑨ 将点火开关置于"OFF"。

⑩ 检查 EPS 控制装置插接器 B(14P)的 7 号端子与转矩传感器 7P 插接器的 7 号端子之间的导通性。如果导通，转到第⑪步；如果不导通，维修转矩传感器和 EPS 控制装置之间的导线断路故障。

⑪ 更换一个确认良好的 EPS 控制装置，然后连接所有断开的插接器。

⑫ 起动发动机，检查 EPS 指示灯是否点亮：如果点亮，转到第⑬步；如果不点亮，则检查 EPS 控制装置插接器是否松动。如果需要更换 EPS 控制装置，应重新测试。

⑬ 停止发动机，检查 DTC 指示中是否有 DTC12：如果有 DTC12，检查转矩传感器插接器是否松动；如果没有 DTC12，则执行所指示代码相应的故障检修。如果需要更换一个确认良好的转向器，应重新测试。

(二)DTC16:转矩传感器 VT3 和 VT6 的检修

① 清除 DTC。

② 起动发动机。

③ 等待至少 10s，检查 EPS 指示灯是否点亮：如果 EPS 指示灯点亮，转到第④步；如不点亮，说明此时系统正常。

④ 停止发动机，检查 DTC 中是否指示有 DTC16。如果 DTC 指示有 DTC16，转到第⑤步；如果指示中没有 DTC16，则执行所指示代码相应的故障检修。

⑤ 确认点火开关置于"OFF"，然后断开 EPS 控制装置插接器 B(14P)和转矩传感器 7P 插接器。

⑥ 检查相应的 EPS 控制装置插接器 B(14P)端子(端子说明见表 4-4)和车身接地之间的导通性：如果导通，维修转矩传感器与 EPS 控制装置之间的相应传感器电路对车身接地的短路故障；如果不导通，则转到第⑦步。

表 4-4　端子说明

端子名	EPS 控制装置插接器 B 端子号	端子名	EPS 控制装置插接器 B 端子号
V_{cc_1}	1	VT_6	8
V_{cc_2}	2	T/S GND	9
VT_3	10		

⑦将点火开关置于"ON"。

⑧检查响应的 EPS 控制装置插接器 B(14P)端子和车身接地之间的电压是否为蓄电池电压:如果是蓄电池电压,维修转矩传感器和 EPS 控制装置之间的＋电路导线对电源的短路故障;如果不是蓄电池电压,则转到第⑨步。

⑨将点火开关置于"OFF"。

⑩检查相应的 EPS 控制装置插接器 B(14P)端子(端子说明见表 4-5)和转矩传感器之间的导通性:如果导通,转到第⑪步;如果不导通,维修 EPS 控制装置与转矩传感器之间的相应传感器电路对车身接地的断路故障。

表 4-5 端子说明

端子号	转矩传感器端子号	EPS 控制装置插接器 B 端子号	端子号	转矩传感器端子号	EPS 控制装置插接器 B 端子号
V_{cc1}	6	1	VT_6	1	8
V_{cc2}	2	2	T/S GND	4	9
VT_3	3	10			

⑪更换一个确认良好的 EPS 控制装置,然后,重新连接断开的插接器。

⑫起动发动机,检查 EPS 指示灯是否点亮:如果点亮,转到第⑬步;如果不点亮,检查 EPS 控制装置插接器是否松动。如果需要更换 EPS 控制装置,应重新测试。

⑬停止发动机,检查 DTC 是否指示有 DTC16:如果 DTC 指示有 DTC16,检查转矩传感器插接器是否松动;如果 DTC 指示中没有 DTC 16,则执行指示故障码相应的故障检修。如果需要更换一个确认良好的转向器,应重新测试。

(三)DTC17:转矩传感器 Vcc1 及 DTC18:Vcc2 的检修

① 清除 DTC。

② 起动发动机。

③ 等待至少 10s,检查 EPS 指示灯是否点亮:如果点亮,转到第④步;如果不点亮,说明此时系统正常。

④ 停止发动机,检查 DTC 指示中是否有 DTC17 或 DTC18:如果 DTC 指示有 DTC17 或 DTC18,转到第⑤步;如果没有,则执行所指示 DTC 相应的故障检修。

⑤ 确认点火开关置于"OFF",然后断开 EPS 控制装置插接器 B(14P)转矩传感器 7P 插接器。

⑥ 检查 EPS 控制装置插接器 B(14P)的 1 号端子与车身接地之间的导通性:如果导通,维修转矩传感器和 EPS 控制装置之间的导线对车身接地的短路故障;如果不导通,转到第⑦步。

⑦ 检查 EPS 控制装置插接器 B(14P)的 1 号端子与转矩传感器 7P 插接器的 6 号端子之间的导通性:如果导通,转到第⑧步;如果不导通,维修转矩传感器和 EPS 控制装置之间的导线断路故障。

⑧ 检查 EPS 控制装置插接器 B(14P)的 2 号端子与车身接地之间的导通性:如果导通,维修转矩传感器和 EPS 控制装置之间的导线短路故障;如果不导通,转到第⑨步。

⑨ 检查 EPS 控制装置插接器 B(14P)的 2 号端子与转矩传感器 7P 插接器的 2 号端子之

间的导通性：如果导通，转到第⑩步；如果不导通，维修转矩传感器与 EPS 控制装置之间的导线断路故障。

⑩ 更换一个确认良好的 EPS 控制装置，连接所有断开的插接器。

⑪ 起动发动机，检查 EPS 指示灯是否点亮：如果点亮，转到⑫步；如果不亮，检查 EPS 控制单元是否松动。

⑫ 如果 DTC 指示有 DTC17 或 DTC18，检查转矩传感器插接器是否松动。如果需要更换一个确认良好的转向器，应重新测试。如果没有指示 DTC17 或 DTC18，则执行所指示代码相应的故障检修。

(四)DTC22：车速传感器信号及 DTC23：发动机转速传感器信号的检修

如果 MIL 指示灯点亮，则先对 PGM-F1 进行故障检修。当发动机以 2500r/min 或更高的转速运行，车速为 10km/h 或更低，时间持续 30s，则 EPS 指示灯会点亮；当车速为 10km/h 或更高，而发动机转速为 280r/min 或更低，持续时间为 3s 时，EPS 指示灯会点亮。

① 起动发动机，并检查转速表是否正常工作。如果转速表正常工作，转到第②步。如转速表工作不正常，则转到第⑫步。

② 以 5km/h 以上速度进行试车。车速里程表是否工作正常。如果里程表工作正常，转到第③步。如果里程表工作不正常，执行车速里程表系统故障检修。

③ 将点火开关置于"OFF"。

④ 断开蓄电池负极搭铁线。

⑤ 断开 VSS3P 插接器和 EPS 控制装置插接器 B(14P)。

⑥ 检查 EPS 控制装置插接器 B(14P)的 4 号端子与车身接地之间的导通性。如果导通，维修 VSS 与 EPS 控制装置之间的导线对车身接地的短路故障。如不导通，转到第⑦步。

⑦ 连接 VSS3P 插接器[PGM-FI ECM/PCM 插接器 E(31P)]。

⑧ 撬住后轮，举升车辆，利用安全支撑，在合适的位置将其支撑。

⑨ 重新连接蓄电池负极搭铁线。

⑩ 将点火开关置于"ON"。

⑪ 撬住右前轮，慢慢转动左前轮，测量 EPS 控制装置插接器 B(14P)的 4 号端子与车身接地之间的脉冲电压是否是 0V 和 5V。如果脉冲电压是 0V 和 5V，则检查 EPS 控制装置插接器是否松动。如果需要，更换一个确认良好的 EPS 控制装置，并重新测试。如脉冲电压不是 0V 和 5V，则维修 EPS 控制装置和 VSS 之间的导线对车身接地的断路或短路故障，或者维修 VSS 故障。

⑫ 将点火开关置于"OFF"。

⑬ 断开蓄电池负极搭铁线。

⑭ 断开 EPS 控制装置插接器 B(14P)。

⑮ 重新连接蓄电池负极搭铁线。

⑯ 起动发动机。

⑰ 测量 EPS 控制装置插接器 B(14P)的 14 号端子与车身接地之间的电压是否从 0V 到蓄电池电压。如果是，检查 EPS 控制装置插接器是否松动，如果需要更换一个确认良好的 EPS 控制装置，应重新测试；如不是 0V 到蓄电池电压，则转到第⑱步。

⑱ 将点火开关置于"OFF"。

⑲ 断开蓄电池负极搭铁线。

⑳ 断开 PGM-FI ECM/PCM 插接器 E(31P)。

㉑ 使用跨接线短接 PCM-FI ECM/PCM 插接器 E26 端子和车身接地。

㉒ 检查 EPS 控制装置插接器 B(14P)的 14 号端子与车身接地之间的导通性：如果导通，转到第㉓步；如果不导通，检修 EPS 控制装置和 PCM-FI ECM/PCM 之间的导线断路故障。

㉓ 断开仪表总成 30P 插接器。

㉔ 检查 EPS 控制装置插接器 B(14P)的 14 号端子与车身接地之间的导通性：如果导通，维修 EPS 控制装置和 PGM-FI ECM/PCM 之间的导线对车身接地的短路故障；如不导通，检查 EPS 控制装置，并重新测试。

(五)DTC37：EPS 控制装置内部电路(电动机电压输入电路)的故障检修

① 清除 DTC。

② 起动发动机。

③ 从止点到止点转动转向盘若干次，然后，等待 10s 或更长时间，检查 EPS 指示灯是否点亮；如果 EPS 指示灯点亮：转到第④；如果不点亮，说明此时系统正常。

④ 停止发动机，检查 DTC 是否指示有 DTC 37。如果 DTC 指示有 DTC 37，检查 EPS 控制装置插接器是否松动。如果需要，更换一个确认良好的 EPS 控制装置，并重新测试。如果没有指示 DTC37，则执行所指示代码相应的故障检修。

(六)DTC 41：电动机电压不正常的检修

① 清除 DTC。

② 起动发动机。

③ 从止点到止点转动转向盘若干次，然后等待 10s 或更长时间，检查 EPS 指示灯是否点亮：如果 EPS 指示灯点亮，转到第④步；如果不点亮，说明此时系统正常。

④ 停止发动机，检查 DTC 是否指示有 DTC41：如果 DTC 指示有 DTC41，转到第⑤步；如果指示中没有 DTC41，则执行所指示代码相应故障检修。

⑤ 确认点火开关置于"OFF"。

⑥ 断开蓄电池负极搭铁线。

⑦ 断开 EPS 控制装置插接器 A(4P)、电动机继电器 4P 插接器和电动机 2P 插接器。

⑧ 检查 EPS 控制装置插接器 A(4P)的 1 号端子与车身接地之间的导通性：如果导通，维修 EPS 控制装置和电动机继电器之间的红色导线对车身接地的短路故障；如果不导通，转到第⑨步。

⑨ 检查电动机继电器 4P 插接器的 1 号端子与车身接地之间的导通性：如果导通，维修电动机和电动机继电器之间的白/红导线对车身接地的短路故障；如不导通，转到第⑩步。

⑩ 检查 EPS 控制装置插接器 A(4P)的 3 号端子与车身接地之间的导通性：如果导通，维修 EPS 控制装置和电动机之间的绿色导线对车身接地的短路故障；如不导通，转到第⑪步。

⑪ 检查 EPS 控制装置插接器 A(4P)的 1 号和 3 号端子之间的导通性：如果导通，维修 EPS 控制装置和电动机之间的电路中红与绿导线之间的短路故障；如果不导通，转到第⑫步。

⑫ 检查 EPS 控制装置插接器 A(4P)的 1 号端子与电动机继电器 4P 插接器的 1 号端子之间的导通性:如果导通,维修 EPS 控制装置和电动机之间的电路中红与白/红导线之间的短路故障;如果不导通,转到第⑬步。

⑬ 检查 EPS 控制装置插接器 A(4P)的 3 号端子与电源继电器 4P 插接器的 1 号端子之间的导通性:如果导通,维修 EPS 控制装置和电动机之间的电路中绿与白/红导线之间的短路故障;如果不导通,转到第⑭步。

⑭ 重新连接蓄电池负极搭铁线。

⑮ 将点火开关置于"ON",然后,检测 EPS 控制装置插接器 A(4P)的 1 号端子与车身接地之间的电压是否导通:如果导通,维修 EPS 控制装置与电动机继电器之间的 B+电路导线对电源的短路故障;如果不导通,转到第⑯步。

⑯ 检测 EPS 控制装置插接器 A(4P)3 号端子与车身接地之间的电压是否为蓄电池电压:如果电压值是蓄电池电压,维修 EPS 控制控制装置与电动机之间的 B+电路导线对电源的短路故障;如果不是蓄电池电压,转到第⑰步。

⑰ 测量电动机继电器 4P 插接器的 1 号端子与车身接地之间的电压是否为蓄电池电压:如果是蓄电池电压,维修电机继电器和电动机之间的 B+电路导线对电源的短路故障;如果不是蓄电池电压,则转到第⑱步。

⑱ 将点火开关置于"OFF"。

⑲ 断开蓄电池负极搭铁线。

⑳ 更换一个确认良好的 EPS 控制装置,然后,连接所有断开的插接器。

㉑ 重新连接蓄电池负极搭铁线。

㉒ 起动发动机,检查 EPS 指示灯是否点亮:如果 EPS 指示灯点亮,转到第㉓步;如果不点亮,检查 EPS 控制装置插接器是否松动。如果需要更换一个确认良好的 EPS 控制装置,应重新测试。

㉓ 停止发动机,检查 DTC 是否指示有 DTC41:如果 DTC 中指示有 DTC41,检查 EPS 控制装置插接器、电动机插接器和电源继电器插接器是否松动;如果指示无 DTC41,则执行所指示代码响应的故障检修。如果需要更换一个确认良好的转向器,应重新测试。

(七)DTC 42、45:电动机励磁电流故障的检修

① 清除 DTC。

② 起动发动机。

③ 从止点到止点转动转向盘若干次,然后,等待 10s 或更长时间,检查 EPS 指示灯是否点亮:如果 EPS 指示灯点亮,转到第④步;如果不点亮,说明系统目前正常。

④ 停止发动机,检查 DTC 是否指示有 DTC42 或 DTC45:如果 DTC 指示有 DTC42 或 OTC45,转到第⑤步;如果 DTC 中没有指示 DTC 42 或 DTC 45,则执行所指示代码相应的故障检修。

⑤ 确认点火开关置于"OFF"。

⑥ 断开蓄电池负极搭铁线。

⑦ 断开 EPS 控制装置 A 插接器 4P、电动机继电器 4P 插接器和电动机 2P 插接器。

⑧ 检查 EPS 控制装置插接器 A(4P)的 1 号端子与车身接地之间的导通性：如果导通，维修 EPS 控制装置和电动机继电器之间的红色导线对车身接地的短路故障；如果不导通，转到第⑨步。

⑨ 检查电机继电器 4P 插接器的 1 号端子与车身接地之间的导通性；如果导通，维修电动机和电动机继电器之间的白/红导线对车身接地的短路故障；如果不导通，转到第⑩步。

⑩ 检查 EPS 控制装置插接器 A(4P)的 3 号端子与车身接地之间的导通性：如果导通，维修 EPS 控制装置和电动机之间的绿色导线对车身接地的短路故障；如果不导通，转到第⑪步。

⑪ 检查 EPS 控制装置 A(4P)的 1 号端子与 3 号端子之间的导通性：如果导通，维修 EPS 控制装置和电动机之间的电路中红和绿导线对车身接地的短路故障；如果不导通，转到第⑫步。

⑫ 检查 EPS 控制装置 A(4P)的 3 号端子和电动机继电器 4P 插接器的 1 号端子之间的导通性：如果导通，维修 EPS 控制装置和电动机之间的电路中绿与白/红导线之间的短路故障；如果不导通，转到第⑬步。

⑬ 检查 EPS 控制装置插接器 A(4P)的 3 号端子与电动机继电器 4P 插接器的 4 号端子之间的导通性：如果导通，维修 EPS 控制装置和电动机之间的电路中绿与黑导线之间的短路故障；如果不导通转到第⑭步。

⑭ 重新连接蓄电池负极电缆。

⑮ 将点火开关置于"ON"，然后测量 EPS 控制装置插接器 A(4P)的 1 号端子与车身接地之间的电压是否为蓄电池电压：如果测量值是蓄电池电压，维修 EPS 控制装置和电动机继电器之间的 B+电路导线对电源的短路故障；如果不是蓄电池电压，转到第⑯步。

⑯ 测量 EPS 控制装置插接器 A(4P)的 3 号端子与车身接地之间的电压是否为蓄电池电压：如果测量值是蓄电池电压，维修 EPS 控制装置和电动机之间的电路导线对电源短路故障；如不是蓄电池电压，转到第⑰步。

⑰ 测量电动机继电器 4P 插接器的 1 号端子与车身接地之间的电压是否为蓄电池电压：如果测量值是蓄电池电压，维修电动机继电器和电动机之间的 B+电路导线对电源的短路故障；如不是蓄电池电压，转到第⑱步。

⑱ 将点火开关置于"OFF"，检查 EPS 控制装置插接器 A(4P)的 3 号端子与电动机继电器 4P 插接器的 3 号端子之间的导通性：如果导通，转到第⑲步；如果不导通，维修 EPS 控制装置和电动机之间的绿色导线的断路故障。

⑲ 检查电动机继电器 4P 插接器的 1 号端子与电动机 2P 插接器的 1 号端子之间导通性：如果导通，转到第⑳步；如果不导通，维修 EPS 控制装置和电动机之间的白/红导线的断路故障。

⑳ 检查 EPS 控制装置插接器 A(4P)的 1 号端子与电动机 2P 插接器的 2 号端子的导通性：如果导通，转到第㉑步；如果不导通，维修 EPS 控制装置和电动机之间的红色导线的断路故障。

㉑ 断开蓄电池负极搭铁线。

㉒ 更换一个确认良好的 EPS 控制装置，然后连接所有断开的插接器。

㉓ 重新连接蓄电池负极搭铁线。

㉔ 起动发动机,检查 EPS 指示灯是否点亮:如果 EPS 指示灯点亮,转到第㉕步;如果不点亮,检查 EPS 控制装置插接器是否松动。如果需要更换一个确认良好的 EPS 控制装置,应重新测试。

㉕ 停止发动机,检查 DTC 是否指示有 DTC42 或 45:如果 DTC 指示有 DTC42 或 45,检查控制装置插接器、电动机插接器和电源继电器插接器是否松动;如果 DTC 指示中没有 DTC42 或 45,则执行所指示故障码相应的故障检修。如果需要更换一个确认良好的转向器,应重新测试。

(八)DTC43:电动机励磁电流过高的故障检修

① 清除 DTC。

② 起动发动机。

③ 从止点到止点转动转向盘若干次,然后,等待 10s 以后,检查 EPS 指示灯是否点亮:如果 EPS 指示灯点亮,转到第④步;如果不点亮,说明此时系统正常。

④ 停止发动机,检查 DTC 是否指示有 DTC43:如果 DTC 中指示有 DTC43,转到第⑤步;如果指示中没有 DTC43,则执行所指示代码相应的故障检修。

⑤ 确认点火开关置于"OFF"。

⑥ 断开蓄电池负极搭铁线。

⑦ 断开 EPS 控制装置插接器 A(4P)、电动机继电器 4P 插接器及电动机 2P 插接器。

⑧ 重新连接蓄电池负极搭铁线。

⑨ 将点火开关置于"ON"。

⑩ 测量 EPS 控制装置插接器 A(4P)的 1 号端子与车身接地之间的电压是否为蓄电池电压:如果是蓄电池电压,维修 EPS 控制装置和电动机继电器之间的 B+电路导线对电源的短路故障;如果不是蓄电池电压,转到第⑪步。

⑪ 测量 EPS 控制装置插接器 A(4P)的 3 号端子与车身接地之间的电压是否为蓄电压:如果测量值是蓄电池电压,维修 EPS 控制装置和电动机之间的+电路导线对电源的短路故障;如果不是蓄电池电压,转到第⑫步。

⑫ 测量电动机继电器 4P 插接器的 1 号端子与车身接地之间的电压是否为蓄电池电压:如果测量值是蓄电池电压,维修电动机继电器与电动机之间 B+电路导线对电源的短路故障;如果不是蓄电池电压,转到第⑬步。

⑬ 将点火开关置于"OFF"。

⑭ 检查 EPS 控制装置插接器 A(4P)的 1 号端子与 3 号端子之间的导通性:如果导通,维修 EPS 控制装置和电动机之间的电路中绿与红导线之间的短路故障;如果不导通,转到第⑮步。

⑮ 检查 EPS 控制装置插接器 A(4P)的 3 号端子与电动机继电器 4P 插接器的 1 号端子之间的导通性:如果导通,维修 EPS 控制装置和电动机之间的电路中红与白/红导线之间的短路故障;如果不导通,转到第⑯步。

⑯ 检查 EPS 控制装置 A(4P)的 3 号端子与电动机继电器 4P 插接器的 4 号端子之间的导

通性：如果导通，维修 EPS 控制装置和电动机之间的电路中绿与黑导线的短路故障；如果不导通，转到第⑰步。

⑰ 断开蓄电池负极搭铁线。

⑱ 更换一个确认良好的 EPS 控制装置，然后连接所有断开的插接器。

⑲ 重新连接蓄电池负极搭铁线。

⑳ 起动发动机，检查 EPS 指示灯是否点亮：如果 EPS 指示灯点亮，转到第㉑步；如果 EPS 指示灯不点亮，检查 EPS 控制装置插接器是否松动。如果需要更换一个确认良好的 EPS 控制装置，应重新测试。

㉑ 停止发动机，检查 DTC 是否指示有 DTC43：如果 DTC 中指示有 DTC43，检查 EPS 控制装置插接器、电动机插接器和电源继电器是否松动；如果 DTC 指示中没有 DTC43，则执行所指示代码相应的故障检修。如果需要更换一个确认良好的转向器，应重新测试。

（九）DTC45、47：电动机继电器始终保持"ON"或保持"OFF"的故障检修

① 清除 DTC。

② 起动发动机，检查 EPS 指示灯是否点亮：如果 EPS 指示灯点亮，转到第③步；如果 EPS 指示灯不亮，说明此时系统正常。

③ 停止发动机，检查 DTC 是否指示有 DTC46 或 47：如果 DTC 指示中有 DTC46 或 47，转到第④步；如果没有 DTC46 或 47，执行所指示代码相应的故障检修。

④ 确认点火开关置于"OFF"，然后拆卸电动机继电器，并对其进行测试，检查继电器是否正常：如果继电器正常，拆除电动机继电器，然后转到第⑤步；如果继电器不正常，更换电动机继电器（将电动机继电器和 EPS 控制装置整套更换）。

⑤ 断开蓄电池负极搭铁线。

⑥ 断开 EPS 控制装置插接器 A（4P）。

⑦ 检查 EPS 控制装置插接器 A（4P）的 3 号端子与电动机继电器 4P 插接器的 3 号端子之间的导通性：如果导通，转到第⑧步；如果不导通，维修 EPS 控制装置和电动机继电器之间绿色导线的断路故障。

⑧ 断开电动机 2P 插接器。

⑨ 检查电动机继电器 4P 插接器的 1 号端子与电动机 2P 插接器的 1 号端子之间的导通性：如果导通，转到第⑩步；如果不导通，维修电动机和电动机继电器之间的白/红导线的断路故障。

⑩ 重新连接蓄电池负极搭铁线。

⑪ 将点火开关置于"ON"。

⑫ 测量电动机继电器 4P 插接器的 1 号端子与车身接地之间的电压是否为蓄电池电压：如果是蓄电池电压，维修电动机继电器与电动机之间的 B＋电路导线对电源的短路故障；如果不是蓄电池电压，转到第⑬步。

⑬ 测量电动机 4P 插接器的 3 号端子与车身接地之间的电压是否为蓄电池电压：如果是蓄电池电压，维修电动机继电器与电动机之间的 B＋电路导线对电源的短路故障；如果不是蓄电池电压，转到第⑭步。

⑭ 将点火开关置于"OFF"。

⑮ 检查电动机继电器 4P 插接器的 3 号端子与车身接地之间的导通性：如果导通，维修 EPS 控制装置和电动机继电器之间的绿色导线对车身接地的短路故障；如果不导通，转到第⑯步。

⑯ 检查电动机继电器 4P 插接器的 1 号端子与车身接地之间的导通性：如果导通，维修电动机与电动机继电器之间的白/红导线对车身接地的短路故障；如果不导通，转到第⑰步。

⑰ 起动发动机。

⑱ 测量电动机继电器 4P 插接器的 2 号端子与车身接地之间的电压是否为蓄电池电压：如果测量值是蓄电池电压，转到第⑲步；如果不是蓄电池电压，维修 EPS 控制装置和电动机继电器之间的粉/蓝导线对车身接地的短路故障。

⑲ 停止发动机，将点火开关置于"OFF"。

⑳ 断开蓄电池负极搭铁线。

㉑ 断开 EPS 控制装置插接器 B(14P)。

㉒ 重新连接蓄电池负极搭铁线。

㉓ 起动发动机。

㉔ 测量电动机继电器 4P 插接器的 2 号端子与车身接地之间的电压是否为蓄电池电压：如果测量值是蓄电池电压，维修 EPS 控制装置与电动机继电器之间的 B+ 电路导线对电源的短路故障；如果不是蓄电池电压，转到第㉕步。

㉕ 停止发动机，将点火开关置于"OFF"。

㉖ 检查电动机继电器 4P 插接器的 2 号端子与车身接地之间的导通性：如果导通，维修 EPS 控制装置和电动机继电器之间的粉/蓝导线对车身接地的短路故障；如果不导通，转到第㉗步。

㉗ 检查电动机继电器 4P 插接器的 4 号端子与车身接地之间的导通性：如果导通，检查 EPS 电动机控制装置插接器、电动机插接器和电源继电器插接器是否松动；如不导通，维修电动机继电器与车身接地之间的黑色导线的断路故障。如果需要更换一个确认良好的 EPS 控制装置，应重新测试。

（十）DTC50：EPS 控制装置内部电路(CPU 或微机)及 DTC51：EPS 控制装置内部电路(EEPROM)故障的检修

① 清除 DTC。

② 起动发动机，检查 EPS 指示灯是否点亮：如果 EPS 指示灯点亮，转到第③步；如果 EPS 指示灯不亮，说明此时系统正常。

③ 停止发动机，检查 DTC 指示中是否有 DTC50 或 51：如果 DTC 指示中有 DTC50 或 51，检查 EPS 控制装置插接器是否松动。如果需要更换一个确认良好的 EPS 控制装置，应重新测试。

(十一)DTC62:EPS 控制装置内部电路(失效保护继电器保护 ON)的故障检修

① 清除 DTC。

② 起动发动机,检查 EPS 指示灯是否点亮:如果 EPS 指示灯点亮,转到第③步;如果 EPS 指示灯不点亮,说明此时系统正常。

③ 停止发动机,检查 DTC 是否指示有 DTC62:如果 DTC 指示中有 DTC62,检查 EPS 控制装置插接器是否松动;如果 DTC 指示中没有 DTC62,则执行所指示代码相应的故障检修。如果需要更换一个确认良好的 EPS 控制装置,应重新测试。

(十二)DTC 64:蓄电池电压过低(失效保护继电器连续失败,电动机电压下降)的故障检修

① 清除 DTC。

② 起动发动机,检查 EPS 指示灯是否亮:如果 EPS 指示灯点亮,转到第③步;如果不亮,说明此时系统正常。

③ 停止发动机,检查 DTC 指示是否有 DTC64:如 DTC 指示有 DTC64,转到第④步;如果 DTC 指示没有 DTC64,则执行所指示故障码相应故障检修。

④ 检查发动机盖下熔丝/继电器盒中的 2 号 EPS 电动机(40A)熔丝(如果熔丝正常,请将其重新装好):如果熔丝正常,转到第③步;如果不正常,应更换熔丝,然后重新检查。

⑤ 断开蓄电池负极搭铁线。

⑥ 断开 EPS 控制装置插接器 A(4P)。

⑦ 重新连接蓄电池负极搭铁线。

⑧ 测量 EPS 控制装置插接器 A(4P)的 2 号端子与车身接地之间的电压是否为蓄电池电压:如果是蓄电池电压,检查 EPS 控制装置插接器是否松动;如果不是蓄电池电压,维修 2 号 EPS MOTOR(40A)熔丝与 EPS 控制装置之间的白/蓝导线的断路故障。如果需要更换一个确认良好的 EPS 控制装置,应重新测试。

(十三)DTC 62、68、69:EPS 控制装置内部电路故障的检修

① 清除 DTC。

② 起动发动机。

③ 从止点到止点转动转向盘若干次,然后等待 10s 或更长时间,检查 EPS 指示灯是否点亮:如果 EPS 指示灯点亮,转到第④步;如果不点亮,说明此时系统正常。

④ 停止发动机,检查 DTC 指示是否有 DTC62、68 或 69:如果 DTC 指示有 DTC62、68 或 69,检查 EPS 控制装置插接器是否松动;如果 DTC 指示中没有 DTC62、68 或 69,则执行所指示代码相应的故障检修。如果需要更换一个确认良好的 EPS 控制装置,应重新测试。

(十四)DTC67:转矩传感器 I/F 电路故障的检修

① 清除 DTC。

② 起动发动机。

③ 从止点到止点转动转向盘若干次,然后等待 10s 或更长时间,检查 EPS 指示灯是否点亮:如果 EPS 指示灯点亮,转到第④步;如果不点亮,说明此时系统正常。

④ 停止发动机,检查 DTC 是否指示有 DTC67:如果 DTC 指示有 DTC67,检查 EPS 控制装置插接器是否松动;如果指示中没有 DTC67,则执行所指示代码的故障检修。如果需要更换一个确认良好的 EPS 控制装置,应重新测试。

(十五)EPS 指示灯电路故障检修

① 将点火开关置于"ON",起动发动机,并观察 EPS 指示灯是否点亮:如果 EPS 指示灯亮后后熄灭,则说明正常;如果 EPS 指示灯不停地闪烁,务必检查 SCS 电路的对地断路或短路故障。如 EPS 指示灯不亮,转到第②步。

② 将点火开关置于"OFF",然后再置于"ON",并观察制动系统指示灯是否点亮:如果制动系统指示灯亮,转到第③步;如果制动系统指示灯不亮,维修指示灯电源电路的断路故障。

断路故障有以下几种情况:

a. 17 号 METER(7.5A)熔丝熔断故障。

b. 17 号 METER 熔丝与仪表总成之间的导线断路。

c. 仪表板下熔丝/继电器盒内部电路断路。

d. 仪表总成故障。

③ 将点火开关置于"OFF"。

④ 断开仪表总成 20P 插接器。

⑤ 将点火开关置于"ON"。

⑥ 测量仪表总成 20P 插接器的 2 号端子与车身接地之间的电压是否为蓄电池电压:如果测量值是蓄电池电压,转到第⑦步;如果不是蓄电池电压,维修仪表总成与 17 号 METER(7.5A)熔丝之间的导线断路故障。

⑦ 将点火开关置于"OFF"。

⑧ 将仪表总成 20P 插接器连接到仪表总成上。

⑨ 将点火开关置于"ON"。

⑩ 使用跨接线连接仪表总成 20P 插接器的 26 号端子与车身接地,检查 EPS 指示灯是否点亮:如果 EPS 指示灯亮,转到第⑪步;如果不亮,仪表总成故障。

⑪ 将点火开关置于"OFF"。

⑫ 断开蓄电池负极搭铁线。

⑬ 断开 EPS 控制装置插接器 B(14P)。

⑭ 重新连接蓄电池负极搭铁线。

⑮ 将点火开关置于"ON"。

⑯ 使用跨接线连接 EPS 控制装置插接器 B(14P)的 3 号端子与车身接地,检查 EPS 指示灯是否点亮:如果亮,转到第⑰步;如果不亮,维修仪表总成与 EPS 控制装置之间的导线断路故障。

⑰ 将点火开关置于"OFF"。

⑱ 断开蓄电池负极搭铁线。

⑲ 断开 EPS 控制装置插接器 A(4P)。

⑳ 检查车身接地与 EPS 控制装置插接器 A(4P)的 4 号端子之间的导通性:如果导通,转

到第㉑步；如果不导通，维修 EPS 控制装置与车身接地 G451 之间的导线断路故障。

㉑ 重新连接蓄电池负极搭铁线。

㉒ 将点火开关置于"ON"。

㉓ 测量 EPS 控制装置插接器 B(14P)的 6 号端子与车身接地之间的电压是否为蓄电池电压：如果是蓄电池电压，转到第㉔步；如果不是蓄电池电压，维修 EPS 控制装置插接器 B(14P)与 17 号 METER(75A)熔丝之间导线断路故障。

㉔ 将点火开关置于"OFF"。

㉕ 重新连接 EPS 控制装置插接器 A 和 B。

㉖ 将点火开关置于"ON"，检查 EPS 指示灯是否亮：如果 EPS 指示灯亮，此时系统正常；如果不亮，检查 EPS 控制装置是否松动。如果需要更换一个确认良好的 EPS 控制装置，应重新测试。

第五章　汽车电子控制悬架技术与维修

　　电子控制的汽车主动悬架系统利用各种传感器将车速、车辆振动的加速度和方向、车身距路面的高度、转向轮角速度等参数转变为电信号,输送给车载电控单元,电控单元根据这些参数综合处理后输出控制信号,调节悬架的刚度和阻尼系数,使得汽车车身的高度以及悬架的刚度和阻尼系数随车速和路面的状况而改变,从而使车辆的平顺性和操纵稳定性达到最佳组合。

　　现代汽车电子控制悬架系统种类繁多,根据传力介质的不同可分为气压式和油压式悬架系统;根据有源和无源可分为半主动悬架系统和主动悬架系统。

第一节　半主动悬架控制系统

一、半主动悬架控制系统的作用

　　半主动悬架系统可根据路面的激励和车身的响应对悬架的阻尼系数进行自适应调整,使车身的振动被控制在某个范围之内。半主动悬架系统为无源控制,因此,汽车在转向、起动、制动等工况时不能对刚度和阻尼进行有效的控制。

二、半主动悬架控制系统的工作原理

　　半主动悬架系统通常以车身振动加速度的均方根值作为控制目标参数,以悬架振动器的阻尼为控制对象。图 5-1 所示为车身悬架二自由度系统阻尼微机控制模型图。

　　半主动悬架系统采用加速度信号作为控制量,利用安装在车身上的加速度传感器采集车身上的垂直振动加速度信号,信号经过整形放大器和 A/D 转换器处理后,以数字形式送入外部存储单元和单片机,单片机处理计算出加速度均方根值,并经过目标评判,即把当前车身垂直振动加速度均方根值 δ_z 和预先设置的满足汽车平顺性的最优控制目标 δ 相减得到 Δ,$\Delta = \delta_z - \delta$,再根据 Δ 的符号和大小来判断是否增加或减小悬架阻尼。当 $\delta_z = \delta$ 即 $\Delta = 0$ 时,系统不发生动作;当 $\delta_z - \delta > 0$ 时,与 Δ 的绝对值相对应,按一定的比例增加阻尼;当 $\delta_z - \delta < 0$ 时,与 Δ 的绝对值相对应,按一定的比例减少阻尼。这样就可以使车身的振动响应加速度保持在一个确定的可接受的范围之内。

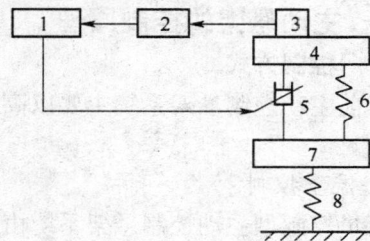

图 5-1　车身悬架二自由度阻尼控制模型
1. 控制器　2. 整形放大器　3. 加速度传感器
4. 悬架质量　5. 阻尼可调减振器　6. 悬架弹簧
7. 非悬架质量　8. 轮胎当量弹簧

　　半主动悬架系统的控制原理如图 5-2 所示,路面状况作用于悬架上,使加速度传感器产生与路面状况相同的振动模拟电信号,经模数转换器转换后,进入单片微机。传感器信号经单片机处理、比较、判断后用于控制减振器的阻尼。单片机的控制信号经驱动电源的电流与功率放

大后,驱动步进电动机旋转,步进电动机再驱动可变截面的阻尼器,以调整节流口的大小,从而改变减振器的阻尼以适应路面的状况。

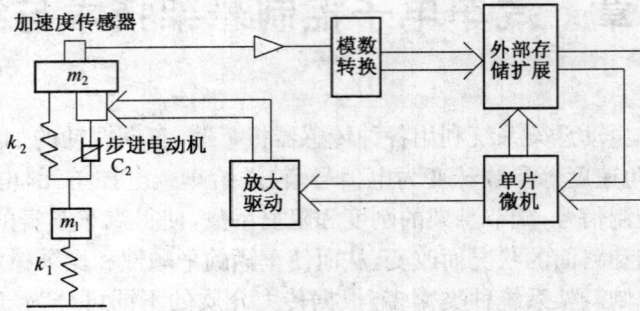

图 5-2　半主动悬架系统的控制原理图

m_1、m_2—悬架质量 1、2　k_1、k_2—悬架弹簧 1、2　C_2—阻尼可调减振器

第二节　主动悬架控制系统

主动悬架是一种具有做功能力的悬架,通常包括产生力和转矩的主动作用器(油缸、气缸、伺服电动机、电磁铁等)、测量元件(如加速度、位移和力传感器等)和反馈控制器等。因此,主动悬架需要一个动力源(液压泵或空气压缩机等)为悬架系统提供连续的动力输入,当汽车的行驶条件发生变化时,主动悬架系统能根据车身高度、车速和转向角度及速率和制动等信号,由电控单元控制悬架执行机构,使悬架系统的刚度、减振器的阻尼力及车身高度等参数得以改变,从而使汽车具有良好的行驶平顺性和操纵稳定性。

一、主动悬架的控制原理

(一)控制方式

目前主动控制悬架系统主要以高压流体作为能量,其控制方式可分为流量控制和压力控制两种。

1. 流量控制

流量控制型主动控制悬架系统由三位四通流量控制阀、双作用油缸及相应的传感器所组成,它的特点是响应速度快、但消耗能量大,使用的传感器数量也较多,给实用化带来困难。

2. 压力控制

压力控制型主动悬架,目前日本本田、日产公司的一些高级轿车上装用的系统属于这一类型,它主要由压力控制阀及一单作用油气压缸构成。其压力控制实际上由一个电液压力比例阀(针阀)和一个机械式压力伺服滑阀组成,而油气压缸则是一个具有弹性元件(气体弹簧室)和阻尼元件特性的特殊液压缸。

(二)控制理论和方法

1. 天棚阻尼器控制理论

天棚阻尼器控制理论由美国 D. Karnopp 教授提出,在主动悬架的控制中被广泛地采用。天棚阻尼器控制是将系统中的阻尼器移到车体与某"固定的天棚"之间,由执行器产生一个与车体的上下振动绝对速度成比例的控制力来衰减车体的振动。

2. 最优控制和 H 控制

通过建立系统的状态方程式,提出控制目标及加权系数,然后应用控制理论求解出所设目标下的最优控制方案。在这些现代控制方法中考虑更多变量的影响,所以控制的效果更好。现代控制方法的应用,只是在系统的控制软件上进行一些改进,并不增加系统其他开销。

3. 预见控制方法

当系统遇到较大的或突变的干扰时,由于系统的能量供应峰值和元件的响应速度的限制,很可能无法输出所需要的控制力,而达不到希望的控制效果。预见控制方法,可提前预测到前方道路的状况及可能发生的变化,使系统提前采取相应的措施,有可能降低系统的能量消耗而且能够大幅度改善系统控制性能。根据预见信息的获取及利用方法的不同,现在所采取的大致有两种预见控制系统。

(1)对四轮全部进行预见控制　这种预见控制系统在汽车的前部安装有特制的预见传感器,用以检测前方道路的情况,并将这些信息传送到控制装置,控制装置再对这些信息进行计算并发出控制指令,控制每个车轮悬架的执行机构。在理论上,这种系统可以取得最理想的控制效果,但需要设置特殊的传感器,因而在目前还没有得到普遍应用。

(2)利用前轮信息对汽车后轮进行预见控制　在这种控制方式中,两个前轮采用的仅为反馈控制,根据从前轮各传感器所获得的路面信息,作为预见信息而送到控制装置,控制装置对汽车后轮实施有效控制。

控制器对汽车后轮进行控制时,不仅考虑当时后轮传感器得到的各种信息,而且还考虑当时的车速和前后轮的间距及前轮各传感器所获得的信息,因此,在后轮的控制机构上,实行的是反馈加向前反馈的双作用控制,从而提高了后轮的减振效果,同时可减小整个车体的摆动。

通常我们把主动悬架系统分为主动油气悬架、带路况预测传感器的主动悬架和主动空气悬架。

二、空气式主动悬架系统

(一)基本原理

图 5-3 所示为一种空气式主动悬架系统的工作原理图,在此控制系统中,有五个基本行车工况和车身状态传感器。

1. 转向盘转角传感器

安装于转向柱上,通过转向盘的转角信号把汽车的转向信息送给控制微机。

2. 节气门位置传感器

通过监测节气门开度的变化向微机提供加速度信号。

3. 制动压力传感器

安装在制动管路中,制动时,向微机输送一阶跃信号,使微机发出抑制汽车"点头"的指令。

4. 车速传感器

安装在车轮上,发出与转速成正比的脉冲信号,微机利用该信号和转向盘信号,可计算出车身的侧倾程度。

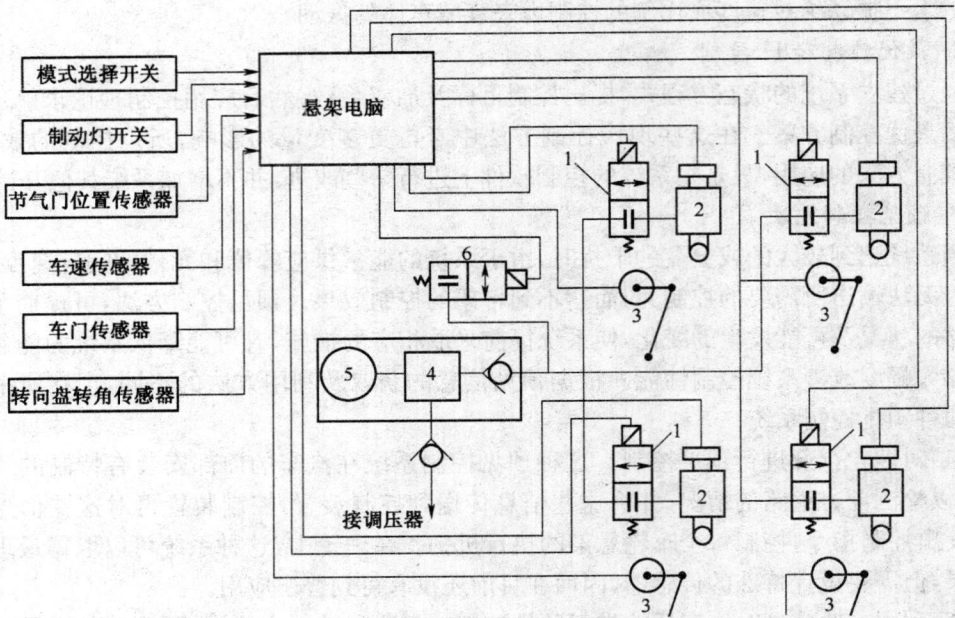

图 5-3　空气式主动悬架系统的工作原理图
1. 高度控制阀　2. 空气悬架　3. 车身位移传感器　4. 干燥剂　5. 空气泵　6. 排气阀

5. 车身位移传感器

安装于车身和车桥之间,用来测量车身和车桥的相对位置,实现车身高度自动调节控制,其变化频率和幅值亦可反映车身的平顺程度。

控制微机根据各个传感器感测的信息,经过运算分析后向悬架发出指令,悬架则根据指令改变刚度、阻尼系数和车身高度,使车身在行驶过程中保持良好的平顺性和姿态响应。

(二)控制功能

系统按其控制功能,可分为车速与路面感应控制、车身姿态控制和车身高度控制。

1. 车速与路面感应控制

车速与路面感应控制主要是根据车速与路面的变化来改变悬架的刚度和阻尼。可以有"软"和"硬"两种选择,由电脑控制或由驾驶人通过手动开关选择。本例空气主动悬架是驾驶人通过模式选择开关来选择"软"或"硬"这两种模式。在这两种模式中,又按刚度和阻尼的大小分为低(软)、中(标准)、高(硬)三种状态。在"软"模式中,悬架常处在"低"状态,而在"硬"模式中,悬架则经常处于"中"状态。在这两种不同的模式下,悬架由控制器控制在三种状态,根据车速和路面的变化自动地调节刚度和阻尼系数,使车身的振动达到最佳的控制。

车速路面感应控制又可分为高速感应控制、前后车轮相关控制和坏路面控制三种控制功能。

(1)车速感应控制　在车速很高时,控制器输出控制信号,使悬架的刚度和阻尼相应增大,以提高汽车高速行驶时的操纵稳定性。

当汽车速度超过 110km/h 时,控制器就会根据车速传感器信号,经过计算分析后,输出控制信号。如果驾驶人选择的是"软"模式,则悬架的刚度和阻尼就会自动从"低"状态转入"中"状态;如果驾驶人选择的是"硬"模式,则悬架在"中"状态保持不变。当车速降低后,悬架的刚度和阻尼又自动回到选定模式的经常保持状态。

(2)前后轮相关控制　当汽车前轮在遇到路面接缝等单个的凸起时,控制器输出控制信号,相应减小后轮悬架的刚度和阻尼,以减小车身的振动和冲击。

前后轮相关控制还与车速有关,当汽车以 30～80km/h 的速度行驶遇到障碍时,安装在汽车前面的车身位移传感器的脉冲信号输入控制器,控制器经过计算分析后输出控制信号。如果驾驶人选定的是"软"模式,后轮悬架保持"低"的状态;如果是"硬"模式,则从"中"状态自动转入"低"的状态,当后轮越过障碍后悬架又自动回到选定模式的经常保持状态。

如果汽车的行驶速度超过 80km/h,在前轮遇到障碍时,后轮悬架若转入"低"的状态会影响车辆的操纵稳定性,因此,无论是在哪种模式下,悬架的刚度和阻尼都将在"中"的状态。

(3)坏路面感应控制　当汽车进入坏路面行驶时,为抑制车身产生大的振动,控制器输出控制信号,相应增大悬架的刚度和阻尼。

当汽车以 40～100km/h 的速度驶入坏路面时,车身位移传感器输出周期小于 0.5s 的车身高度变化信号。电脑经过计算分析后输出控制信号,如果是在"软"模式下,悬架就自动从"低"状态转入"中"状态;如果是在"硬"模式下,则保持"中"的状态不变。

当汽车在高于 100km/h 的速度驶入坏路面时,如果是在"软"模式下,悬架会在"低"或"中"的状态下转入"高"的状态;如果是在"硬"的模式下,则是从"中"转入"高"的状态。

2. 车身姿态控制

车身姿态控制是指在汽车车速突然改变及转向等情况下,控制器对悬架的刚度和阻尼实施控制,以抑制车身的过度摆动,从而确保车辆乘坐舒适性和操纵稳定性。车身姿态控制包括转向车身侧倾控制、制动车身点头控制和起步车身俯仰控制。

(1)转向车身侧倾控制　在汽车急转弯时,应增大悬架的刚度和阻尼,以抑制车身的侧倾。当驾驶人急打转向盘时,转向传感器将转向盘的转角和转速电信号输入控制器,控制器经过计算分析后向悬架输出控制信号。如果驾驶人选择的是"软"模式,悬架则自动从"中"或"低"状态转入"高"状态;如果是在"硬"模式下,则从"中"转入"高"状态。

(2)制动车身点头控制　在汽车紧急制动时,应增大悬架的刚度和阻尼,以抑制车身的点头。当汽车在高于 60km/h 速度下紧急制动时,车速传感器的车速信号和制动开关的阶跃信号输入控制器,控制器经过计算分析后输出控制信号,调整悬架的刚度和阻尼。如果这时处在"软"模式下,悬架就从"低"或"中"的状态自动转入"高"状态;如果是在"硬"模式下,则从"中"转入"高"状态。

(3)起步车身俯仰控制　在突然起步或突然加速时,也应增加悬架的刚度和阻尼,以抑制车身的俯仰。在车速低于 20km/h 的情况下,驾驶人猛踩加速踏板时,车速传感器的车速信号和节气门位置传感器的阶跃信号输入控制器,控制器经过计算分析后输出控制信号,调整悬架的刚度和阻尼。如果这时处于"软"模式,则悬架自动从"低"或"中"转入"高"状态;如果是处于"硬"模式,则从"中"状态转入"高"状态。

3. 车身高度控制

车身高度控制是控制器在汽车行驶车速和路面变化时,控制器对悬架输出控制信号,调整车身的高度,以确保汽车行驶的稳定性和通过性。车身高度控制也分"标准"模式和"高"模式两种情况,在每种模式中又分"低"、"中"、"高"三种状态。控制方式包括高速感应控制和连续坏路面行驶控制。

(1)高速感应控制　当车速超过 90km/h 时,为了提高汽车的行驶稳定性和减小空气阻力,控制器输出控制信号,使排气阀和高度控制阀通电工作,悬架气室向外排气,以降低车身的高度。如果悬架是在"标准"模式下,则车身将从"中"状态降低到"低"状态;如果是"高"模式,则从"高"状态转入"中"状态。当车速低于 60km/h 时,又恢复原有的高度。提高车身高度是通过控制器输出的控制信号,使空气压缩机和高度控制阀通电工作,将压缩空气送入悬架空气室实现的。

(2)连续坏路面行驶控制　汽车在坏路面行驶时,应该提高车身,以减弱来自路面的突然抬起感,并提高汽车的通过性能。当车身位移传感器连续 2.5s 以上输出大幅度的振动信号,且车速在 40～90km/h 时,如果悬架处于"标准"模式,则车高从"中"状态转为"高"状态;如果是"高"模式,则维持在"高"状态不变。当汽车在连续不平路面行驶的速度在 90km/h 以上时,汽车的行驶稳定性优先考虑,因此,在标准模式下将维持"中"状态不变,在"高"模式下则从"高"转入"中"的状态。

(三)主动式空气悬架系统的应用

图 5-4 所示为雷克萨斯 LS400 主动式空气悬架系统。该系统由空气压缩机、干燥器、排气阀、高度控制阀、高度控制继电器、高度传感器、转向传感器、悬架控制执行器、悬架电子控制单元、悬架刚度调节装置和减振器阻尼力调节装置等组成。

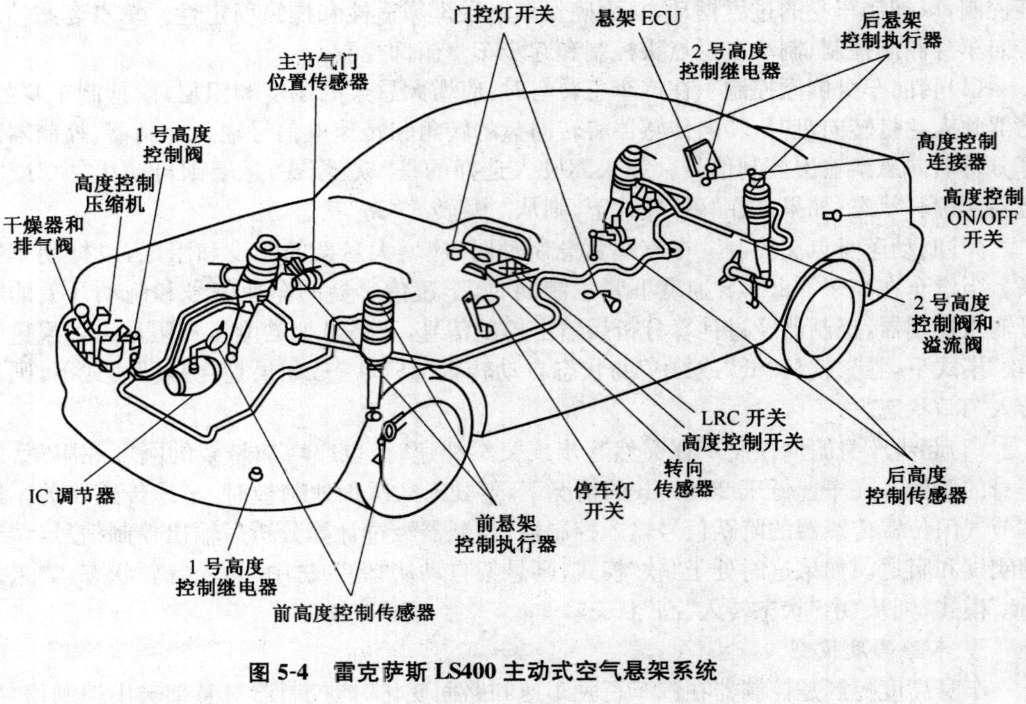

图 5-4　雷克萨斯 LS400 主动式空气悬架系统

1. 系统控制功能

(1)弹簧刚度和减振力控制 包括以下部分：

① 防侧倾控制：使弹簧刚度和减振力变成"坚硬"状态。该项控制能抑制侧倾而使汽车的姿势变化减至最小，以改善操纵性。

② 防点头控制：使弹簧刚度和减振力变成"坚硬"状态。该项控制能抑制汽车制动时点头而使汽车的姿势变化减至最小。

③ 防下蹲控制：使弹簧刚度和减振力变成"坚硬"状态。该项控制能抑制汽车加速时后部下蹲而使汽车的姿势变化减至最小。

④ 高车速控制：使弹簧刚度变成"坚硬"状态和使减振力变成"中等"状态。该项控制能改善汽车高车速时的行驶稳定性和操纵性。

⑤ 不平整道路控制：使弹簧刚度和减振力视需要变成"中等"或"坚硬"状态，以抑制汽车车身在悬架上下垂，从而改善汽车在不平坦道路上行驶时的乘坐舒适性。

⑥ 颠动控制：使弹簧刚度和减振力变成"中等"或"坚硬"状态。它能抑制汽车在不平坦道路上行驶时的颠动。

⑦ 跳振控制：使弹簧刚度和减振力变成"中等"或"坚硬"状态。该项控制能抑制汽车在不平坦道路上行驶时的上下跳振。

(2)车身高度控制 包括以下部分：

① 自动高度控制：不管乘客和行李重量情况如何使汽车高度保持某一个恒定的高度位置。操作高度控制开关能使汽车的目标高度变为"正常"或"高"的状态。

② 高车速控制：当高度控制开关在"High"位置时，汽车高度会降低到"正常"状态。这就改善高车速行驶时的空气动力性和稳定性。

③ 点火开关"OFF"控制：当点火开关关断后因乘客质量和行李质量变化而使汽车高度变为高于目标高度时，能使汽车高度降低到目标高度。

2. 系统操作

雷克萨斯 LS400 电子控制空气悬架系统有三个操作选择开关：LRC 开关、高度控制开关和高度 ON/OFF 控制开关。

高度 ON/OFF 控制开关安装在汽车尾部后备箱的左边。当高度 ON/OFF 控制开关处于"ON"位置时，系统可按驾驶人的选择方式进行车身高度自动控制，当该开关处于"OFF"位置时，系统不执行车身高度控制。

高度控制开关和 LRC 开关安装在驾驶室内变速操纵杆的旁边。高度控制开关用于选择控制车身高度，当高度控制开关处于"High（高）"位置时，系统对车身高度进行"高值自动控制"，当高度控制开关处于"NORM（标准）"时，车身高度则进入"常规值自动控制"状态。

LRC 开关用于选择控制悬架的刚度和阻尼系数。当 LRC 开关处于"SPORT（运动）"位置时，系统进入"高速行驶自动控制"；当 LRC 开关处于"NORM（标准）"位置时，系统对悬架的刚度、阻尼力进行"常规值自动控制"。此时，悬架 ECU 根据车速传感器等信号，使悬架的刚度、阻尼力自动地处于"Soft（软）"、"Medium（中间）"或"Firm（坚硬）"三个位置。

3. 系统工作原理

(1)汽车高度控制 雷克萨斯 LS400 汽车高度控制系统由压缩机、干燥器、排气阀、1 号高度控制继电器、2 号高度控制继电器、1 号高度控制阀、2 号高度控制阀、前后左右 4 个气压缸、4 个车身高度传感器及悬架 ECU 等组成。

当点火开关接通时，ECU 使 2 号高度控制继电器线圈通电，2 号高度控制继电器触点闭合，使前、后、左、右四个高度传感器接通蓄电池电源。当汽车高度需要上升时，从 ECU RCMP 端子送出一个信号，使 1 号高度控制继电器接通，1 号高度控制继电器触点闭合，于是压缩机便接上蓄电池电压，从而产生压缩空气。ECU 使高度控制电磁阀线圈通电后，电磁线圈将高度控制阀打开并将压缩空气引向气压缸，从而使汽车高度上升。

当汽车高度需要下降时，ECU 不仅使高度控制阀电磁线圈通电，而且还使排气阀电磁线圈通电，排气阀电磁线圈使排气阀打开，将气缸中的压缩空气放到大气中。

1 号高度控制阀用于前悬架控制，它有两只电磁阀分别控制左右两个气压缸。2 号高度控制阀用于后悬架控制，它与 1 号高度控制阀一样，也是由两只电磁阀组成。为了防止空气管路中产生不正常的压力，2 号高度控制阀中有一个溢流阀。

雷克萨斯 LS400 悬架系统的车身高度传感器采用光电式传感器。为了检测汽车高度和因道路不平坦而引起的悬架位移量，在每个悬架上都装有一只车身高度传感器，用它连续监测车身与悬架下臂之间的距离。传感器利用遮光器通断信号的输出组合用 16 个选择脉冲检测汽车高度，并将它们转换成串行数据送至 ECU。

(2)悬架刚度的自动调节　悬架刚度的调节可以在低、中、高三种状态下变化。

当阀心的开口转到低位置时，气体通路的大气体通路被打开，主气室的气体经阀心的中间孔、阀体的侧面孔通道与辅气室的气体相同，两气室之间的流量大，相当于参与工作的气体容积增大，悬架刚度处于低状态。

当阀心的开口转到中位置时，气体通路的小气体通路被打开，两气室之间的气体流量小，悬架刚度处于中状态。

当阀心的开口转到高位置时，两气室之间的气体通路全部被封住，两气室间的气体不能相互流动，可压缩的气体容积减小。悬架在振动过程中，只有主气室的气体单独承担缓冲任务，所以悬架的刚度处于高状态。

(3)悬架阻尼的自动调节　悬架阻尼自动调节原理是将阻尼调节杆连接的转阀上有 3 个阻尼孔，通过转动调节杆来控制阻尼孔的开闭，从而改变悬架系统阻尼的大小。

当 3 个截面的阻尼孔全被转阀封住时，只有下面减振器的主阻尼孔仍在工作，此种状况的阻尼力最大，减振器处于高阻尼状态。

(4)悬架控制执行器　ECU 将信号送至悬架控制执行器以同时驱动减振器的阻尼调节杆和气压缸的气阀控制杆，从而改变减振器的阻尼力和悬架弹簧刚度。

三、油气式主动悬架系统

油气悬架系统用油作介质压缩气室中的空气，实现刚度特性，而管路中的小孔节流实现阻力特性。为了对车辆高度和姿态控制，一般配有与空气式主动悬架相同的五种传感器，即转向盘转角传感器，节气门位置传感器，制动压力传感器，车速传感器和车身位移传感器。

油气悬架系统弹簧刚度的变化是通过调节球形装置中气体的体积来实现的，阻尼的特性可以通过改变节流孔的数量进行变化，而节流孔则是压力油必经之处。气体体积越大，压力油环路中的节流孔越多,则弹性越软,阻尼效果越小。该系统的中枢是一台电控单元控制装置,该装置不断接收有关行驶的数据信息,并选择相应的悬架状态。

该系统的工作原理如图5-5所示,上图表示电磁阀4在电控单元的指令下向右移动,从而接通压力油,使辅助液压阀5的阀心向左移动,中间的油气室6与主油气室连通,使总的气室容积增加,气压减小,因而6又称为刚度调节器。a、b节流孔则是阻尼器,系统处于"软"状态。下图表示电磁阀4无指令状态,由于弹簧的作用,阀心左移,关闭压力油道。原来用于推动液压阀5的压力油通过电磁阀4的左边油道泄放,阀5阀心右移,关闭刚度调节器6,气室总容积减小,刚度增大,悬架系统处于"硬"状态,用于高速、转向、起步和制动工况。

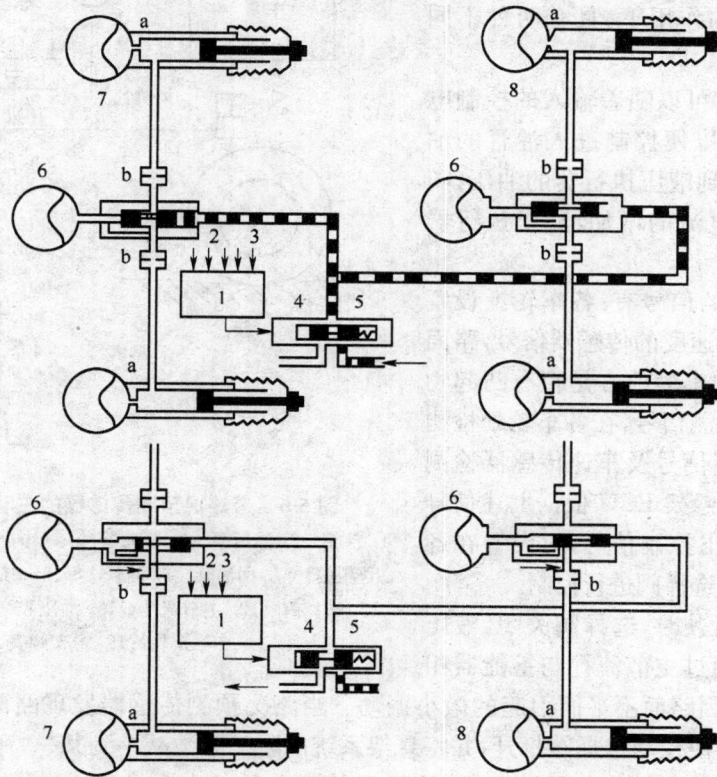

图5-5 油气式主动悬架系统的工作原理
1.电控单元 2.转向盘转角传感器 3.车身位移传感器 4.电磁阀
5.辅助液压阀 6.油气室 7、8.主油气室

四、带路况预测传感器的主动悬架系统

路况预测传感器通常为超声波传感器,该传感器安装在车身前面,以便对其下方的路面状况进行检测。

带有路面预测传感器的主动悬架系统工作原理如图5-6所示。该系统包括一个悬架弹簧和一个单向液压执行器,控制阀6通过油管8与单向液压执行器的油压腔相通。油管上还接有支管8a,该支管与蓄能器11相连:蓄能器内充有气体,这些气体可以压缩从而产生类似弹簧的作用,另外,支管中间还设有主节流孔12,以限制蓄能器和油压腔之间的油流,从而形成减振作用。在油管和蓄能器之间还设有旁通管路 8b,该旁通管路上带有选择阀 10 和副节流孔 9,副节流孔的直径大于主节流孔的直径。当选择阀打开时,油流通过选择阀的副节流孔,在蓄能器和油压腔之间流动,从而减小振动阻尼。因此,悬架系统在选择阀的作用下,具有两种不同的阻尼系数。

控制阀的开度可以随着输入的控制电流的大小而改变,以便控制进入油管的油量,进而控制施加到液压执行器的油压,随着输入控制阀的电流的增加,液压执行器承载能力也增加。

输入到 ECU 的信号有:各车轮上设置的检测车身纵向加速度的传感器信号,路面预测传感器测出的车辆前方是否有凸起物以及凸起大小的检测信号,在各车轮处检测车身高度的传感器信号及车速传感器检测到的车速信号等。悬架 ECU 根据上述信号做出判断,然后发出控制信号,对设置在各车轮上的控制阀和选择阀进行控制。

当车辆正常行驶时,选择阀关闭,液压执行器的油压腔通过主节流孔与蓄能器相

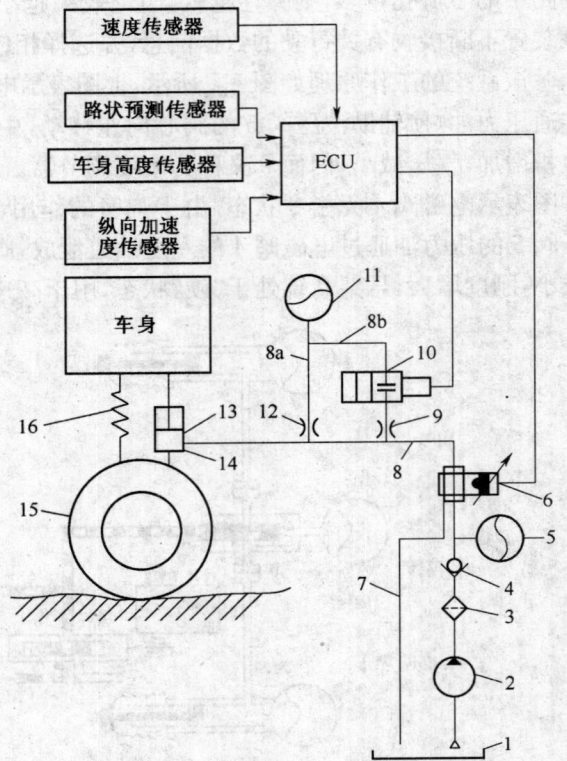

图 5-6　带路况预测传感器的主动悬架系统
1. 油箱　2. 液压泵　3. 滤清器　4. 单向阀　5、11. 蓄能器
6. 控制器　7. 回油管　8. 油管　8a、8b. 支管　9. 副节流孔
10. 选择阀　12. 主节流孔　13. 油压腔　14. 液压执行器
15. 车轮　16. 悬架弹簧

通,可吸收并降低因路面不平而引起的微小振动。当路况预测传感器发现路面上有引起振动的凸起物时,ECU 便控制选择阀打开,并将悬架系统的阻尼系数减小到某一特定值。

路况预测传感器的输出信号波形的幅值与路面凸起物的大小成正比。只有在路况预测信号介于某一区段之间时,ECU 才输出一个打开选择阀的控制信号。

悬架 ECU 在检测路况传感器输出信号的同时,也不断地检测车速。ECU 能够根据车速估算出测得的凸起物和实际车速通过凸起物之间的滞后时间,并使选择阀恰好在车轮通过凸起物时打开,这样,在车轮通过凸起物时,悬架的阻尼系数只作短暂变化,当车轮通过凸起物后,选择阀便再关闭。

带有路况预测传感器的主动悬架系统可以使汽车提前对路面情况进行处理,因而大大改善了悬架的工作性能。

五、LS400 电控主动悬架的维修

LS400 电控主动悬架工作原理如图 5-7 所示。

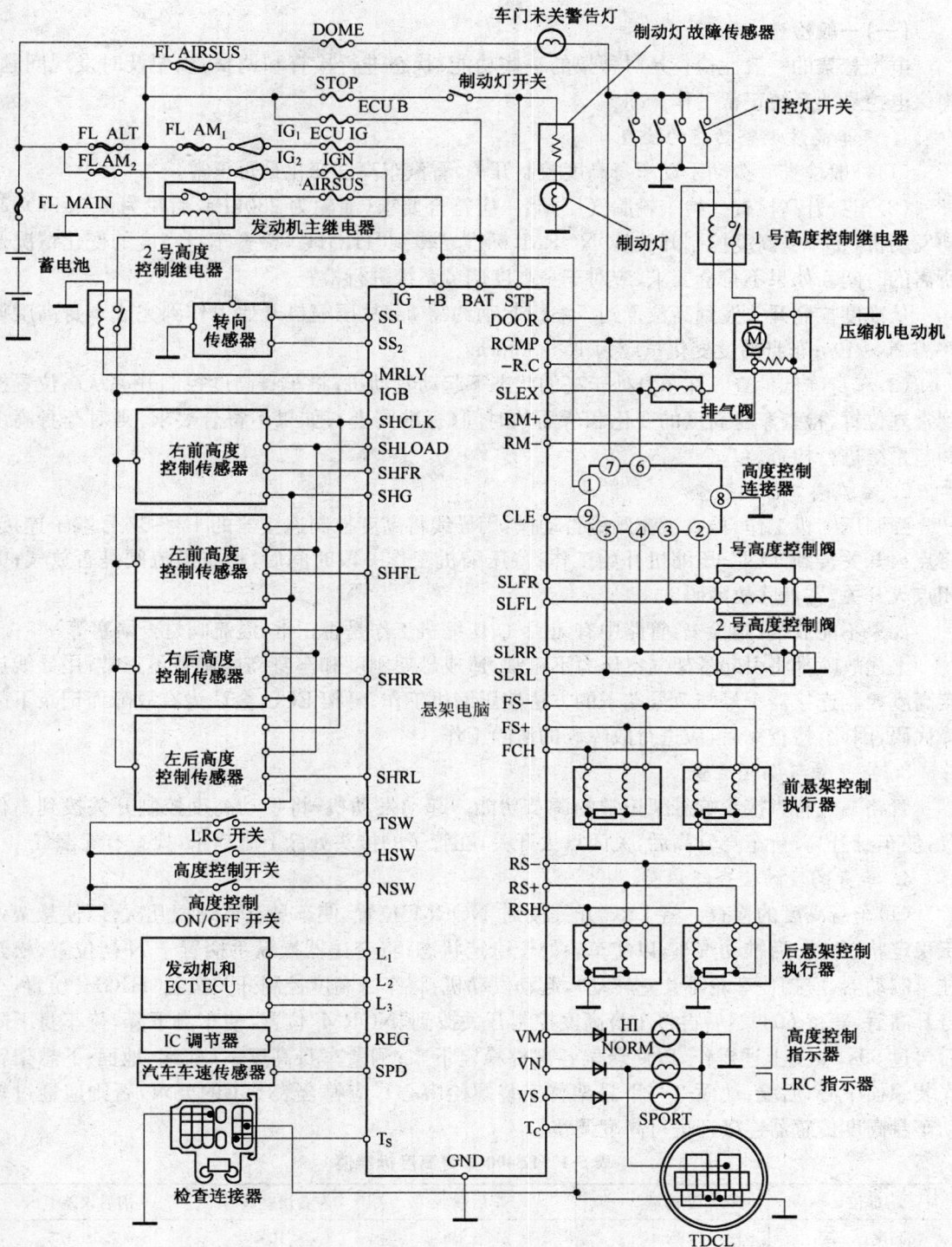

图 5-7　LS400 电控主动悬架工作原理

(一)一般检查

电控悬架的一般性检查是对悬架的一些功能、状态进行检查和调整,以便及时发现问题,确保电控悬架系统正常工作。

1. 汽车高度调整功能的检查

(1)一般检查　拨动手动车身高度控制开关,看汽车高度变化是否正常。

(2)车身升高检查　检查轮胎气压,胎压应符合要求(前轮为 230kPa,后轮为 250kPa);起动发动机,将车身高度控制开关从"NORM(标准)"转到"HIGH",检查车身高度的变化情况及所需的时间。如果不符合要求,应对车身高度调节系统进行检查。

从高度控制开关拨到高位置到压缩机起动约需 2s;从压缩机开始工作到完成车身高度调整需 20~40s;车身高度变化量应为 10~30mm。

(3)车身降低检查　在车身处于高的状态下起动发动机,将车身高度控制开关从高位置拨到常规位置,检查车身高度的变化和所需的时间(标准同上);如果不符合要求,则对车身高度调节系统进行检查。

2. 溢流阀工作的检查

强制压缩机工作,检查溢流阀能否动作:用导线将高度控制连接器的 1 号-57 号端子连接,将点火开关转到"ON",压缩机开始工作;待压缩机工作一段时间后,检查溢流阀是否放气;关闭点火开关,并清除故障码。

如果不能放气,则检查:管路中有无漏气、压缩机工作是否正常、溢流阀是否堵塞等。

上述故障都将引起悬架气室压力不正常,造成悬架刚度和车身高度调整不正常;用导线连接高度控制连接器 1 号与 7 号端子的方法使压缩机工作,悬架 ECU 会认为有故障而记录下故障代码,因此,检查完后,应进行故障码的清除工作。

3. 空气管路漏气检查

管路漏气将直接影响悬架正常的调节功能。起动发动机,将手动高度控制开关拨到高位置,使车身升高;待车身升高后,关闭点火开关,在管子的接头处涂上肥皂水,检查有无漏气。

4. 车身高度的检查与调整

(1)车身高度的检查　将 LRC 开关拨到"NORM"位置,使车身上下跳振几次,以使悬架处于稳定状态;前、后推动汽车,以使车轮处于稳定状态;将变速器操纵手柄置于 N 档位置,松开驻车制动器(应挡住车轮不让它转动),起动发动机;将车身高度控制开关拨到"HIGH"位置,车身升高后,等待 60s,然后再将车身高度控制开关拨到"NORM"位置,使车身下降,待车身下降后再过 50s,重复上述操作,以使悬架各部件稳定下来;测量车身高度。(前端:地面-下悬架臂安装螺栓中心;后端:地面-2 号下悬架臂安装螺栓中心),应符合表 5-1 的要求,否则应通过转动车身高度传感器连接杆进行高度调整。

表 5-1　LS400 车身高度标准值

部位	车前端	车后端	左右误差值	前后误差值
高度(mm)	228±10	210±10	<10	17.5±1.5

(2)车身高度的调整　拧松车身高度传感器连接杆上的两个锁紧螺母,转动车身高度传感

器连接杆,以调节其长度(连接杆每转一圈,车身高度变化大约 4mm);检查车身高度传感器连接杆的尺寸,不应小于极限尺寸(前后端均为 13mm);暂时拧紧锁紧螺母,复查车身高度;车身高度调整完后,拧紧锁紧螺母,拧紧力矩为 4.4N·m。

注意:车身高度的检查与调整应在水平的地面进行,且高度控制开关拨到常规位置;在拧紧车身高度传感器连接杆锁紧螺母时,应确保球节与托架平行;车身高度调整后,应检查车轮定位。

(二)自诊断系统

1. 指示灯的检查

当点火开关在"ON"位置时,仪表板上的 LRC 指示灯和高度控制指示灯应闪亮 2s 左右。2s 后,各指示灯的亮灭取决于其控制开关的位置,正常情况如下:

① LRC 指示灯。如果 LRC 开关拨在"SPORT"侧,LRC 指示灯仍亮;LRC 开关拨在"NORM",LRC 指示灯亮 2s 后熄灭。

② 车身高度控制指示灯。如果车身高度控制开关拨在"NORM",高度控制指示灯的"NORM"灯亮,"HIGH"灯不亮;高度控制开关在"HIGH",高度控制指示灯的"HIGH"灯亮,"NORM"灯不亮。

③ HEIGHT 照明灯。当点火开关在"ON"时,"HEIGHT"照明灯始终亮。

④ 当点火开关在"ON"时,如果车身高度控制"NORM"指示灯闪亮,表示悬架控制系统电脑存储器中已储存有故障码,应读取故障码后排除故障。

⑤ 当点火开关在"ON"时,各指示灯出现表 5-2 中的情况,则为不正常,应检查有关的电路。

表 5-2　悬架控制指示灯不正常的现象和诊断

点火开关处于"ON"状态下,悬架控制指示灯现象	故障可能位置
"SPORT"、"HI"和"NORM"指示灯均不亮	高度控制电源电路及指示灯电路
"SPORT"、"HI"和"NORM"指示灯亮 2s 后均熄灭	悬架控制执行器电源电路
某些指示灯、"SPORT"、"HI"、"NORM"、"HEIGHT"及照明灯有不亮	指示灯电路或"HEIGHT"照明灯电路
LRC 开关在"NORM"时,"SPORT"指示灯仍亮	LRC 开关电路
所亮起的高度控制指示灯与高度控制开关选定的位置不一致	高度控制开关电路

2. 故障码的读取

点火开关处于"ON"位置时,将检查连接器的 T_c 与 E_1 端子短接,通过仪表板上高度控制"NORM"指示灯的闪烁读取故障码。故障码的含义见表 5-3。

表 5-3　LS400 悬架系统故障码的含义

故障码	诊断电路	故障码含义
11	右前高度控制传感器电路	高度控制传感器电路断路或短路
12	左前高度控制传感器电路	
13	右后高度控制传感器电路	
14	左后高度控制传感器电路	

续表 5-3

故障码	诊 断 电 路	故障码含义
21	前悬架控制执行器电路	悬架控制执行器电路断路或短路
22	后悬架控制执行器电路	
31	1 号高度控制阀电路	高度控制阀电路断路或短路
33	2 号高度控制阀电路(后悬架)	
34	2 号高度控制阀电路(左悬架)	
35	排气阀电路	排气阀电路断路或短路
41	1 号高度控制继电器电路	继电器电路断路或短路
42	压缩机电动机电路	短路或压缩机电动机锁住
51	到高度控制继电器的持续电流	1 号继电器通电时间>85min
52	至排气阀的持续电流	排气阀的通电时间>6min
61	悬架控制信号	悬架 ECU 失灵
71	高度控制 ON/OFF 开关电路	控制开关在 OFF 或电路断路
72	悬架控制执行器电源电路	电源电路断路或熔断丝熔断

3. 故障码的清除

在关闭点火开关的情况下,拆下 1 号接线盒中的 ECU-B 熔断丝 10s 以上,或在关闭点火开关的情况下,同时将高度控制连接器的 9 号端子与 8 号端子以及检查连接器的 T_c 与 E_1 端子跨接 10s 以上,然后接通点火开关并拆掉各端子的跨接线。

4. 检查输入信号

输入信号的检查主要是动态检查各传感器和开关的信号是否正常输入悬架电脑。检查步骤如下:

将悬架刚度和阻尼控制均固定在"硬"状态,车身高度控制则在"NORM";将检查连接器 T_c 与 E_1 端子短接,如果高度控制"NORM"指示灯闪示故障码,则应按故障检修故障码电路;如果高度控制"NORM"指示灯不闪烁故障码,则可按下列步骤进行:接通点火开关,将检查连接器的 T_c 与 E_1 端子短接(这时车身高度控制"NORM"指示灯以 0.2s 的时间间隔闪烁,表示诊断系统已进入输入信号检查状态,且当发动机运转时,车身高度控制"NORM"指示灯的闪烁将会停止);每个检查项目都在 A 状态和 B 状态下各检查一次,表 5-4 为正常情况。

表 5-4　电控悬架输入信号的检查

检查项目	A 状态	"NORM"指示灯		B 状态	"NORM"指示灯	
		点火开关"ON"	发动机运行		点火开关"ON"	发动机运行
转向传感器	转向角为 0°	闪烁	常亮	转向角>45°	闪烁	常亮
制动灯开关	不踩制动踏板	闪烁	常亮	踩下制动踏板	闪烁	常亮
门控灯开关	所有车门关闭	闪烁	常亮	所有车门打开	闪烁	常亮

续表5-4

检查项目	A状态	"NORM"指示灯		B状态	"NORM"指示灯	
		点火开关"ON"	发动机运行		点火开关"ON"	发动机运行
节气门位置传感器	不踩加速踏板	闪烁	常亮	踩下加速踏板	闪烁	常亮
1号车速传感器	车速<20km/h	闪烁	常亮	车速>20km/h	闪烁	常亮
高度控制开关	NORM位置	闪烁	常亮	HIGHT位置	闪烁	常亮
LRC开关	NORM位置	闪烁	常亮	SPORT位置	闪烁	常亮
高度控制开关	ON位置	闪烁	常亮	OFF位置	闪烁	常亮

在进行这项检查时,减振力和弹簧刚度控制停止,并且减振力和弹簧刚度均固定在"坚硬"状态,汽车高度控制仍旧正常进行;如果将发动机室内的检查连接器的端子 T_c 与 E_1 连接,储存在存储器中的诊断代码就会输出。如果没有诊断代码输出,则要进行输入信号检查。

5. 故障的诊断与排除

如果在进行故障码检查时,显示一个正常代码但故障仍然出现(重复出现),应进行故障征兆的故障排除,按表5-5给出的次序检查每个征兆电路。

表 5-5　雷克萨斯 LS400 轿车电控悬架故障诊断一览表

故障代号		高度控制传感器	悬架控制执行器电路	高度控制阀、排气阀电路	1号高度控制继电器电路	压缩机电动机电路	高度控制开关	悬架控制执行器电源电路	汽车高度控制电源电路	发电机调节器电路	LRC开关电路	高度控制开关电路	停车灯开关电路	转向传感器电路	节气门位置传感器电路	车速传感器电路	门控灯开关电路	Tc端子电路	Ts端子电路	高度控制传感器连接杆	空气泄漏	气压缸／减振器	悬架ECU
A	C										1												2
	D		1						6		4							2	3			5	7
	E												1										2
	F													1									2
	G														1	2							3
	H															1							2
B	J	4							3	2	1												5
	K	5			4				2	1	3												6
	L															1							2
	M	2																					3
	N		1																2				
	O																		1				
	P	1																					
	Q					1																	2
	R								2								1						3
	S																						2
	T																				1	2	
	U			2	3																	1	4

表 5-5 中字母的含义如下：

A 为"减振力和弹簧刚度控制失灵"；

B 为"汽车高度控制失灵"；

C 为"不管怎样操作 LRC 开关,LRC 指示灯的状态不变"；

D 为"减振力和弹簧刚度控制几乎不起作用"；

E 为"只有防侧倾控制不起作用"；

F 为"只有防下蹲控制不起作用"；

G 为"只有防点头控制不起作用"；

H 为"只有高车速控制不起作用"；

J 为"高度控制指示灯的亮灯位置不随高度控制开关的动作变化"；

K 为"汽车高度控制功能不起作用"；

L 为"只有高车速控制不起作用"；

M 为"汽车高度出现不规则变动"；

N 为"汽车高度控制起作用,但汽车高度不均匀"；

O 为"汽车高度控制起作用,但汽车高度高或低(汽车高度在"NORMAL"状态时,高度与标准值不符)"；

P 为"当调整汽车高度时,汽车处于非常高或非常低的位置"；

Q 为"即使高度控制开关在"OFF"位置时,汽车高度控制仍起作用"；

R 为"点火开关 OFF 控制不起作用"；

S 为"即使在车门打开时,点火开关 OFF 控制仍有作用"；

T 为"汽车驻车时汽车高度非常低"；

U 为"压缩机电动机仍运转"。

(三)电控悬架电路故障的检查

电控悬架出现了故障,无论自诊断系统有无故障码输出,都需要进行系统电路故障检查。

如果取得了故障码,则可根据故障码的指示对故障电路进行检查,以找出确切的故障部位,排除故障。若故障码所指示的故障电路正常,则一般应检修或更换悬架 ECU。应注意的是,在有故障码输出的情况下,悬架 ECU 就已中断了相应的悬架刚度和阻尼或车身高度控制。因此,不断开电脑仅通过控制开关使其执行器动作来判断故障是不行的。

如果无故障码显示,则需根据故障分析的结果,对与故障症状有关的电路和部件逐个进行检查。如果所有可能故障电路和部件检查均无问题,但悬架控制系统故障症状确实存在,则需对悬架 ECU 进行检查或更换。

1. 车身高度传感器电路的故障检查

故障码 11、12、13、14 说明右前/左前/右后/左后位移传感器电路断路或短路。车身高度传感器电路如图 5-8 所示。

可能的故障部件有:电脑与传感器之间的线路及插接器、车身高度传感器电源线路及 2 号高度控制继电器、车身高度传感器及悬架 ECU。故障检查步骤如下:

(1)检查车身高度传感器电源电压　拆下前轮胎(故障码 11、12)或拆下行李箱装潢前盖

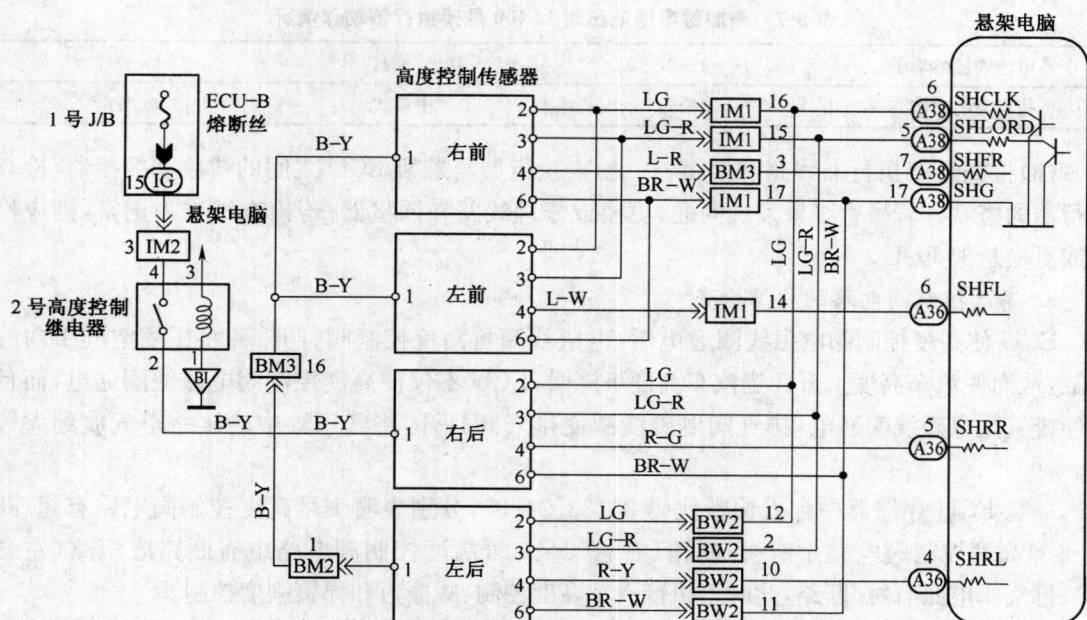

图 5-8　车身高度传感器电路

（故障码 13、14）；脱开车身高度传感器插接器；点火开关转到"ON"，测 1 号端子对地电压（应为蓄电池电压，否则检修 2 号高度控制继电器及有关的线路，正常接下）。

（2）检查高度控制传感器与悬架 ECU 之间的导线和插接器　检查各线束插接器应无松动；拔开线束插接器，插脚应无锈蚀；检测有导线连接的两插脚之间的通路情况（不正常，修理或更换配线及插接器，正常接下）。

（3）检查车身高度传感器功能　换上一只性能良好的车身高度传感器，看故障症状是否消除。若能消除，更换车身高度传感器；若不能消除，则检查或更换悬架 ECU。

2. 悬架控制执行器电路的故障检查

一旦 ECU 存储了故障码 21、22，说明前/后悬架执行器电路有断路或短路故障，就不执行减振和弹簧刚度控制。可能的故障部位有：电脑与悬架控制执行器之间的线路及插接器、悬架控制执行器、悬架 ECU。

（1）检查悬架控制执行器电阻　拆下悬架控制执行器盖和执行器，拨开执行器插接器，测量控制执行器各端子的电阻，各端子正常电阻见表 5-6。如果电阻值不正常，应更换悬架控制执行器。

表 5-6　LS400 悬架执行器各端子电阻标准值

端子	1-2	3-4	2-4
电阻标准值（Ω）	3～6	3～6	2.3～403

（2）检查悬架控制执行器的动作　在悬架控制执行器各端子施加蓄电池电压，但施加蓄电池电压不要超过 1s，检查执行器的工作情况，标准值见表 5-7。若检查结果不正常，应更换悬架控制执行器；正常则接下一步。

表 5-7　施加蓄电池电压时 LS400 悬架执行器动作情况

蓄电池连接的端子	1(+)～2(−)	3(+)～4(−)	2(+)～1(−)
执行器的动作	硬模式	中模式	软模式

(3)检查悬架执行器线路和插接器　检查执行器与悬架 ECU 之间的线路和插接器,检查执行器的搭铁。若检查结果发现问题,更换或修理线路和插接器;若检查结果为正常,则应检查或更换悬架 ECU。

3. **高度控制阀电路的故障检查**

ECU 使高度控制阀电磁线圈通电后,电磁线圈将高度控制阀打开,并将压缩空气引向气压缸,从而使汽车高度上升。当汽车高度下降时,ECU 不仅使高度控制阀电磁线圈通电,而且还使排气阀电磁线圈通电,排气阀电磁线圈使排气阀打开,将气压缸中的压缩空气放到大气中。

一旦 ECU 存储器中存入诊断代码 31、33、34、35,分别表明 1 号高度控制阀电路有短/断路、2 号高度控制阀电路中有短/断路(右悬架)、2 号高度控制阀电路中有断路或短路(左悬架)、排气阀电路有短/断路,此时不执行汽车高度控制、减振力和弹簧刚度控制。

(1)检查连接高度控制连接器的各端子时汽车高度是否改变　拆下行李箱右侧盖,测量高度控制连接器 2、3、4、5、6 端子与端子 8 间的电阻,均为 9～15Ω;将点火开关转到"ON",按表 5-8 中的方式连接高度控制连接器的相关端子,汽车高度变化应符合要求。否则检查高度控制阀和排气阀。

表 5-8　连接相关端子汽车高度的变化情况

	1	2	3	4	5	6	7
右前汽车高度上升	A	A					A
左前汽车高度上升	B		B				
右后汽车高度上升	C			C			C
左后汽车高度上升	D				D		D
右前汽车高度下降	E	E					E
左前汽车高度下降	F		F				F
右后汽车高度下降	G						G
左后汽车高度下降	H				H		H

(2)检查悬架 ECU 与高度控制连接器之间的配线和连接器是否断路　不正常则修理或更换配线或连接器;正常则按故障征兆一览表中所指的下一个电路检查。

(3)检查高度控制阀和排气阀　拆下右前控制阀和排气阀,脱开阀的连接器,对 1 号高度控制阀和排气阀进行检查;拆下行李箱装潢前盖,脱开阀的连接器,对 2 号高度控制阀进行检查。

各端子之间的电阻值符合表 5-9 的要求。在相应端子上接上蓄电池电压时,高度控制阀和排气阀应有工作声,不正常则更换高度控制阀或排气阀,正常则检修高度控制阀或排气阀与连接器之间的配线及连接器。

表5-9 各端子之间的标准电阻值

	端子	电阻值(Ω)
1号高度控制阀	1-3	
	2-3	
2号高度控制阀	1-4	9-15
	2-4	
排气阀	1-2	

第六章　汽车安全控制技术与维修

汽车安全控制包括汽车主动安全装置(用于防止或者预防汽车发生事故所采用的措施的,保证车辆良好的行驶姿态和操纵稳定性的装置,包括操纵稳定性、制动性等,ABS、ASR、ESP、远红外线夜视系统、超声波倒车报警系统等都属于汽车主动安全系统)、被动安全装置(在车辆发生碰撞时能减轻驾驶人和乘客伤害的装置,预紧式安全带、安全气囊等属于被动安全系统)及汽车防盗系统。

第一节　车轮防抱死系统(ABS)

一、普通制动器的问题

1. 车轮制动力分析

忽略车轮及与其一起旋转部件的惯性力矩和车轮的滚动阻力,制动时地面对车轮的切向反力 Z 使车辆减速,为地面制动力;地面对车轮的横向反力将阻止车轮侧向滑移,为地面防侧滑力。

地面制动力是在制动器的制动力矩作用下产生的,在车轮没有拖滑时,地面制动力主要取决于制动器制动力矩的大小($X_Z=M/r_0$:X_Z——制动力矩;r_0——车轮半径),在这种情况下,制动踏板的压力增大,制动器产生的制动力矩相应增大,地面制动力也就增大,汽车的减速度增加。但是,地面制动力受地面附着力的限制,最大地面制动力 X_{max} 为:

$$X_{max} \leqslant \Phi_Z Z = \Phi_Z W$$

式中　Φ_Z——地面纵向附着系数;

　　　Z——地面对车轮的法向反力;

　　　W——车轮受到的径向载荷。

由上式可知,在紧急制动情况下,地面纵向附着系数对制动效果有着直接的影响。最大地面防侧滑力 X_{max} 为:

$$X_{max} \leqslant \Phi_H Z = \Phi_H W$$

式中　Φ_H——地面横向附着系数;

　　　Z——地面对车轮的法向反力;

　　　W——车轮受到的径向载荷。

由上式可知,地面横向附着系数的大小对防止车辆侧滑、甩尾起着决定性的作用。

2. 滑移率与制动效果

滑移率 S 的定义如下:

$$S = \frac{v - r_0 \omega}{v} \times 100\%$$

式中　v—车辆相对地面的移动速度；

　　　r_0—车轮的工作半径；

　　　ω—车轮的角速度。

车轮被完全抱死时：

$$\omega=0 \qquad s=100\%$$

车轮作纯滚动时：

$$r_0\omega=v \qquad s=0\%$$

某种路面的地面附着系数与滑移率之间的关系如图6-1所示。

从地面附着系数变化特性中可知，车轮滑移率 s 在20%左右时，纵向附着系数最大，横向附着系数也不小。在紧急制动时，如果能适当地控制制动器制动力的大小，使车轮处于边滚边滑（$s=20\%$）的状态，可使地面制动力达到最大，缩短制动距离；同时，可保持良好的防侧滑能力。

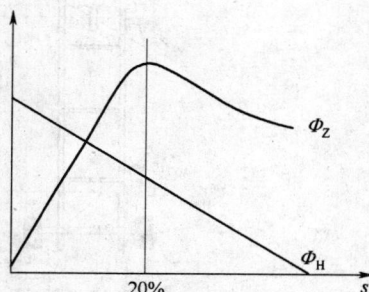

图 6-1　滑移率与地面附着系数

二、防抱死制动系统（ABS）

（一）防抱死制动系统的作用

由上所知，当汽车制动时，如果前轮抱死，虽然汽车基本上沿直线向前行驶，但是失去转向控制能力，驾驶人在制动过程中躲避障碍物、行人以及在弯道上行驶所必须采取的转向操纵控制就无法实现；如果后轮抱死，汽车的制动稳定性就会变差，在很小的侧向力（如侧向风力）作用下，汽车就会发生甩尾，甚至出现掉头等危险现象。此外，当车轮抱死时，轮胎局部剧烈摩擦会导致车轮使用寿命大大缩短。

防抱死制动系统是一种主动安全装置，英文名称是 Anti-locking Brake System 或 Anti-skid Brake System，英文缩写为 ABS，直译为防锁死制动系统或防滑移制动系统，转译为防抱死制动系统。

电子控制防抱死制动系统在汽车原有制动系统的基础上，增设了一套电子控制装置，其功用是：在汽车制动过程中，自动调节车轮的制动力，防止车轮抱死，从而获得最佳制动性能（提高方向稳定性、增强转向控制能力、缩短制动距离），减少交通事故。

（二）防抱死制动系统（ABS）的优点

ABS 相比于普通制动系统有如下优点：

① 充分发挥制动器的效能，缩短制动时间和距离。

② 可有效防止紧急制动时车辆侧滑和甩尾，具有良好的行驶稳定性。

③ 可在紧急制动时转向，具有良好的转向操纵性。

④ 可避免轮胎与地面的剧烈摩擦，减少了轮胎的磨损。

三、ABS 的基本组成和原理

（一）ABS 的基本组成

ABS 由防止车轮抱死的电子控制系统和普通的制动系统组成，防抱死电子控制系统由传感器、控制器和执行机构组成,如图 6-2 所示。

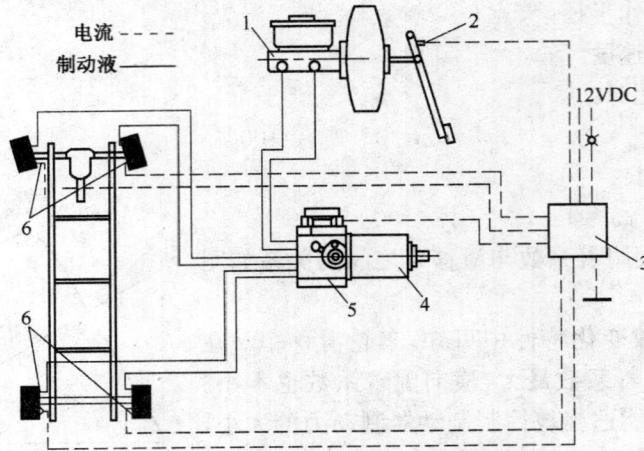

图 6-2　液压式 ABS 系统组成及布置

1. 制动主缸　2. 制动灯开关　3. 电子控制器　4. 电动机　5. 液压调节器　6. 轮速传感器

1. 传感器

ABS 采用的传感器有车轮速度传感器和减速度传感器两种。车轮速度传感器又称为车轮转速传感器或轮速传感器,一个 ABS 设有 2~4 只车轮速度传感器,目前大多数都设有 4 只车轮速度传感器。车轮速度传感器是 ABS 必需的传感器,其功用是检测车轮的运动状态,将车轮转速变换为电信号输入 ABS ECU。

减速度传感器又分为纵向减速度传感器和横向减速度传感器。减速度传感器仅在控制精度较高的 ABS 中采用,其功用是检测车身的加减速度,以便 ABS ECU 判别路面状况。

2. 电子控制器

ABS 的电子控制器(ABS ECU)主要功用是接收轮速传感器,减速度传感器等输入的信号,计算汽车的轮速、车速、加减速度和滑移率,并输出控制指令控制制动压力调节器等执行元件工作。此外,ABS ECU 具有失效保护和故障自诊断功能,一旦发现 ABS 故障时,将终止 ABS 工作,恢复常规制动,与此同时控制 ABS 指示灯发亮指示,提醒驾驶人及时进行修理。

3. 执行机构

制动压力调节器是 ABS 的主要执行元件。其功用是接受 ABS ECU 的指令,驱动制动压力调节器中的电磁阀动作和驱动回液泵电动机转动等,使制动压力"升高"、"保持"或"降低",从而实现制动压力自动控制。

(二)ABS 的基本原理

ABS 的核心是由微电脑组成的控制器,它通过传感器监视汽车制动时车轮是否抱死,在一般的制动情况下,驾驶人踩在制动踏板上的力较小,车轮不会被抱死,控制器无控制信号输出。这时,就如同普通的制动系统,制动力完全由驾驶人踩在制动踏板上的力来控制。在紧急制动或是在松滑路面行驶时制动,车轮被抱死的情况下,控制器就会输出控制信号,通过执行机构(即制动压力调节器)控制制动器的制动力,使车轮不被抱死。

(三)ABS 的类型

ABS 分为机械式 ABS 和电子式 ABS 两大类。目前,纯机械式 ABS 已基本淘汰,主要采用机电一体化的电子控制式 ABS。电子控制式 ABS 的种类很多,分类方法各异,现简介如下:

1.按控制器所依据的控制的参数不同分类

① 以车轮滑移率为控制参数的 ABS

控制器根据车速和车轮转速传感器的信号计算车轮的滑移率,作为控制制动力的依据,当计算得到的滑移率超出设定值时,控制器就输出减小制动力信号,通过制动压力调节器减小制动压力,使车轮不被完全抱死;当滑移率低于设定值时,控制器输出增大制动力信号,制动压力调节器又使制动压力增大,通过这样不断地调整制动压力,控制车轮的滑移率在设定的最佳范围。

这种直接以滑移率为控制参数的 ABS 需要得到准确的车身相对于地面的移动速度信号和车轮的转速信号。车轮转速信号容易得到,但取得车身移动速度信号则较难。已有用多普勒雷达测量车速的 ABS,但到目前为止,此类 ABS 应用还较少。

② 以车轮角加速度为控制参数的 ABS

控制器根据车轮转速传感器的信号计算车轮的角加速度,作为控制制动力的依据。

计算机中事先设定了两个门限值:一个是角减速度门限值,作为车轮被抱死标志;一个是角加速度门限值,作为制动力过小,车轮转速过高标志。制动时,当车轮角减速度达到门限值时,控制器输出减小制动力信号;当车轮转速升高至角加速度门限值时,控制器则输出增加制动力信号。如此不断地调整制动压力,使车轮不被抱死,处于边滚边滑的状态。

2.按结构分类

ABS 根据制动压力调节器和制动主缸的结构形式分为分离式和整体式两种。分离式 ABS 的制动压力调节器为独立总成,通过制动管路与制动主缸和制动轮缸相连,其突出优点是零部件安装灵活,适合于将 ABS 作为选装部件时采用。博世 2S 型、2E 型、本迪克斯Ⅳ型、Ⅵ型就属于分离式 ABS。桑塔纳、捷达、红旗、沃尔沃等轿车 ABS 均采用分离式 ABS。

整体式 ABS 的制动压力调节器与制动主缸以及制动助力器组合为一个整体,其优点是结构紧凑、节省安装空间,一般都作为汽车的标准装备来采用。戴维斯(ATE)型、德尔科型和博世 3 型均为整体式 ABS。整体式 ABS 结构复杂、成本较高,高级轿车采用较多。

ABS 除上述分类方法外,还有其他分类方法。按车轮控制数量分为两轮 ABS 和四轮 ABS,两轮 ABS 只控制两个后轮,结构简单、价格低廉,适用于轻型载货汽车和客货两用汽车;四轮 ABS 又分为四通道 ABS 和三通道 ABS。按制动压力调节器的动力来源分为液压式和气压式;按制动压力调节器调压方式分为流通式和变容式;按 ABS 与 ABS/ASR(ASR)是否一体化分为 ABS 和 ABS/ASR(ASR)行驶安全系统等等。

四、ABS 主要部件

(一)车轮速度传感器

1.车轮速度传感器的作用

检测车轮转速,并将车轮转速转换为电信号输入 ABS ECU。车轮速度传感器由与车轮同步转动的信号转子和固定在悬架上的速度传感器两部分组成。轮速传感器有磁感应式和霍尔效应式两种。目前普遍采用磁感应式轮速传感器,有些后轮驱动汽车,在主减速器中或变速器中安装一个传感器,传感头安装在主减速器或变速器壳体上,齿环安装在主减速器输入轴上(有的直接将主减速器齿轮用作信号转子)或变速器输出轴上。该传感器检测的是两个后轮的平均速度,只适用于两后轮一同控制的 ABS。

2. 车轮速度传感器的工作情况

磁感应式轮速传感器的工作原理与其他磁感应式传感器的工作原理相同。传感器的永久磁铁提供一个磁场,当齿圈随车轮一同转动时,磁头与齿圈之间的气隙不断变化,磁阻随之交替变化。气隙小时,磁通密度大;气隙大时磁通密度小。由于磁通周期性的变化,因此在信号线圈中就会感应产生交变电压信号。

信号电压的频率与齿圈的齿数和车轮转速成正比。因为齿圈的齿数一定,所以传感器输出电压频率只与车轮转速成正比,由信号电压的频率信号即可计算确定车轮转速。

信号电压的幅值取决于磁通的变化率,即取决于车轮转速的高低。车速在 15～160km/h 范围内变化时,信号电压的幅值在 1～15V(有的在 0.1～9V)之间变化。磁感应式轮速传感器具有结构简单、坚固耐用,特别适用于汽车在恶劣的环境下行驶,所以 ABS 普遍采用。

(二)减速度传感器

在部分 ABS 中装有减速度传感器,又称为 G 传感器。其功用是检测汽车的减速度,并转换为电信号输入 ABS ECU,以便 ABS ECU 判别路面状况,采取相应的控制措施。

汽车在高附着系数路面上制动时,减速度很大;在低附着系数路面上制动时,减速度很小,ABS ECU 根据减速度传感器信号即可判断路面状况。当判定汽车是在附着系数很小的冰雪路面上行驶时,就会按照低附着系数路面的控制方式进行控制,以提高制动性能。

减速度传感器有光电式、水银式、差动变压器式和半导体式等等。安装位置依车而异,有的安装在行李箱内,有的安装在发动机舱内。下面介绍光电式、水银式传感器。

1. 光电式减速度传感器

光电式减速度传感器由两只发光二极管(LED)、两只光电三极管、一块透光板和信号处理电路等组成。

光电管是把光能转变成电能的器件,内部装有能够产生光电效应的电极,受到光线照射就会向外发射电子。光电效应是指某些物质因受到光的照射而发出电子的现象。光电管有光电二极管和光电三极管两种。

透光板的作用是透光或遮光。当透光板上的开口位于发光二极管与光电三极管之间时,发光二极管发出的光线能够照射到光电三极管上,使光电三极管导通,相当于开关处于"开"位置。当透光板上的齿扇位于发光二极管与光电三极管之间时,发光二极管发出的光线被透光板上的齿扇挡住而不能照射到光电三极管上,光电三极管处于截止状态,相当于开关处于"关"位置。

汽车匀速行驶时,透光板静止不动,传感器无信号输出。当汽车减速时,透光板沿汽车纵向摆动,减速度大小不同,透光板摆动角度就不同,两只光电三极管的"开"、"关"状态也不相同。减速度越大,透光板摆动角度越大。根据两只光电三极管输出的"开"、"关"信号,就可将汽车减速度区分为四个等级。ABS ECU 接收到传感器信号后,就可判定出路面状况,从而采取相应的控制措施。

2. 水银式减速度传感器

水银式减速度传感器由玻璃管和水银组成。当汽车在低附着系数路面上制动时，汽车减速度小，水银在玻璃管内基本不动，传感器电路接通，使 ABS 控制电路接通，ABS 投入工作，保证制动稳定性。

当汽车在高附着系数路面上制动时，汽车减速度大，传感器玻璃管内的水银在惯性作用下前移，传感器电路断开，ABS 控制电路被切断，汽车仅用常规制动系统制动也能保持稳定性。

（三）电子控制器

ABS 电子控制器（ABS ECU），是 ABS 的控制中心，主要功用是接收轮速传感器、减速度传感器信号和开关信号，根据设定的控制逻辑，通过数学计算和逻辑判断后输出控制指令，控制制动压力调节器调节制动分泵的制动压力。

ABS ECU 从开始研制至今，发展变化很大。硬件由安装在印制电路板上的单片微型计算机和一系列电子元器件构成，目前大多数是由集成度高、运算速度快的数字电路组成，它们封装在金属壳体内形成一个独立的整体。软件主要是一系列控制程序和大量的实测数据，存在只读存储器中。虽然各种车型 ABS ECU 内部电路及控制程序各不相同，但是其电路的基本组成大致相同。

（四）ABS 执行器

ABS 执行器主要是指制动压力调节器，由电磁阀、储液器和回液泵电动机组成。制动压力调节器设在制动总泵（主缸）与车轮制动分泵（轮缸）之间，主要功用是根据 ABS ECU 的控制指令，自动调节制动分泵的制动压力。

制动压力调节器的结构原理：制动压力调节器种类较多，其结构和工作原理差异也较大。但其主要部件是电磁阀，通过电磁阀动作来控制制动压力"升高"、"保持"和"降低"。电磁阀种类较多，ABS 常用的电磁阀有三位三通电磁阀和两位两通电磁阀两种。

对电磁阀通电，电磁阀的中心部位产生磁场，其强度与电磁线圈的总匝数与电流之积成正比。对具有铁心的线圈通电，会暂时变成很强的电磁铁，产生很强的电磁吸引力。电磁阀就是利用这一原理进行工作。电磁阀是由螺线管与固定铁心及活动铁心（以下称为柱塞）构成，如图6-3所示。

这样由于螺线管电流的变化，引起电动势变化，调整两个铁心之间的吸引力，与弹簧力方向相反，控制柱塞的位置。在柱塞中的通道，利用该位置的变化，能够变换压力载体的通道。按照电流的大小，对柱塞的位置作三个阶段的控制，变换 3 个通道口之间的通道，这是一种三位三通电磁阀（3 通道口 3 位置变换形式）的实例。

五、ABS 的工作原理

红旗 CA7220 型轿车的 ABS 为 4 个轮速传感器四通道式布置形式。4 个轮速传感器分别将各车轮的信号传给 ABS ECU，经 ABS ECU 运算得出各车轮的滑移率，并根据滑移率控制各轮缸的油压。当滑移率在 8％～35％时，车辆的纵向附着力和侧向附着力都较高。将这一附着区域内汽车制动的有关参数预先输入到 ABS ECU，ABS ECU 可随机地根据实际制动工况进行判断，给执行机构发出动作指令，使车轮的滑移率控制在这一最佳工作范围内，即各车轮制动到不抱死的

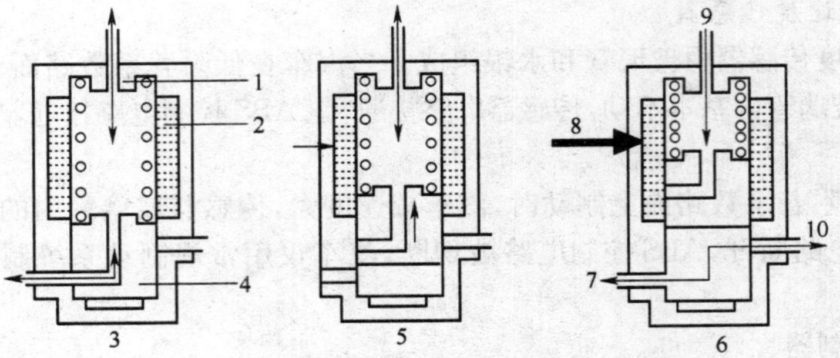

图 6-3　三位三通(3/3)电磁阀的动作过程

1. 电磁阀　2. 固定铁心　3. 电流为零　4. 柱塞(活动铁心)　5. 电流小
6. 电流大　7. 通向制动分泵　8. 电流　9. 通向制动总泵　10. 通向储油箱

极限状态。因此,汽车制动时,既不"跑偏"又不"甩尾"。

1. 常规制动过程

如图 6-4 所示,ABS 未进入工作状态,电磁阀 9 不通电,柱塞 8 处于图示的最下方,主缸 2 与轮缸 10 的油路相通,主缸可随时控制制动油压的增减。

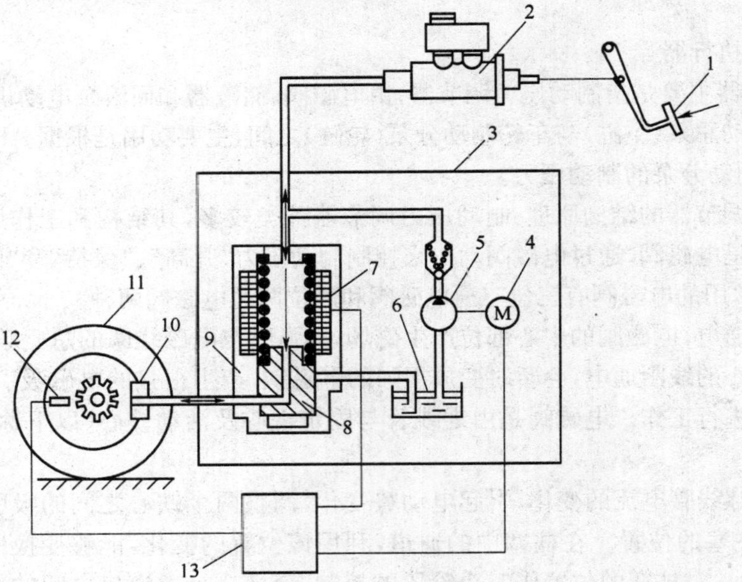

图 6-4　常规制动过程(ABS 不工作)

1. 制动踏板　2. 主缸　3. 液压部件　4. 电动机　5. 液压泵　6. 储液器　7. 线圈　8. 柱塞
9. 电磁阀　10. 轮缸　11. 车轮　12. 轮速传感器　13. ABS ECU

2. 轮缸减压过程

车速传感器检测到车轮有抱死信号,感应交流电压增大,电磁阀通入较大电流。柱塞移至图示的最上方,主缸与轮缸的通路被截断。

　　轮缸和储液器接通，轮缸压力下降。与此同时，驱动电动机起动，带动液压泵工作，把流回储液器的制动液加压后送入主缸，为下一制动过程做好准备。

　　3. 轮缸保压过程

　　轮缸减压过程中，轮速传感器12产生的电压信号较弱，电磁阀通入较小电流，柱塞降至中间位置，所有油路（进油路、回油路）被截断，保持轮缸压力。

　　4. 轮缸增压过程

　　保压过程中，车轮转速趋于零，感应交流电压亦趋于零，电磁阀断电，柱塞下降到初始位置，主缸与轮缸油路再次相通，主缸的高压制动液重新进入轮缸，使轮缸油压回升。车轮又趋于接近抱死状态。

　　上述几个过程的压力调节是脉冲式的，其频率约为10Hz以上。

六、典型汽车（本田雅阁轿车）ABS 的检修

（一）本田雅阁轿车 ABS 系统的结构特点

　　新款本田雅阁轿车 ABS 系统采用直接控制循环调压方式，其结构与原理如图6-5所示。4个电磁式轮速传感器，4个控制通道，制动管路采用对角排列，分别由两个循环泵控制，共用一个直流电动机。

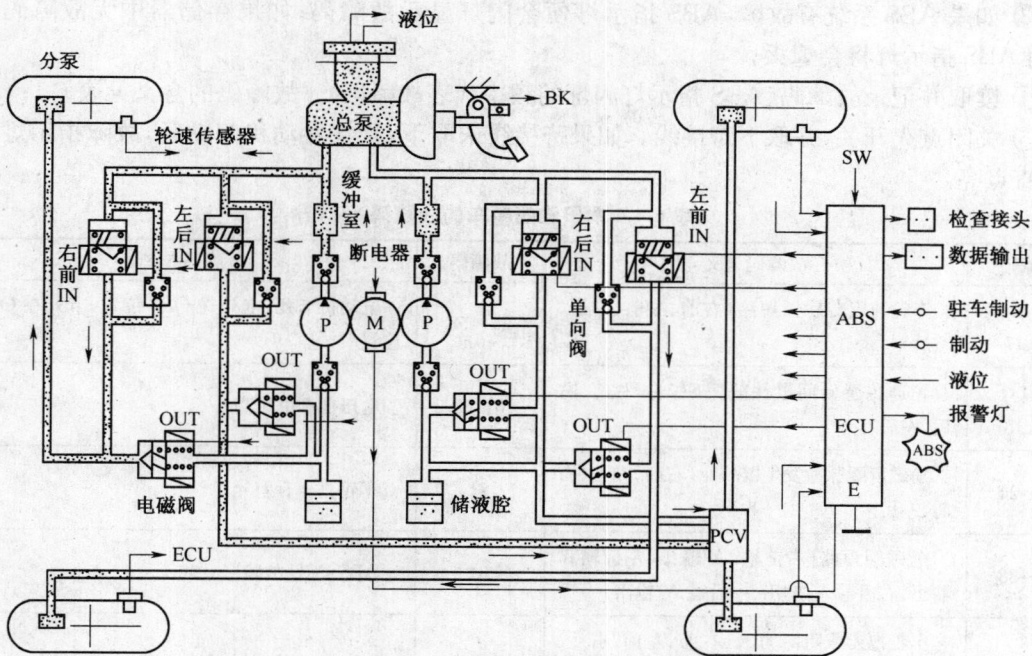

图 6-5　本田汽车 ABS 示意图

　　4个分置式输入电磁阀（常开阀），线圈电阻值为 $8\sim14\Omega$；4个分置式输出电磁阀（常闭阀），线圈电阻值为 $3\sim5\Omega$。ABS ECU 能对每个车轮进行独立式调节，为 H 形的 ABS 系统。

　　为了提高 ABS 系统的调压性能，在总泵和分泵的管路之间，设有降压用的储液腔、缓冲室和单向阀。可保证 ABS 系统频繁工作时，有效地调节系统油压。

(二)本田汽车 ABS 系统的检查

1. 一般检查

首先检查执行器能否工作(听声响),其次起动发动机并以 10km/h 以上的车速行驶,检查下列项目:

① 检查 ABS 调压器,应能听到 ABS 调压器的工作声响;

② 依次检查液压泵、泵电动机、进油阀和排油阀的工作声响。检查时不要踩下制动踏板;

③ 检查自诊断装置。检查蓄电池电压应不低于 12V;在接通点火开关时,ABS 指示灯应亮 2s 后熄灭。如果在接通点火开关后,ABS 指示灯不亮,应检查熔断丝、ABS 指示灯灯泡及配线。根据需要进行修理或更换。

2. 故障代码的读取

故障码的读取可使用 HONDA PGM 检测仪来进行,其故障码(DTC)显示的条件为:车速≤10km/h,在接通点火开关之前,SCS 跨接线已连在诊断插头上。具体步骤如下:

① 从位于前排乘客侧仪表板下的接头盖上拔出诊断接头,将跨接线连接到 2 号引脚接头上;

② 在没有踩下制动踏板时接通点火开关,否则系统将转换为故障码清除模式;

③ 如果 ABS 系统有故障,ABS 指示灯便会闪烁显示故障码;如果存储器中无故障码储存,则 ABS 指示灯将会熄灭;

④ 读取并记录故障码(ABS 指示灯闪烁的频率代表故障码)。故障码的含义见表 6-1;

⑤ 关闭点火开关,并取下跨接线。如果跨接线未取下,则在发动机起动后,故障指示灯就会一直点亮。

表 6-1　本田雅阁轿车的故障码

故障码	故障码含义	故障码	故障码含义
11、13、15、17	车轮速度传感器短路(右前、左前、右后、左后)	51~53	电动机卡死、卡死在 OFF 位置,卡死在 ON 位置
12、14、16、18	轮速传感器间歇性故障(右前、左前、右后、左后)	61/62	电压低和电压高
21~24	励磁齿圈脉冲发生器故障(右前、左前、右后、左后)	71	车轮直径有差异
31~38	电磁阀短路(右前输、A/输出、左前输Ⅳ输出、右后输入/输出、左后输 A/输出)	81	ABS ECU 故障
41~44	车轮抱死或阻滞力大(右前、左前、右后、左后)		

3. 故障码的清除

ABS 系统若显示故障码,应立即进行检查修复,修复后应清除故障码。

① 将跨接线(SCS)连接到位于驾驶人侧脚踏板后的诊断接头上;

② 踩下并保持制动踏板,接通点火开关;

③ 指示灯熄灭后,松开制动踏板;

④ 指示灯亮起后,再次踩下制动踏板;指示灯熄灭后,再次松开制动踏板;

⑤ 几秒后,ABS指示灯会闪烁两次,表明故障码已清除。如果指示灯不是闪烁两次,则需要重复上述步骤。若ABS指示灯闪烁两次后仍亮着,需再次检查DTC(因为在转换到DTC清除模式之前的诊断期间已检测到故障);

⑥ 关闭点火开关,并拆下跨接线(SCS)。

(三)本田汽车ABS故障的诊断

1. ABS指示灯不亮

当接通点火开关时,ABS指示灯应连接点亮两次,并随后自行熄灭。若ABS指示灯一直不亮,则应按图6-6所示步骤进行故障检测。

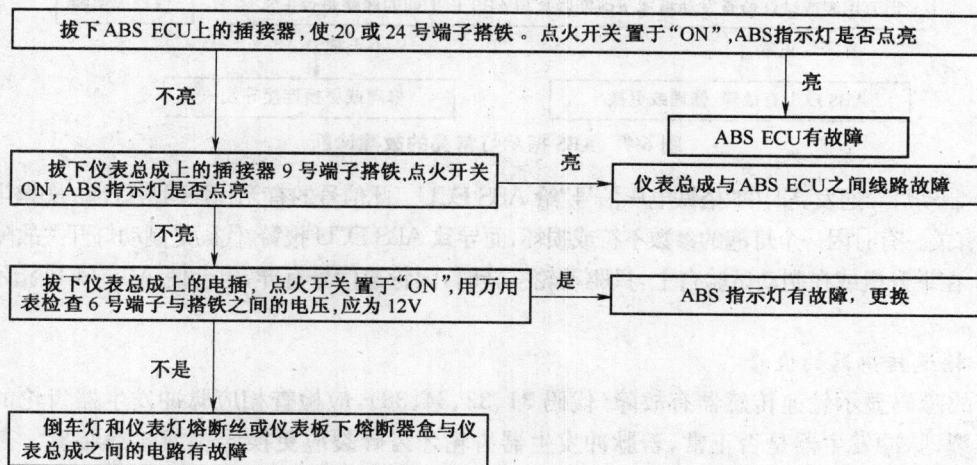

图 6-6　ABS指示灯不亮的故障诊断

2. ABS指示灯常亮

ABS指示灯常亮的故障诊断则应按图6-7所示步骤进行故障检测。

3. ABS指示灯偶尔点亮

ABS灯偶尔亮多数是因偶发故障引起的,特别是电磁式轮速传感器工作环境差、先天性的影响因素较多,故报警故障率较多。

① 车轮直径有差异或驻车制动未解除彻底行驶30s以上时,会引起报警。

② 长时间使用低速档行驶,轮速传感器的电压值和频率值反常,会引起报警。

③ 在泥泞、雪地、沙地行驶,驱动轮打滑1min以上,或高速转向某车轮离地滑转时,轮速传感器会失常报警。

④ 在非常粗糙的路面上行驶时,因轮速传感器输出的信号失常,会引起ABS ECU无法判定工作状况而报警。

⑤ 轮速传感器磁隙中有金属磨料时,轮速传感器会失效报警。

⑥ 汽车受无线电干扰时,ABS ECU会报警。

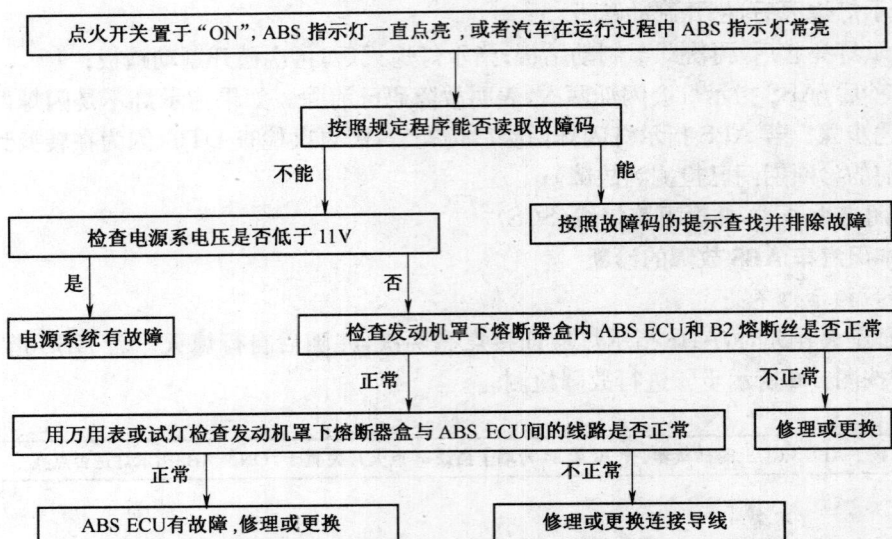

图 6-7 ABS 指示灯常亮的故障诊断

⑦ 制动灯导通发亮时的"搭铁电压信号"给 ABS ECU。此信号的有无和强弱与灯泡的好坏与功率的大小有关。有时因一个灯泡的参数不符或损坏,而导致 ABS ECU 报警,代码是制动灯开关故障。

⑧ 在举升机或在制动试验台上,只驱动轮空转时,因轮速信号有异,也会使 ABS ECU 指示灯偶尔发亮。

4. 轮速传感器的检修

若故障码显示轮速传感器有故障(代码 31、32、34、38),应检查相应脉冲发生器齿轮的牙齿是否碎裂,脉冲发生器是否正常,若脉冲发生器齿轮牙齿碎裂应更换半轴或轮毂装置。若一切正常,应检查 ABS ECU 插头是否松动,如有必要,更换一好的 ABS ECU 后再试。

5. ABS 故障的检修

若故障代码 DTC 为 54、58,则为后轮抱死故障,其检修步骤如下:

① 将点火开关转至"ON"位置,拉起驻车制动手柄,检查指示灯是否点亮。如果未点亮,则可能是由于驻车制动开关卡在"OFF"位置,或是仪表板下的熔断器/继电器盒与驻车制动开关之间断路;如果指示灯点亮,应进一步检测。

② 以 10km/h 以上的速度试车,观察 ABS 指示灯是否显示故障码 54 或 58:如果是,则说明是后轮速度传感器发生故障;如果不是,根据所显示的故障码进行检修。若 ABS 指示灯根本不点亮,应进行下一步检测。

③ 顶起汽车的后部,并用安全架支好,转动左或右后轮,检查制动器是否拖滞;若不是,应进行下一步检测。

④ 将检测仪连接到 ABS 检查接头上。起动发动机,将检测仪的模式开关旋至"2",踩下制动踏板不放,按下开始测试开关。当 ABS 作用时,确认可用手转动后轮。如果不能,应更换调节器;如果能,则说明为间歇性故障,此时系统正常。如该症状再次出现,则应更换 ABS ECU。

第二节　驱动防滑系统(ASR)

从制动防抱死控制原理中,车轮在路面上抱死,则汽车的转向操纵性、横向抗侧滑能力都将丧失,汽车的制动力也不能达到最大状态,从而引发交通事故。同理,当汽车在行驶过程中,若发动机传到驱动轮的驱动转矩过于强劲,超过轮胎与路面间的附着能力时,也会引起轮胎表面与路面之间的打滑现象。此时是驱动轮快速转动,而路面相对不动,这与制动抱死时车轮不转而路面产生运动的本质是相同的。因此,如果是前轮驱动,则同制动时一样,会使汽车转向操纵性能和抗侧滑能力丧失,汽车的牵引力不能达到最大状态。这种现象最有可能发生在冰雪或潮湿、泥泞路面,也会引发严重的交通事故。驱动防滑系统(ASR)的功用就是要控制驱动轮的最大驱动力,防止驱动时驱动轮产生打滑现象,从而提高行驶安全性和驱动效率,并减少轮胎磨损,降低发动机油耗。ASR 也称为牵引力控制(TRC)。

一、ASR 的实现方法

(一)滑转率判断与控制

ASR 的控制方法与 ABS 在本质上是一致的,但 ASR 仅仅判断驱动轮的滑转率。该滑转率可通过比较驱动轮与非驱动轮的轮速传感器信号准确地导出。当 ASR 的电子控制模块发现驱动轮有滑转现象,而且滑转率超过规定值时,便通过辅助调节手段来降低驱动轮的驱动转矩,从而使滑转率控制在允许范围内。

(二)控制驱动轮转矩的措施

当驱动轮滑转率被准确地检测后,ASR 的主要问题便是如何控制驱动轮驱动的转矩。一般有如下几种方法:

1. 对发动机输出转矩进行控制

当输入到驱动轮的驱动转矩过大时,通过改变发动机工况来降低发动机的输出转矩。这是一种积极、高效的方法。对发动机输出转矩的主要控制手段有如下几种:

① 减少喷油量或停止喷油;

② 减小点火提前角或停止点火;

③ 自动减少进气量。

以上 3 种措施各有利弊。利用方法①、②反应速度较快,但可能引起燃烧恶化,影响发动机排放。方法③比较节能,排气污染也较少,但反应较慢。

2. 对驱动轮进行制动

当驱动轮产生滑转时,通过制动器对滑转的驱动轮自动进行制动,从而降低打滑车轮的驱动转矩,将滑转率控制在正常范围内。显然,这种方法是比较消极的方法,但其反应速度较快,且效果明显,往往作为改变发动机输出转矩方法的补充。另外,这种方法可能会导致制动器过热,一般只在低速行驶时短时间使用。

3. 差速器锁止控制

当不计差速器的内摩擦时,行星齿轮式差速器对左右半轴的转矩是均匀分配的。此时,当左、右驱动轮在不同附着系数路面上驱动时,由于附着系数小的车轮在驱动转矩较小时便产生驱动打滑现象,从而影响附着系数较大侧车轮的驱动能力的发挥。通过在半轴轮齿与差速器壳体之间设置电子控制的多片离合器,实现左右半轴之间在某种程度上的锁定,从而控制左右半轴驱动转矩的再分配,使附着系数较高侧的车轮的附着能力得到较好的发挥,提高汽车驱动性能。

4. 对发动机与驱动轮之间的转矩进行控制

这种方法主要是通过改变变速器的换档特性来控制驱动轮的转矩输出,从而控制驱动轮的滑转率。

(三)ASR 的实现

由于 ASR 与 ABS 在控制目标方面的一致性,其许多部分是共用的,所以现代汽车一般都在 ABS 的基础上,通过对其功能的适当扩充,来实现 ASR 的功能。两者共用轮速传感器,电子控制模块,并且利用 ABS 对制动进行控制。ASR 作用时直接通过执行器,使驱动轮自动产生制动效果。

为了降低成本,ASR 与 ABS 的液压调节装置常组装在一起,共用一套油泵、蓄压器和流量阀等。汽车在起步或急加速时,若出现驱动轮滑转,在不踩制动踏板的前提下,就由液压供给装置经驱动轮调节器向滑转的驱动轮分泵提供液压。而在减速制动时,踩下制动踏板,就由液压供给装置向液压助力器和总泵供给液压,然后再经驱动轮调节器滑阀的另一油道向分泵提供液压。

二、双节气门 ASR 工作原理

ABS 和 ASR 组合在一起的控制系统采用十分广泛,典型的有丰田雷克萨斯 LS400 型轿车上使用的 ABS/ASR 控制系统。它由车轮转速传感器、ABS/ASR ECU、制动压力调节装置、ASR 隔离电磁阀总成、ASR 制动供能总成、主节气门位置传感器、副节气门控制步进电动机等组成。各部件在车上的位置如图 6-8 所示。

在四个车轮上各装有一个车轮转速传感器,将各个车轮的转速信号输入 ABS/ASR ECU。ECU 接收处理各车轮转速传感器输入的车轮转速信号,形成相应的控制指令,驱动制动压力调节装置以及副节气门控制步进电动机,进行制动防抱死和驱动防滑转控制。ABS/ASR ECU 还接收由设置在制动总泵储液室中的液位开关、设置在 ASR 制动供能总成中的压力开关等输入的监控信号、主、副节气门开度信号等,由 ECM 和 PCM 将它们输入 ABS/ASR ECU。ECU 还具有自诊断功能,能监测系统各部件和电路,如出现异常,则点亮报警指示灯并储存故障代码。

ASR 压力调节装置,通过制动管路与制动总泵、ASR 隔离电磁阀总成和四个轮缸相连。制动压力调节装置主要由四个三位三通调压电磁阀、两个储液罐和一个电动双联回液泵组成。四个三位三通调压电磁阀分别设置在通往四个制动轮缸的制动液通路之中,可以分别使四个轮缸的制动压力处于减小、保持和增大状态,其工作原理同 ABS 调节器。两个储液室分别用于接纳在制动压力调节过程中由前、后制动轮缸流出的制动液。电动双联回油泵在制动压力调节过程中将流入储液室的制动液,泵回制动总泵或 ASR 制动供能总成的蓄能器中。在制动压力调节装置上安置有调压电磁阀继电器和电动回液泵继电器。

ASR 隔离电磁阀通过管路与制动总泵、制动压力调节装置和 ASR 制动供能总成相连。ASR 隔离电磁阀总成主要由制动总泵隔离电磁阀、蓄能器隔离电磁阀和储液室隔离电磁阀组成,在未进行驱动防滑转制动介入时,三个隔离电磁阀均不通电,制动总泵隔离电磁阀处于接通状态,将制动总泵至制动压力调节装置中的后调压电磁阀的制动液路接通。蓄能器隔离电磁阀处于断开状态,将 ASR 制动供能总成至制动压力调节装置中后调压电磁阀的制动液通道

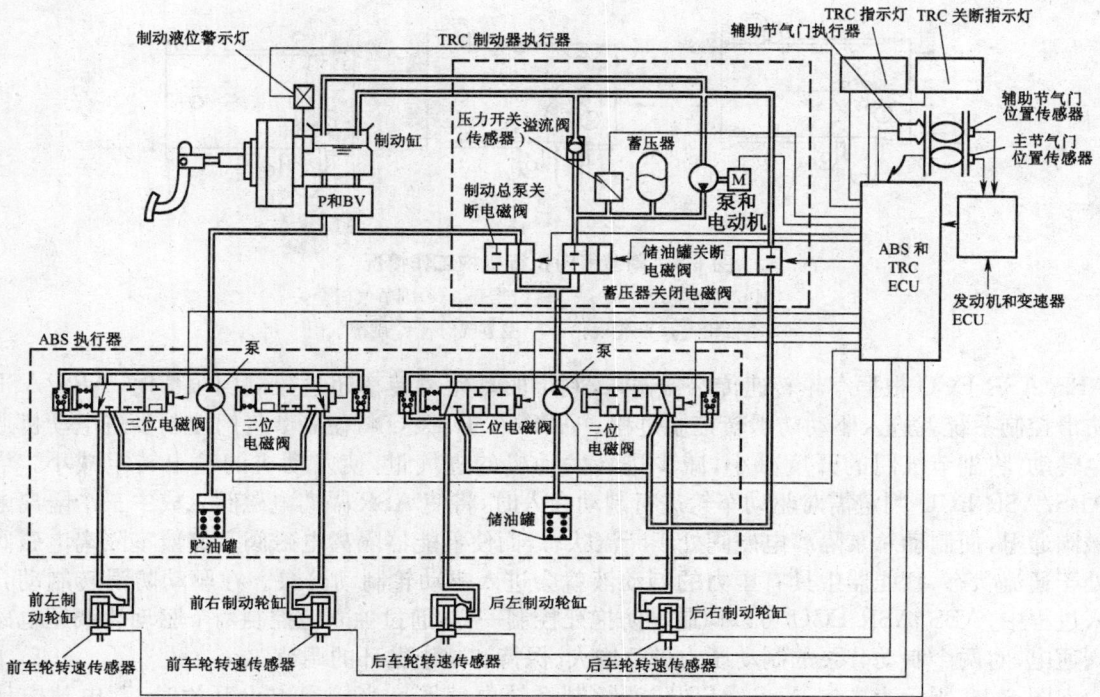

图 6-8　丰田雷克萨斯 LS400 型轿车上使用的 ABS/ASR 控制系统

封闭,储液室隔离电磁阀也处于断流状态,将制动压力调节装置中后调压电磁阀至储液室的制动液路封闭。

　　ASR 制动供能总成通过管路与制动总泵储液室和 ASR 隔离电磁阀总成相连。ASR 制动供能总成主要由电动供液泵和储能器组成。电动供液泵将制动液自储液室泵至蓄能器中,使蓄能器中制动液的压力保持在一定范围内,作为驱动防滑转制动介入时的制动能源。

　　丰田 ABS/ASR 防滑控制系统为了在驱动防滑转控制过程中对发动机的输出转矩进行调节,在发动机节气门体上由加速踏板控制的主节气门的上方设置有一个由步进电动机控制的副节气门。在步进电动机未通电时,副节气门将处于全开位置,此时发动机的进气量由驾驶人用加速踏板操纵主节气门进行控制。

　　在步进电动机通电时,有两种情况:一种是副节气门开一半;另一种是副节气门全闭,如图 6-9所示。在节气门体上设置有两个节气门位置传感器,传感器将信号输入 ECM 和 PCM(或 TCM),然后由 ECM 和 PCM 再将节气门的开度信号输入 ABS/ASR ECU。当 ABS/ASR 系统未进行制动防抱死或驱动防滑转控制时,制动压力调节装置和 ASR 隔离电磁阀总成中的各电磁阀均不通电。制动总泵至制动分泵的液路接通,蓄能器中的制动液的压力保持在一定范围之内,副节气门控制步进电动机不通电,副节气门保持在全开位置。在踩下制动踏板时,制动总泵输出的制动液将通过各调压电磁阀进入各制动分泵,各制动分泵的制动压力随制动总泵的输出压力而变。如果在制动过程中,ABS/ASR ECU 根据车轮转速传感器的输入,判定车轮有抱死趋向时,ABS/ASR 防滑控制系统就进入制动防抱死控制过程。如果在驱动过程中,

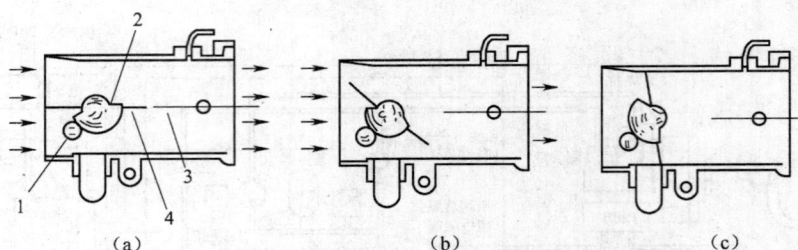

图 6-9 副节气门执行机构工作情况
(a)副节气门全开 (b)副节气门半开 (c)副节气门全关
1. 小齿轮 2. 凸轮齿轮 3. 主节气门 4. 副节气门

ABS/ASR ECU 根据车轮转速传感器输入,判定驱动轮滑转率超过控制门限值时,ABS/ASR防滑控制系统就进入驱动防滑转控制过程。ABS/ASR ECU 将使副节气门控制步进电动机通电转动,将副节气门的开度减小,减少进入发动机的进气量,使发动机的输出转矩减小。当ABS/ASR ECU 判定需对驱动车轮进行制动介入时,将使 ASR 隔离电磁阀总成中三个隔离电磁阀通电,使制动总泵隔离电磁阀处于断流状态,而使蓄能器隔离电磁阀和储液室隔离电磁阀处于通流状态,蓄能器中具有压力的制动液就会进入驱动轮制动分泵。在驱动防滑转制动介入过程中,ABS/ASR ECU 可以像制动防抱死控制一样,通过独立地控制两个驱动轮调压电磁阀通电,对两个制动分泵的制动压力进行增大、保持和减小循环的调节。

图 6-10 所示为丰田 ABS/ASR 防滑控制系统电路图。当接通点火开关时,蓄电池电压通过点火开关加在 ABS/ASR ECU IG 端子上,ECU 开始进行自诊断。此时由于调压电磁阀继电器处于非激励状态,ABS 警示灯因有电流而点亮。ABS/ASR ECU 通过 GND 和 E，端子接地。经过自诊断,如果发现系统有故障时,ABS/ASR ECU 将以故障代码方式存储记忆,ABS/ASR 防滑控制系统将被关闭。由于调压电磁阀继电器始终处于非激励状态,ABS警示灯将会持续点亮。如果未发现系统存在故障,ABS/ASR ECU 将从其 BAT 端子接受蓄电池电压,作为其工作电压。ECU 将向 SR 端子提供蓄电池电压,并使 R－端子通过内部接地,调压电磁阀继电器将因励磁线圈中有电流通过而处于激励状态,使 ABS 警示灯熄灭。蓄电池电压通过调压电磁阀继电器中的闭合触点加在四个调压电磁阀电磁线圈的一端和ECU 的 AST 端子上,ECU 由此判定调压电磁阀继电器处于激励状态,已将蓄电池电压加在各个调压电磁阀电磁线圈的一端,ABS 就处于等待工作状态。如果 ASR 关闭开关处于断开位置,使 ABS/ASR ECU 的 CSW 端子处于断路状态,ABS/ASR ECU 就使 ASR 也处于等待工作状态。ECU 将向 TSR 端子提供蓄电池电压,使 ASR 制动主继电器因其励磁线圈中有电流通过而处于激励状态,蓄电池电压将通过 ASR 制动主继电器中的闭合触点,作用在三个隔离电磁阀电磁线圈的一端。

当 ASR 供能总成中的压力开关因蓄能器中的制动液压力不足而闭合时,ECU 的 PR 端子将与 E2 端子具有同样的电压,ECU 将据此判定需要 ASR 电动供液泵通电运转,ECU 将向 TMR 端子提供电压,使 ASR 电动供液泵继电器处于激励状态,向电动供液泵供给蓄电池电压,电动供液泵将通电运转。在电动供液泵继电器处于激励状态期间,应有电压加在MTT 端子上,ECU 据此对电动供液泵继电器的状态进行监测。ECU 还向 WT 端子和 IND端子供给蓄电池电压,使 ASR 关闭指示灯和 ASR 工作指示灯熄灭。

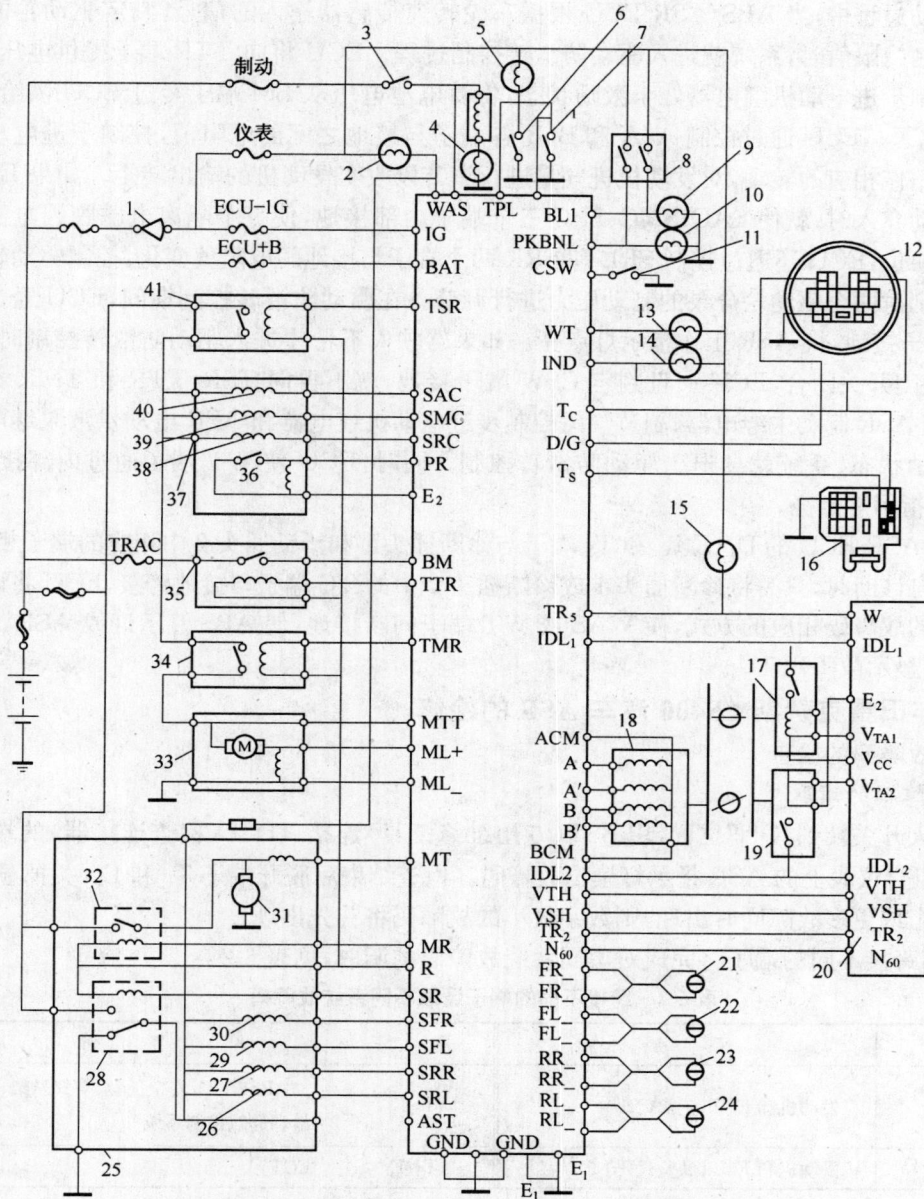

图 6-10　丰田 LS400 ABS/ASR 防滑控制系统电路图

1. 点火开关　2. ABS 警示灯　3. 制动灯开关　4. 制动灯　5. 制动警示灯　6. 驻车制动开关　7. 储液室液位开关　8. 空档启动开关　9. 驻车档指示灯　10. N 档指示灯　11. ASR 关闭开关　12. 诊断插头 1(TDC1)　13. ASR 关闭指示灯　14. ASR 工作指示灯　15. 发动机警示灯　16. 诊断插头 2　17. 主节气门位置传感器　18. 副节气门控制步进电动机　19. 副节气门位置传感器　20. ECM 和 PCM　21. 右前轮转速传感器　22. 左前轮转速传感器　23. 右后轮转速传感器　24. 左后轮转速传感器　25. 制动压力调节器　26. 左后调压电磁阀　27. 右后调压电磁阀　28. 调压电磁阀继电器　29. 左前调压电磁阀　30. 右前调压电磁阀　31. 电动回液泵　32. 电动回液泵继电器　33. ASR 电动供液泵　34. ASR 电动供液泵继电器　35. 副节气门控制步进电动机继电器　36. 压力开关　37. ASR 隔离电磁阀总成　38. 储液室隔离电磁阀　39. 制动总泵隔离电磁阀　40. 蓄能器隔离电磁阀　41. ASR 制动主继电器

在驱动过程中,当 ABS/ASR ECU 根据车轮转速传感器输入的信号,判定驱动轮的滑转率超过控制门限值时,系统就进入驱动防滑转控制过程。ECU 将向 TTR 端子提供电压,使副节气门控制步进电动机继电器处于激励状态,将蓄电池电压从 BM 端子经过 ECU 供给 ACM 和 BCM 端子。ECU 通过控制 A、A′和 B、B′各端子与接地之间的电阻值,控制步进电动机驱动副节气门作相应的转动,对发动机进气量进行调节以改变发动机的输出转矩。如果 ECU 判定需要制动介入时,就使 SAC、SMC、SRC 三个端子内部接地,使三个隔离电磁阀因电磁线圈中通电而换位,ECU 还通过控制 SRL 和 SRR 两个端子与接地间电阻值变化,控制驱动轮调压电磁阀分别对两个驱动轮分泵的制动压力进行调节。在驱动防滑转控制期间,ECU 通过内部使 IND 端子接地,将 ASR 工作指示灯点亮。如果驾驶人不希望进入驱动防滑转控制时,可以将 ASR 关闭开关闭合,ECU 一旦判定 CSW 端子接地,就不再向 TSR、TTR 和 TMR 端子提供电压,使 ASR 制动主继电器、副节气门控制步进电动机继电器和 ASR 电动供液泵继电器都处于非激励状态,系统就会退出驱动防滑转控制。同时,ECU 使 WT 端子通过内部接地,将 ASR 关闭指示灯点亮。

ABS/ASR ECU 的 D/G、T_c 和 T_s 端子与诊断插头 1 和诊断插头 2 中相应的端子相连,在进行故障自诊断时,只需将诊断插头 1 或诊断插头 2 中的 TC 端子与接地跨接,ECU 将以与所存储记忆的故障码相应的方式,使 WAS 或 WT 端子间断接地,使 ABS 警示灯或 ASR 工作指示灯闪烁,显示故障码。

三、丰田雷克萨斯 LS400 汽车 ASR 的检修

(一)故障码的检查

1. 故障码的读取

把点火开关转到"ON"位置,用 SST(专用维修工具)连接 TDCL(检查连接器)的端子 T_c 和 E_1,从组合仪表上的 ASR 指示灯读出故障码。检查结束后脱开端子 T_c 和 E_1,关掉显示器。如果有两个或更多故障同时出现,则数字最小的故障码将首先出现。

说明:跨接不同的端子将完成对不同系统故障码的调取,见表 6-2。

表 6-2　跨接不同的端子调取不同系统故障码

端　子	系　　统	端　子	系　　统
T_{E_1}-E_1	发动机和 ECT(正常代码)	T_c-E_1	ABS、A/C、安全气囊、空气悬架、驱动防滑和巡航控制系统
T_{E_2} 和 T_{E_1}-E_1	发动机和 ECT(试验代码)	T_T-E_1	ECT

2. 故障码的清除

用 SST 连接检查连接器的端子 T_c 和 E_1,在 3s 内连踩制动踏板数次或更多次清除 ECU 中存在的故障码。检查 ASR 指示灯是否指示正常代码,从检查连接器的端子上拆下 SST,警告灯应熄灭。

(二)LS400 汽车 ASR 主要电路的检修

1. ASR 指示灯电路的检修

ASR 工作时,ASR 指示灯闪烁。若指示灯不亮,按组合仪表的故障诊断进行检查;若 ASR

指示灯亮,则检查故障码。若输出不正常代码,则修理输出代码指示的电路;指示灯一直亮,检查 ASR ECU 与 ASR 指示灯之间的配线和连接器。若不正常,修理或更换配线或连接器;若正常,检查和更换 ASR ECU。

2. 诊断电路的检修

把检查用连接器的 T。和 E₁ 连接后,ECU 通过 ASR 指示灯闪烁的方式显示故障码。检查 TDCL(故障诊断通信连接器)的端子 T。和 E₁ 之间的电压,其正常电压为蓄电池电压:若正常,则进行到故障征兆表所示的下一个电路检查;不正常,检查 ASR ECU 与 TDCL 之间、TDLC 与车身地线之间的配线和连接器。若正常,则检查和更换 ASR ECU;不正常,修理或更换配线或连接器。

3. ASR 制动主继电器电路的检修

当点火开关转到"ON"位置时,继电器闭合。如果继电器电路中有故障,ASR ECU 即断开至 ASR 制动主继电器的电流,闭锁驱动控制功能。

拆下 ASR 制动主继电器,将点火开关转至"ON",测量 ASR 制动主继电器导线侧连接器端子1与车身地线之间的电压(应为蓄电池电压):若不正常,则检查 ASR 制动主继电器与蓄电池之间的配线和连接器;正常,则检查 ASR 制动主继电器。若继电器良好,则检查 ASR ECU 与 ASR 制动主继电器之间、ASR 制动主继电器与 ASR 执行器之间的配线和连接器。

4. ASR 节气门继电器电路的检修

ASR 节气门继电器电路通过 ASR ECU 控制通向辅助节气门的电流。当点火开关转到"ON"时,继电器闭合。如果继电器电路有故障,ASR ECU 切断通向节气门继电器的电流,闭锁驱动控制功能。

先检查该继电器的电源电压,应为蓄电池电压:若不正常,则检查和修理 ASR 节气门继电器与蓄电池之间的配线或连接器;正常,则检查 ASR 继电器。若继电器正常,则检查 ASR ECU 与 ASR 节气门继电器之间的配线和连接器。若正常,则检查和更换 ASR ECU;若不正常,则修理或更换配线或连接器。

5. 压力开关电路的检修

压力开关电路如图 6-11 所示。该压力开关检测的是 ASR 蓄压器的油液压力。如果压力

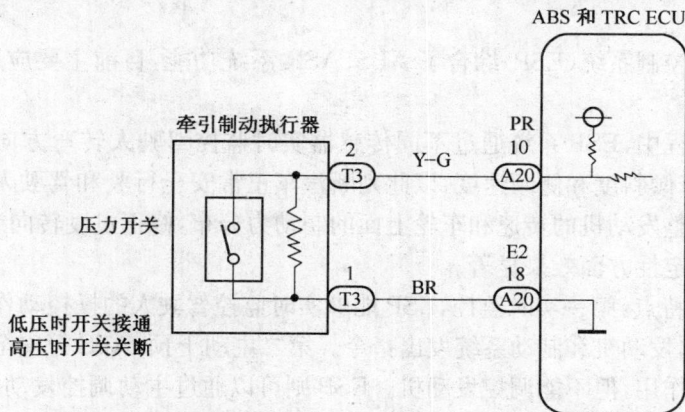

图 6-11　雷克萨斯 LS400 ASR 压力开关线路图

低,它就向ASR ECU发送泵工作的信号。如果压力高,它就向 ASR ECU 发送泵停止的信号。

(1)检查 ABS 和 ASR ECU 连接器的端子 PR 和 E_1 之间的电压 拆下空气滤清器和管道,拆下 ASR ECU,而连接器仍连接着;使发动机怠速运转 30s,使 ASR 执行器的油压升高。发动机熄火,把点火开关转到"ON",测量 ASR ECU "PR"处的电压,应为 5V。

放出执行器中的油压以降低压力,测量 ASR ECU "PR"处电压,应为 0V。若正常,则检查或更换 ASR ECU;不正常,则检查压力开关。

(2)检查压力开关 向储油罐中加入油液,脱开压力开关连接器,测量压力开关内部电阻,应为 0Ω;接上压力开关连接器,发动机怠速运转 30s,使 ASR 执行器的油压升高。发动机熄火,把点火开关转到"ON",测量压力开关内部电阻应为 l.5kΩ:若不正常,则更换 ASR 执行器;正常,则检查 ASR ECU 与执行器之间的配线和连接器。若正常,则检查和更换 ASR ECU;不正常,则修理和更换配线或连接器。

6. ASR 制动执行器线圈电路的检修

ASR 制动执行器按照 ASR ECU 的信号工作,改变 ASR 至正常压力,升压、降压或保持压力不变。

拆下 ASR ECU 而连接器仍连接着,把点火开关转到"ON",测量 ASR ECU 端子 SRC、SMC、SAC 处的电压(应为蓄电池电压):正常,则检查和更换 ASR ECU;不正常,则检查 ASR 制动执行器线圈,仍正常则向蓄电池方向查找。

7. 发动机信息交换电路的检修

发动机信息交换电路向"发动机和 ECT ECU"和"ASR ECU"发出要求推迟点火正时的信号,以推迟发动机的点火正时。

脱开 ASR ECU 连接器,把点火开关转到"ON",测量 ASR ECU 配线侧连接器端子 TR2 处电压(应为 5V):若正常,则检查和更换 ASR ECU;若不正常,则检查 ASR ECU 和发动机 ECU 之间的配线和连接器。正常,则检查和更换发动机 ECU;不正常,则修理或更换配线或连接器。

第三节 电子稳定程序控制系统(ESP)

一、概述

电子稳定程序控制系统(ESP)综合了 ABS、ASR 系统功能,目前主要应用在高端车型上,比如奥迪、奔驰。

在汽车行驶过程中,ESP 系统通过不同传感器实时监控驾驶人转弯方向,车速、节气门开度、制动力以及车身倾斜度和侧倾速度,以此判断汽车正常安全行驶和驾驶人操纵汽车意图的差距。然后通过调整发动机的转速和车轮上面的制动力分布,修正过度转向或转向不足。ESP 在提高汽车行驶稳定性方面效果显著。

ESP 具有三大特点:第一实时监控,ESP 能够实时监控驾驶人的操控动作、路面反应、汽车运动状态,并不断向发动机和制动系统发出指令。第二主动干预,ABS 等安全技术主要是对驾驶人的动作起干预作用,但不能调控发动机。ESP 则可以通过主动调控发动机的转速,并调整每个轮子的驱动力和制动力,来修正汽车的过度转向和转向不足。第三事先提醒,当驾驶人操作不当或路面异常时,ESP 会用警告灯警示驾驶人。

二、ESP 控制原理

虽然不同的车型,往往赋予其不同的名称,如 BMW 称其为 DSC,丰田、雷克萨斯称其为 VSC,而 VOLVO 汽车称其为 DSTC,但其原理和作用基本相同。ESP 系统由电子控制单元(ECU),转向盘转角传感器,轮速传感器,横摆角速度传感器,横向角速度传感器及液压系统组成,ESP 除了具有 ABS 和 ASR 的功能之外,更是一种智能的主动安全系统。

ESP 的 ECU 通过高度灵敏的传感器时刻监测车辆的行驶状态,并通过计算分析判定车辆行驶方向是否偏离驾驶人的操作意图。ESP 能立刻识别出危险情况,并提前裁决出可行的干预措施使车辆恢复到稳定行驶状态,ESP 的干预措施包括对车轮独立地施加制动力、在特殊工况下对变速器的干预措施和通过发动机管理系统减小发动机转矩等。

(一)ESP 三大特点

1. 实时监控

ESP 能够实时监控驾驶人的操控动作、路面反应、汽车运动状态,并不断向发动机和制动系统发出指令。

2. 主动干预

ABS 等安全技术主要是对驾驶人的动作起干预作用,但不能调控发动机。ESP 则可以通过主动调控发动机的转速,并调整每个车轮的驱动力和制动力,来修正汽车的过度转向和转向不足。

3. 事先提醒

当驾驶人操作不当或路面异常时,ESP 会用警告灯警示驾驶人。换句话说 ESP 实际上是一种牵引力控制系统,与其他牵引力控制系统比较,ESP 不但控制驱动轮,而且可控制从动轮。如后轮驱动汽车常出现的转向过多情况,此时后轮失控而甩尾,ESP 便会制动外侧的前轮来稳定汽车;在转向过少时,为了校正循迹方向,ESP 则会制动内后轮,从而校正行驶方向。

(二) ESP 研究的关键技术

1. 传感技术的改进

在 ESP 系统中使用的传感器有车辆横摆角速度传感器、横向加速度传感器、转向盘转角传感器、轮速传感器等,它们都是 ESP 中不可缺少的重要部件。提高他们的可靠性并降低成本一直是这方面的开发人员追求的目标。随着价格低廉的微机加速度和横摆角速度传感器的出现,为这项技术的广泛应用创造了一定的条件。

2. 体积小质量轻及低成本液压制动作动系统的结构设计

这方面博世公司在 ESP 系统中采用的结构有一定的代表性,其液压动作系统由预加压泵(PCP)＋压力产生装置＋液压单元 HU5.0 所构成。

3. ESP 的软硬件设计

由于 ESP 的 ECU 需要估计车辆运行的状态变量和计算相应的运动控制量,所以计算处理能力和程序容量要比 ABS 系统大数倍,一般多采用 CPU 结构。而 ECU 软件计算的研究则是研究的重中之重,基于模型的现代控制理论已经很难适应 ESP 这样一个复杂系统的控制,必须寻求较强的非线性控制算法。

4. 通过 CAN 完善控制功能

ESP 的 ECU(电子控制单元)与发动机、传动系统的 ECU 通过 CAN 互联,使其能更好地发挥控制功能。例如自动变速器将当前的机械传动比、液力变矩器变矩比和所在档位等信息传给 ESP,以估算驱动轮上的驱动力。当 ESP 识别出是在低附着系数路面时,它会禁止驾驶人挂低档。在这种路面上起步时,ESP 会告知传动系统 ECU 应事先挂入 2 档,这将显著改善大功率轿车的起步舒适性。

(三)ESP 系统工作原理

ESP 系统由中央控制单元(ECU)及转角传感器、车速传感器、侧滑传感器、横向加速度传感器和执行器组成,其目的是在电脑实时监控汽车运行状态的前提下,对发动机及制动系统进行干预和调控。

ESP 系统工作原理如下:在汽车行驶过程中,转角传感器感知驾驶人转弯方向和角度,车速传感器感知车速、节气门开度和转速力矩,制动传感器感知制动力,而摆角传感器则感知车子的倾斜度和侧倾速度。ECU 了解这些信息之后,通过计算后判断汽车正常安全行驶与驾驶人操纵汽车意图的差距,然后,由 ECU 发出指令,调整发动机的转速和车轮上的制动力,从而修正汽车的过度转向或转向不足,以避免汽车打滑、转向过度、转向不足和抱死,从而保证汽车的行驶安全。

有 ESP 与只有 ABS 及 ASR 的汽车之间的差别在于 ABS 及 ASR 只能被动地作出反应,而 ESP 则能够探测和分析车况并纠正驾驶的错误,防患于未然。ESP 对过度转向或不足转向特别敏感,例如汽车在路滑时左拐过度转向(转弯太急)时会产生向右侧甩尾,传感器感觉到滑动就会迅速制动右前轮使其恢复附着力,产生一种相反的转矩而使汽车保持在原来的车道上。主动性是它最大的独特之处。

ESP 是世界上最先进的主动安全技术之一,搭载 ESP 系统会大大提高汽车的安全性,这也是今后制动控制系统发展的方向。现在只有在高档车上才配备这种系统,随着汽车一步步的发展,必将有更多的车使用这种技术。

第四节　电子巡航控制

一、概述

巡航控制系统(CCS)又称为"恒速控制系统"、"定速控制系统"和"巡行控制系统"等。

当汽车长途行驶或在高速公路上行驶时,驾驶人可操纵巡航控制系统工作,此时,驾驶人不用踩加速踏板就可以使车辆以固定的速度行驶。一旦出现人为干预的情况时,巡航控制系统能确保驾驶人的操作优先,当车辆的速度超出人为设定的范围及其他情况,巡航系统便自动停止工作,以确保车辆行驶的安全。因此,巡航控制系统具有如下优点:

① 提高了汽车行驶的舒适性,大大减轻了驾驶人的负担,使其驾驶更为轻松。

② 节省燃料,具有一定的经济性和环保性。当巡航控制系统工作时,可使汽车燃料的供给与发动机功率之间处于最佳的配合状态,并减少了废气的排放。

③ 保持汽车车速的稳定。汽车无论在上坡、下坡、平路上行驶,还是在风速变化的情况下

行驶,只要在发动机功率允许的范围内,汽车的行驶速度都将保持不变。

汽车巡航控制系统经历了机械控制系统、晶体管控制系统、模拟微型计算机控制系统和数字微型计算机控制系统。目前已全部采用数字微型计算机式的巡航控制系统。

二、巡航控制系统基本原理及组成

(一)巡航控制系统基本原理

汽车巡航控制系统是一个闭环控制系统,控制的主体是单片机及配属的模块;控制的基本方法是经典的比例积分调节控制(又称 PI 调节控制)方式。

巡航控制系统框图如图 6-12 所示。控制器有两个输入信号,一个是驾驶人按要求设定的指令速度信号,另一个是实际车速的反馈信号。电子控制器检测这两个输入信号之间的误差后,产生一个送至执行器的节气门控制信号。执行器根据所接收的控制信号调节发动机节气门开度以修正电子控制器所检测到的误差,从而使车速保持恒定。实际车速由车速传感器测得并转换成与车速成正比的电信号反馈至电子控制器。作为巡航控制系统核心部件的控制器采用一种叫做比例积分控制(简称 PI 控制)的电子控制装置。节气门控制信号实际上由两部分叠加而成。线性放大部件提供一个与误差信号成正比的控制信号,而积分放大器则设置一条斜率可调整的输出控制线,用来将这一段时间内的车速误差降为零。实际上并不能真正降低到零,而是保持在一定的误差范围内,因为当车速误差为零时,行驶阻力的微小变化都将引起节气门开度的变化,从而产生游车现象。

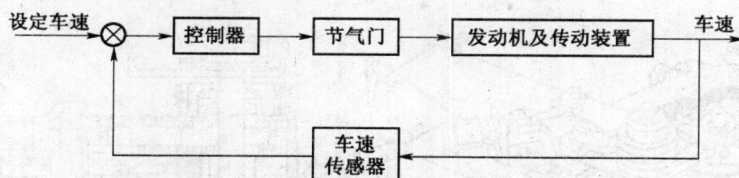

图 6-12　巡航控制系统框图

(二)巡航控制系统构成

如图 6-13 所示,汽车电子巡航控制系统主要是由指令开关、车速传感器、巡航 ECU 和执行器四部分组成。

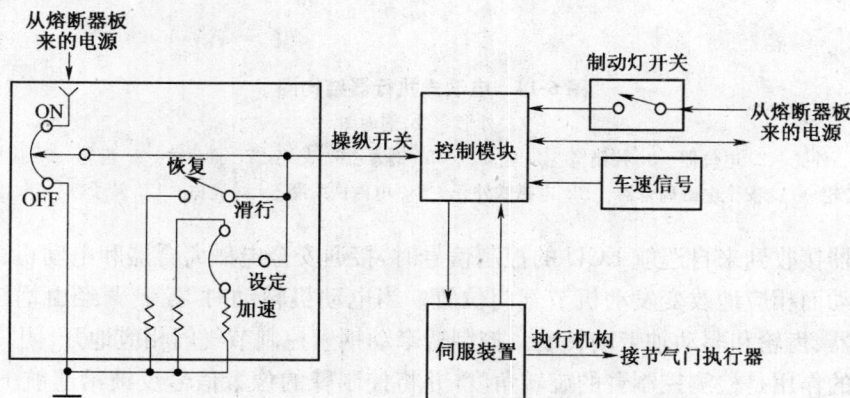

图 6-13　巡航控制系统构成图

1. 主控开关

主控开关一般是杆式或按键式组合开关,装在转向柱或转向盘等驾驶人容易接近的地方。操纵主控开关,可实现设定速度、加速、减速、恢复和解除等功能。

2. 车速传感器

车速传感器一般安装在变速器输出轴上,由输出轴齿轮驱动。车速传感器有光电式、霍尔感应式、磁阻式等多种结构形式。最常用的是磁阻式,由内装磁阻元件的混合集成电路和磁环组成。

磁阻元件是具有磁阻效应的半导体材料,所谓磁阻效应是指半导体材料的电阻值随磁场强弱而变化的现象。半导体材料两电极之间的电阻由材料的电阻率和通过的电流两个因素决定。在无磁场时,电流电极间的电阻值取最小电流分布,当通电半导体元件处于磁场中时,电极间的电阻值将增加。

3. 执行器

执行器是一种将 ECU 输出的电信号转变为机械运动的装置。节气门执行器有电动式和气动式两种形式。电动式一般采用步进电机或直流电机控制,而气动式采用由进气支管真空度控制的气动活塞式结构。

(1)电动式执行器　电动式执行器结构如图 6-14 所示,它由电动机、安全电磁离合器、控制臂、电位器等组成。

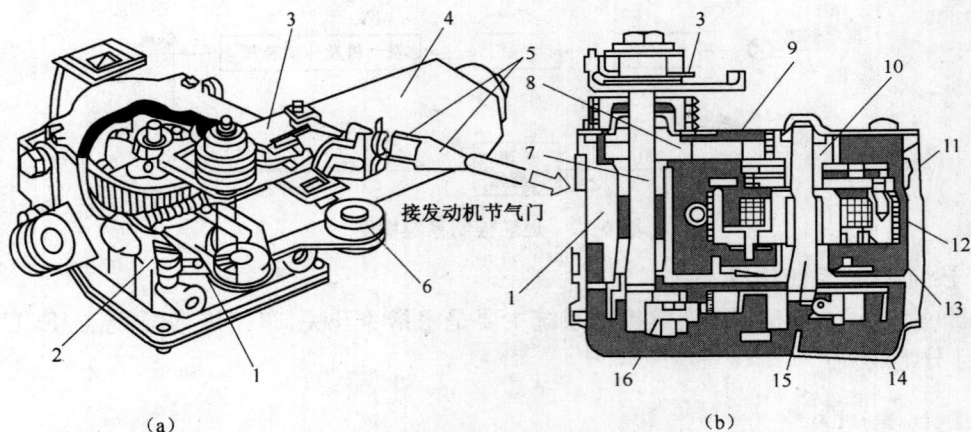

接发动机节气门

(a)　　　　　　　　　　　　(b)

图 6-14　电动式执行器结构图

(a)外形　(b)剖面图

1. 外壳　2. 电位器　3. 控制臂　4. 电动机　5. 钢索　6. 支架　7. 驱动轴　8. 齿轮　9. 盖
10. 齿轮　11. 安全电磁离合器　12. 电磁铁外壳　13. 电磁铁线圈　14. 壳体　15. 转子轴　16. 齿轮

当执行器接收到来自巡航 ECU 的控制信号时,接通安全电磁离合器和电动机。电动机带动控制臂移动而相应地改变发动机节气门位置。当电动机转动时,控制臂经由蜗杆、蜗轮、安全电磁离合器、齿轮和驱动轴带动转动。控制臂牵动钢索控制节气门相应地开、闭。

电位器的作用是检测控制臂的旋转角度,并将控制臂的位置信号反馈给巡航 ECU。安全电磁离合器的作用是在车速超过巡航控制设定的速度 15km/h 以上,或电动机、电路发生故障等情况下，能够使电动机与控制臂脱离并且关闭发动机。

（2）气动式执行器　气动式执行器结由真空膜片盒、拉线、空气电磁阀、真空电磁阀和释放电磁阀等组成。

执行器膜盒内的膜片与节气门拉线相连，当膜片室侧无真空力作用时，在弹簧力作用下节气门关闭；当巡航控制开关输入控制信号给巡航 ECU，ECU 将通电使释放阀关闭、真空阀打开，空气阀将根据 ECU 的控制信号调节阀口的大小，从而调节膜片室侧的真空度大小，在真空度作用下，膜片克服弹簧力使节气门开到所需开度，并保持所设定的车速。空气电磁阀的通电情况由 ECU 对其占空比进行调节，占空比越大，阀口打开的时间越长，空气室空气量越小，膜片室的真空度越大，节气门在膜片作用下的开度也越大。

4. 巡航控制系统 ECU

电子巡航控制系统的重要部件是巡航 ECU，它是整个系统的中枢。早期巡航控制系统的 ECU 多采用模拟电子技术制造。随着数字电子技术的发展，特别是大规模集成电路及微机技术术在汽车控制方面的推广，使巡航控制系统已全部采用数字式微型计算机速度控制器。

图 6-15 所示为美国摩托罗拉公司一种采用微处理控制器的巡航控制系统的电路方框图。在这个系统中，控制原理与模拟电路基本相同，不同之处在于所有输入指令均以数字信号直接存储和处理。带可擦除只读存储器的八位微处理器，根据指令车速、实际车速以及其他输入信号按照给定程序完成所有的数据处理之后，产生一输出信号驱动步进电动机改变节气门开度。各种车型的最平顺的加速度和减速度由设计人员编程确定。为确保安全，将制动开关与节气门执行器直接相连，当踩下制动踏板时，在断开巡航控制程序的同时，将节气门的动力源断开，从而保证节气门完全关闭。

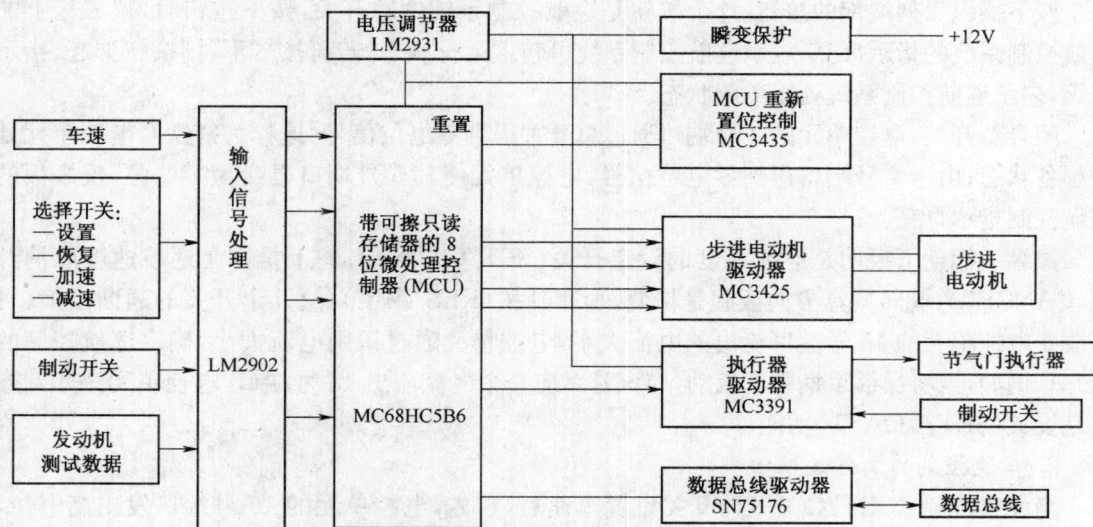

图 6-15　微处理控制器巡航控制系统的电路方框图

与模拟系统相比较，数字电路的突出优点是系统中的信号以数字量表示，不受工作温度和湿度的影响，因此在特别条件下数字控制系统具有更高的稳定性。由于电子巡航 ECU 采用先进的大规模或超大规模集成电路技术制成专用集成块,当汽车上已有别的控制微机时,只需修改一下程序就可将所需功能通过编程附加上去,因而可省去昂贵的控制硬件。

5. 中断巡航控制的外部开关

(1)制动灯开关　由两个联动开关组成,其中常开的开关和制动灯相连,当踩制动踏板时,常开的开关闭合、制动灯亮;另一个常闭的开关与电磁离合器相连,当踩下制动踏板时,常闭的开关断开、电磁离合器断电,驱动电动机与节气门分离。保证制动时,迅速中断巡航控制,确保行车安全。

(2)离合器开关　手动变速器的汽车才设置此开关,自动变速器的汽车将接此开关的位置用导线短接。对手动变速器的汽车来说,当驾驶人踩离合器踏板时,与离合器踏板联动的离合器开关闭合,通过启动继电器的线圈,使电控单元的 2 号端口获得一个接地的零电位信号,从而中断巡航控制状态。

(3)变速器空档开关　自动变速器的汽车才设置此开关,手动变速器的汽车将此开关的位置用导线短接。对自动变速器的汽车来说,当驾驶人将变速器的换档操纵手柄移至空档时,与换档操纵手柄联动的空档开关闭合,通过启动继电器的线圈,使电控单元的 2 号端口获得一个接地的零电位信号,从而中断巡航控制状态。

(4)驻车制动开关　也称停车制动开关、手制动开关等。当拉驻车制动杆时,与之联动的驻车制动开关闭合,使电控单元的 3 号端口获得一个接地的零电位信号,从而中断巡航控制状态。

(三)巡航控制系统的工作过程

1. 主控开关的操作

按下操纵手柄端部的按钮,这个按钮是巡航控制系统的总开关,按下按钮时,仪表板上的巡航控制系统的指示灯亮,表示巡航控制系统可转入运行状态;若再按一下,则按钮弹起、指示灯灭,表示巡航控制系统处于关闭状态。

闭合总开关,电控单元的 4 号端口通过总开关得到零电位信号(或称为搭铁),电控单元处于预备状态;由于 4 号端口得到零电位信号,电控单元使其 5 号端口也变为零电位,仪表板的巡航控制指示灯亮。

操纵手柄朝下扳动是巡航速度的设定开关(SET/COAST);向上推则是巡航速度取消开关(CANCEL);朝转向盘方向扳起是恢复/加速开关(RES/ACC);这几个开关的通断变换,可以改变电控单元的 18 号端口流出的电流大小,电控单元通过识别电流大小,确定巡航控制的状态。例如,当将操纵手柄朝下扳动,应该是对应一个电流流出 18 号端口,电控单元感知到此时是设置(SET/COAST)功能。

2. 车速控制的工作过程

当设置/巡航(SET/CONST)开关设置车速后,首先,电控单元的 10 号端口发出高电位,经制动灯开关使电磁离合器通电,将驱动电动机和节气门控制臂结合;其次,电控单元从控制臂的位置传感器(电控单元的 24 号,25 号,26 号端口)感知控制臂的初始位置,并将此初始位置作为控制的依据;另外,电控单元也将此时的车速信号由 20 号端口记录,作为控制的依据。

平时控制臂的两个限位开关应均闭合,只有控制臂到达最大加速或最大减速时才分别对应断开,与限位开关并联的二极管是为了在最大的加速或减速位置、限位开关断开时,保证驱动电动机能够通电退出。

当实际车速低于设定的巡航车速时,电控单元能够使 12 号端口输出较 11 号端口高的电位,驱动电动机转动,使控制臂向沿节气门开度增大的方向摇转,从而提高车速;当控制臂达到控制单元计算(或储存)的摇动角度时,电控单元将 11 号、12 号两端口之间的电位差取消,驱动电动机停转。如果电控单元发现车速仍未上升,它将继续使驱动电动机转动,控制臂再增加一次摇转的角度。

当实际车速高于设定的巡航车速时,电控单元能够使 11 号端口输出较 12 号端口的电位高,驱动电动机转动方向与上述相反,从而降低车速,并重复以上过程。

3. 人为取消巡航控制过程

巡航控制的工作状态在下列人为干预的情况下将被取消:

① 向上推操纵杆使取消(CANCEL)开关接通;

② 拉动驻车制动杆,与之联动的停车制动开关闭合;

③ 对自动变速器的汽车,变速操纵手柄移至空档位置,与之联动的空档启动开关闭合;

④ 对手动变速器的汽车,踩下离合器踏板,与之联动的离合器开关闭合;

⑤ 踩下制动踏板,制动灯亮(先切断电磁离合器的电源),电控单元的 16 号端口得到了电源(蓄电池或发电机)电压。

4. 巡航控制的自行取消

当发生如下情况时,巡航控制便由系统自行取消。

① 车速低于 40km/h 或高于 200km/h 时;

② 实际车速低于设定的巡航车速且其差值大于 16km/h。

5. 巡航控制中的设定车速的恢复

如果在巡航控制时,扳动操纵手柄、踩制动踏板等使设定的车速消失,需恢复巡航控制及车速,则将操纵杆向上扳动,置恢复/加速(RES/ACC)位,即可恢复。但若车速低于 40km/h,则不可能恢复。

三、巡航控制系统的检修

1. 巡航控制故障分析

车辆在达到设定速度,开启电控定速巡航控制系统后,不能按设定的情况定速行驶,则系统有故障。表 6-3 列出了电控定速巡航控制系统的常见故障现象及主要原因。

表 6-3　电控定速巡航控制系统的常见故障现象及主要原因

故障类型	故障现象	主要原因
定速巡航系统不工作	当车速达到设定速度时,操纵定速巡航控制开关,系统不工作,故障灯亮	电控系统故障,如开关失灵、线路短路或断路、ECU 损坏、特别是执行机构不工作
定速巡航车速不稳	车辆在定速巡航状态行驶中,车速时高时低	伺服(执行)机构漏气或工作不良
巡航车速不准	车辆在定速巡航时,车速高于或低于预定值	真空系统漏气、节气门操纵杆脱落、卡滞或过紧、执行机构调节不当等

2. 雷克萨斯 LS400 型轿车巡航系统故障检修

(1)故障现象　该车曾因事故掉入河中,修复后巡航系统失效。驾驶人在行驶中,打开巡航开关,仪表盘上的"CRUISE"灯不亮,但系统不工作。也曾更换过 ECU,但故障依旧。

(2)诊断与排除　通过故障现象及驾驶人的介绍,初步判断故障可能是 ECU 工作电源或搭铁造成的,首先排除 ECU 外围线路,使 ECU 工作,再提取故障码。

拆下蓄电池搭铁线,取下 ECU,再接上电源,检查电源和搭铁线路,未发现问题。如果新 ECU 没有问题,插上 ECU 后"CRUISE"灯就应点亮,灯不亮的原因可能是灯线有问题。拆下仪表盘,检查灯线时发现,由于进水,仪表盘线路已损坏。修复后再试,"CRUISE"灯闪烁,说明还有故障存在。通过提取的故障码得知,故障是执行器电路有问题。拆下后发现执行器内部线圈断路。更换执行器后,故障消失。

巡航控制系统是由车速传感器、ECU、节气门开度执行器及操纵开关等组成的。电源是它们工作的基本条件。

第五节　汽车电控防盗系统

一、概述

为对付日益猖獗的汽车被盗现象,汽车制造厂设法将防盗系统作为选装件或标准装备应用到汽车上。电控技术在汽车防盗上的应用成为汽车防盗的发展趋势。图 6-16 所示为防盗系统用的一些通用部件,这些部件包括:电子控制模块、所有车门的车门开关、行李箱锁体开关、发动机罩开关、禁止起动机起动的继电器、喇叭继电器、报警器等。

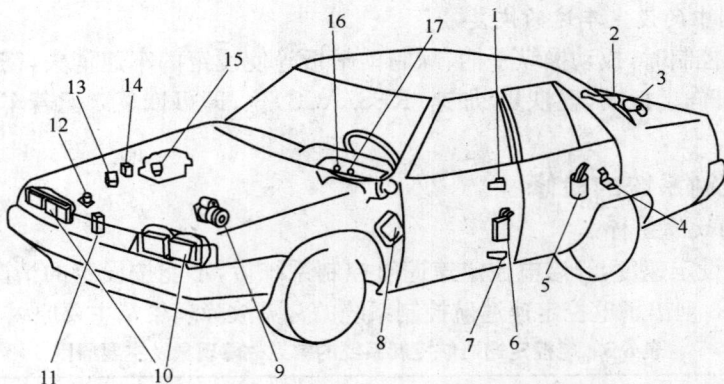

图 6-16　电控防盗系统的典型部件

1. 前车门锁体解锁开关　2. 行李箱盖开关　3. 行李箱锁体解锁开关　4. 后车门开关　5. 后车门门锁制动器开关
6. 前车门门锁执行器开关　7. 车门开关　8. 电子控制模块　9. 起动机　10. 前照灯　11. 报警喇叭
12. 发动机罩开关　13. 禁止起动机起动继电器　14. 喇叭继电器　15. 前照灯继电器　16. 警报灯　17. 点火开关

除此之外,许多防盗系统还借用外部照明灯,如果触发了防盗系统,这些照明灯便闪亮。防盗系统起作用时,首先必须使其处于戒备状态。"戒备"的意思是让报警系统处于警惕状态,随时注意探测非法潜入者的潜入。当关断点火开关,锁好所有车门时,便完成了戒备。当关上驾驶人侧的车门时,警报灯点亮约30s,表示系统处于戒备状态,随时可以起防盗作用。若警报灯不闪亮,则必有某扇车门未关好。

现在还有不少防盗系统设计成用音响报警和使点火系统不能点火等来吓跑企图行窃者的"防卫"系统。

电子控制模块的功用是监控所有的开关。如果车门或行李箱被撬或者锁体被转动,控制模块便启动防盗系统,系统便发出音响报警和灯光闪烁,待定时器电路到时后,音响和灯光才平息下来,系统自动处于戒备状态。

有些防盗系统还采用超声传感器,如果有人企图从车门或门窗潜入,导致超声场变化,它便给控制模块发信号。超声传感器可以安放在汽车内部的某个部位(例如坐椅下面),如果潜入者进入警戒距离以内,防盗系统便发出音响报警。还有些防盗系统使用电流敏感传感器,只要汽车电气系统稍有变化,比如,门灯点亮、点火开关接通、企图起动发动机等,传感器便启动报警器。

以上这些防盗技术都离不开电控技术的应用。

二、典型汽车的电控防盗系统

图6-17所示为美国福特汽车公司用的防盗系统电路。如果此防盗系统被触发,便立即自动鸣喇叭,前照灯近光、尾灯和驻车灯等均不停地闪烁,并且使点火系统不能工作。

只要关断了点火开关,防盗系统的戒备过程便开始,原先提供给控制模块K端的电压被撤销。只要后车门未关严,蓄电池电压便经过闭合的后车门锁紧开关加至门灯电路24,此电压激励变换器继电器而使控制模块的J端搭铁。控制模块利用J端搭一下铁(短时间)所形成的信号,在其D端形成交替地搭铁,从而使警报灯一亮一灭地不断闪烁。闪烁的警报灯提醒驾驶人注意防盗系统没有处于戒备状态。

只要当门锁开关拨到LOCK(锁住)位置时,蓄电池电压便加至控制模块的G端。控制模块利用给G端加电压所形成的信号,给D端施加稳定的搭铁,从而使警报灯停止闪烁而稳定地点亮。当车门关严时,后车门锁紧开关断开而解除变换器继电器线圈的激励,1~2s后,控制模块的J端不再搭铁,警告灯随之熄灭。至此,防盗系统处于戒备状态。

要想解除防盗系统的戒备状态,必须用钥匙或者通过密码锁键板键入正确的密码,将某扇前车门开启。车门开了锁,门锁锁体开关闭合,控制组件的H端搭铁。由H端搭铁所形成的信号,解除防盗系统的戒备状态。

一旦防盗系统处于戒备状态,如果控制模块的C端收到搭铁信号,控制模块便触发报警器。如果行李箱锁住开关的触点闭合,控制模块的C端便搭铁,从而触发报警器。

当变换器继电器的触点闭合时,控制模块的J端也被搭铁。变换器继电器受车门锁紧开关的控制,如果某扇车门被打开,车门锁紧开关触点闭合,变换器继电器的线圈被激励,此继电器的触点闭合,控制模块的J端搭铁,从而触发报警器。当报警器被开动时,控制模块的F端形成脉动的搭铁,此脉动的搭铁便使报警器继电器一会儿被激励,一会儿被解除激励,其触点一会儿闭合,一会儿张开,从而发送脉动电压到喇叭和外部照明灯,故使外部照明灯闪烁、喇叭鸣叫。

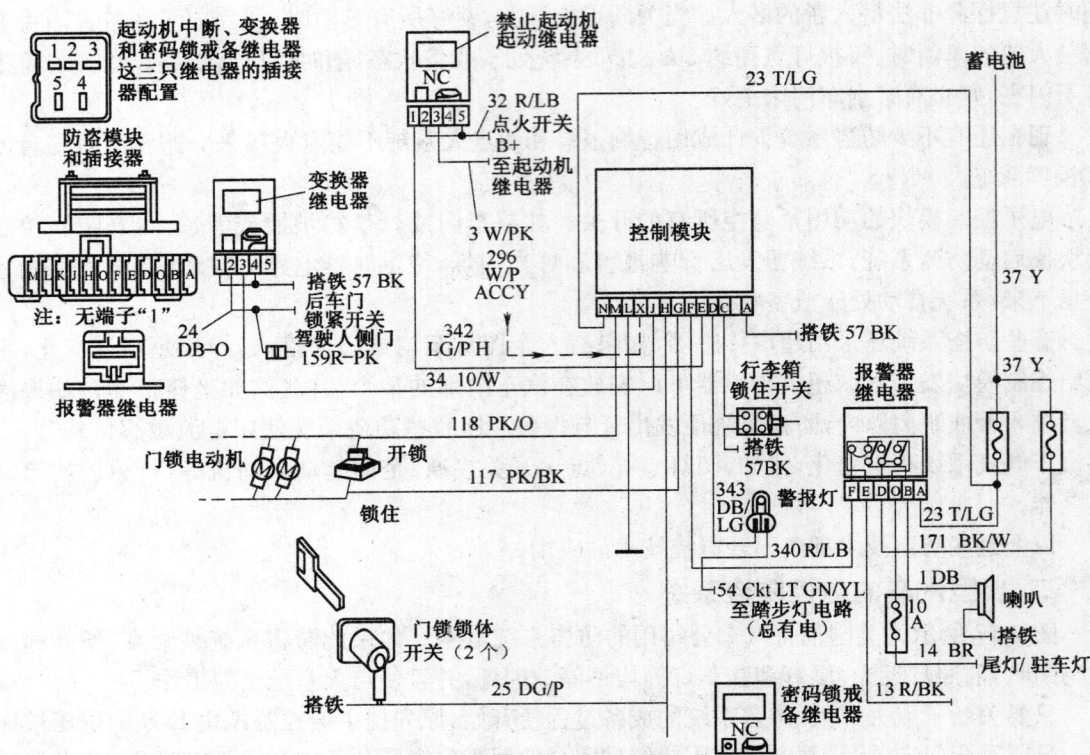

图 6-17　美国福特汽车公司用的防盗系统电路

与此同时,起动电路被中断。当点火开关放在"Start"(起动)位置时,不让起动机起动继电器收到从点火开关来的蓄电池电压信号。当报警器开动时,禁止起动机起动继电器通过控制模块的 E 端提供的搭铁而被激励。被激励的"禁止起动机起动继电器"切断"起动机继电器"电路,禁止起动机被起动,从而防止了汽车被开动(起防盗作用)。

第六节　视野安全系统

视野安全系统是指提供驾驶人清晰直观的视觉环境的各类系统,主要指刮水控制系统、灯光控制系统、风窗玻璃显示系统等。

一、刮水控制系统

刮水控制系统主要是保证风窗玻璃的清洁度、透光性。刮水器的主要控制要求是根据降雨量的大小控制刮水器的运动速度和间隔时间。

(一)间歇式电动刮水器

传统的刮水器也能产生间歇动作效果,但其间歇间隔时间较短。当汽车在毛毛细雨或雾天、小雪天行驶时,刮水器的来回刮动不但不能使风窗玻璃的透光性变好,往往会使微量水分和灰尘在风窗玻璃上形成发粘的表面层,留下污斑,使玻璃模糊不清,从而影响驾驶人视线。另外,在小雨或潮湿路面行驶时,前车带起的水珠会溅在后车的风窗玻璃上。在这些情况下,只要偶尔用一下刮水器,便能刮清风窗玻璃上的水珠等杂物。许多现代汽车上采用了电子控制的间歇式电动刮水器,其间歇时间可达 30s 以上,从而满足了特殊情况下的使用要求。

(二)雨滴感知型刮水控制系统

这种刮水器控制系统的特点是能自动感知降雨量的大小,并根据降雨量的大小自动控制刮水的间歇时间,保证驾驶人有最佳的视线。

雨滴感知型间断刮水系统主要由雨滴传感器、间断刮水放大器和刮水电动机 3 个部分组成。

雨滴传感器产生与降雨量成正比的电压信号,该信号输入间断刮水放大器后,间断刮水放大器中的控制电路根据该电压信号的大小产生相应频率的驱动刮水电动机的信号,使刮水电动机产生与该降雨(雪)强度相当的间歇刮水动作。降雨量信号可以通过检测雨点滴在传感器上的撞击能量或检测导电率、光透过率等方法获得。

(三)微机控制的刮水系统

当刮水控制系统由微机控制时,其控制精度及智能化程度较前述两种有很大提高。这种控制系统提供驾驶人刮水敏感性的设定开关,驾驶人可以根据各自的要求,调节间歇时间与降雨量之间的关系,并且能随机地产生刮水动作。另外,该系统一般还具备持续控制功能,当发动机起动后,能自动刮清风窗玻璃上的水分,并在发动机熄火时使刮水器自动复位。

二、风窗玻璃显示系统

汽车行驶时,若驾驶人要观察仪表板上的各种仪表数值,他的视线必须从与地面平行的汽车行驶方向移动到仪表板上。据测量,这一视线变换至少需要 0.5s 的时间,这段时间称为盲时。对高速或复杂道路上行驶的车辆来说,此盲时对安全行车是极为不利的。为避免这种现象,日本日产汽车公司和美国通用汽车公司开发了风窗玻璃显示系统。这种系统通过光学原理将仪表板上的信号以虚像显示在风窗玻璃上,使驾驶人在观察道路的同时可以看到仪表板上的各种信息,从而避免了 0.5s 的盲时,减轻了驾驶人的疲劳,提高行驶安全性。

第七节　汽车防撞系统

一、概述

汽车防撞控制系统目前尚未形成统一的格局,不同车型上采用的形式都不相同,如丰田、五十铃等公司生产的车型上采用的是车辆检测与报警系统,其功能是检测在两辆车接近的区域内是否有车辆存在,如有车,则发出报警信号提醒本车驾驶人和尾随车的驾驶人。车上装有后视立体摄像机,并以车灯和蜂鸣器作为报警信号。而丰田、日产、本田、富士重工等公司,则采用车距报警系统,即采用扫描雷达和 CCD 摄像机进行监测,当两车距离小于规定值时,通过车灯闪烁或点亮停车灯并发出声响报警,提醒驾驶人采取措施。当两车不可避免将发生碰撞时,自动进行制动。有的车型上还具有自动调节车速保持一定车距的功能,危险时自动制动。马自达、日产、三菱公司等则采用在后侧安装超声波传感器,或在左右车门后视镜下装有摄像机,并在左右后挡泥板下部装有雷达传感器,监测临近路线上从后面靠近的车辆,如果驾驶人不知道后面临近区域有车辆靠近时,系统自动点亮转向信号灯会提醒驾驶人改变行驶路线,以避免发生碰撞。当驾驶人发出转向信号时,若此方向行驶路线上有可能发生碰撞时,系统则提醒驾驶人及时回位。还有许多其他的防撞方式,这里就不一一阐述了。但大体上都是采用立体摄像机、超声波测距传感器或雷达测距系统作为监测手段,当出现危险情况时,发出信号提醒本车和后车驾驶人改变行驶方向、调节车速或采取制动等。

二、超声波测距传感器

超声波测距传感器的功用是利用超声波检测车辆前后的障碍物距离,并利用指示灯及蜂鸣器等把车辆距障碍物的距离及位置通知驾驶员,以起到防撞作用,或将其信号传送给汽车电控单元,自动控制车辆减速、加速、转向、制动或传送给 SRS 系统控制器,以便于 SRS 系统能迅速作用。

超声波测距传感器采用一种被称为错钦化铅(PZT)的压电元件,它采用长圆形音响喇叭式导向装置。这种传感器的特点在于具有方向性,并使传感器的水平方向特性宽,而垂直方向则受到限制。工作时,传感器向车辆前方或后方发射超声波,测定该超声波遇到障碍后折射回的时间,再根据波的传送速度将其转换为距离,并加以显示。

倒车防撞系统功能是检测车辆后方的障碍物,判定并显示后方有无障碍物,以及障碍物与车辆间的距离。防撞系统向车后发射超声波,当车后无障碍物时,随着距离的增加超声波逐渐被衰减,即根据向车后发射的超声波是否返回,可以判断检测范围内有无障碍物;如向车后发射的超声波遇有障碍物返回时,测定返回时间,并根据波的传送速度转换成距离。此外,将车辆后方划分为左、中、右三个区域,就可以判断出障碍物的位置。这种防撞系统还具有自诊断功能。

倒车防撞系统由置于后保险杠的四个后方感测障碍物的超声波测距传感器、装在行李箱内的防撞 ECU 和显示装置组成。

三、雷达防撞系统

由智能汽车公路系统(IVHS)技术公司的子公司——圣地亚哥安全系统公司开发的VO-RAD(车装雷达)车辆防撞警告系统具有以下判断功能:

① 前车是否距本车不足 5s 的距离;

② 前车是否正在超越另一辆高速行驶的汽车;

③ 前车是否在突然减速或停车;

④ 右侧车道的盲区内是否有车辆。

雷达防撞系统装备有一个综合式运行记录仪,它能显示怠速时间、车速(平均车速和最高车速)、与尾随车辆的平均距离、危险报警次数和行驶距离。还有一个记录最后 10min 的行驶状况的"黑匣子"。VO-RDA 系统的布置如图 6-18 所示,它是一个将微波信号与电路和算法相结合的高频雷达系统,由天线、发射/接收器总成、中央处理机、扬声器、报警指示灯和雷达遥控装置等组成。它可以测量相向行驶的接近速度为 0.40~160km/h 的物体,有效工作范围一般为 0.3~107km/h,主车速度范围为 0.8~190km/h,该系统在公共汽车、轿车上得到应用,可减少事故 25%。

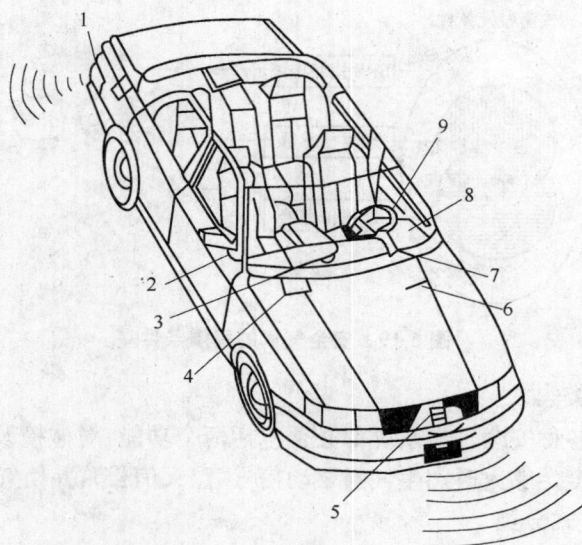

图 6-18　车装雷达防撞系统示意图
1. 盲区雷达探测器　2. 盲区灯光显示　3. 扬声器　4. 电控单元　5. 无线发射/接收器总成
6. 制动传感器　7. 转向传感器　8. 车速里程表接头　9. 显示装置

第八节　安　全　气　囊

一、安全气囊的作用

汽车安全气囊(SRS)的作用是在车辆碰撞瞬间,在驾驶人与转向盘之间、前座乘员与仪表板之间形成一个缓冲软垫,避免汽车碰撞时前排人员在惯性力的作用下与前方的转向盘、仪表板间发生所谓的"二次撞击",从而大大减少人员伤亡。

当汽车发生碰撞时,安全气囊系统对防止驾驶人和乘员的伤亡十分有效。当汽车碰撞烈度小于规定值时,安全气囊不必工作,仅由安全带收紧器收紧安全带即能有效防止驾驶人和乘员遭受伤害。而只有当汽车的碰撞烈度大于规定值,仅由安全带作用已不足以保护相关人员安全时,安全气囊才同时工作,从而避免了安全气囊不必要的工作,降低了费用。

现代汽车在驾驶人前端转向盘中央普遍装有安全气囊,有些汽车在乘员座位上也装有安全气囊。图 6-19 为安全气囊的引爆条件。当汽车发生正面碰撞事故时,安全气囊控制系统检测到冲击力(减速度)超过设定值时,安全气囊 ECU 立即接通充气元件中的点火器电路,点燃点火器内的点火介质,火焰引燃点火药粉和气体发生剂,产生大量气体,在 0.03s 的时间内即将气囊充气使气囊急剧膨胀,冲破转向盘,缓冲对驾驶人和乘员的冲击,随后又将气囊中的气体放出。试验和实践证明,汽车装用安全气囊后,汽车发生正面碰撞事故对驾驶人和乘员的伤害程度大大减小。有些汽车不仅装有前端的安全气囊,还装有侧面安全气囊,在汽车发生侧面碰撞时,也能使侧向安全气囊充气,以减小侧向碰撞时的伤害。据统计,气囊在汽车相撞时,可使头部受伤率减少 25%,面部受伤率减少 80% 左右。

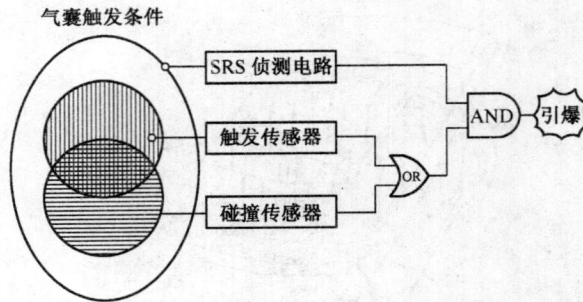

图 6-19　安全气囊的引爆条件

二、安全气囊的类型

从工作原理来看,各种安全气囊系统都必须包括两个功能:对碰撞及碰撞强度检测控制功能;当检测到的碰撞强度足够大时产生气囊驱动信号(点火信号),并使气囊迅速生成的功能。

(一)按检测控制方式分类

安全气囊可分为机械式和电子式两类。早期的安全气囊系统都为机械式,其特点是整个系统不需要使用电源,无控制电路,碰撞的检测和点火信号的产生都利用机械装置的动作来完成,其所有组件都集中装在转向盘装饰盖板下面。这种形式的气囊检测精度低、可靠性差,目前已被电子控制式安全气囊系统所代替。这里主要介绍电子控制式安全气囊。

电子控制式安全气囊系统是机械式安全气囊系统和电子控制技术结合的产物。其主要特点是利用电子控制模块对碰撞传感器的信号进行实时高速分析,并视需要向气囊驱动系统发出点火指令,控制气囊充气。此外,电子控制式安全气囊系统还能对控制系统的技术状况不断进行检测诊断,发现问题立即报警,从而提高了整个系统的工作可靠性。

(二)按安全气囊的数量分类

可分为单气囊系统、双气囊系统和多气囊系统。1990 年以前,单气囊系统居多,一般只在驾驶席安装 1 个正面气囊。1990 年以后的车型,开始在前排座安装 2 个正面气囊,前排的驾驶席和乘客席各 1 个。最近高级轿车一般都有 2 个以上的气囊,前排座上除正面气囊外,还设有侧面气囊,后排座也可能设置正面及侧面气囊。对于 1 个气囊或多个气囊系统,一般都由一套控制系统控制。

(三)按大小不同分类

可分为保护全身的安全气囊,保护整个上身的大型气囊,以及主要保护面部的小型护面气囊。

(四)按照保护对象的不同分类

分为驾驶人防撞安全气囊,前排乘员防撞安全气囊,后排乘员防撞安全气囊(装在前排坐椅上),以及侧面防撞安全气囊(装在车门上,防止乘员受侧面撞击)。

三、安全气囊系统的基本组成

安全气囊系统的基本组成主要由安全气囊传感器、防撞安全气囊及电子控制装置(ECU)等组成。驾驶人侧防撞安全气囊装置在转向盘中;乘员侧防撞安全气囊一般装置在仪表上,外部用一塑料盖遮住。安全气囊传感器分别安装在驾驶室间隔板左、右侧及中部;中部的安全气囊传感器与 SRS ECU 装在一起。

(一)防撞安全气囊

SRS气囊组件的结构随气体发生方式及防护位置不同而有所不同,可分为驾驶席气囊、副驾驶席气囊、侧向气囊和后排乘员席气囊等。

驾驶席气囊的安装位置及气囊结构如图6-20所示。整个组件安装在转向盘中心,4是气体发生器,3是紧凑折叠的气囊;整个组件不可分解。

气囊一般用尼龙制成,其面上有一些小的排气孔,当汽车因碰撞而使气囊充气,保护乘员及驾驶人的头部及胸部时,气囊上的小孔在充气后立即开始排气,这样使气囊更柔软,起到更好的缓冲作用,同时也免致气囊妨碍视线及影响人员离开车辆。

气体发生器的结构如图6-21所示,主要由上盖、下盖、充气剂和金属滤网等组成。气体发生器的作用是在点火器的作用下产生大量气体向气囊充气,使气囊膨开。气体产生方法主要有2类,一是固体物质加热后分解产生气体,该固体物质称为充气剂,目前安全气囊装置中大量选用的是叠氮化钠(NaN_3)片状合剂,该合剂有剧毒。点火器引爆点火剂后产生大量热量加热NaN_3,使之分解并产生大量N_2。还有一种利用压缩气体直接充气的气体发生器,这种压缩气体一般为氩气。点火器引爆后推动冲击销,打开压缩气体通道,其放出的热量对压缩气体加热。这种气体发生器称为复合式气体发生器,一般安装在乘员席中。

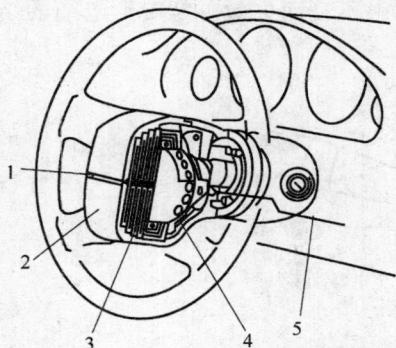

图6-20 博世公司驾驶席气囊结构

1. 饰盖撕印 2. 气囊饰盖 3. 气囊
4. 气体发生器 5. 点火器引线

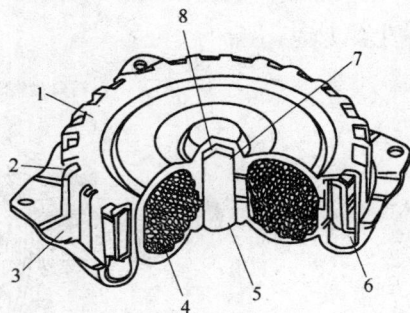

图6-21 气体发生器的结构

1. 上盖 2. 充气孔 3. 下盖 4. 充气剂 5. 点火器药筒 6. 金属滤网 7. 电热丝 8. 引爆炸药

气体发生器的中心孔中安装了点火器组件,其结构如图6-22所示,它主要由电热丝、导线、引药及引爆炸药和壳体等组成。点火器主要由点火电热丝及引爆炸药等组成。其作用是当碰撞传感器和防护传感器将点火电热丝电路接通时,引爆炸药,产生大量热量,使气体发生器内充气剂快速分解产生气体。

当SRS ECU发现汽车发生碰撞,并且强度达到气囊膨胀要求时,导线通电。瞬间,电热丝升温,引燃引药,引药又点燃引爆炸药,炸药爆炸后产生的热量加热充垫在气体发生器壳体内的充气剂,使之受热分解,产生大量氮气,通过金属滤网过滤后由充气孔向气囊充气。气囊充气后压力升高膨胀,顶破带撕印的装饰顶盖,弹出膨开。当气囊完全膨开后,囊内气体迅速从气囊的排气孔排出,将驾驶人的冲击能量通过排气孔的阻尼吸收,从而保护驾驶人免受二次碰撞的冲击。从点火器电热丝通电开始,到气体从气囊中自由排出为止的整个过程所占时间极

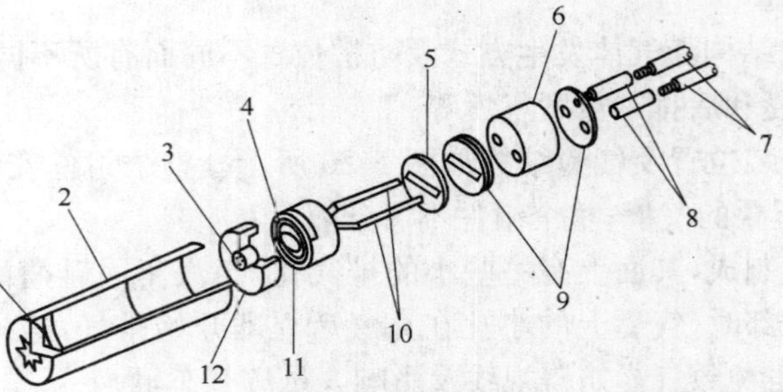

图 6-22　点火器组件

1. 引爆炸药　2. 药筒　3. 引药　4. 电热丝　5. 陶瓷片　6. 永久磁铁
7. 导线　8. 绝缘套管　9. 绝缘片　10. 电极　11. 电热头　12. 药托

为短暂,为 30～60ms。

　　点火充气组件与气囊安装在转向盘上,随转向盘一起转动,点火器与 SRS ECU 间的连线采用螺旋形电缆来连接。螺旋形电缆的功用是把电信号输送到安全气囊点火器(装在转动的转向盘内)的接线上。采用这种结构后,在正常转向范围内螺旋形电缆随转向盘的旋转而旋转,其线束始终处于连接状态,从而防止安全气囊因此处接触不良而失效。螺旋形电缆的结构如图 6-23 所示。

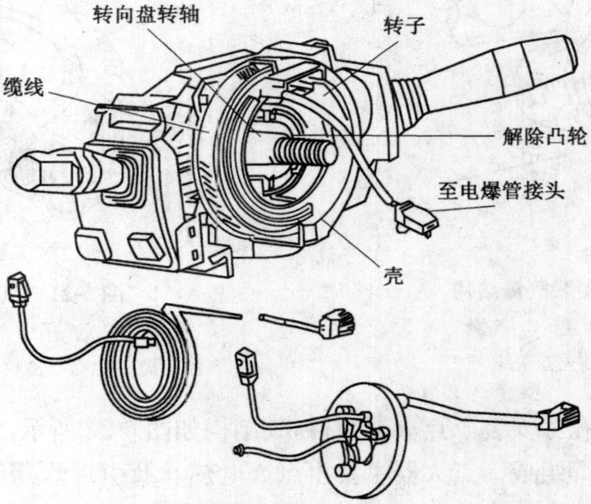

图 6-23　气囊组件中的螺旋形电缆

　　螺旋形电缆的电阻取决于其本身材料和长度。电缆材料为复合膜铜带,一面是铜,一面是聚酯薄膜。长度由转向盘最大转向圈数和转向轴安装毂的最小内径决定,一般电缆长约为4.8m。转向轴处于中间位置,可分别向左右作 2.5 圈转动。由于与电缆连接的点火器阻抗很小,故对电缆阻抗的偏差要严格控制,否则会影响 SRS ECU 对点火器故障的诊断。

　　螺旋形电缆的中心与转向轴圆心的同心度对于能否保证安全气囊系统的性能有很大关系。若偏差过大,就会导致螺旋形电缆旋转过量而造成永久性的损伤。因偏差无法避免,所以在安装螺旋形电缆时,在顺、逆两个方向都要留出半圈的余量。

乘员席气囊与驾驶席气囊的原理相似,只是少了螺旋形电缆。由于安装位置的关系,其形状也与驾驶席安全气囊不同。

(二)安全气囊传感器

安全气囊系统能否可靠和正确的工作,传感器是关键。传感器对于安全气囊系统的成本高低也有很大的影响。传感器有多种形式,按功能可以分为两种,一种为碰撞传感器,负责检测碰撞的强度,看气囊是否需要打开。另一种为安全传感器(也有人称为触发传感器),其闭合的减速度要稍小一些,起保险作用,防止因碰撞传感器因短路而造成误打开。

碰撞传感器的主要形式有偏心锤式、滚球式、滚轴式、水银式、电阻应变计式和压电效应式等几种。其中前4种属于惯性开关式,其大致工作原理是利用汽车碰撞时传感器内敏感物体的惯性大小来控制一个触点开关。当汽车的减速度大于某一临界值时,惯性物体的惯性力超过规定数值,克服其约束力而运动,使开关闭合,向 SRS ECU 输送碰撞触发信号。而当汽车减速度小于规定数值时,惯性物体受约束而不动或运动不足,此时内部开关处于断开状态。后两种传感器是非开关型传感器。输出与汽车减速度成比例的电压、电阻信号,由 SRS ECU 识别该信号的大小来判断汽车的减速度,从而判断汽车的碰撞烈度。

安全气囊传感器在防撞安全气囊系统中用来测定碰撞强度,并将碰撞强度换成电信号,输入 SRS ECU,作为是否起动防撞气囊的计算参数。

1. 偏心锤式传感器

这种传感器一般安装在保险杠与挡泥板之间,用来感知低速碰撞的信号。前方左右两个传感器结构相同,都是偏心锤式机械传感器。传感器安装在一个密封的防振保护盒内。

偏心锤式碰撞传感器结构如图 6-24 所示,由壳体、偏心转子、偏心锤、固定触点、旋转触点等组成。

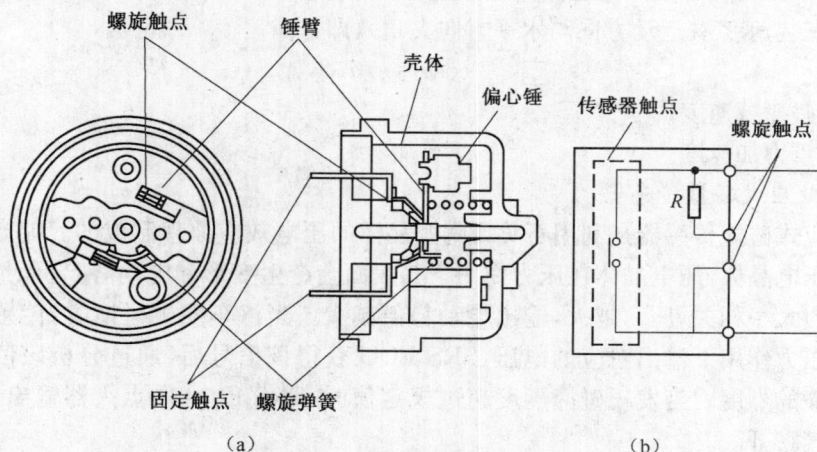

图 6-24　偏心锤式碰撞传感器结构
(a)基本结构　(b)电路示意图

偏心锤式碰撞传感器原理如图 6-25 所示。固定触点与外壳绝缘固定在壳体上,传感器引线从两触点引出。偏心锤与旋转触点及支架组成转子总成。静态时,转子总成在螺旋弹簧作用下逆时针方向转到偏心锤与挡块相抵位置,此时旋转触点与固定触点之间断开。当汽车发生碰撞时,产生一定的减速度,此时在偏心锤惯性力作用下,转子总成克服螺旋弹簧弹力按顺时针方向偏转,当减速度达规定数值时,转子总成的旋转角度增大到使旋转触点与固定触点相接触,从而接通安全气囊的搭铁回路。该传感器的惯性物体为偏心锤,而约束力由螺旋弹簧提供。

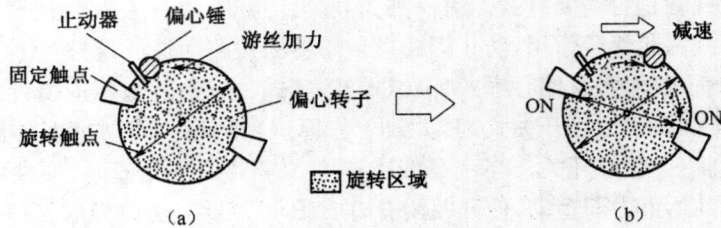

图 6-25　偏心锤式碰撞传感器原理
(a)结构示意图　(b)工作原理图

2. 水银开关式碰撞传感器

该传感器与 ABS 中的减速度传感器类似,利用水银的导电性及水银的流动性来测出碰撞时的减速度,一般作为安全传感器。

水银开关式碰撞传感器用来防止系统在非碰撞状况引起气囊的误动作,一般装在中央控制器内。当发生碰撞时,足够大的减速度力将水银抛上,接通点火器电路。否则,当冲撞以外的其他原因,即便其他碰撞传感器有信号输出,如果此安全传感器无输出,则应判定车辆无冲撞,以防止不必要情况下安全气囊的展开。

在设计时,首先应分别用低速和高速碰撞的临界速度值计算两种减速度,然后再计算出安全传感器的安装角度 α(运动方向与水平方向夹角),即:

$$\cos\alpha = g/a$$

式中　α——碰撞减速度;
　　　g——重力加速度。

3. 压电效应式碰撞传感器

压电效应式碰撞传感器是利用石英或陶瓷晶体的压电效应原理制成的。能产生压电效应的晶体称为压电晶体,压电晶体在压力作用下其表面会产生变形和电动势,变形量和电动势值与所受的压力大小相关,压力越大,输出电动势值越大。当汽车发生碰撞时,传感器内的压电晶体在碰撞压力作用下输出对应的电压,SRS ECU 获得该信号后,通过分析该信号的强弱来判断汽车碰撞的烈度。当发现碰撞烈度超过规定值时,SRS ECU 向点火器输出点火信号,使安全气囊充气膨开。

汽车的速度越大,碰撞后产生加速度的力越大,则输出的电压也越大。由于半导体压力传感器输出特性受温度影响较大,故应用晶体管的基极-发射极间的电压 U_{BE} 的温度变化来消除传感器输出特性的变化。所以半导体压力传感器要求有稳定的电源。

4. 电阻应变计式碰撞传感器

该传感器的结构主要由电子电路、电阻应变计、摆动块、阻尼介质、硅膜片和壳体等组成。

当汽车发生碰撞时,摆动块在惯性力作用下向前方摆动,从而使硅膜片产生变形,制作在硅膜片内的电阻因变形而发生变化,电阻值的变化由电桥电路灵敏地检测出,并将信号送往SRS ECU。当碰撞烈度大到规定值时,硅膜片的变形超量,电桥电路送出的信号达规定值,SRS ECU 根据对该数值的分析结果发出点火指令,引爆点火剂,使气囊充气。阻尼介质的作用是衰减摆动块的高频振动。

(三)电子控制装置(SRS ECU)

SRS ECU 是安全气囊系统的控制中心,其功用是接受碰撞传感器及其他各传感器输入的信号,判断是否点火引爆气囊充气,并对系统故障进行自诊断。即主要作用是监控作用,就是控制点火器的激发,监测汽车的碰撞情况和系统故障情况。下面以韩国"现代"汽车为例,SRS ECU 主要由以下部件组成:

(1)过压保护电路,5V 线性电源,用以产生所需的内部稳定的工作电压,保护 SRS 中的电子元件不受损坏。

(2)电子加速度计,带信号放大和滤波电路,负责连续测量汽车正向加速度,以实现碰撞的单点传感;防止误打开的保险传感器。

(3)微处理器,内带 A/D 转换器、串行接口、定时器、RAM、ROM 和 EEPROM,负责控制SRS ECU 的工作;评估加速度信号、确定点火时刻、判定是否需要打开及必要时激活充气组件的软件程序。

(4)储能电路,保证在电源切断后电子控制装置仍能在一段时间内保持正常功能,这样如果在碰撞事故中电源被切断,安全气囊系统仍能起作用。

(5)点火电路,负责激活点火器;点火电压生成电路和储能电路。

(6)警告灯驱动电路、警告灯故障监测电路。

(7)串行通信接口,供与外界装置双向通信用。

(8)工作电压检查电路、监测微处理器的看门狗定时电路。

(9)负责检测点火电路和点火器有关电路的故障状态的监测电路。电子加速度计电路功能测试电路。低压开关状态监测电路,用于混合式充气器。

四、安全气囊的工作原理

(一)安全气囊系统对人体的进行保护的作用原理

如图 6-26 所示,安全气囊的基本工作原理是,汽车在行驶过程中发生碰撞时,首先由传感器接收撞击信号,只要达到规定的强度,传感器即产生动作并向 SRS ECU 发出信号。SRS ECU 接收到信号后,与其原存储信号进行比较,若达到气囊展开条件,则由驱动电路向气囊组件中的气体发生器送去起动信号。气体发生器接到信号后引燃气体发生剂,产生大量气体,经过滤并冷却后进入

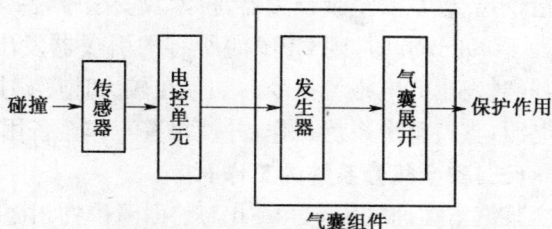

图 6-26　安全气囊对人体进行保护的作用原理

气囊,使气囊在极短的时间内突破衬垫迅速展开,在驾驶人或乘客的前部形成弹性气垫,并及时泄漏、收缩,吸收冲击能量,从而有效的保护人体头部和胸部,使之免于伤害或减轻伤害程度。

(二)安全气囊的工作程序

安全气囊的全部动作完全是由 CPU 的程序控制的,按照人们事先设计的工作内容与步骤按部就班的逐条执行的。工作程序框图如图 6-27 所示。

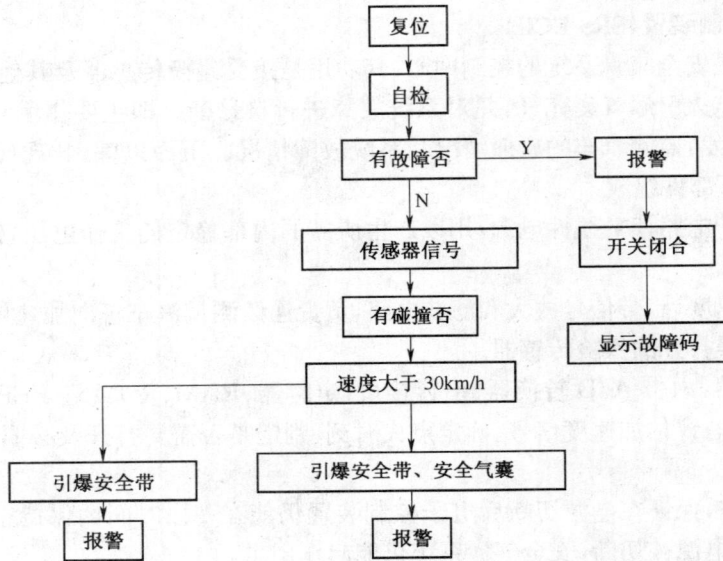

图 6-27　安全气囊的工作程序

汽车的点火开关闭合后,气囊就开始工作。首先把 CPU 等电子电路复位,紧接着是自检工作,专门由自检子程序对各传感器、引爆器、RAM、ROM、电源等部件逐个进行检查。如有故障,先执行总的故障显示灯显示子程序,使故障灯发出闪烁亮灯信号,驾驶人迅速把故障码读取开关合上(或用线接好),读取故障码,查出气囊的故障的部位。

如果自检气囊无故障,启动传感器采集子程序,对所有的传感器进行巡回检测。如没有碰撞,程序又返回到自检子程序。如果一直没有碰撞则程序就这样循环下去。

如果有碰撞,经 CPU 的判断,如碰撞速度小于 30km/h 时,CPU 发出引爆双安全带预紧器的指令,点燃双安全带预紧器,拉紧双安全带,保护乘员,并且发出光电报警指令。如果碰撞速度大于 30km/h 时,则 CPU 向所有的引爆器发出引爆指令,使两个安全带拉紧,两个气囊张开,同时发出光电报警指令。如果在较大速度碰撞后,主电源断线,则电源监控器自动启动备用电源,支持整个系统工作,并使报警工作至备用电源能量耗尽。

(三)安全气囊系统的工作时序

某汽车在速度为 50km/h 与前面障碍物相撞时,安全气囊引爆时序如下:

① 撞车 10ms 后,达到引爆系统引爆时极限,引爆器引爆,产生大量的炽热气体。此时,驾

驶人由于惯性仍然坐着;

②20ms 后驾驶人开始移动,但还没有达到气囊;

③40ms 后气囊已完全涨起,驾驶人逐渐向前移动,安全带被拉长,人的部分冲击能量已吸收;

④60ms 后驾驶人已经开始沉向气囊;

⑤80ms 后驾驶人的头部和身体上部沉向气囊。气囊的排气口打开,其中的气体在高压下匀速地逸出,以吸收能量;

⑥100ms 后车速已降为 0,这时对车内的乘员来说,危险期已经结束;

⑦110ms 后驾驶人向前移动已经达到最大距离,随后身体开始后移,回向座位。这时大部分气体已从气囊中逸出,前方又恢复了清晰的视野。

碰撞的作用力是极大的。由于碰撞时间极短,在这极短的时间内使汽车改变运动状态,其负加速度也是极大的。汽车以 50km/h 的速度碰撞,碰撞前的速度是 $v=13.9$m/s,碰撞作用的时间约 1ms 左右,其负加速度 $a=-3900$m/s^2;此时质量为 1kg 重的物体所受到的力约 1417kg。汽车碰撞后速度为零,在这瞬间,车内乘员仍以 $v=13.9$m/s 的速度前进,最后撞在转向盘及车厢等物体上而停下来,乘员因此而受到严重伤害。

在汽车碰撞至乘员碰撞之间有一时间间隔,约 0.05s,就这一点时间给防撞安全气囊提供了工作机会,防撞气囊在瞬间充满气体(约 30ms),在乘员前面形成一道柔软的弹性屏障,弹性体使力的作用时间延长,因而使负加速度减小;作用力也随之减小;柔软接触面使力的作用面积加大,防止作用力集中压在乘员头部凸出部分。因此防撞安全气囊的工作对乘员起到较好的保护作用。

五、一汽奥迪轿车安全气囊的检修

(一)奥迪轿车 SRS 装置的位置

气囊约束系统的主要部件包括:驾驶人侧气囊模块、乘员侧气囊模块、驾驶人和乘员坐椅上安装的侧面气囊模块、左右后坐椅安装的侧面气囊模块、前后坐椅安全带张紧器、气囊控制模块、侧面气囊碰撞传感器、后坐椅安全带指示灯、数据传输接头、盘簧总成(位于转向柱中、转向盘的下面)和气囊指示灯(见图 6-28)。

气囊控制模块具有系统自诊断能力。气囊系统中的部件采用电子监控,其运行过程中的任何干扰都可以被监测到。这些监测到的干扰(故障)被存储到气囊控制模块的存储器中。气囊控制模块存储器把故障类型区分开。故障诊断维修以后,故障存储记录就会被擦除。

(二)奥迪轿车 SRS 故障检测和诊断

气囊系统具备车载诊断(OBD)能力。如果监控的传感器或其他部件出现故障,表示故障类型的诊断故障码(DTC)就会存储在 DTC 存储器中。仪表板上的气囊故障指示灯(MIL)发亮。在用解码器(V·A·G1551)检查并擦除存储器诊断故障码前,诊断故障码会一直保存在存储器中,故障指示灯也一直亮着。如果气囊系统已经胀开,DTC 存储器会记录部件是否正确胀开。

1. 连接解码器(V·A·G1551)

将带适配器(V·A·G1551/3)的解码器(V·A·G1551)连接到 16 针数据传输接头

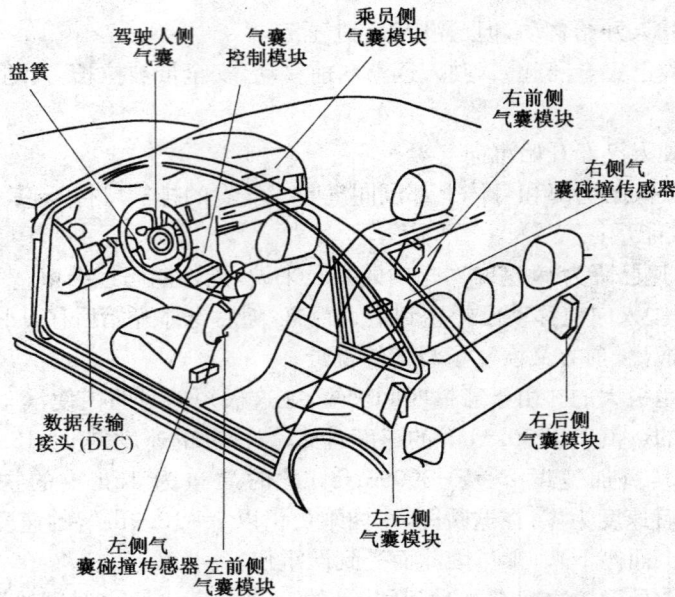

图 6-28　奥迪轿车气囊约束系统部件位置

(DLC)上,该接头位于仪表板左下角,转向盘的左侧。如果解码器(V·A·G1551)没有显示,则检查 DLC 的电源是否接好。

2. 检查和擦除存储器的诊断故障代码

接上解码器(V·A·G1551),按如下程序进行检查:

① 将点火开关转到"ON"位置;

② 按"1"键,选择"快速数据传送"模式;

③ 按下"1"键和"5"键,选择"气囊编码 15",按"Q"键确认输入;

④ 用"右箭头"键向前卷动读取程序。约 5s 后,屏幕显示"RAPID DATA TRANSFER AND SELECT FUNCTION(快速数据传送和选择功能)";

⑤ 按下"0"键和"2"键,选择"Check DTC Memory(检查存储器诊断故障代码)"功能 02,按"Q"键确认输入;

⑥ 执行相应的诊断测试,对照"诊断故障代码",进行指示代码的诊断;

⑦ 按下"0"键和"5"键,选择"Erase DTC Memory"(擦除存储器的诊断故障代码)功能 05,按"Q"键确认输入。如果有间歇性故障出现,解码器显示屏右侧会显示"/SP";

⑧ 按"Print(打印)"键打印输出。如果要进行自动测试,键入"00"并按"Q"键确认输入。

3. 控制模块代码连接上解码器(V·A·G1551)

按如下程序进行检查:

① 将点火开关转到"ON"位置;

② 按"1"键,选择"快速数据传送"模式;

③ 按下"1"键和"5"键,选择"气囊编码 15",按"Q"键确认;

④用"右箭头"键向前卷动读取程序。约 5s 后,屏幕显示"RAPID DATA TRANSFER AND SELECT FUNCTION(快速数据传送和选择功能)";

⑤按下"0"键和"7"键,选择"控制模块代码"功能 07,按"Q"键确认输入。相对于正确的汽车配备,进入气囊控制模块代码,见表 6-4。

表 6-4　奥迪轿车气囊控制模块代码

序号	代码	位　　置
1	00004	汽车配备前部气囊、前排坐椅安全带张紧器和 2 个后排坐椅安全带张紧器
2	00006	汽车配备前部气囊、前排坐椅安全带张紧器和 3 个后排坐椅安全带张紧器
3	00104	汽车配备前部气囊、前侧气囊、前排坐椅安全带张紧器和 2 个后排坐椅张紧器
4	00106	汽车配备前部气囊、前侧气囊、前排坐椅安全带张紧器和 3 个后排坐椅张紧器
5	00204	汽车配备前部气囊、前侧气囊、后侧气囊、前排坐椅安全带张紧器和 2 个后排坐椅安全带张紧器
6	00206	汽车配备前部气囊、前侧气囊、后侧气囊、前排坐椅安全带张紧器和 3 个后排坐椅安全带张紧器
7	00205	汽车配备前部气囊、前侧气囊、后侧气囊、前排坐椅安全带张紧器、2 个后排坐椅安全带张紧器和坐椅安全带系紧传感器
8	00207	汽车配备前部气囊、前侧气囊、后侧气囊、前排坐椅安全带张紧器、3 个后排坐椅安全带张紧器和坐椅安全带系紧传感器
9	00115	汽车配备前部气囊、前侧气囊、前排坐椅安全带张紧器、3 个后排坐椅张紧器、安全带问讯功能和前坐椅乘坐传感器
10	00117	汽车配备前部气囊、前侧气囊、前排坐椅安全带张紧器、3 个后排坐椅张紧器、安全带查询功能和前坐椅占用传感器

按"Q"键确认输入。按下"0"键和"6"键,选择"End Output(结束输出)"功能 06,按"Q"键确认输入。从点火开关上取下钥匙,重复编码步骤,确保代码正确无误。检查系统工作是否正常。

(三)奥迪轿车气囊控制模块识别的故障码

气囊控制模块识别的全部故障码见表 6-5。

表 6-5　奥迪轿车气囊控制模块识别的故障码

故障码	故障名称	可能原因	排除方法
00532	电源电压信号太低	蓄电池已放电或有故障;电路短路	对蓄电池进行充电或更换;修理电路短路故障
00588	驾驶人侧气囊引爆装置电阻太大	电路断路;盘簧损坏;驾驶人侧气囊损坏;控制模块损坏	找出电路的断路处并进行维修;检查盘簧;更换驾驶人侧气囊;更换控制模块
	驾驶人侧气囊引爆装置电阻太小	电路短路;盘簧损坏;驾驶人侧气囊损坏;控制模块损坏	找出电路的短路处并进行维修;检查盘簧;更换驾驶人侧气囊;更换控制模块

续表 6-5

故障码	故障名称	可能原因	排除方法
00589	乘员侧气囊 1 号引爆装置电阻太大	电路断路；乘员侧气囊损坏；控制模块损坏	找出电路的断路处并维修；更换乘员侧气囊；更换控制模块
	乘员侧气囊 1 号引爆装置电阻太小	电路短路；乘员侧气囊损坏；控制模块损坏	找出电路的短路处并维修；更换乘员侧气囊；更换控制模块
00594	驾驶人侧气囊引爆电路对电压短路	气囊电路导线损坏或控制模块损坏	找出电路导线损坏处并维修；更换控制模块
	驾驶人侧气囊引爆电路对地短路	气囊电路导线损坏；盘簧损坏；气囊模块损坏；控制模块损坏	找出电路导线损坏处并维修；检查盘簧；更换气囊模块；更换控制模块
	乘员侧气囊引爆电路对电压短路	气囊电路导线损坏或控制模块损坏	找出电路导线损坏处并维修；更换控制模块
	乘员侧气囊引爆电路对地短路	气囊电路导线损坏；气囊模块损坏，控制模块损坏	找出电路导线损坏处并维修；检查盘簧；更换气囊模块；更换控制模块
00595	碰撞数据储存	受到前面或侧面撞击	根据需要更换气囊、控制模块和其他部件
00654	驾驶员侧坐椅安全带张紧器电阻太大	电路断路；驾驶人侧坐椅安全带张紧器断开或损坏；控制模块损坏	找出电路的断路处并进行维修；接上线束接头；更换控制模块
	驾驶人侧坐椅安全带张紧器电阻太小	电路短路；侧坐椅安全带张紧器损坏；控制模块损坏	找出电路的短路处并进行维修；更换控制模块
	驾驶人侧坐椅安全带张紧器电路对电压短路	坐椅安全带张紧器电路导线损坏或控制模块损坏	找出电路导线损坏处并维修；更换控制模块
	驾驶人侧坐椅安全带张紧器电路对地短路	驾驶人侧坐椅安全带张紧器电路导线损坏；坐椅安全带张紧器损坏；控制模块损坏	找出电路导线损坏处并维修；更换坐椅安全带张紧器；更换控制模块

续表 6-5

故障码	故 障 名 称	可 能 原 因	排除方法
00655	乘员侧坐椅安全带张紧器电阻太大	电路断路;乘员侧坐椅安全带张紧器断开或损坏;控制模块损坏	找出电路的断路处并维修;接上线束接头;更换控制模块
	乘员侧坐椅安全带张紧器电阻太小	电路短路;乘员侧坐椅安全带张紧器损坏;控制模块损坏	找出电路的短路处并维修;更换控制模块
	乘员侧坐椅安全带张紧器电路对电压短路	坐椅安全带张紧器电路导线损坏或控制模块损坏	找出电路导线损坏处并维修;更换控制模块
	乘员侧坐椅安全带张紧器电路对地短路	驾驶人侧坐椅安全带张紧器电路导线损坏;坐椅安全带张紧器损坏;控制模块损坏	找出电路导线损坏处并维修;更换坐椅安全带张紧器;更换控制模块
01044	控制模块的代码不正确	相对于汽车配备,控制模块代码不正确	对控制模块进行正确编码
01211	左后侧坐椅安全带张紧器电阻太大	电路导线损坏;张紧器损坏;控制模块损坏	找出电路的断路处并维修;更换张紧器;更换控制模块
	左后侧坐椅安全带张紧器电阻太小	电路导线损坏;张紧器损坏;控制模块损坏	找出电路的短路处并维修;更换张紧器;更换控制模块
	左后侧坐椅安全带张紧器电路对电压短路	电路导线损坏或控制模块损坏	找出电路导线损坏处并维修;更换控制模块
	左后侧坐椅安全带张紧器电路对地短路	电路导线损坏;张紧器损坏;控制模块损坏	找出电路导线损坏处并维修;更换张紧器;更换控制模块
	左坐椅安全带张紧器电路断路	电路导线损坏;张紧器损坏;控制模块损坏	找出电路导线损坏处并维修;更换控制模块
01212	右后侧坐椅安全带张紧器电阻太大	电路导线损坏;张紧器损坏;控制模块损坏	找出电路的断路处并维修;更换张紧器;更换控制模块
	右后侧坐椅安全带张紧器电阻太小	电路导线损坏;张紧器损坏;控制模块损坏	找出电路的短路处并维修;更换张紧器;更换控制模块
	右后侧坐椅安全带张紧器电路对电压短路	电路导线损坏或控制模块损坏	找出电路导线损坏处并维修;更换控制模块
	右后侧坐椅安全带张紧器电路对地短路	电路导线损坏;张紧器损坏;控制模块损坏	找出电路导线损坏处并维修;更换张紧器;更换控制模块
	右后侧坐椅安全带张紧器电路断路	电路导线损坏;张紧器损坏;控制模块损坏	找出电路导线损坏处并维修;更换张紧器;更换控制模块

续表 6-5

故障码	故障名称	可能原因	排除方法
01213	后侧坐椅安全带张紧器电阻太大	电路导线损坏；张紧器损坏；控制模块损坏	找出电路的断路处并维修；更换张紧器；更换控制模块
	后侧坐椅安全带张紧器电阻太小	电路导线损坏；张紧器损坏；控制模块损坏	找出电路的短路处并维修；更换张紧器；更换控制模块
	后侧坐椅中央安全带张紧器电路对电压短路	电路导线损坏或控制模块损坏	找出电路导线损坏处并进行维修；更换控制模块
	后侧坐椅中央安全带张紧器电路对地短路	电路导线损坏；张紧器损坏；控制模块损坏	找出电路导线损坏处并进行维修；更换张紧器；更换控制模块
	后侧坐椅中央安全带张紧器电路断路	电路导线损坏；张紧器损坏；控制模块损坏	找出电路导线损坏处并进行维修；更换张紧器；更换控制模块
01217	驾驶人侧面气囊电阻太大	电路导线损坏；气囊损坏；控制模块损坏	找出电路的断路处并进行维修；更换气囊；更换控制模块
	驾驶人侧面气囊电阻太小	电路导线损坏；气囊损坏；控制模块损坏	找出电路的短路处并维修；更换气囊；更换控制模块
	驾驶人侧面气囊电路对电压短路	电路导线损坏或控制模块损坏	找出电路导线损坏处并维修；更换控制模块
	驾驶人侧面气囊电路对地短路	电路导线损坏；气囊损坏；控制模块损坏	找出电路导线损坏处并维修；更换气囊；更换控制模块
01218	乘员侧面气囊电阻太大	电路导线损坏；气囊损坏；控制模块损坏	找出电路的断路处并维修；更换气囊；更换控制模块
	乘员侧面气囊电阻太小	电路导线损坏；气囊损坏；控制模块损坏	找出电路的短路处并进行维修；更换气囊；更换控制模块
	乘员侧面气囊电路对电压短路	电路导线损坏或控制模块损坏	找出电路导线损坏处并进行维修；更换控制模块
	驾驶人侧面气囊电路对地短路	电路导线损坏；气囊损坏；控制模块损坏	找出电路导线损坏处并维修；更换气囊；更换控制模块
01219	左后侧气囊电阻太大	电路导线损坏；气囊损坏；控制模块损坏	找出电路的断路处并进行维修；更换气囊；更换控制模块
	左后侧气囊电阻太小	电路导线损坏；气囊损坏；控制模块损坏	找出电路的短路处并进行维修；更换气囊；更换控制模块
	左后侧气囊电路对电压短路	电路导线损坏或控制模块损坏	找出电路导线损坏处并进行维修；更换控制模块
	左后侧气囊电路对地短路	电路导线损坏；气囊损坏；控制模块损坏	找出电路导线损坏处并维修；更换气囊；更换控制模块

续表6-5

故障码	故障名称	可能原因	排除方法
01220	右后侧气囊电阻太大	电路导线损坏;气囊损坏;控制模块损坏	找出电路的断路处并进行维修;更换气囊;更换控制模块
	右后侧气囊电阻太小	电路导线损坏;气囊损坏;控制模块损坏	找出电路的短路处并进行维修;更换气囊;更换控制模块
	右后侧气囊电路对电压短路	电路导线损坏或控制模块损坏	找出电路导线损坏处并进行维修;更换控制模块
	右后侧气囊电路对地短路	电路导线损坏;气囊损坏;控制模块损坏	找出电路导线损坏处并进行维修;更换气囊;更换控制模块
01221	驾驶人侧面气囊碰撞传感器电路断路	电路导线损坏;线束接头断开;碰撞传感器损坏;控制模块损坏	找出电路导线损坏处并进行维修;接上线束接头;更换碰撞传感器;更换控制模块
	驾驶人侧面气囊碰撞传感器短路	电路短路;碰撞传感器损坏;控制模块损坏	找出电路导线损坏处并进行维修;更换碰撞传感器;更换控制模块
	驾驶人侧面气囊碰撞传感器失效	控制模块的代码不正确;控制模块和碰撞传感器不匹配	更换碰撞传感器;对控制模块重新进行编码
	乘员侧面气囊传感器电路断路	电路导线损坏;线束接头断开;碰撞传感器损坏;控制模块损坏	找出电路导线损坏处并进行维修;接上线束接头;更换碰撞传感器;更换控制模块
01222	乘员侧面气囊碰撞传感器电路短路	电路短路;碰撞传感器损坏;控制模块损坏	找出电路损坏处并维修;更换碰撞传感器;更换控制模块
	乘员侧面气囊碰撞传感器失效	控制模块的代码不正确;控制模块和碰撞传感器不匹配	更换碰撞传感器;对控制模块重新进行编码
01223	中央门锁装置信号断路	控制模块损坏	更换控制模块
01280	乘员侧气囊电路已关掉	控制模块的代码不正确	对控制模块重新进行编码
01588	驾驶人侧头部气囊电阻大	电路导线损坏;气囊损坏;气囊控制模块损坏	找出电路的断路处并进行维修;更换气囊;更换气囊控制模块
	驾驶人侧头部气囊电阻小	电路导线损坏;气囊损坏;气囊控制模块损坏	找出电路的短路处并进行维修;更换气囊;更换气囊控制模块
	驾驶人侧头部气囊对电压短路	电路导线损坏;气囊控制模块损坏	找出电路导线损坏处并进行维修;更换气囊控制模块
	驾驶人侧头部气囊对地短路	电路导线损坏;气囊损坏;气囊控制模块损坏	找出电路导线损坏处并进行维修;更换气囊;更换气囊控制模块

续表 6-5

故障码	故障名称	可能原因	排除方法
01589	乘员侧头部气囊电阻大	电路导线损坏;气囊损坏;气囊控制模块损坏	找出电路的断路处并进行维修;更换气囊;更换气囊控制模块
	乘员侧头部气囊电阻小	电路导线损坏;气囊损坏;气囊控制模块损坏	找出电路的短路处并进行维修;更换气囊;更换气囊控制模块
	乘员侧头部气囊对电压短路	电路导线损坏;气囊控制模块损坏	找出电路导线损坏处并进行维修;更换气囊控制模块
	乘员侧头部气囊对地短路	电路导线损坏;气囊损坏;气囊控制模块损坏	找出电路导线损坏处并进行维修;更换气囊;更换气囊控制模块
65535	控制模块无效	控制模块损坏	更换控制模块;检查控制模块故障代码

第九节　汽车轮胎中央充放气系统

随着汽车技术的日益发展,汽车轮胎中央充放气系统也应运而生。轮胎中央充放气系统(CTIS)是一套能够使汽车在行驶中或停驶时均能连续检测和调节轮胎气压,以适应不同路面,提高汽车的通过性的系统,如东风"猛士"就装配了这套系统,被称为高机动轮式车辆(HmmWV)。

一、轮胎中央充放气系统的作用

在松软地面上,驾驶人可以利用 CTIS 降低轮胎气压,增大轮胎接地面积,增强土壤推力,减小地面的行驶阻力,使汽车通过。驶出松软地面后,驾驶人在汽车行驶中又可以利用 CTIS 提高轮胎的气压,减少行驶阻力。在遇到诸如砂石路、无路、凸凹不平道路等坏道路时,驾驶人可以利用 CTIS 适当降低轮胎气压,减轻地面对汽车的冲击作用,减少轮胎扎胎、夹石块等现象的发生,从而增加轮胎的寿命,延长汽车的寿命周期,减轻或者避免货物损伤。此外,利用 CTIS 还可以大大减少甚至避免汽车对辅助车辆和野外维修的需求,减轻道路的损坏。CTIS 使汽车的越野机动能力得到增强,使轮式车辆能在更多的不利道路条件下行驶,达到了履带式车辆的机动性能。

二、轮胎中央充放气系统的基本组成

东风"猛士"高机动性军用越野车的 CTIS 包括电动气泵、中央控制阀总成、车轮手控阀总成、电控装置、气路装置等几个部分。空气由电动气泵压缩后经管路和车轮手控阀进入轮胎。需要充放气时,通过前后轮胎选择阀进行充放气操作。

(一)电动气泵

电动气泵为系统提供气源(对于气压制动的车辆可以直接利用压缩机来提供气源),如图

6-29所示。电动气泵为电动机与气泵一体化设计,体积较小,容易安装,且不受制动系统干扰。外部空气经过空气滤清器过滤后进入气泵。气泵采用无油润滑的方式,加工精度高,对材料要求苛刻。因受电源(发电机或加载蓄电池)限制,电动气泵功率也有限,轮胎气压调整时间相对较长。

(二)中央充放气控制阀

中央控制阀总成为系统的核心控制部件,如图 6-30 所示。通过不同电磁阀的单独或组合的吸合或断开,来分别实现对前桥车轮和后桥车轮轮胎气压的调整。由于系统比较独立,中央控制阀采用模块化设计,直接利用电磁阀的吸合和断开来实现控制气道的通断。所有的电磁阀集成安装在一块金属底座上,利用底座上的内部气道实现有机的连接和不同的结合,简化结构减小体积,实现了总成的模块化。

图 6-29　电动气泵

图 6-30　中央充放气控制阀

(三)车轮手控阀

车轮手控阀总成,如图 6-31 所示,它的作用是在车辆长时间停放的情况下可以手工断开气路,保证轮胎的气密性。另外,在手控阀上装有气门嘴,可利用外界气源对轮胎进行快速充气。车辆在长期停放(48h 以上)以后,很难保证气路里的气压(含有细微减小的轮胎气压)基本不下降。采用车轮手控阀可以保证轮胎的气密性。

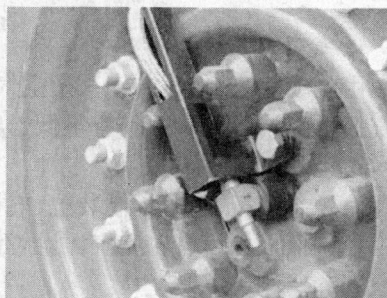

图 6-31　车轮手控阀总成

(四)管路系统

1. 电控装置

控制电动气泵和中央控制阀总成中各个阀体动作的组合开关线路,包括安装在驾驶室内的开关。

2. 气路装置

包括将各个零部件连接成密闭气路的管件和管接头。气路采用钢丝编织软管分别连接到前后桥,通过轮边减速器后盖进入到轮毂轴管里,然后再通过车轮手控阀进入轮胎。大部分管路采用钢丝编织软管。钢丝编织软管柔性好,弯曲半径小,适合于连接转向轮等运动部件。外面的钢丝编织层强度高,耐磨性、抗老化性、抗剪切性能好;内部的胶管采用含氟材料,管子的耐高温性能好,最高可达120℃,可有效地抵御来自发动机排气管等零件的高温辐射。

电动气泵至中央控制阀和中央控制阀至前、后轮气压表的管路布置在发动机罩内,工作环境较好,无相对运动,采用尼龙管总成。

三、轮胎中央充放气系统工作原理

(一)轮胎中央充放气系统各装置功能

如图 6-32 所示,轮胎中央充放气系统主要由以下几部分组成:

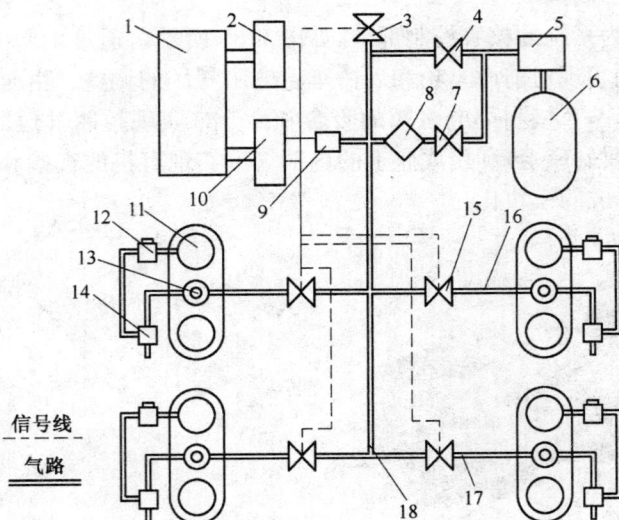

图 6-32　汽车轮胎中央充放气系统组成及工作原理示意图

1. 控制面板　2. 气控装置　3. 常开电磁阀　4. 充气电磁阀　5. 干燥器　6. 储气筒(电动气泵)　7. 放气电磁阀
8. 真空发生器　9. 压力传感器　9. 电子控制装置　11. 轮胎　12. 闭锁阀　13. 旋转密封装置
14. 车轮组合阀　15. 胎位电磁阀　16. 前桥气路　17. 后桥气路　18. 主气路

1. 气源部分

由电动气泵(气压制动采用空气压缩机提供气源)、储气筒、干燥器等组成气源。任务是为系统提供清洁、干燥的、具有不低于轮胎最高气压的压缩空气。

2. 操纵控制系统

由控制面板、电子控制装置、气控装置等组成。

控制面板上设有轮胎气压设置键和随机测压键,可根据汽车的使用情况对轮胎的气压进行设置和监测。

电子控制装置由单片机、压力传感器等组成,根据控制面板的指令,来控制气控装置工作。

气控装置由气压变换装置、胎位电磁阀(每个轮胎均安装一个电磁阀)、充气、放气、测压、保压电磁阀等组成,以上各阀集成于一体,内部孔通道按要求连通或截止。该装置主要功能是向车轮阀输出不同控制的气压信号,并向电子控制装置提供轮胎气压信号。

3. 旋转密封装置

该装置位于车桥轴管与半轴之间,或半轴套管与轮毂之间。其作用是将压缩空气或气压信号由不旋转的桥壳传递到装于旋转车轮上的阀组中,并保证良好的动态和静态的气体密封。

4. 车轮阀组

由车轮组合阀(是一个复合阀,既可以由外界充气,又可以放气来调节气压)、闭锁阀等组成。车轮阀组装于车轮上,它是系统连通轮胎的最后部分,其作用是接受气控装置传来的四种气压信号,完成对轮胎的充气、放气、测压保压的功能。闭锁阀的作用是当它与车轮阀之间的管路或车轮阀损坏时,关闭该阀以防止轮胎漏气,并备有外接气门嘴,可以对轮胎实现外充气。

(二)轮胎中央充放气系统工作原理

1. CTIS"测压"工作过程

打开电源,系统通过气控装置打开待测压轮胎的轮位电磁阀,关闭常开阀3,使气控装置上主气道18与大气隔绝;打开测压电磁阀,使主气道与压力传感器相通,监测主气道的压力;同时,打开充气电磁阀组4一段时间后再关闭。此时,气控装置打开胎位电磁阀15,并向待测压的轮胎发出一个高气压脉冲信号,该信号经旋转密封装置将车轮阀上的充气阀门打开。此时,气控装置主气道、测压通道、旋转密封装置与轮胎形成了一个封闭的气体通道。经一段时间后,封闭通道内的脉冲气体将与轮胎内的高压气体达到压力平衡状态。平衡后的气压就是轮胎内的气压。此时读取压力传感器,测到的气压值就是该轮胎的气压值,从而实现了对该轮胎的自动测压工作。系统将对所有车轮进行一次自动测压,测压后使所有车轮进入保压状态,即各个轮胎既不进气也不放气,轮胎气压保持一定。

2. CTIS"放气"工作过程

测压完成后,系统电子控制装置将所测得的各轮气压值与电子控制装置中设置的"目标气压"值(根据车辆行驶的路面不同,在单片机固化有设定好的气压值)进行比较,首先对气压高的轮胎进行放气操作。

放气操作时,系统的气控装置打开放气电磁阀组(可以是一个,也可以是多个),使负压发生器(产生负压的装置,如真空泵)工作,并将其产生的负压接通气控装置上的主气道;关闭常开阀3,使主气道与大气隔绝;同时,打开待放气轮胎的轮位电磁阀15,使主气道通过旋转密封装置与车轮阀相通,负压使车轮阀上的组合阀的放气阀门打开。此时,需要放气轮胎的气体便经该组合阀的放气阀门排入大气,从而实现了对该轮胎的放气操作。放气时间的长短由系统根据测压检测到的轮胎气压与系统设定的"目标气压"的差值确定(若由手工操作,则由驾驶人依经验确定)。

3. CTIS"测压"原理

一次放气工作完成后,系统将再次对放气轮胎进行测压工作。如果轮胎气压仍高于目标气压,继续对该轮胎进行放气操作,直至轮胎气压与目标气压相符,系统则自动转入保压状态。

测压操作完成后,系统对气压低于"目标气压"的轮胎进行充气操作。

4. CTIS充气操作

充气时,系统的气控装置打开充气电磁阀组;关闭常开阀,使气控装置内主气道与大气隔绝,来自于储气筒的高压气体经打开的充气阀组进入主气道;打开待充气轮胎的轮位电磁阀,使主气道经旋转密封气室与车轮阀相通。此时,在高压气体的作用下,车轮阀上的充气阀门打开,高压气体充入轮胎,从而实现了对该轮胎的充气操作。充气时间的长短由系统根据测压检测到的轮胎气压与系统设定的目标气压的差值确定(若由手工操作,则由驾驶人依经验确定)。该操作也可同时打开所有轮位电磁阀,实现对全车轮胎的充气操作。一次充气工作完成后,系统将再次对充气轮胎进行测压工作。如果轮胎气压仍低于目标气压,继续对该轮胎进行充气操作,直至轮胎气压与目标气压相符,系统则自动转入保压状态。

5. CTIS"保压"工作过程

测压完成后,如果轮胎气压与目标气压相符,系统的气控装置上的常开阀打开,使车轮阀的进气口经旋转密封气室、气控装置主气道通大气。此时,车轮阀上的充气阀门和放气阀门均处于关闭状态,轮胎处于保压状态。

汽车在行驶中,驾驶人可以按下控制面板上的随机测压键,系统则对各轮胎进行检测,对不符合设置的轮胎气压,自动予以调整至设置轮胎胎压。当汽车行驶在不同道路上时(如越野路),驾驶人可通控制面板上的道路模式键将系统调整到与道路相适应的模式,系统自动将轮胎气压的"目标气压"也调整到与道路相适应的气压值。系统进行类似前述过程,自动调节各轮胎气压,直至达到设置轮胎气压值后,自动转入保压工况。

轮胎中央充放气系统还设有备用手动操作装置,以供电子装置出现故障失效时使用。该装置在控制面板上设置了对应所有胎位的开关、操作状态开关(能完成充、放、测、保四种工况的四位开关),可由人工操作完成上述工作过程。

四、轮胎中央充放气系统的正确使用与维修

(一) CTIS 的正确操作

CTIS 主要由两个控制开关操纵:轮胎充放气开关和轮胎选择开关。可以将轮胎选择开关设置在所需要的位置上,然后,使用轮胎充放气开关对前、后轮分别或同时进行充气或放气,以适应不同的行驶条件。具体操作步骤如下:

① 按下需要充气的车轮上的充放气车轮手控阀。

② 起动发动机。

③ 按下轮胎选择开关,选择前轮、后轮或前后轮。

④ 根据需要开启轮胎充放气开关,如图 6-33 所示。在充气工作状态下,充气泵指示灯会点亮。放气为点动式,如需连续放气,应一直按着开关的放气端。

⑤ 轮胎充气或放气时观察空气压力表,必要时下车观察轮胎状态。压力值不能低于最小或高于最大推荐压力,轮胎气压推荐值见表 6-6。如果轮胎压力超过最大允许压力,减压阀将自动泄出过量空气以降低压力。

图 6-33　充放气选择开关

表 6-6　轮胎气压推荐值

路面状况	满载		总重≥4000kg	
	前轮气压(kPa)	后轮气压(kPa)	前轮气压(kPa)	后轮气压(kPa)
硬实路面	240	350	200	300
越野地带	150	250	150	250

注:总重≥4000kg 时,调节轮胎气压,可以改善汽车行驶时的平顺性和通过性能

⑥轮胎气压达到推荐工作压力时,将轮胎充放气开关置于"关闭"位置。轮胎充放气开关的中间位置为关闭状态。

⑦车辆行驶时,可根据需要进行充气或放气操作以调整轮胎压力。

(二)CTIS 的正确拆装

1. 正确拆卸

更换车轮时,CTIS 的拆卸应正确进行。

① 将仪表板上的轮胎选择开关关闭。

② 按下车轮手控阀的锁片,将轮胎管路与系统管路断开。注意车轮的安装位置,作好记号。

断开 CTIS 的方法是:轮胎通过尼龙管与阀体连接。在不需要对轮胎进行气压调节时,压下锁片,阀体 A 部弹起,A 部气路与 B 部气路完全断开(见图 6-34 所示),轮胎与 CTIS 系统的气路被切断;在需要对轮胎的气压进行调节时,压下阀体 A 部,锁片自动弹起,A 部气路与 B 部气路接通,对各个轮胎充放气。阀体上安装有气门芯,可利用外界气源快速充气。

③ 将车轮总成上的车轮手控阀护罩及其固定螺栓、弹簧垫圈拆掉。

④ 拆下轮轴上的车轮手控阀。

⑤ 更换车轮总成。

2. 正确装复

① 在车轮充放气手控阀的螺纹上涂少量的密封胶,然后将车轮充放气手控阀装入轮轴,拧紧阀体。注意:轴销螺纹孔内不要沾上密封胶。

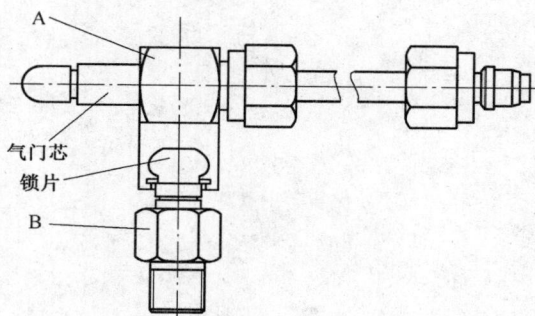

图 6-34 车轮手控阀密封装置

② 将保护罩固定到车轮上。

③ 按下手控阀,将轮胎与 CTIS 系统连接在一起。

④ 将轮胎选择开关置于所需位置。

⑤ 检查 CTIS 系统气压,必要时需调整轮胎压力。

3. CTIS 使用注意事项

① 依据地面和气候条件,选择合适的轮胎气压。温度的升降对轮胎气压有一定影响。车辆行驶时,轮胎压力会上升 21～41kPa。当车轮和轮胎凉下来时,轮胎压力会下降一些,这是正常现象,不表明 CTIS 中有任何漏气。

② 充放气时,由于气流扰动,气压表指示可能与真实值有所偏差,必要时暂停充放气以便观测准确的轮胎气压。

③ 如果轮胎气压过低,指示灯亮时应立即停车,检查并调整轮胎压力。

④ 如果没有接通车轮手控阀,气压表不会显示正确的轮胎气压。当轮胎压力低于 80kPa 或更低时,继续行驶会造成轮胎和车轮损坏。

⑤ 应按照推荐的轮胎气压进行充气。若轮胎气压不按规定充气,可能不仅会使轮胎磨损不正常,还会导致车辆操纵稳定性降低,造成人员伤亡。

⑥ 当行驶路面发生变化时,应立即调整轮胎压力,使其与行驶路面相适应。

⑦ 若车辆停驶超过 48h 时,应将所有车轮与 CTIS 断开,否则可能造成轮胎漏气。

⑧ 不能在发动机没有运转时使用电动气泵或空气压缩机进行 CTIS 充气，以防止蓄电池亏电。

⑨ 轮胎充气完毕后，一定要将轮胎充放气开关置于"关闭"位置，否则电动气泵或空气压缩机会因连续工作而缩短使用寿命。

轮胎中央充放气系统不仅广泛应用于轮式越野车，它还将广泛应用于全地形车、边防巡逻车、各类建筑用车和农业用车上。轮胎中央充放气系统使这些专用车辆能根据不同的路况以及工作条件等适时地调节轮胎气压，以达到最佳的行驶稳定性和经济性，并且随着电子技术在汽车技术中的广泛应用，CTIS 将向电子化、智能化和网络化的方向发展，工作更可靠，对于提高轮式车辆的机动性、行驶稳定性、行驶安全性和降低燃油消耗都有突出的现实意义。

第七章 汽车车身电子控制技术检修

汽车车身采用电子控制技术主要用于提高乘坐的舒适性和安全性。汽车车身电子控制技术包括电动坐椅、电动车窗、中控门锁、电动后视镜和电动天窗等。

第一节 电动坐椅的检修

电动坐椅又叫自动坐椅，它可以通过控制直流电动机的正、反方向旋转，来调节坐椅的空间位置，改变驾驶人或其他乘员的坐姿，使其乘坐更舒适，以减少乘员长时间坐车的疲劳。电动坐椅前后方向的调节量一般为 10～16cm，上下方向的调节量一般为 3～5cm，全程调节时间一般不超过 10s。

一、电动坐椅的组成

电动坐椅一般由调节开关、双向直流电动机、传动和执行机构及控制装置等组成。

(一)直流电机

电动坐椅的动力元件一般采用永磁式双向直流电动机，通过调节开关来操纵电动机按所需方向旋转。为防止电动机过载，电动机内一般都装有断路器(ECB)。由于坐椅配置的不同，一般一个坐椅可装 2 个、3 个、4 个或 6 个电动机。图 7-1 所示为装有 4 个电动机的电动坐椅调节示意图。

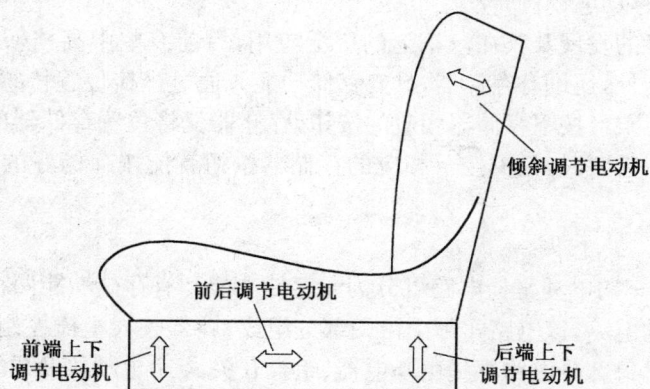

图 7-1 装有 4 个调节电动机的电动坐椅示意图

(二)传动和执行机构

传动和执行机构能够把电动机的转动转变成直线运动，实现坐椅的上下、前后或靠背的倾斜摆动。蜗轮蜗杆机构一般是其核心部件，因为该机构具有较大的传动比且自锁可靠，故应用最为广泛。

二、电动坐椅的电路原理

(一)基本工作原理

图 7-2 是最基本的电动坐椅电路图。它有 3 个电动机,分别是前端高度调节电动机、后端高度调节电动机和前后调节电动机。

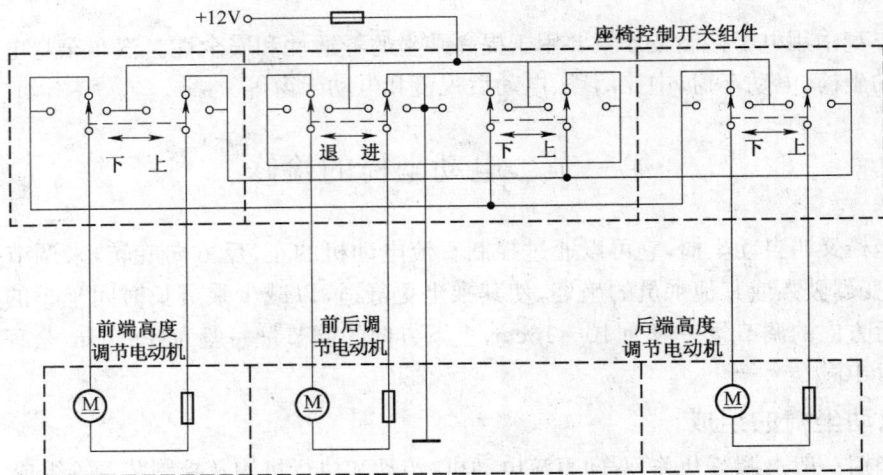

图 7-2　电动坐椅的电路原理图

坐椅控制开关通过控制电动机的搭铁和与电源的连接,使 3 个电动机按所需的方向旋转。当需要坐椅整体上升或下降时,控制开关置于上或下的位置,前后两个高度调节电动机同时转动实现上下动作;当需要坐椅前倾或后倾时,只需前或后的一个电动机转动;当需要坐椅整体前移或后退时,前后移动电动机转动。

随着微电子技术的发展及其在汽车上的广泛应用,目前有些中高档轿车的电动坐椅系统除具备上述基本功能外,还设有存储器,具有存储功能。通过坐椅位置传感器来感受坐椅的调定位置,位置固定后,乘员按下存储器相应的按钮,存储器就将位置存储器的信息存储起来,作为以后调整的依据。需要时,只需按下相应的存储器按钮就能按存储好的坐椅位置要求自动调整坐椅。

(二)实例分析

帕萨特 B5 型轿车的电动坐椅电路可分为无存储功能和有存储功能两种基本类型。图 7-3 所示为无存储功能的电路,该电路实际上由两部分组成,即驾驶人坐椅控制电路和乘员坐椅控制电路。它的特点是每部分电路都是由断电器、组合开关、4 个电动机及导线等组成,两部分电路完全相同。而每部分电路中的每个电动机及其所在电路、开关等也都完全相同。

三、电动坐椅的故障诊断

(一)故障分析

1. 常见故障分析方法

坐椅完全不能动作的主要原因有熔断器熔断、线路断路、坐椅开关故障等;坐椅某个方向不能动作的主要原因有该方向对应的电动机损坏、开关损坏、对应的线路断路等。

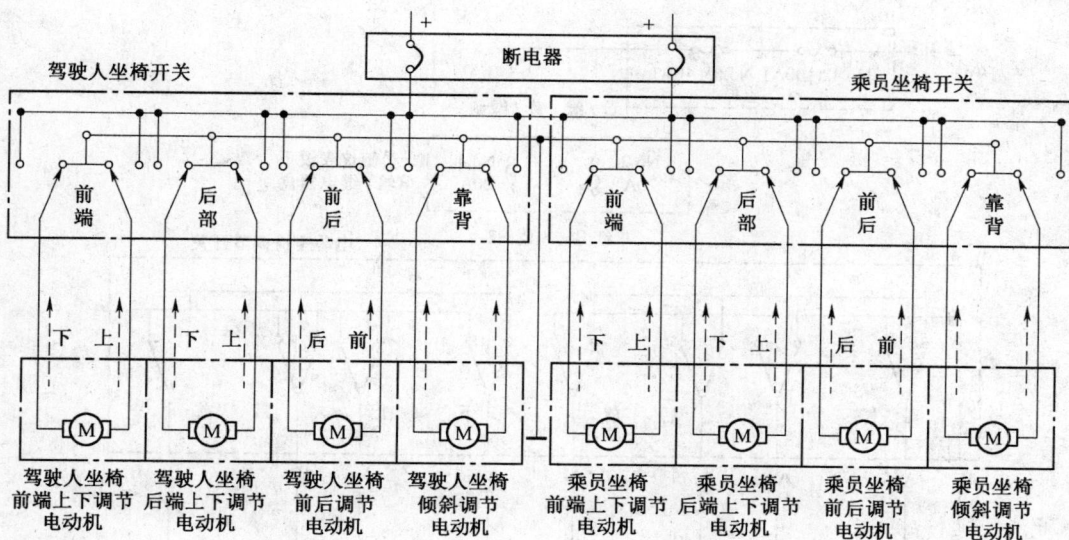

图 7-3 帕萨特 B5 轿车无存储功能电动坐椅电路原理图

2. 诊断步骤

如果是坐椅完全不能动作,可以首先检查熔断器、断路器是否损坏;若熔断器、断路器良好,则应检查所在线路及其插接件是否正常,最后检查开关。对于有存储功能的电动坐椅系统还应检查其控制单元(ECU)的电源电路及其搭铁线是否正常。如果是某个方向无法动作,可以先检查所在线路是否正常,再检查开关和电动机。

(二)实例

以广州本田雅阁轿车的电动坐椅电路为例,介绍其开关、电动机及线路的检查方法。图 7-4 所示是该车电动坐椅电路原理图。

1. 检测电动坐椅调节开关

① 拔出调节开关钮,然后从驾驶席坐椅处拆下调节开关罩。

② 拆开调节开关的两个 6 芯插头,如图 7-5 所示。再拆下该开关的 2 个固定螺钉,然后从开关罩上拆下调节开关。

③ 当调节开关处于各调节位置时,按表 7-1 检查两个 6 芯插头各端子之间的导通情况。例如,我们要检查靠背倾斜调节开关是否正常时,可以先把开关置于"向前"位置。由图7-4可知,此时开关上的 B_2 端子和 B_3 端子接通、B_2 端子和 B_4 端子接通。从表 7-1 上可以看到,靠背倾斜调节开关的"向前"一行中 B_2 与 B_3 相连、B_1 与 B_4 相连。此时把万用表调至电阻挡,将两个表笔分别与 B_2 端子、B_3 端子接触,如果阻值为零,则迅速把表笔移开,说明此处正常。同样再检查 B_1 和 B_4 端子,其阻值也应为零才说明其正常。之后,将此开关搬至"向后"位置。如果 B_4 和 B_2 端子之间、B_3 和 B_1 端子之间的阻值均为零,则说明此开关正常。用同样的方法再检查其他开关,当开关处在相应的位置时,表 7-1 中各个连线的端子间的阻值都应为零,才说明整个调整开关正常,否则应进行修理或更换。

+ 黑

No.42(100A)　No.55(40A)

黄/绿　黄/绿

No.2 20A　　No.4 20A　　乘员侧仪表板下 熔丝/继电器盒

红 B6　　蓝 B2　　　　　电动座椅调节开关

上　下　　后　前　　　　下　上　　后　前

B5　A3　　A4　A1　　A5　　A6　　A2　B4　　B3　B1

黑　红/黄　红　蓝　蓝/黄　绿　绿/黄　黄　绿/黄　黑

G551　　　　　　　　　　　　　　　　　　　　　　　G551

1　2　前端上下调节电动机　M

1　2　前后调节电动机　M

1　2　后端上下调节电动机　M

1　2　靠背倾斜调节电动机　M

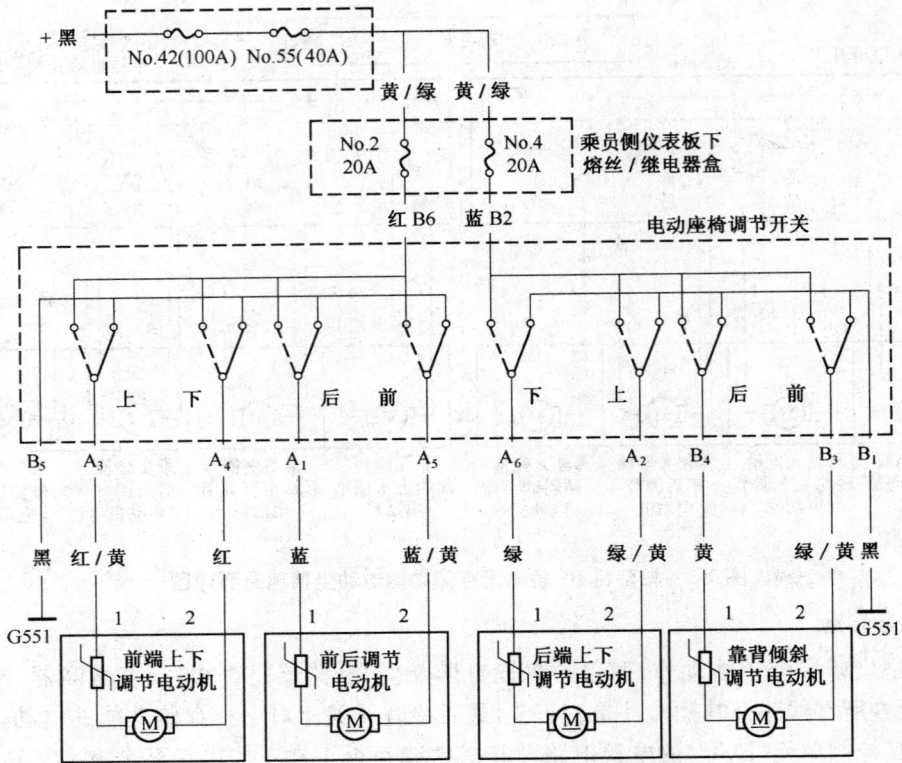

图 7-4　广州本田雅阁轿车电动坐椅电路原理图

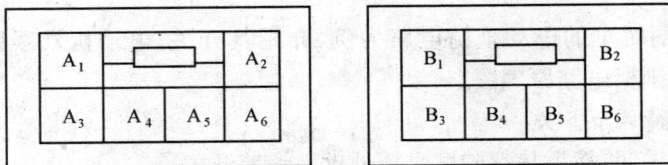

A1		A2
A3	A4	A5　A6

B1		B2
B3	B4	B5　B6

图 7-5　调节开关两端的两个 6 芯插头

表 7-1　检测调节开关对应表

端子 / 开关位置		A1	A2	A3	A4	A5	A6	B1	B2	B3	B4	B5	B6
前端上下调节开关	向上			●	●							●	●
	向下			●	●							●	●
后端上下调节开关	向上		●				●	●	●				
	向下		●				●	●	●				

续表 7-1

端子 开关位置		A₁	A₂	A₃	A₄	A₅	A₆	B₁	B₂	B₃	B₄	B₅	B₆
前后 调节开关	向前	●				●						●	●
	向后	●				●						●	●
靠背倾斜 调节开关	向前							●	●	●	●		
	向后							●	●	●	●		

2. 检测电动坐椅调节电动机

① 拆下驾驶席坐椅轨道端盖,再拆下坐椅的 4 个固定螺栓。

② 拆开坐椅线束插头和线束夹,然后拆下驾驶席坐椅。

③ 拆开调节开关的两个 6 芯插头,见图 7-5 所示。

④ 将两个 6 芯插头的某两端分别接蓄电池的正、负极,按表 7-2 检查各调节电动机的工作情况。注意,当电动机停止运转时,应立即断开端子与蓄电池的连接。例如,我们要检查坐椅的前后调节电动机。由图 7-4 可知,"向前"开关闭合后,电流是从开关的 A₅ 端子向下经电动机的 2 号端子流入电动机,再经电动机的 1 号端子向上经开关的 A₁ 端子流出回到电源负极(搭铁)。此时电动机转动使坐椅向前移动;当"向后"开关闭合时,电流的流向改变,电动机转动时坐椅向后移动。

表 7-2　检测调节电动机对应表

端子 电动机工作情况		(+)	(−)
前端上下 调节电动机	向上	A₃	A₄
	向下	A₄	A₃
后端上下 调节电动机	向上	A₂	A₆
	向下	A₆	A₂
前后 调节电动机	向前	A₅	A₁
	向后	A₁	A₅
靠背倾斜 调节开关	向前	B₃	B₄
	向后	B₄	B₃

⑤ 如果某个调节电动机不运转或运转不平稳,则应检查 6 芯插头与该调节电动机的 2 芯插头之间的线束是否有断路或接触不良等故障。如果线束正常,则应更换调节电动机。

3. 检测线路

(1)电压检测法　例如检测后端上下调节电动机,可将该电动机上的 2 芯插头拔下,用数字万用表的 20V 电压挡测量 1、2 端子间的电压。当该电动机的开关未操作时,电压值应为零;

当将开关掷于"向上"位置时,1、2端子间的电压应为＋12V,即1端子为正,2端子为负;当将开关掷于"向下"位置时,1、2端子间的电压应为－12V,即2端子为正,1端子为负。其他电动机的检测方法与此相同。

(2)电阻检测法　例如检测前端上下调节电动机,可将该电动机上的2芯插头拔下,用万用表的电阻挡测量相关处的电阻值。当该电动机的开关未操作时,1、2端子间的阻值应为零;当将开关掷于"向上"位置时,1端子与电源正极间的阻值应为零,2端子与搭铁线(电源负极)间的阻值也应为零,1、2端子间的阻值为无穷大;当将开关掷于"向下"位置时,2端子与电源正极间的阻值应为零,1端子与搭铁线间的阻值也应为零,1、2端子间的阻值为无穷大。其他电动机的检测方法与此相同。

第二节　电动车窗的检修

一、电动车窗的作用及组成

(一)电动车窗的作用

电动车窗是指由电动机驱动,并通过传动机构将汽车车窗玻璃沿玻璃导向槽上升或下降,并能按要求停留在任意位置的装置,也叫自动车窗。它可以使驾驶人更加集中精力驾车,方便驾驶人及乘客的操作,许多轿车安装了这种装置。驾驶人操作时,可以使4个车窗中的任意一个上升或下降,而乘员操作只能使所在的车窗上升或下降。

(二)电动车窗的组成

电动车窗主要由车窗升降器、电动机、继电器、开关等组成。车窗升降器主要有钢丝滚筒式升降器、齿扇式升降器及齿条式升降器等,它们的作用都是把电动机的转动转化成车窗玻璃的上下往复移动。

钢丝滚筒式升降器的减速器上装有一个滚筒,滚筒上绕有钢丝,玻璃安装卡座固定在钢丝上并在滑动支架上上下移动。当电动机转动时,钢丝便带着卡座沿滑动支架上下移动,使车窗玻璃上升或下降。齿扇式升降器的齿扇上连有螺旋弹簧,当车窗上升时,弹簧伸展,放出能量,以减轻电动机负荷;当车窗下降时,弹簧被压缩,吸收能量,从而使车窗上升和下降时,电动机的负荷基本相同。齿条式升降器使用了一个小齿轮和一根柔性齿条,车窗玻璃固定在齿条的一端,电动机带动小齿轮转动,小齿轮带动齿条移动,使车窗玻璃上升或下降。

二、电动车窗的电路原理

车型不同,所采用的电动车窗的电动机及其控制电路也各不相同。电动机有直接搭铁式和控制搭铁式两种。直接搭铁式电动机的一端直接搭铁,电动机内部有两组磁场线圈。通过接通不同的线圈,改变电动机的转向,实现车窗的上升和下降动作,其控制电路如图7-6所示。控制搭铁式电动车窗的电动机结构简单,开关和控制线路复杂一些,其基本控制电路如图7-7所示。从上述两种类型的车窗电路中看,电动车窗控制电路中,一般都设有驾驶人集中控制的主控开关和每个车窗的独立操作开关。驾驶人的主控开关不仅能控制左前车窗,还可对其他车窗进行控制,其他几个独立操作开关由乘员独立操作,控制所在车窗。

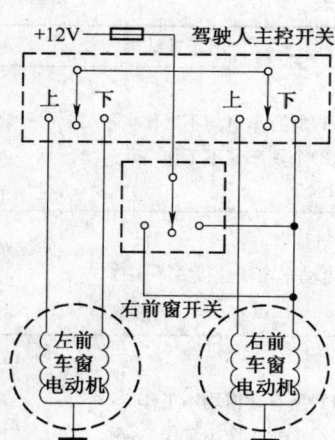

图 7-6　电动机搭铁的车窗控制电路

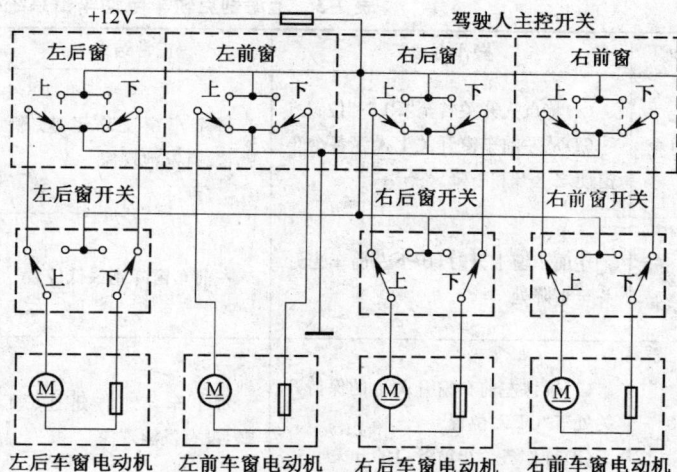

图 7-7　电动机不搭铁的车窗控制电路

三、电动车窗的故障诊断

(一)故障分析

1. 玻璃升降器不工作

(1)主要原因:熔断器断路;连接导线断路或相关插接件松脱;有关继电器、开关损坏;电动机损坏;搭铁线锈蚀、松动。

(2)诊断与排除:首先检查熔断器是否断路,然后检查各插接件连接是否紧固可靠;检查电源线是否有电,电压是否正常;检查搭铁线搭铁是否良好可靠;最后检查开关、继电器及电动机是否损坏,如确属零部件损坏则应更换新件。

2. 单个车窗不能升降或只能一个方向运动

(1)主要原因:该车窗开关或电动机损坏;该处导线断路或插接件松脱;安全开关故障。

(2)诊断与排除:首先检查安全开关是否正常;该窗的开关是否正常;再通电检查该窗电动机是否正常,如有故障应检修或更换新件;若正常,应检修连接导线是否有断路处。如车窗只能朝一个方向运动,一般是开关故障或相关导线断路,可先检查线路,再检查开关。

3. 升降器工作时有异响

(1)主要原因:安装时未调整好;卷丝筒内钢丝跳槽;滑动支架内传动钢丝夹转动;电动机盖板或固定架与玻璃碰擦等机械故障。

(2)诊断与排除:这类机械故障一般是安装位置或精度偏差所致,只需对所在位置的螺钉进行重新调整或紧固、校正即可。

(二)实例

以上海别克轿车电动车窗系统为例。

1. 电动车窗系统的检查

电动车窗系统的检查见表7-3。

表 7-3   上海别克轿车电动车窗系统检查表

步骤	操作方法	正常结果	不正常结果
1	(1)将点火开关转至"RUN"位置 (2)从左前车窗开关上操纵各个车窗使之上升和下降	每个车窗工作迅速、顺畅,没有发涩现象	(1)所有车窗均不工作 (2)个别车窗不工作
2	左前车窗上升时,压下左前车窗开关至下降处	左前车窗降到最低位置	电动车窗快速模式不工作
3	(1)确保左前车窗开关上的保持开关处于"OFF"位置 (2)操作各个车窗各自的开关	每个车窗工作迅速、顺畅,没有发涩现象	(1)所有车窗均不工作 (2)个别车窗不工作
4	(1)将左前车窗开关上的保持开关压至"OFF"位置 (2)用各自的开关试着操作每个车窗	各自的开关不能使车窗工作;仅用左前车窗开关时工作	电动车窗保持功能不工作

2. 电动车窗不工作的故障诊断

(1)所有电动车窗都不工作的故障诊断   上海别克轿车电动车窗不工作的故障诊断如图7-8所示,上海别克轿车电动车窗控制电路如图 7-9 所示。

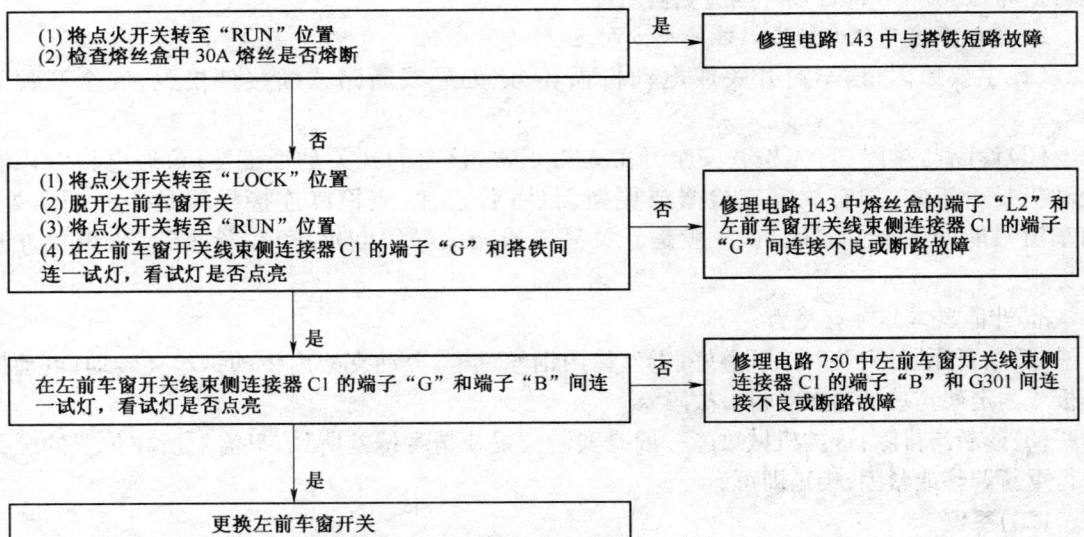

图 7-8   电动车窗不工作的故障诊断流程

(2)左前电动车窗不工作的故障诊断   左前电动车窗不工作的故障诊断如图 7-10 所示。

至照明系统中内部灯变光电路

照明灯

车窗开关

锁住在快速 Dn Up 位置直到快速下降模块释放

快速下降模块

点火开关在 RUN、ACC 或 RAP 继电器被激发时供电

熔丝盒
30A
3YEL143

RR 车窗输出

LF 车窗输出

RF 车窗输出

LR 车窗输出

RR SW
RR 窗调速电动机（带 ECB）

LF 窗调速电动机（带 ECB）

RF SW
RF 窗调速电动机（带 ECB）

LR SW
LR 窗调速电动机（带 ECB）

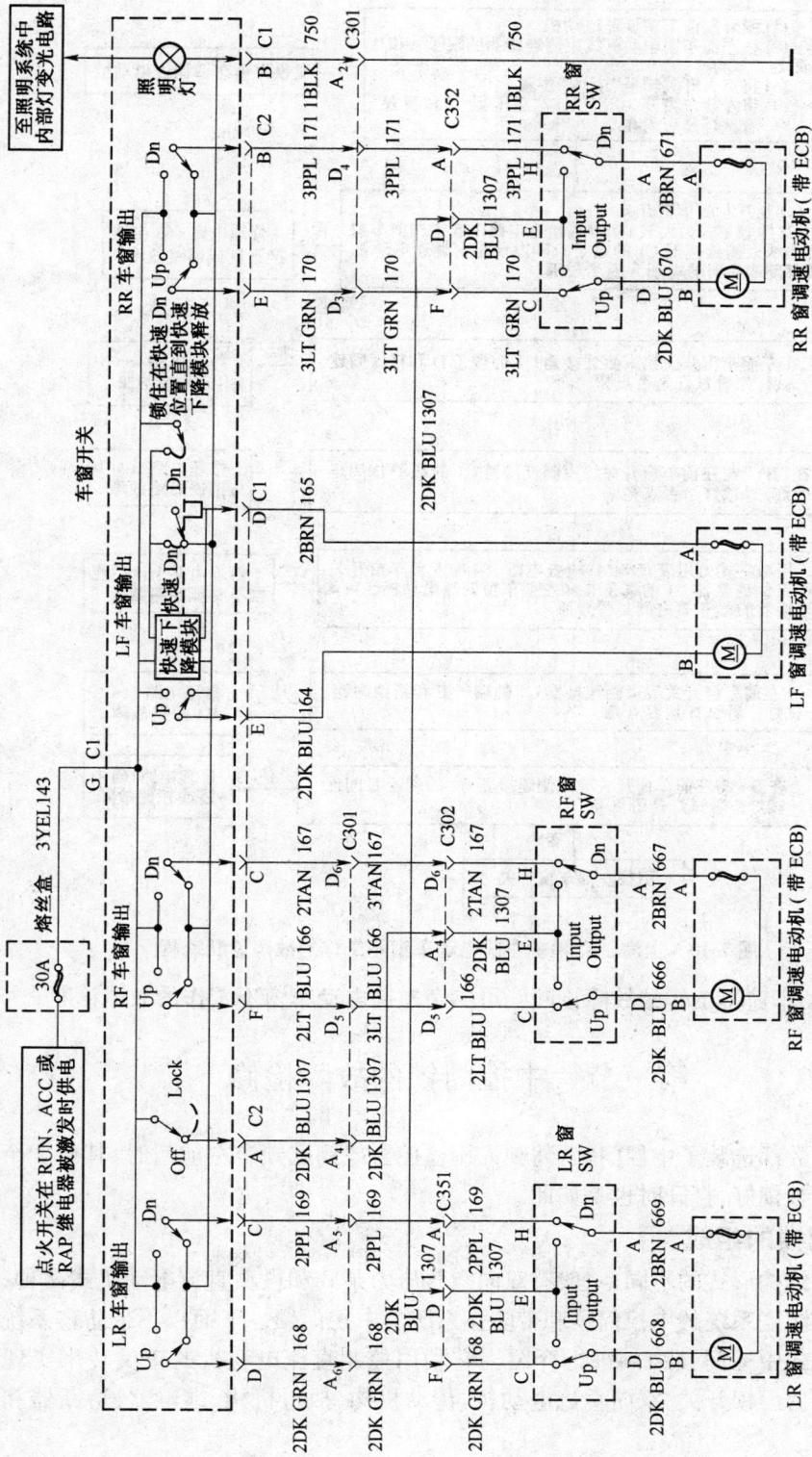

图7-9　上海别克轿车电动车窗控制电路

```
┌─────────────────────────────────────┐
│ (1)脱开左前车窗调速电动机            │
│ (2)在左前车窗电动机线束侧连接器的端子A和B│      是  ┌──────────────────┐
│    间连一试灯                        │ ──────→ │ 更换左前车窗调速电动机 │
│ (3)将点火开关转至"RUN"位置           │          └──────────────────┘
│ (4)将左前车窗开关压至"UP"后压至"Dn"位置│
│ (5)看试灯是否均亮                    │
└─────────────────────────────────────┘
                │否
                ▼
┌─────────────────────────────────────┐
│ (1)脱开左前车窗开关                  │      否  ┌──────────────────┐
│ (2)用数字式万用表(DMM)检查电路165中左前车窗│ ──────→ │ 修理电路165中连    │
│    开关线束侧连接器C1的端子D和左前车窗调速电动机│       │ 接不良或断路故障    │
│    线束侧连接器的端子A是否导通       │          └──────────────────┘
└─────────────────────────────────────┘
                │是
                ▼
┌─────────────────────────────────────┐      是  ┌──────────────────┐
│ 在左前车窗开关线束侧连接器C1的端子D和搭铁间连│ ──────→ │ 修理电路165中      │
│ 一试灯,看试灯是否点亮                │          │ 与B+ 短路故障      │
└─────────────────────────────────────┘          └──────────────────┘
                │否
                ▼
┌─────────────────────────────────────┐      是  ┌──────────────────┐
│ 在"B+"与左前车窗开关线束侧连接器C1的端子D间连│ ──────→ │ 修理电路165中      │
│ 一试灯,看试灯是否点亮                │          │ 与搭铁短路故障     │
└─────────────────────────────────────┘          └──────────────────┘
                │否
                ▼
┌─────────────────────────────────────┐      否  ┌──────────────────┐
│ 用数字式万用表(DMM)检查电路164中左前车窗开关│ ──────→ │ 修理电路164中连    │
│ 线束侧连接器C1的端子E和左前车窗调速电动机线束侧│       │ 接不良或断路故障    │
│ 连接器的端子B之间是否导通            │          └──────────────────┘
└─────────────────────────────────────┘
                │是
                ▼
┌─────────────────────────────────────┐      是  ┌──────────────────┐
│ 在左前车窗开关线束侧连接器C1的端子E和搭铁间连│ ──────→ │ 修理电路164中      │
│ 一试灯,看试灯是否点亮                │          │ 与B+ 短路故障      │
└─────────────────────────────────────┘          └──────────────────┘
                │否
                ▼
┌─────────────────────────────────────┐      是  ┌──────────────────┐
│ 在B+与左前车窗开关线束侧连接器C1的端子E间连│ ──────→ │ 修理电路164中      │
│ 一试灯,看试灯是否点亮                │          │ 与搭铁短路故障     │
└─────────────────────────────────────┘          └──────────────────┘
                │否
                ▼
        ┌──────────────┐
        │ 更换左前车窗开关 │
        └──────────────┘
```

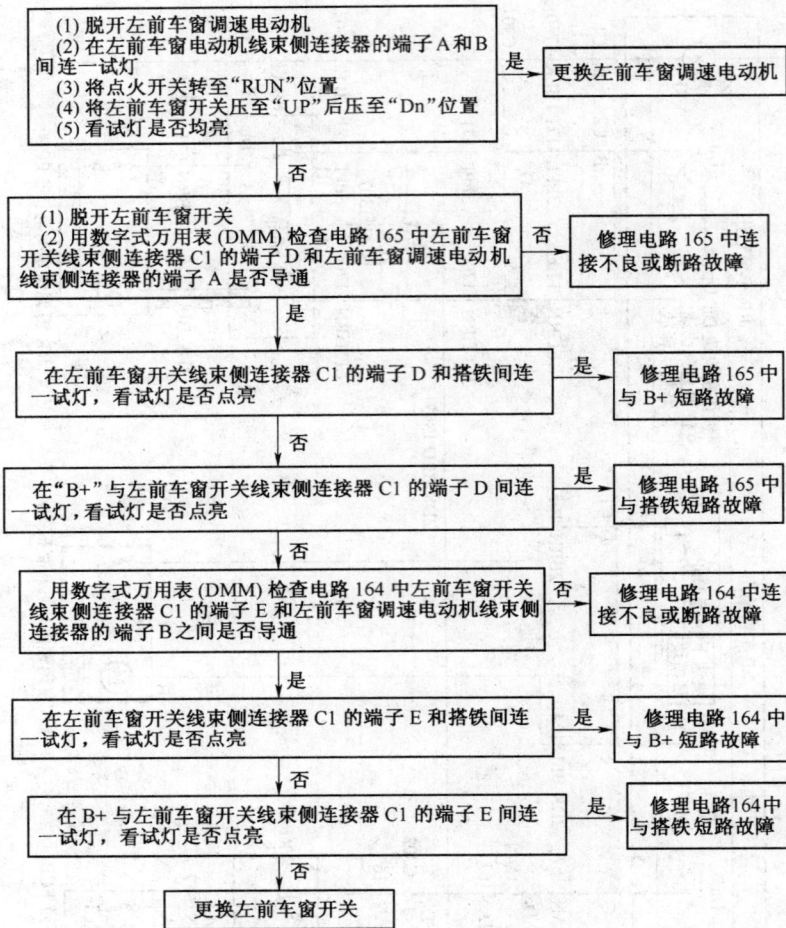

图 7-10　上海别克轿车左前电动车窗不工作的故障诊断流程

（3）其他电动车窗不工作的故障诊断　可参考左前电动车窗不工作的故障诊断。

第三节　中控门锁的故障检修

现代轿车多数都选装了中控门锁,驾驶人用遥控器或钥匙锁定左前门时,其他 3 个车门及后备箱门也同时被锁好,打开时也是如此。

一、中控门锁的组成

中控门锁按结构形式的不同,一般有双向空气压力泵式和微型直流电动机式两种;按控制方式不同有不带防盗系统的中控门锁和带防盗系统的中控门锁。下面以不带防盗系统的微型双向直流电动机式中控门锁为例进行介绍。它利用控制直流电动机的正反转来实现门锁的开、关动作,主要由门锁开关、双向直流电动机、传动机构、执行机构、继电器、熔断器和导线等组成。

二、中控门锁的电路原理

(一)基本工作原理

不同汽车所安装的中控门锁的控制电路一般不同。有的门锁开关由门锁按钮操作,有的具有一套独立的开关系统。有的汽车具有多个集中控制的门锁开关,驾驶人和乘员都可以操作开关,把所有的车门锁住或打开,有的汽车则只有一个集中控制的门锁开关和几个单独控制的门锁开关。驾驶人操作集中控制的门锁开关,把所有的车门锁住或打开,乘员只能操作单独的门锁开关,把对应的车门锁住或打开。集中控制的门锁开关一般安装在驾驶室车门或前乘员车门上,单独控制的门锁开关一般安装在对应的车门上。

如图 7-11 所示是一种基本的电动门锁控制电路。它主要由两个门锁开关、门锁继电器、五个双向直流电动机(其中四个控制车门、一个控制后备箱)及导线和熔丝等组成。门锁继电器实际上是由开锁和锁定两个继电器组成,其线圈不通电时,动触点都和搭铁触点接通;通电时动触点与搭铁触点断开,与另一触

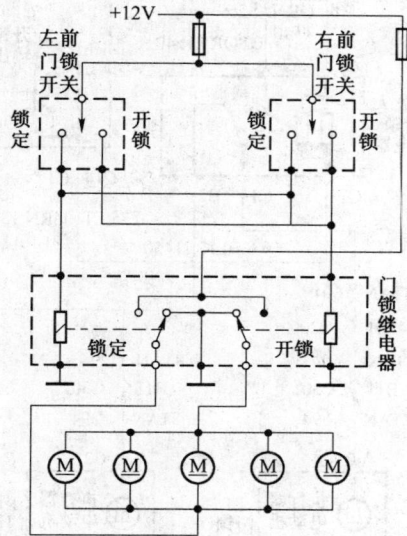

图 7-11　中控门锁控制电路

点接通。通过触点位置的改变,来改变电路及直流电动机中的电流方向,完成对车门的锁定和开锁动作。

(二)实例分析

上海别克轿车的中控门锁系统属于遥控门锁装置(无钥匙进门系统),它具有车门上锁、车门开锁、打开后箱的功能。有些具有警报功能的遥控门锁系统还具有使喇叭鸣响、车内灯点亮、车前大灯点亮等其他辅助功能。

遥控门锁装置由遥控发射器和接收器组成。遥控门锁接收器位于仪表板上,由蓄电池通过仪表线束供电。它接收并判断遥控门锁发射器发来的指令信号,并将该信号送入车身控制模块(BCM)。其基本电路如图 7-12 所示。它主要由车身控制模块(BCM)、驾驶人开锁继电器、熔丝、门锁电动机及导线等组成。它的开锁、上锁指令不是通过机械开关完成的,而是通过接收信号指令,经过 BCM 处理,然后 BCM 再发出指令使门锁电动机按要求转动,实现上锁或开锁动作。

三、中控门锁的故障诊断

以上海别克轿车为例,介绍遥控门锁的故障诊断。

(一)遥控门锁系统的检查

遥控门锁系统的检查操作方法详见表 7-4。

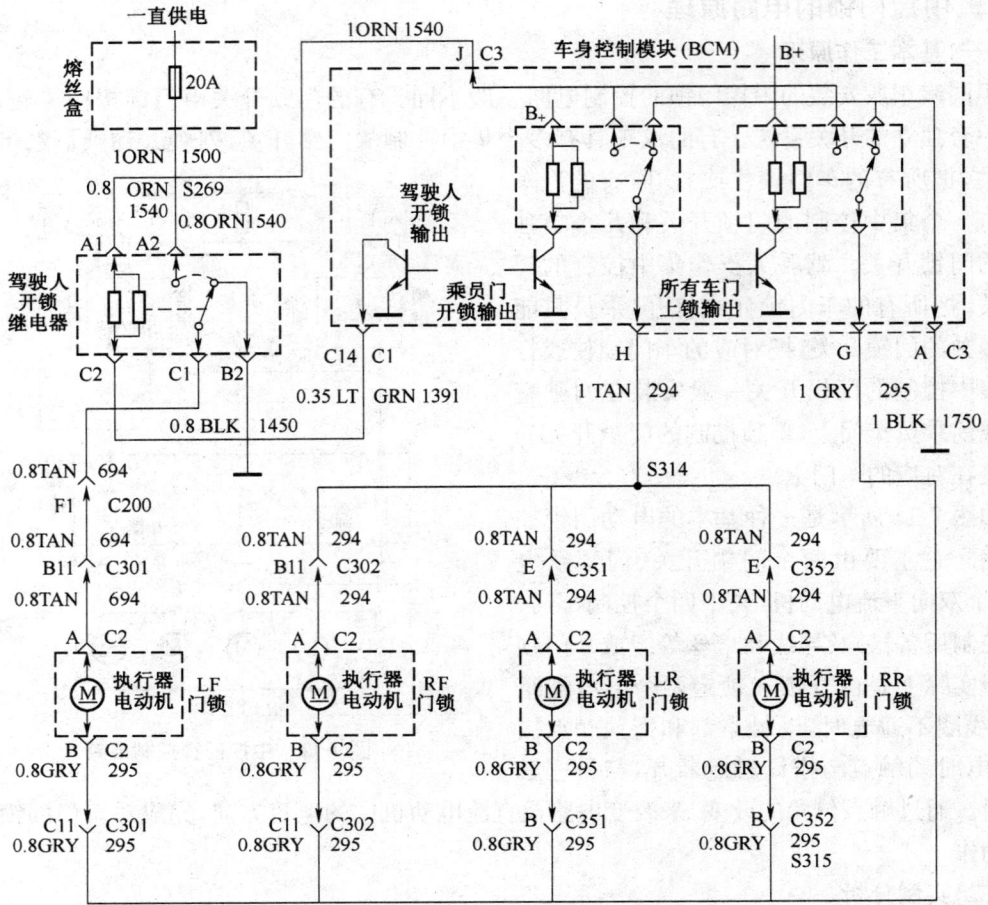

图 7-12　上海别克轿车遥控门锁系统电路

表 7-4　遥控门锁系统检查表

步　骤	操作方法	正常结果	不正常结果
1	(1)确保大灯 IP 变光开关处于"OFF"位置 (2)从点火开关中拔下钥匙 (3)关上所有车门 (4)按无钥匙进门遥控器上的 LOCK 键一次	(1)所有车门均锁上 (2)门控灯熄灭(OFF)	(1)仅后盖释放模式工作 (2)门控灯一直点亮
2	按下无钥匙进门遥控器上的 UN-LOCK 键一次	(1)在无钥匙进门遥控器上的 UN-LOCK 键被按下一次时,驾驶人侧车门打开 (2)门控灯保持点亮 36~44s	(1)用遥控器时,仅后盖释放模式工作 (2)门控灯一直点亮 (3)遥控无钥匙进门系统不工作

续表 7-4

步　骤	操作方法	正常结果	不正常结果
3	在第一次按下 UNLOCK 键 5s 内，再次按下 UNLOCK 键	所有车门均打开	(1)仅后盖释放模式工作 (2)遥控无钥匙进门系统不工作
4	按下无钥匙进门遥控器上的 REARCOMPARTEMENT 键	大灯闪亮并喇叭响,间隔 2min 或直到再次按下无钥匙进门遥控器上的 AIARM 键	仅后盖释放模式工作
5	按下无钥匙进门遥控器上的 REARCOMPARTEMENT 键	后舱盖释放(打开)	后舱盖释放模式不工作
6	(1)确认钥匙已从点火锁缸中拔出 (2)关上所有车门 (3)按下 UNLOCK 键一次,同时观察大灯和听喇叭声音	模式 1:性能丧失。在无钥匙进门遥控器被用于开门时,大灯不闪亮且喇叭不响 模式 2:按下遥控器上的 UNLOCK 键时,喇叭响 模式 3:按下遥控器上的 UNLOCK 键时,大灯闪亮 模式 4:按下遥控器上的 UNLOCK 键时,大灯闪亮且喇叭响	遥控门锁系统(RKE)不能改变规定模式
7	(1)确认钥匙已从点火锁缸中拔出 (2)关上所有车门 (3)按下 LOCK 键一次,同时观察大灯和听喇叭声音	模式 1:性能丧失。在遥控器被用于锁门时,大灯不闪亮且喇叭不响 模式 2:按下遥控器上的 LOCK 键时,喇叭响 模式 3:按下遥控器上的 LOCK 键时,大灯闪亮 模式 4:按下遥控器上的 LOCK 键时,大灯闪亮且喇叭响	遥控门锁系统(RKE)不能改变规定模式

(二)遥控门锁系统更换与设定

1. 遥控门锁接收器的更换

(1)遥控门锁接收器(RCDLR)的拆卸步骤如下:

① 拆下仪表板;

② 通过松开易扣接头拆下 RCDLR;

③ 脱开 RCDLR 的导线插接器;

④ 从仪表板上拆下 RCDLR。

(2)遥控门锁接收器(RCDLR)的安装步骤如下:

① 将遥控门锁接收器(RCDLR)装在仪表底板上;

② 插好 RCDLR 的导线插接件;

③ 通过连接易扣接头安装 RCDLR；

④ 回装仪表板。

2. 遥控门锁开锁控制设定方法（不用专用工具）

(1)遥控门锁控制设定有以下 4 种模式：

模式 1：遥控门锁不起作用。

模式 2：仅喇叭响。

模式 3：仅前大灯闪亮。

模式 4：喇叭响同时前大灯闪亮。

(2)开锁控制设定方法步骤如下：

① 坐在驾驶座位上，关上所有车门；

② 将点火开关转至"RUN"位置；

③ 按下并保持门锁开关在"UNLOCK"位置；

④ 按下遥控器"UNLOCK"键，报警器将发出 1～4 次的响声，响的次数等于当前模式号，说明车辆处于该模式。

⑤ 当欲设定的模式号被警报器指示出时，将门锁开关从"UNLOCK"位置释放。

⑥ 将点火开关转至"OFF"位置，设置完成。

注意：在上述设置过程中，如果点火开关被移至"OFF"位置或任一车门被打开，遥控开锁校验设定将被终止，且系统将保持在最新模式。

3. 遥控门锁上锁控制设定方法

遥控上锁的控制设定方法与遥控开锁的控制设定方法基本相同，只是门锁开关位置和按下遥控器上的键改为"LOCK"键。

4. 遥控器的校准

当出现下列情况时应对遥控器进行校准：遥控器使用超过 256 次；更换遥控器电池后，马上使用超过 16 次。

遥控器的校准方法是：同时按下并保持住遥控器的"UNLOCK"和"LOCK"键至少 7s，或直到喇叭响 3 次为止。

(三)门锁电动机的检查

将点火开关置于"OFF"位置，拆下车门内饰板，接近门锁电动机。拆下电动机的两芯插头，然后将蓄电池的正负极分别与电动机插座的两个插芯相接，该电动机应转动；再将蓄电池的正负极对调接在两个插芯上，电动机应反转。如电动机不转或转动不平稳，则应修理或更换电动机。四个车门及后箱电动机检查方法相同。

第四节　电动后视镜的故障检修

一、电动后视镜的作用及组成

(一)作用

为了便于驾驶人调整两个后视镜的后视角度，很多轿车安装了电动后视镜，驾驶人在行车时便可方便地对左右后视镜的角度进行任意调节,操作起来十分方便。

(二)组成

电动后视镜主要由调整开关、双电动机、熔丝、传动和执行机构、外壳及连接件等组成。反射镜的背后装有两个双向电动机和其执行机构,可操纵反射镜面在一定范围内上下及左右转动。通常上下方向的转动用一个双向电动机控制,左右方向的转动用另一个双向电动机控制。通过改变电动机的电流方向,就可完成对后视镜的上下左右方向的调整。

为了使车辆能够获得最大的驻车间隙,通过尽可能狭小的路段,有的电动后视镜还带有伸缩功能,由伸缩开关控制伸缩电机工作,使两个后视镜整体回转伸出或缩回。

二、电动后视镜的工作原理

下面以桑塔纳2000型轿车为例,介绍电动后视镜的基本工作原理,其电路如图7-13所示。虚线框内为其控制开关,V_{33-1} 和 V_{33-2} 是右侧后视镜的执行器(两个直流电动机,均可进行正反转动),V_{34-1} 和 V_{34-2} 是左侧后视镜的执行器(同右侧)。

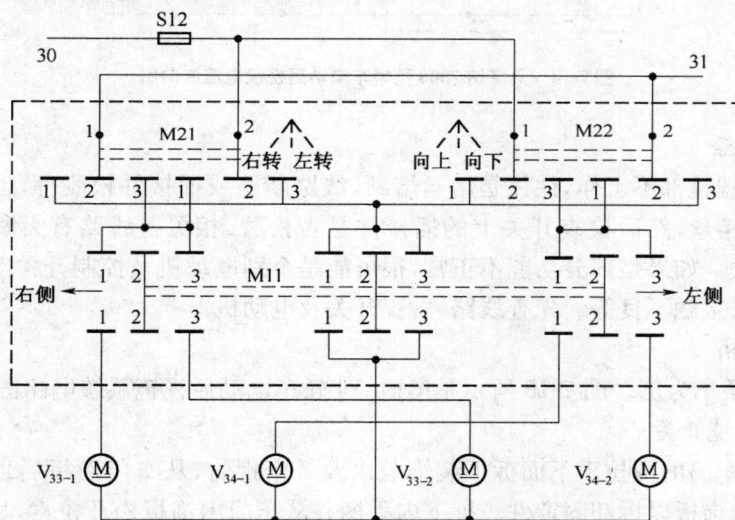

图7-13　桑塔纳2000型轿车电动后视镜控制电路

当点火开关处于"ON"位置时,将后视镜控制开关球形钮旋转,可选择调整左侧后视镜还是右侧后视镜。在控制开关面板上印有L和R,L表示左侧,R表示右侧,中间是停止位置。选择好需调整的后视镜后,只需上、下、左、右推动开关的球形钮,就可调整后视镜的角度。调整合适后,可将开关转回中间位置,以防误碰。图7-14所示是调整右侧后视镜使之左转的电流方向示意图,图中虚线箭头表示此时(M11向右,M21向左)电流的方向及路径。

三、电动后视镜的故障诊断

(一)故障分析

1. 常见故障

电动后视镜不工作或部分功能不正常。

2. 主要原因

熔丝熔断,线路断路或插接件松脱,开关或电动机有故障等。

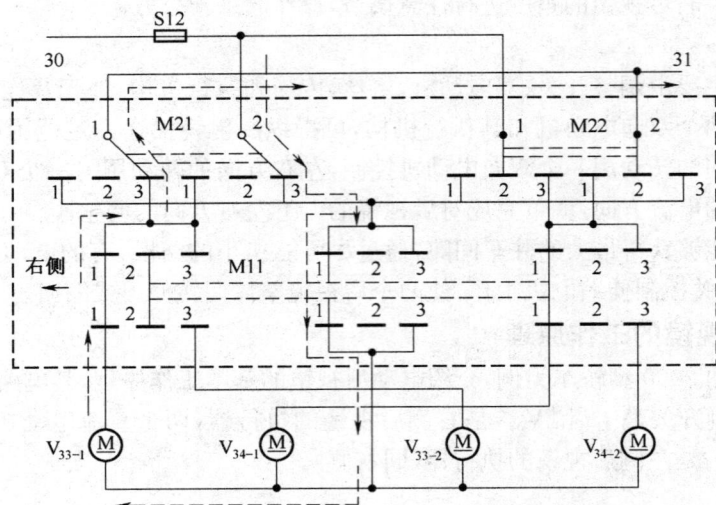

图 7-14　桑塔纳 2000 型轿车电动后视镜电流流向图

3. 诊断与排除

如果两个后视镜都不工作,往往是熔丝熔断,线路断路或插接件松脱等,也可能是开关有故障。可先检查熔丝,然后检查开关上的插接件是否松脱,相关各线路有无断路或接触不良等,最后检查开关。如果是部分功能不正常,很可能是个别电动机及控制开关对应部分有故障或相应线路断路、接触不良等。先查线路,后查开关及电动机。

(二)实例分析

以奥迪 A4 轿车为例。图 7-15 所示是奥迪 A4 轿车电动后视镜系统电路图。

1. 检查后视镜开关

首先从左前车门的内拉手下面拆下装饰盖以及 3 个螺钉,从车门面板后顶端拆下其上的螺钉,掀起车门内饰板以拆卸固定件。拆下内手柄并从车门内饰板松开拉索,从车门内饰板上断开剩余电器接头,从汽车上拆下车门内饰板。松开拉手的固定件从车门内饰板上拆下拉手。然后用一个小的一字旋具压下位于电动后视镜开关的锁止片,从拉手上拆下开关。最后用万用表对照表 7-5 检查开关。

表 7-5　奥迪 A4 轿车电动后视镜开关检查表

开关位置	端子	2	3	4	5	6	8	10
左	上	●					●	
			●			●		
	下	●				●		
			●				●	
	左		●			●	●	●
	右		●			●	●	●

续表 7-5

开关位置		端子 2	3	4	5	6	8	10
右	上			●	●—●		●	
	下			●	●	●	●	
	左				●	●——————●	●	●
	右			●—●			●—●	

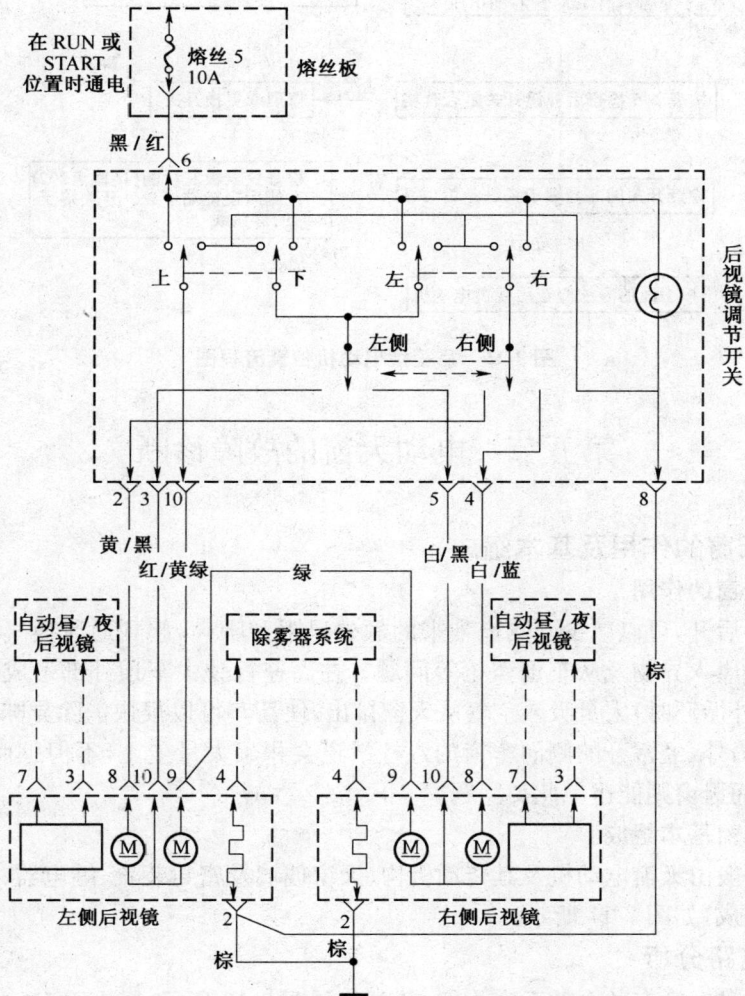

图 7-15 奥迪 A4 轿车电动后视镜系统电路图

2. 检查执行器(后视镜电动机)

拔下开关上的插头,找到和左侧电动机相连的 2、3、10 三个端子。让蓄电池的正极和端子 3 相连,负极分别和端子 2 和 10 相连,观察后视镜转动情况。如哪个方向不动,可能是电动机损坏,也可能是电动机处在该方向上的极限位置。将蓄电池的正负极对调,再分别接到 3 个端子上,观察后视镜转动情况。右侧后视镜的检查方法与左侧相同。

3. 两个后视镜都不工作的故障诊断

若两个后视镜都不工作,可参见图 7-16 的流程进行检查。

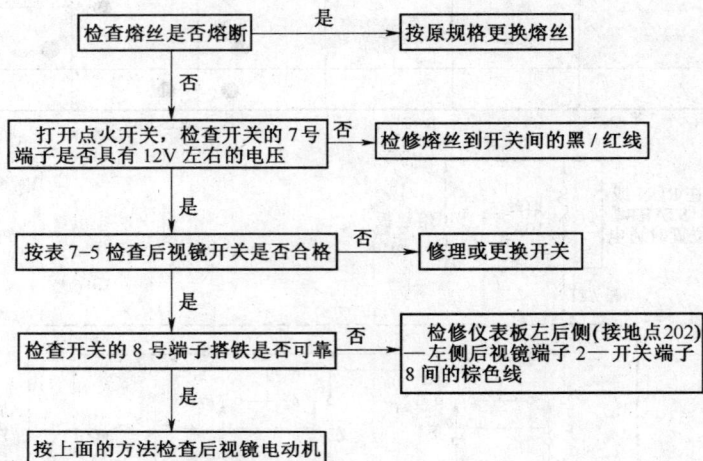

图 7-16　后视镜电动机检查流程图

第五节　电动天窗的故障诊断

一、电动天窗的作用及基本组成

(一)电动天窗的作用

电动天窗向后开,可以减少开侧窗带来的额外风阻和噪声,起到通风换气的作用,而且不用担心从车窗外飞入异物及从车窗盗抢等问题。在高速行驶中车顶外部形成低压,使车辆从进气道(当采用外循环时)大量吸入空气从天窗排出,使新车可以很快消除异味,并得到新鲜空气,保证健康。另外,经常开的侧面车窗的八柱滑道会积聚大量尘土,不但脏而且还会增加车窗滑道的磨损,而天窗则能避免此类问题。

(二)电动天窗基本组成

电动天窗一般由天窗电动机及其传动机构、天窗玻璃及密封装置、继电器、限位开关、控制线路及开关等组成,如图 7-17 所示。

二、控制电路分析

以广州本田雅阁轿车的电动天窗为例,其电路如图 7-18 所示。该天窗通过电动机的正反转以及和限位开关配合能够实现天窗的前后滑移和倾斜关闭动作。另外,当点火开关关闭后,

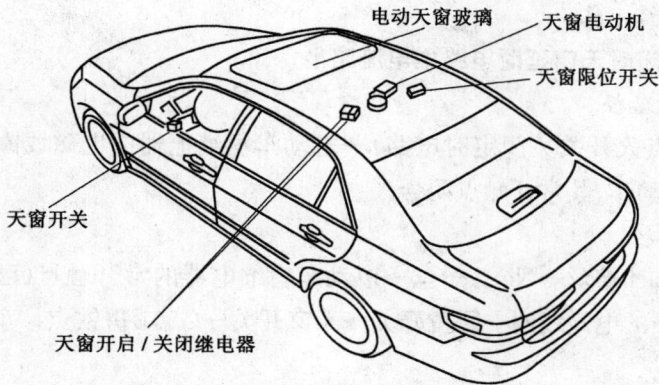

图 7-17 电动天窗各组件位置

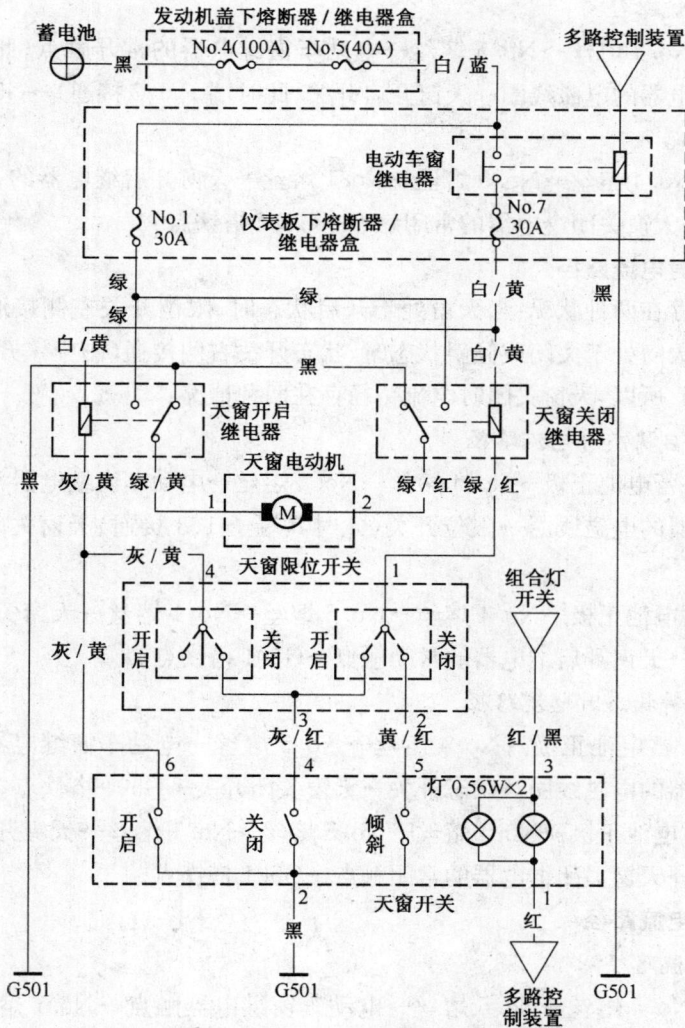

图 7-18 广州本田雅阁轿车电动天窗电路图

还可以延时 10min 继续工作。

(一)点火开关关闭时天窗延时电路中电流路径

1. 控制电路电流路径

多路控制装置(点火开关关闭定时电路)→电动车窗继电器的电磁线圈→G501 搭铁点。此时电动车窗继电器动作,其常开触点闭合。

2. 主电路电流路径

蓄电池正极→No.4 熔丝→No.5 熔丝→电动车窗继电器的常开触点(已闭合)→No.7 熔丝→天窗开/闭继电器的电磁线圈→限位开关→天窗开关→G501 搭铁点。车窗按正常操作要求动作。

(二)天窗开启时电流路径

1. 控制电路电流路径

蓄电池正极→No.4 熔丝→No.5 熔丝→电动车窗继电器的常开触点(此时闭合)→No.7 熔丝→天窗开启继电器的电磁线圈→天窗开启开关(此时端子 6、2 接通)→G501 搭铁点。

2. 主电路电流路径

蓄电池正极→No.4 熔丝→No.5 熔丝→No.1 熔丝→天窗开启继电器的常开触点(此时闭合)→天窗电动机→天窗关闭继电器的常闭触点→G501 搭铁点。

(三)天窗关闭时电流路径

天窗关闭动作存在两种状况:当天窗处于开启状态时,限位开关左侧接通(图中该开关的端子 1、3 接通);当天窗处于关闭或倾斜状态时,状态开关右侧接通(图中该开关的端子 1、2 接通;端子 4、3 接通)。所以,天窗关闭时电流路径存在两种情况:

1. 天窗处于开启状态时电流路径

(1)控制电路　蓄电池正极→No.4 熔丝→No.5 熔丝→电动车窗继电器常开触点 No.7 熔丝→天窗关闭继电器的电磁线圈→限位开关(此时其端子 1、3 接通)天窗关闭开关→G501 搭铁点。

(2)主电路　蓄电池正极→No.4 熔丝→No.5 熔丝→No.1 熔丝→天窗关闭继电器的常开触点→天窗电动机→天窗开启继电器的常闭触点→G501 搭铁点。

2. 天窗处于倾斜状态时电流路径

(1)控制电路　蓄电池正极→No.4 熔丝→No.5 熔丝→电动车窗继电器触点→No.7 熔丝→天窗开启继电器的电磁线圈→状态开关→天窗关闭开关→G501 搭铁点。

(2)主电路　蓄电池正极→No.4 熔丝→No.5 熔丝→No.1 熔丝→天窗开启继电器的常开触点→天窗电动机→天窗关闭继电器的常闭触点→G501 搭铁点。

(四)天窗倾斜电流路径

1. 控制电路电流路径

蓄电池正极→No.4 熔丝→No.5 熔丝→电动车窗继电器触点→No.7 熔丝→天窗关闭继电器的电磁线圈→状态开关→天窗关闭开关→G501 搭铁点。

2. 主电路电流路径

蓄电池正极→No.4 熔丝→No.5 熔丝→No.1 熔丝→天窗关闭继电器的常开触点天窗电机→天窗开启继电器的常闭触点→G501 搭铁点。

(五)开关照明灯电路

组合灯开关→开关照明灯→多路控制装置。

三、主要部件的故障诊断

(一)天窗开关的检测

(1)拆下点烟器插头及中间仪表板下盖。

(2)拆下左熔丝盒盖及驾驶席侧仪表板下盖。

(3)小心地从仪表板中撬出天窗开关,并从天窗开关上拆下其插接器,如图 7-19 所示。

(4)按表 7-6 检查开关处于不同位置时各端子间的导通情况。

表 7-6　电动天窗开关的检测

端子 开关位置	1	2	3	4
倾斜	●	●	●	●
开启	●		●	
关闭	●	●		

(二)天窗电机及限位开关的检测

(1)拆下车辆两侧的遮阳板和化妆镜灯插头等附件。

(2)拆下车顶装饰条,然后从前乘员侧车门处取下车顶内衬。

(3)此时看到天窗电动机和天窗限位开关,如图 7-20 所示(仰视)。然后按表 7-7 和表 7-8 分别进行检测。

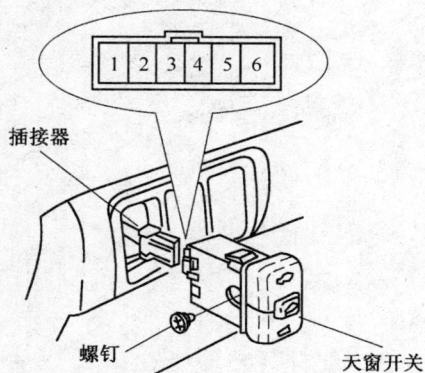

图 7-19　天窗开关

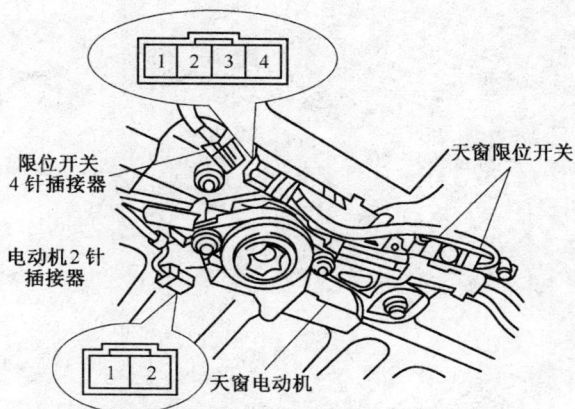

图 7-20　天窗电动机及限位开关位置

表 7-7　天窗电动机的检测

端子 开关位置	1	2
开启	+	−
关闭	+	−

表 7-8　天窗限位开关的检测

端子 开关位置	1	3	2	4	5	6
关闭	●	●	●	●		
倾斜			●		●	
开启			●			●

第八章 燃气汽车发动机电控技术与维修

第一节 燃气燃料种类与理化性质

一、燃气燃料种类

燃气汽车所使用的燃料主要分为两类。一类是天然气（NG），另一类是液化石油气（LPG）。

二、天然气的理化性质

天然气是由多种烃类物质和少量的其他成分组成的混合气体，是世界上储量最丰富的能源之一。天然气中最主要的成分是甲烷（化学分子式是 CH_4），天然气分为气田气和油田伴生气，随着产地的不同，甲烷成分所占体积分数在 85%～97% 之间变化。

以车用压缩天然气的主要质量指标——热值为例：燃料的热值是指单位燃料在量热计中燃烧后测得的热量。由于燃料燃烧产物中的 H_2O 在冷凝过程中放出的潜热，包括在量热计所测的数值中，所以测出的数值称为高位热值（对应于从高位热值中减去这部分潜热后的有效热量称为低热值）。天然气燃料是各种轻烃的混合物，各种烃的热值均可在有关资料中查得。引入气体燃料热值计算公式（8-1）就可计算出天然气的热值。由于各地气体燃料的成分有一定的变化，利用式（8-1）计算出的热值也就有一定差异。而在其他资料中，如表 8-1 中列出的天然气热值一般是纯甲烷天然气的数据。事实上，并非所有开采出的天然气的热值都满足车用压缩天然气的技术要求，可供汽车作燃料使用。

$$H_v = \sum (r_i \times H_{vi})/100 \tag{8-1}$$

式中　H_v——天然气的热值（MJ/m^3）；

　　　H_{vi}——第 i 个可燃组分的热值（MJ/m^3）；

　　　r_i——第 i 个可燃组分的体积（或摩尔）分数（%）。

表 8-1　气体燃料和燃油的物化特性

燃料名 项目	汽油	轻柴油	天然气（NG）	液化石油气 （LPG）
C 质量分数 G_c	0.855	0.87	0.75	0.818
H 质量分数 G_h	0.145	0.126	0.25	0.182
O_2 质量分数 G_o	—	0.004	—	—
气/液容积比(15℃)	—	—	624	264
理论空燃比（kg/kg）	14.8	14.5	16.7	15.8
燃烧速度（cm^3/s）	39～47	—	33.8	37

续表 8-1

项目 ＼ 燃料名	汽油	轻柴油	天然气(NG)	液化石油气 (LPG)
自燃温度(℃)	220～471	260	630～730	504
燃料低热值(MJ/kg)	44.4	42.5	50.05	46.4
混合气热值(kJ/m³)	3750	3750	3390	3490
辛烷值 MON	81～89	—	115～139	89～96
燃烧浓度(%)	1.0～7.6	0.5～4.1	5～15	1.9～9

　　表 8-1 是气体燃料和燃油的物化特性。由于甲烷在所有的碳氢化合物中具有最大的氢/碳比(其碳氢质量分数分别为 75％碳和 25％氢,而汽油中的相应值为 86％碳和 14％氢),因此甲烷燃烧后产生的 CO_2 要低于使用汽油或甲醇的发动机所生的 CO_2 量。甲烷的分子结构极其稳定,能有效地防止发生爆燃现象,这就使得天然气成为一种非常适宜的汽车燃料,它可以产生比传统汽油发动机更高的热效率(发动机曲轴输出的有用功和所用燃料燃烧所产生的热量之比)。这两个因素即氢/碳比和热效率综合起来就可以使采用天然气作为燃料的发动机所产生的 CO_2 量比汽油发动机少 25％;甲烷分子结构极其稳定,这意味着甲烷具有很高的抗氧化稳定性,从而可以有效地阻止烷基的裂解以及由此带来的后果。天然气作为内燃机燃料有以下特点:

　　1. 密度

　　通常状态下,甲烷是一种非常轻的气态物质。常温、常压下,甲烷的密度只相当于空气的 55％(甲烷密度/空气密度＝0.55)。天然气密度约相当于空气的 60％(天然气密度/空气密度 ≈ 0.6)。常温、常压下,甲烷密度为 0.71kg/m³;天然气密度约为 0.78kg/m³(随着各地区天然气组成成分的不同,密度有所差别)。由于天然气的密度远远小于空气,当天然气从输送管道或储存容器中泄漏到空气中时,天然气将向上移动,迅速扩散到空气中。由于这一特点,天然气的安全性优于汽油等大多数燃料。

　　2. 热值

　　甲烷是最简单的碳氢化合物,一个甲烷分子中含有一个碳原子和 4 个氢原子。在碳氢化合物中,分子中含有的碳和氢原子数越多,燃烧后产生的能量越多。同为气体状态,在相同的环境条件下,相同的体积中含有的分子数是相同的,因此分子中含碳和氢原子数越多的物质,燃烧产生的能量越多。因此每千克天然气的热值略高于汽油,但每立方米理论天然气混合气热值要比汽油混合气低;甲烷含量愈高,相差越大,纯甲烷理论混合气热值比汽油低 10％左右。

　　3. 状态、沸点

　　在常温、常压下,天然气是一种气态物质,当温度达到 -162℃和低于此温度时,天然气将转变成液态,以液态形式存在。此温度为天然气的沸点(-162℃)。由于沸点非常低,天然气是非常难于液化的,储存液态天然气也是非常困难的。因此一般以气体状态储存和运输天然气。

　　4. 颜色、味道和毒性

　　在原始状态时,天然气是没有颜色、味道和毒性的物质。基于安全的原因,在生产过程中,在天然气中加入了具有独特臭味的加臭剂。在使用和运输过程中,当有天然气泄漏时,由于独特的臭味,可以很容易的检测出泄漏。

5. 混合气发火界限宽

燃料和空气混合形成混合气,混合气的浓度在一定范围内,才能够被点燃、产生能量。混合气浓度过浓(燃料过多)或过稀(燃料过少)是难于被点燃的。可被点燃的混合气浓度范围的上、下限分别是燃料点火极限的上限和下限。天然气与空气混合后的工作混合气具有很宽的发火界限。天然气点火极限的上限为 15%,下限为 5%。其过量空气系数的变化范围为 0.6～1.8,可在大范围内改变混合比提供不同成分的混合气。通过采用稀薄燃烧技术,可进一步提高汽车的经济性和环保效益。

6. 自燃温度

自燃温度是指在此温度下,燃料和空气接触将会被点燃并连续燃烧。对于一种燃料,自燃温度不是一个常数。汽油的自燃温度 220℃～471℃;天然气的自燃温度为 630℃～730℃。自燃温度很高表明天然气的安全性是非常好的。

7. 起燃方式

天然气自燃温度比汽油更高,因而天然气不宜于压燃而适宜于用外火源点燃。同时由于其辛烷值远高于汽油,所以它又适宜于在较高的压缩比下点燃。因为它可在较高压缩比下点燃做功,因此天然气既可以用电火花点燃,也可用在柴油/天然气双燃料汽车上,用柴油压燃方式引燃。

8. 抗爆性和辛烷值

燃料的抗爆性是指燃料在发动机气缸内被点燃、燃烧时,避免产生爆燃的能力,亦即抗自燃能力,是燃料的一个重要指标。燃料的抗爆性用辛烷值表示,燃料的辛烷值越大,表示抗爆性越好。汽油的辛烷值(MON)一般在 81～89 之间;天然气的主要成分是甲烷,纯甲烷的马达法辛烷值(MON)约为 140,大多数天然气的 MON 在 130～150 之间。天然气的产地不同,其辛烷值有一定的差异。总之与汽油相比,天热气具有较高的抗爆燃性能,因此,燃用天然气的单燃料发动机可采用较高的压缩比,从而可以改进和提高燃气汽车的动力性经济性。

三、液化石油气的理化性质

液化石油气(LPG)分为石油炼制过程中的副产品——炼油厂气和油田伴生气。LPG 的主要成分为丙烷(C_3H_8)、丁烷(C_4H_{10}),另外含有少量的丙烯(C_3H_6)、丁烯(C_4H_8)及其他的烃类物质。丙烷和丁烷的沸点和蒸汽压力是不同的。液化石油气在一定温度下,混合物气在液平衡时存在一定蒸汽压力——饱和蒸汽压。饱和蒸汽压随温度升高而增大,也随所含成分比例而变化。

LPG 的主要成分为丙烷和丁烷,因此丙烷和丁烷决定了 LPG 的性质。LPG 的特性如下:

1. 密度

① 液态密度:15℃时液态丙烷、丁烷的密度分别为 0.508kg/L 和 0.584kg/L,LPG 的密度约为 0.55kg/L。而汽油的密度在 0.60～0.75kg/L 之间。

② 气态密度:15℃时气态丙烷、丁烷的密度分别为 1.548kg/m³ 和 2.071kg/m³,均大于空气密度。因此,当 LPG 从储存容器中泄漏出来后,将挥发成气态,在地表附近积聚,缓慢扩散。

2. 沸点

丙烷和丁烷的沸点分别为－42℃和－0.5℃,因此常温下丙烷和丁烷以气态存在,LPG有较好的挥发性,更容易和空气均匀混合。汽油的沸点为25℃~215℃,常温下呈液态。

3. 蒸发潜热

液体燃料蒸发成气体时,将从周围吸取热量,这就是蒸发潜热。在沸点时,丙烷和丁烷的蒸发潜热分别为426kJ/kg和385kJ/kg。LPG汽车在工作时,LPG在蒸发调压器内蒸发、汽化成气态,将从周围吸收大量的热量,如果没有热源提供热量,将使LPG温度急剧下降,严重时将使LPG凝固、冻结蒸发器。为此,需要利用具有较高温度的发动机循环水为蒸发过程提供热量。

4. 蒸汽压

LPG被注入密闭容器内后,其中一部分液体蒸发成气体,同时,少部分气体转变成液体,随着密闭容器内压力的升高,蒸发量逐渐减少、液化量逐渐增多,最终蒸发和液化达到平衡,容器内压力稳定在固定值,此时的压力即为蒸汽压。20℃时汽油的蒸汽压几乎为零,而丙烷、丁烷的蒸汽压分别为0.75MPa和0.1MPa。储气瓶保持一定的蒸汽压,可将液化气通过管路输送到蒸发器,进行减压汽化,而无需像汽油那样需要燃油泵输送燃料。

表8-2列出了液化丙烷和丁烷在不同温度下的饱和蒸汽压力。

表8-2　液化丙烷和丁烷在不同温度下的饱和蒸汽压力　　　　　　　　(MPa)

名称	－40℃	－20℃	0℃	10℃	20℃	30℃	40℃	50℃
丙烷	0.12	0.27	0.47	0.64	0.80	1.10	1.43	1.80
正丁烷	0.018	0.045	0.103	0.15	0.20	0.29	0.39	0.51
异丁烷	0.019	0.069	0.106	0.23	0.30	0.42	0.55	0.71

5. 着火温度

着火温度是与空气接触的燃料在此温度下将会点燃并连续燃烧的温度。丙烷、丁烷的着火温度(常压下)分别约为470℃和365℃。

6. 热值

按质量计算,丙烷、丁烷的低热值分别为45.77MJ/kg和46.39MJ/kg,而汽油为43.90MJ/kg;按体积计算,(液态)丙烷、丁烷的低热值分别为27.00MJ/L和27.55MJ/L,汽油为32.05MJ/L。因此,单位质量LPG的热值高于汽油,而单位体积LPG的热值只是汽油的90%。

7. 点火极限

燃料和空气混合后形成的混合气的浓度过浓(燃料过多)和过稀(燃料不足)是难于被点燃的。浓度在一定的范围内,燃料/空气混合气才能够被点燃,这一浓度范围的上、下值分别是燃料的点火极限的上限和下限。按照燃料在空气中的体积比,丙烷为1.9%~9.5%,丁烷为1.5%~8.5%,汽油的点火限值的上下限分别为1.0%~7.6%。点火极限之间的浓度范围为燃料的燃烧范围。LPG的燃烧范围比汽油宽,可在较大范围内改变混合比。采用稀薄燃烧技术,可提高发动机的经济性、改善排放性能。

8. 理论空燃比

燃料和空气混合后形成的可燃混合气,其中所含空气和燃料的质量比称为空燃比。按照理论上 1kg 燃料完全燃烧需要空气的千克数混合后形成的混合气的空燃比称为理论空燃比。实际的空燃比和理论空燃比的比值称为过量空气系数。汽油的理论空燃比为 14.7;丙烷、丁烷的理论空燃比分别为 15.65 和 15.43。可以看出,使相同质量的燃料完全燃烧,LPG 需要的空气量稍多于汽油。按照体积计算,丙烷、丁烷的理论空燃比分别为 18.7 和 24.8。

9. 辛烷值

燃料的抗爆性是指燃料在发动机气缸内燃烧时,避免产生爆燃的能力,亦即抗自燃能力,是燃料的一个重要指标。抗爆性用燃料的辛烷值表示,辛烷值越高,燃料的抗爆性越好。90 号汽油的辛烷值(RON)为 92,丙烷、丁烷的辛烷值(RON)分别为 111.5 和 95。LPG 的辛烷值高于汽油,LPG 可适应更高的压缩比。

10. 气/液容积比

15℃时,丙烷、丁烷的气液容积比(单位质量的丙烷、丁烷的气态容积和液态容积的比)分别为 273 和 236。因此当液态 LPG 储存在气瓶内,液化石油气随温度升高,体积膨胀很快。因此,容器充装时,需要留出一定空间,一般不能超过容积的 80%,否则在温度升高到某一阶段,就会发生储气瓶爆炸的严重事故。

11. 色、味、毒性

液化石油气是无色无味的气体,而且密度比空气大,泄漏后不易扩散,为了确保安全使用,在液化石油气中一般加入了具有明显臭味的硫醇、硫醚或含硫化合物配制的加臭剂(加入量不超过 0.001%),如果发生泄漏,容易察觉,以便及时采取消防措施。

12. 腐蚀性

液化石油气中的丁二烯对橡胶有较强腐蚀作用,因此,LPG 的储存、输送、减压等设备中的膜片、密封圈、软管等必须采用耐腐蚀的橡胶。

第二节 天然气汽车

一、天然气汽车概况

(一)发展前景

天然气汽车是指以天然气作为燃料的汽车。以天然气(包括压缩天然气 CNG、液化天然气 LNG)作为燃料有以下特点:

1. 有较高的经济效益

天然气汽车的燃料费用大约是汽油车或柴油车的一半。这弥补了由于汽车数量不断增加而引起的液体燃料供应不足,同时使汽车的运行费用大幅度降低。天然气在发动机中燃烧比较完全、干净,不容易产生积炭,抗爆性能好,不会稀释润滑油,因而使发动机气缸内的零件磨损大大减少,使发动机的寿命和润滑油的使用期限大幅度增长,大大降低了汽车的维护和运行费用,提高了汽车使用的经济性。

2. 有较好的社会效益

汽车发动机排放的废气中含有的有害成分,是城市大气污染的主要来源之一。使用天然气作为汽车燃料可以大量地降低发动机废气排放中的各种有害成分。这也是工业发达国家使用天然气作为汽车燃料的一个最主要的原因。

3. 比较安全

CNG、LNG 汽车的气瓶或气罐等都很结实可靠。天然气本身比空气轻,稍有泄漏,很快就会扩散到大气中。气体燃料系统的各个部件,特别是密封部分,都经过严格的检查。因此,天然气作为汽车燃料是比较安全的。

(二)分类

1. 常态天然气汽车

指天然气以常压方式充装于汽车顶部的储气囊内,直接供给发动机燃烧的天然气汽车。常态天然气汽车因携带燃料的容器太大,已经被淘汰。

2. 压缩天然气汽车

将车用天然气压缩至 25MPa 充装于汽车用压缩天然气储气瓶中,经减压器减压后供给发动机燃烧的天然气汽车(CNGV)。按燃料供给系统分类可分为三种:

(1)纯 CNG 汽车　指用单一压缩天然气作燃料的汽车。

(2)两用燃料(CNG 和汽油)汽车　可在两种燃料中进行转换使用,设有两套燃料供给系统,无论是使用 CNG 还是汽油,发动机都能正常工作,利用选择开关实现发动机从一种燃料到另一种燃料的转换,两种燃料不允许同时混合使用。

(3)双燃料(CNG 和柴油)汽车　是指当汽车发动机工作于双燃料状态时,用压燃的少量柴油引燃 CNG 与空气的混合气而实现燃烧,对外做功。该种发动机也可用纯柴油工作。因此,该系统有同时供给汽车两种燃料的装备,配备两个供给系统及两个独立的燃料储存系统。依据发动机的运转工况、燃料品质和发动机参数,按一定比例同时向发动机供给 CNG 和柴油。低负荷及怠速时自动转换到纯柴油工作方式。

3. 液化天然气汽车

将天然气在－162℃低温液化后,储存于液化天然气储气罐中,经汽化后供给发动机燃烧的天然气汽车。它的优点是液化后比气态密度高,在车上携带方便,燃料容器减小到约 1/600。但其液化工艺复杂,国外有少量的改造液化天然气汽车。

4. 吸附天然气汽车

在 3～6MPa 下将天然气吸附在装有固体吸附剂的储存器中供给发动机燃烧的天然气汽车(ANGV),按使用方式分:

(1)单一燃料天然气汽车　指发动机专烧天然气的汽车。其发动机的燃料供给系统专为燃用天然气而设计。

(2)压缩天然气汽车　一套供给天然气另一套供给汽油,两套燃料供给系统可分别但不可同时向发动机供给燃料的汽车。如上述天然气和汽油汽车。

(3)双燃料天然气汽车　指油、气两种燃料混合燃烧的天然气汽车。如上述天然气和柴油汽车。

(三)存在问题

虽然天然气汽车有很多优点,但也存在一些问题,主要表现在以下方面:

1. 天然气燃料做功少

由于气体燃料的能量密度低,在同样的气缸工作容积下,用天然气作燃料时做功少。而目前用的天然气发动机大多是由原汽油发动机或柴油发动机改装的,汽油汽车在改用天然气后功率往往会下降10%～20%左右,一般柴油汽车如果用"双燃料"方式改装燃用天然气,则不会出现这种现象,但改装件的结构较为复杂。同时改装后的汽车原来的燃料供给系统大多保留。就是要在原汽车上增加天然气燃料供给系统,特别是储气瓶,使原来的汽车的有效空间减少,自重增加。

2. 天然气是气态燃料,不容易储存和携带

天然气需采用先进的技术进行加压或液化以便装瓶,目前多采用高压(20～25MPa)存在储气瓶内。并且将现有的汽车改用天然气作燃料时,需增加发动机燃料系统的部件,如储气瓶、减压阀、混合器等,需要一定的改车投资。

3. 其他问题

中央和地方的政府行为及其各政府职能部门的协调关系没有理顺,特别是在统一规划、政策,以及管理规范、技术标准和职能分工等方面需要尽快完善。国家应给燃气汽车工程项目配套资金扶助,以启动和加快燃气汽车的发展。有些关键性的问题,应尽快解决:如加气站的建设滞后问题;油气站合建问题;国产气LPG、CNG的质量问题;改装车(新车、在用车)的合法化问题;汽车装置、加气站设备、国产化生产、统一规划和认可问题。

中国燃气汽车事业已经迎来了很好的发展机遇,并开始进入了一个新的历史时期,按照国家燃气汽车工作协调小组的部署,中国的燃气汽车"九五"期间打基础,做示范;"十五"期间上水平,上规模,在全国范围发展。"十一五"计划到2010年,混合动力汽车实现产业化,纯电动汽车在特定领域实现商业化;到2020年,氢能燃料电池汽车具有商业竞争能力。

二、天然气汽车总体结构及原理

(一)天然气汽车燃料系统基本组成与原理

目前各地在用的天然气汽车主要是压缩天然气汽车,且大多数压缩天然气汽车具备压缩天然气、汽油两用燃料系统。现以该类型天然气汽车为例介绍其燃料系统构成与工作原理。

如图8-1所示为天然气-汽油两用燃料汽车燃料供给系统组成示意图。两用燃料汽车采用定型的汽油车改装,在保留原车供油系统的情况下,增加一套车用压缩天然气装置。该装置由以下三个系统组成:

1. 天然气储气系统

主要由天然气储气瓶、充气阀、高压截止阀、高压管线、高压接头、压力表、压力传感器及气量显示器等组成。

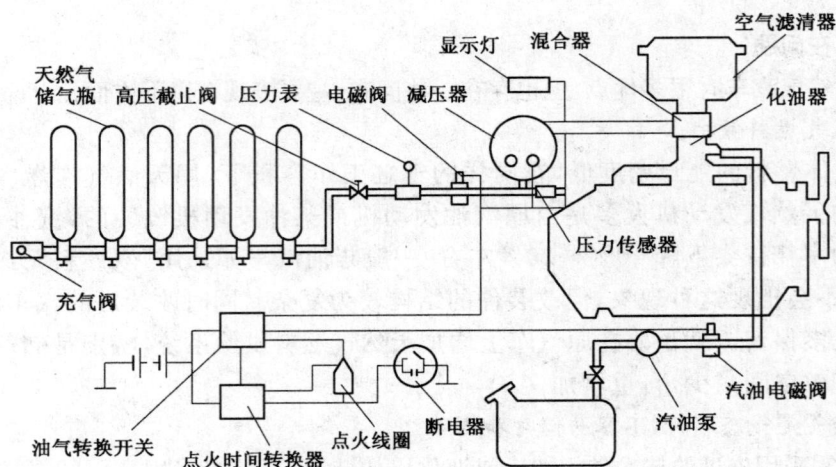

图 8-1　天然气-汽油两用燃料汽车燃料供给系统的组成示意图

2. 天然气供给系统

主要由天然气高压电磁阀、三级组合式减压器或分体式减压器及混合器等组成。

3. 油气燃料转换系统

主要由三位油气转换开关、点火时间转换器和汽油电磁阀等组成。

充气阀实际上是一单向截止阀,它可与天然气压缩气站售气机的充气枪对接为 CNG 储气瓶充气;高压天然气储气瓶是车载天然气的存储装置;根据车型和储气瓶容量的大小,汽车上携带一个或多个储气瓶,储气瓶之间串联在一起,天然气储气瓶的瓶口处安装有易熔塞和爆破片两种保险装置,当储气瓶温度超过 100℃ 或压力超过 26MPa 时,保险装置会自动破裂卸压;每个储气瓶都有阀门可分别关闭,总的出口处还设有一高压截止阀。

油气转换开关和天然气高压电磁阀、汽油电磁阀共同构成对燃料转换的控制,由油气转换开关决定两电磁阀的通断,从而决定了发动机以汽油还是以天然气为燃料运行;压力表、压力传感器和气量显示器则起气量显示的作用;CNG 汽车以天然气作燃料时,天然气经减压后,通过混合器与空气混合进入气缸,压缩天然气由储气瓶内较高的压力(最高20MPa)减为负压,其真空度为 49～69kPa。减压器与混合器配合可满足发动机不同工况下混合气的浓度要求。

减压器总成设有怠速电磁阀,用以供给发动机怠速用气;压缩天然气减压过程中要膨胀吸热,因此在减压器上还设有利用发动机循环水的加温装置;点火时间转换器由电路系统自动转换控制两种燃料所需的不同点火提前角;燃料转换开关上还设有供发动机起动的供气按钮。

在国外已有用柴油车改装的燃用单一 CNG 燃料汽车,其控制系统则更加简化,没有油气转换系统,但对发动机结构的改动较大。国内目前也有一部分配备单一燃料天然气发动机的汽车在使用,如北京市内配装康明斯天然气发动机的环保型公共汽车。

（二）压缩天然气（CNG）汽车燃料系统部件的总体布置

图 8-2 所示为福特维多利亚压缩天然气轿车燃料系统。维多利亚压缩天然气轿车已由福特汽车公司批量生产，除了保持原汽油车的质量可靠、安全舒适的特点以外，该车流线型外形使其具有效率高、工作性能好及噪声小的特点。该车配备的 4.6L 压缩天然气发动机，为了适应天然气的特性，压缩比提高到 10∶1（原汽油发动机为 9∶1），采用白金电线及镀镍火花塞以适应高能点火的需要，为防止气门的过度磨损采用了优质阀门镶座材料。该天然气轿车的一氧化碳、碳氢化合物及氮氧化合物排放量与原汽油轿车相比大大减小。该车采用快速充气方式时充气时间只需 3～4min，正常充气时间为 6～7h。

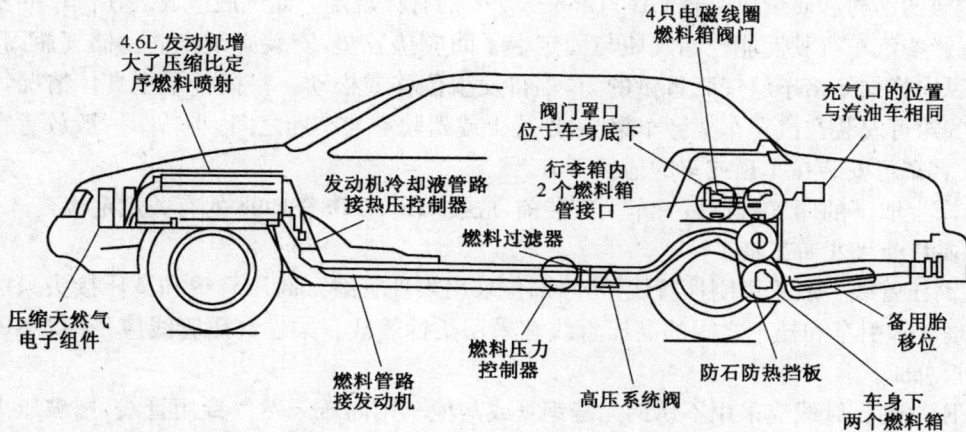

图 8-2　福特维多利亚压缩天然气轿车燃料系统

图 8-3 所示为大众汽车公司生产的轻型压缩天然气商用车燃料系统。该车采用天然气燃料与汽油兼用的方案，通过对两种燃料的任意选择来保证高度的灵活性。

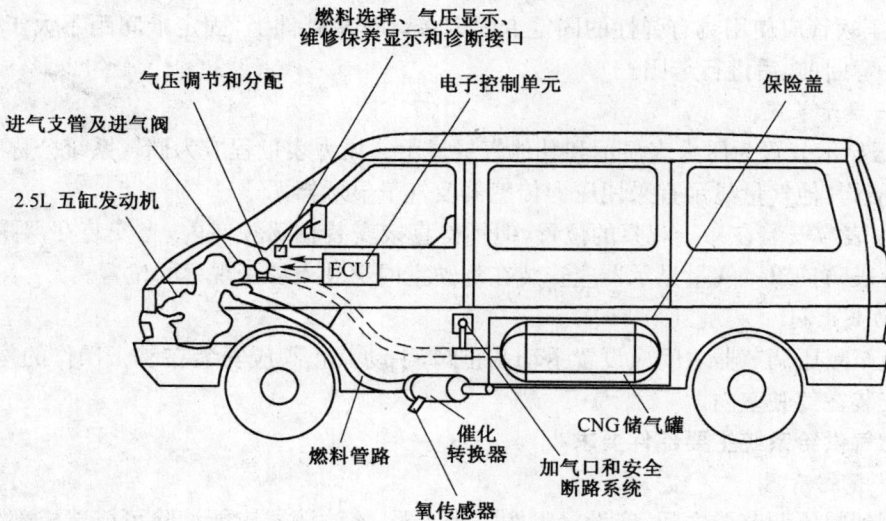

图 8-3　大众汽车公司轻型压缩天然气商用车燃料系统

(三)压缩天然气汽车储气系统主要部件要求

1. 充气装置

① 充气装置应设置单向阀或截止阀,充气接头采用 ϕ12mm 的插销式结构,并设置能密封系统压力的防尘塞,防止气体泄漏,在取出防尘塞前应能卸压。

② 充气装置应安装在有适当防护和易于充气操作的位置,充气口距车辆外轮廓边缘应不小于 50mm。

2. 天然气储气瓶

① 天然气储气瓶可采用钢质瓶、铝合金瓶或复合材料瓶,产品应有合格证和检验质量证明书;钢质瓶的结构和质量应符合 GB 17258—1998 的有关规定。储气瓶应安装在汽车的安全部位,不得影响汽车行驶性能。储气瓶与固定卡子间应垫胶垫,安装必须牢固。储气瓶固紧后,沿汽车纵向施加 8 倍于储气瓶重量的力,不得发生位移或松动。根据各车型具体情况,例如:卡车储气瓶可安装在汽车车架旁车梁下,副梁上或驾驶室与车厢之间;小轿车一般放置在后备箱中;大客车可安装在车顶或车的地板下方。

② 车上取下的储气瓶在另一车上安装前,应按 GB 17258—1998 的有关规定检查。

3. 高压管线及高压接头

① 高压管线一般采用刚性管线,特殊部位采用柔性管线。高压管线和高压接头只能更换不能修理。牵引车和挂车之间的高压管线宜采用柔性管线。柔性高压管线应采用 CNG 专用高压软管总成。

② 刚性高压管线应采用不锈钢无缝钢管或其他车用高压天然气专用管线,爆破压力应不小于工作压力的 3.5 倍。刚性高压管线应排列整齐,布置合理,不得与相邻部件碰撞和摩擦。用卡套式高压接头与气瓶连接,安装在驾驶室、载人车厢或后备箱的储气瓶或管线接头,必须设置能将泄露气体排出驾驶室或车厢处的通风口等装置。

③ 刚性高压管线及接头与发动机排气管距离不应小于 75mm,与传动轴距离应不小于75mm。高压软管应使用具有弹性的固定卡固定在汽车基础件上,固定卡间距不大于 300mm,并应在每一弯曲前、后进行卡固。

4. 气压显示装置

① 气压显示装置为压力表显示和其他气量显示。压力表量程应为储气系统公称工作压力的 1.5～2 倍,其他气量显示宜采用压力传感器及气量显示器。

② 压力表应安装在易于观察的位置,但不得直接安装在驾驶室内,当安装在裸露位置时,应加装压力表防护罩。气量显示器应安装在驾驶室内驾驶人易于观察的位置。

5. 手动截止阀

储气瓶至减压调节器之间应设置手动截止阀,手动截止阀应安装在易于操作的位置,阀体不得直接安装在驾驶室内。

(四)燃气供给系统主要部件要求

1. 天然气滤清器

储气瓶到减压调节器之间,应设置天然气滤清器,该滤清器应能滤除可能造成部件故障的颗粒物质而不影响天然气的供给,并能易于检查和清洗。

2. 减压调节器

① 减压调节器各级阀门开闭灵活，无异响和卡死现象。调节器供气能力应能随发动机节气门的开度变化而变化，不得有突然增大或减小供气量的现象。安装在振动较小的驾驶室前挡板或发动机的其他地方，减压器膜片应垂直于地面，远离排气管和其他热源，尽可能与化油器靠近。

② 减压调节器应设安全排放装置，具有良好的密封性能，各减压腔之间应能密封，各腔对大气应能密封。

③ 减压调节器应设置加热防冻装置，其材质应与热交换介质相容。可采用发动机循环水加热和发动机废气加热，但天然气气路和加热气路不得有窜漏现象；也可采用电加热。

3. 混合器

① 混合器工作时与汽油和天然气相接触，其材质应与汽油和天然气相容。混合器形式和结构应与减压调节器相匹配，当采用膜片式混合器时，应设置回火泄压装置。

② 混合器安装后，连接处不得有窜漏现象。

4. 低压气软管及循环水软管

① 低压气软管及循环水软管应采用有衬里的耐油夹布胶管，试验压力为工作压力的 2 倍，破裂压力不小于工作压力的 4 倍。

② 所有软管应安装牢固，车辆行驶时不得与相邻部件摩擦，软管接头处不得漏水或漏气。

③ 软管应有足够的长度；以容许发动机振动而引起的位移，软管弯曲半径应不小于35mm，软管与发动机排气管距离不得小于 100mm。

(五)燃料转换系统主要部件要求

1. 燃料转换开关

① 燃料转换开关档位应有明显标志，能分别控制供油、供气和油气全闭三种状态。

② 燃料转换开关应安装在驾驶人操作方便的位置，燃料转换的操作不得影响驾驶人的行驶操作。

2. 天然气截止阀及汽油截止阀

① 天然气截止阀和汽油截止阀应采用电磁阀或其他自动控制机构。其操作应由燃料转换开关统一控制，当电流被切断时，阀应处于"关闭"位置。

② 汽油管线及电磁阀与发动机排气管距离应不小于 100mm。

3. 点火时间转换器

燃料转换系统宜安装点火时间转换器，其操作应由燃料转换开关统一控制。

4. 电器线路插接件

电器线路接头采用的插接件和所有电器线路应卡固良好，不得与相邻部件摩擦，线路中应设置过电流保护装置。在驾驶室内便于操作和观察的位置，安装燃料转换开关及气量显示器，在适当的位置安装点火时间转换器。按电路图连接所有电器线路，注意电器不良搭接。

5. 标志

CNG 汽车应在明显部位安装标志牌，且应防水和防锈蚀。

第三节　两用燃料汽车的燃气电控装置

一、燃气汽车 ECU 应具有的功能要求

电喷车上装有一个汽油中央处理器(ECU)，根据对输入的各种信号的分析，控制每一个工作循环喷入的汽油量和最佳的点火时间，同时需要 ECU 控制怠速的稳定性。在汽油喷射时，ECU 会接收到汽油正常喷射的信号，从而保持正常的工作状态。

电喷车在使用 CNG 时，控制系统只是对燃料的供给过程进行控制。为了保证发动机的正常运转，汽油 ECU 必须保持在正常的工作状态，对点火信号工作特性按随负荷率和转速变化的三维 MAP 图进行控制。同时利用原车燃油怠速控制系统维持燃用 CNG 时的怠速稳定性。在使用 CNG 时，必须切断汽油的喷射动作。切断汽油喷射动作的同时，正常的汽油喷射信号也被切断，在这种情况下，汽油 ECU 将判断为汽油喷射停止，系统处于非正常工作状态，ECU 将对此输出非正常工作模式的控制指令。为了避免在使用 CNG 时出现这种不正常的现象，使汽油 ECU 保持在正常工作状态，必须在切断汽油喷射的同时，向汽油 ECU 输入模拟的汽油喷射信号。

电喷车上一般采用闭环系统控制汽油的工作过程。相应的 CNG 控制系统也应采用闭环控制。在正常的情况下，CNG 控制系统与汽油控制系统共用氧传感器。发动机在使用 CNG 时的控制过程与使用汽油时是有所差别的。在使用 CNG 时，氧传感器信号直接输入 CNG 控制系统。对于汽油 ECU，如果长时间得不到氧传感器信号，ECU 将判断混合气过浓或过稀，并将在内部记录故障码；从而影响燃油 ECU 的正常工作，特别在使用汽油时，将严重影响汽油的工作过程。如果同时将氧传感器信号输入 CNG 控制系统和汽油 ECU，汽油 ECU 的自学习功能将记忆下使用 CNG 时的状态。在转换到使用汽油时，将会影响汽油的控制过程。为了避免以上情况造成的影响，可以在使用 CNG 时，向汽油 ECU 输入一个理想的模拟氧传感器信号。这样在使用 CNG 时汽油 ECU 能够正常工作，同时避免汽油 ECU 在汽车燃用 CNG 时学习到不正确的控制模式。

二、CNG 电控系统的组成

控制系统主要由转换开关、模拟器、控制器、步进电动机功率阀等部分组成。

(1)转换开关　实现对使用汽油或 CNG 的控制，同时显示储气瓶内天然气的压力。

(2)模拟器　在使用汽油时，接通汽油喷头的电路；使用 CNG 时，切断汽油喷头电路，同时保持向汽油 ECU 输入汽油喷射的信号。

(3)控制器　在使用 CNG 时，通过对输入的氧传感器信号、节气门位置信号、转速信号等的分析，输出控制步进电动机动作的信号，同时向汽油 ECU 输入模拟的氧传感器信号。

(4)步进电动机功率阀　由来自控制器的信号控制，从而控制燃气的供给量，保证混合气的空燃比在理论值附近。

三、典型的 CNG 电控系统

1. OMVL 公司的 MILLENNIU 系统

MILLENNIU 控制系统可通过设置相应参数满足不同车型的使用需要：在不同的车型上

使用的氧传感器类型可能不一样,最常用的型号为 0~0.8V 型,目前国内大部分车型装用这种类型的氧传感器。这就需要通过控制器上的设置开关进行设置。此外需要根据车上配置的氧传感器类型,设置在使用 CNG 时输入汽油 ECU 的模拟氧传感器信号的类型,一般设置成标准的方波信号(电压值在 0~0.8V 之间交替变化)。

REGMATC 控制系统采用了在使用 CNG 时汽油起动的方式,配备了减速转换型的转换开关。这主要是为了在每次起动时使用汽油,保证汽油系统的正常,同时用喷射的汽油冲刷汽油喷嘴。当转换开关在汽油位置起动时,发动机正常使用汽油;而如果转换开关在 CNG 位置时起动发动机,首先使用汽油,发动机起动后,将发动机转速升高到超过设定的转换转速,再将发动机转速降至设定的转换转速之下,此时发动机使用的燃料从使用汽油转换到使用 CNG。转换时的发动机转速可通过转换开关上的设置开关进行调节,一般缺省设置在 2000~2500r/min。在汽车行驶过程中,从使用汽油转换到使用 CNG,其过程与上述方法相同。为了最大限度地保证车辆的正常使用,在系统中设置了使用 CNG 直接起动的功能,只要通过对转换开关的操作就可使用 CNG 直接起动发动机。这种功能在汽油系统出现故障时,仍能够保证汽车可以使用 CNG。

在执行燃料转换的过程中,若控制不当,可能会出现一段时间内两个燃料系统工作重叠或两个燃料系统均未工作的空档时间。当将燃料由汽油转换至 CNG 时,在转换开关转换到 CNG 位置时,如果汽油立即停止喷油,而天然气又不能在瞬间从减压器到达发动机,这必将导致发动机熄火。反之,在将燃料从 CNG 转换到汽油时,如果在转换开关转换到汽油位置的瞬间立即开始喷射汽油,而此时进气道内仍有天然气存在,这将造成油气混烧,在这种情况下,混合气将会很浓,发动机不能正常工作。为了避免以上情况的发生,在系统上设置了延迟时间,并可通过在模拟器上的设置开关,调节延迟时间的大小。延迟时间的设置保证了在汽油转换到 CNG 时,喷油动作延迟切断,另一方面,在从 CNG 转换到汽油时,汽油喷射延迟开始,由此保证燃料的平稳转换。

REGMATC 控制系统的步进电动机采用双步进电动机的方式:一个主电动机用于设置系统的初始状态,一个微调电动机用于在发动机工作过程中对天然气供给量的调节。通过设置器可以随时对系统的初始状态进行调节,可以满足用户对动力性或经济性的需要。当要求高的动力性时,可以在较高的转速下设置;如果需要燃料经济性较好时,可以在较低的转速下进行设置。另外由于不同地点所充装的天然气的热值是有所差别的,在充装不同类别天然气后,可以通过设置相应参数,使系统适应不同类别天然气热值的变化。

MILLENNIU 控制系统有以下特点:

① 采用氧传感器信号、节气门位置信号、转速信号等控制空燃比,控制精度高。

② 具有自学习功能,根据发动机的工作情况,随时调节步进电动机的缺省位置。

③ 具有急速和急速以外两个工作窗口,对不同工作区域分别控制,满足不同工况对空燃比控制的要求。

④ 具有故障诊断功能,对工作过程中出现的氧传感器故障进行储存并在转换开关上显示,便于进行故障的分析和判断。

⑤ 除减速转换方式外,具有加速转换、直接起动等多种转换方式可供选择。

⑥ 可匹配多种形式的压力传感器。

⑦ 在储气瓶内压力偏低时自动转换至汽油的功能。

⑧ 低温使用汽油、温度超过设定值时自动切换到 CNG。

⑨ 可以用于 LPG 供给系统和 CNG 供给系统。

⑩ 释放加速踏板时,步进电动机功率阀具有截止功能,避免出现高怠速的问题。

⑪ 在发动机转速超过设定的保护转速后自动切换到汽油状态,由汽油系统实施超速保护功能。

⑫ 最大节气门位置具有自动调整调节范围功能,满足用户对高动力性的要求。

2. 国产明星控制系统

国外厂家开发的控制系统一般为通用的方式,没有针对不同车型的特点进行设计。为此国内有关单位开发了针对不同车型设计的明星控制系统。明星控制系统综合了国外不同产品的特点,同时对不同车型开发了相应的控制软件。为了简化系统的构成,方便系统的安装,将模拟器和控制器设计成一个部件;采用了汽车电器专用的线束接插头,同时对不同车型设计了专用的线束,极大地方便了安装,减少了安装过程中出现错误的可能。该系统已在捷达、富康等电喷两用燃料轿车上批量改装使用。图 8-4 所示是明星燃气电控系统的接线原理图。明星燃气电控系统具有以下性能特点:

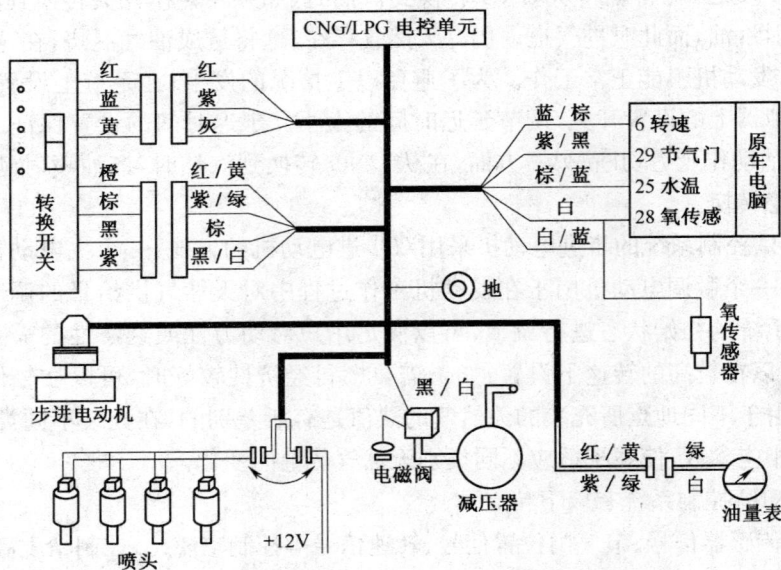

图 8-4　明星燃气电控系统的接线原理图

① 用汽油暖机,待温度到达设定温度后自动转换到使用 CNG。

② 一表两用,使用汽油时油量表显示汽油液位;用 CNG 时,油量表显示 CNG 的压力。

③ 能与各种线性、非线性、正变化率、负变化率的压力传感器相匹配。

④ 根据氧传感器、节气门位置、转速信号、发动机温度等对发动机工作过程进行控制。

⑤ 具有自学习、自适应的功能。

⑥ 不同工况,采用不同的工作窗口(燃气贯通道截面积)和控制方法,能够自动调整或修改窗口大小、中心位置,使动力性能、经济性、尾气排放有机地统一。

⑦ 采用模糊控制技术,建立模糊数学模型,系统的控制精度更高,响应速度更快。

⑧ 具有模拟氧传感器信号。

⑨ 利用转换开关的指示灯,监视空燃比控制情况,便于故障诊断、维修和调试。

⑩ 自学习节气门位置传感器电压类型。

⑪ 当燃气压力过低时,自动转换到使用汽油。

⑫ 具有汽油起动减速转换至使用燃气或使用燃气直接起动等多种起动方式。

⑬ 发动机熄火时,自动关闭燃气电磁阀,保证无燃气泄漏。

⑭ 超过设定的发动机最高转速时,自动断气;转速下降到设定转速以下后恢复供气。

⑮ 发动机反拖(也叫强制怠速)时,步进电动机调整到最小供气位置,减少燃气消耗(CUT-OFF 功能)。

⑯ 可用于 LPG 供给系统和 CNG 供给系统。

⑰ 可适用于上升、下降和开关型节气门位置传感器。

⑱ 全密封电脑盒,安普公司汽车电脑专用插座。

⑲ 可使用各种车型的专用开关,与原车的仪表板配合更加协调。

⑳ 可根据各种车型独立匹配,设计专用工作方式和控制程序,成为专用电脑,使其更具个性化。

四、模拟器

两用燃料汽车在燃气时,原车喷油器就停止喷油。但多数电喷车的汽油 ECU 具有当喷油动作停止时,诊断出故障并产生故障码的功能,从而影响系统的正常工作。同时,如果使用汽油电磁截止阀切断汽油管路,当从燃气转换到使用汽油时,管路内的汽油压力不能立刻建立起来,从而影响汽油喷射的正常工作。因此在电喷车上安装了 CNG(或 LPG)供气系统,不能像化油器车一样,在汽油管路上安装汽油阀控制汽油的供给。

在电喷车上,需要具有在使用 CNG(LPG)时,能够切断喷油动作,同时又能够使汽油 ECU正常工作的功能。为此,燃油电喷车改装为两用燃料车,使用 CNG(或 LPG)时,需要采用模拟器这样的装置。

模拟器的基本工作原理:使用汽油时,模拟器接通汽油喷射的控制电路,汽油可正常喷入发动机。使用 CNG 时,汽油喷射电路被切换,但汽油泵继续工作,管道内的汽油通过回油管路返回汽油箱。同时模拟器产生汽油正常喷射的信号,输送给原车汽油 ECU。ECU 接受此信号后,判断认为汽油喷射工作正常,从而给出正常的控制点火过程信号。图 8-5 所示是原车燃油喷头接线示意图。图 8-6 所示是电压型燃

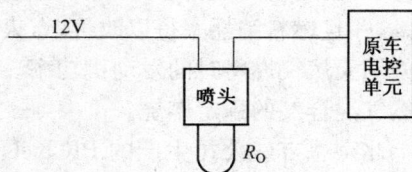

图 8-5　原车燃油喷头接线示意图

油喷头信号模拟原理示意图。图 8-7 所示是电流型燃油喷头信号模拟原理示意图。

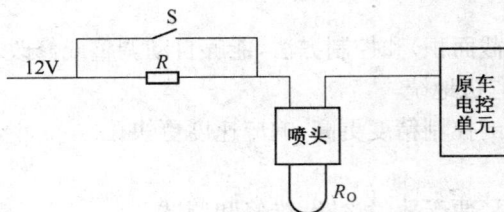

图 8-6 电压型喷头模拟原理示意图

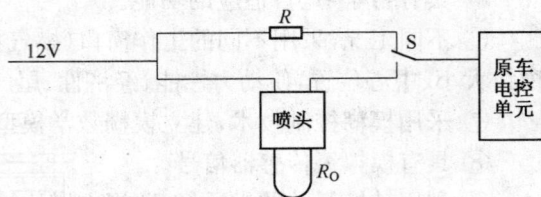

图 8-7 电流型喷头模拟原理示意图

对于电压型燃油喷头,串入的电阻 $R \geqslant 5R_0$(喷头电阻)。当燃用 CNG 时,开关 S 断开,通过喷头的电流,$I \ll I_0$(原车接线状态电流)。此时流经喷头的电流太小,不足以吸动喷油头针阀,喷头不工作,但输入到原车电控单元的电压信号仍是 12V。实现对喷油器工作正常的电压信号模拟。

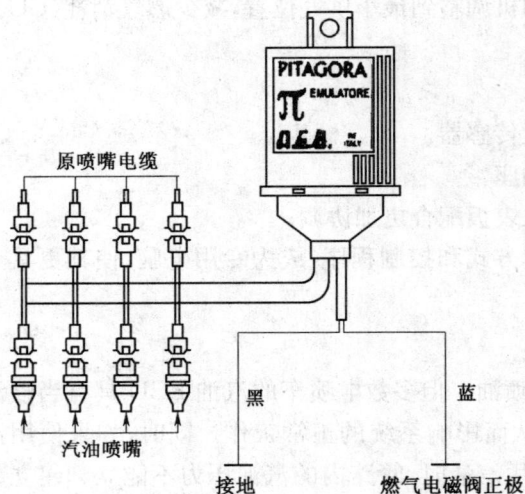

图 8-8 模拟器及其接线图

对于电流型燃油喷头,当燃用 CNG 时,开关 S 断开喷头接线,接通电阻 R_0(见图 8-7 所示),流经喷头的电流为 0,喷头不工作,但输入到原车电控单元的电流信号 $I \approx I_0$(原车接线状态电流),实现对喷油器工作正常的电流信号模拟。

图 8-8 所示是 OMVL 公司的模拟器及其接线图。明星燃气电控系统的模拟器与 ECU 作为一体,而且它的模拟信号是在喷油器总线处连接,而不是在每个喷油器插头处串入模拟器插头。

五、点火提前角调节器

由于天然气化学性质较稳定,若不改变原发动机的点火提前角,那么使用天然气时会出现燃燃始点滞后,气缸压力升高率低,燃烧温度低,传热损失增多,排温升高,热效率降低的现象。因此在原机结构及调整参数不变的情况下,其动力性会下降,当量比燃料消耗(按热值折算)会上升。

发动机的最佳点火正时随发动机工况变化而变化。研究表明,在不改变原机点火正时的情况下,使用天然气时,发动机最大功率降低 16%~30%;通过调整点火正时,功率损失约 12%,并且燃料消耗率得以改善,点火正时提前 13°~17°(是指与原汽油发动机相比),可以提高使用天然气燃料时的发动机功率。因此,在燃用 CNG 时,应设置点火提前角调节器,可保证天然气混合气的稳定燃烧。

北京恩吉威公司生产的 PICK-UPS10 型是一种新型的点火提前角调节器,可保证天然气混合气的稳定燃烧。点火提前角调节器的接线原理图如图 8-9 所示,图 8-10 所示是点火提前角调节器端口结构示意图。在图 8-10 左端的设置开关由三个二档开关组成。其中编号为"1"、

"2"的两个开关,组成点火提前角度设置开关。图 8-11 所示是不同的开关置位方案,所对应的点火提前度数 6°、9°、12°、15°。开关"3"是车型选择开关,一般均置于"ON"处。

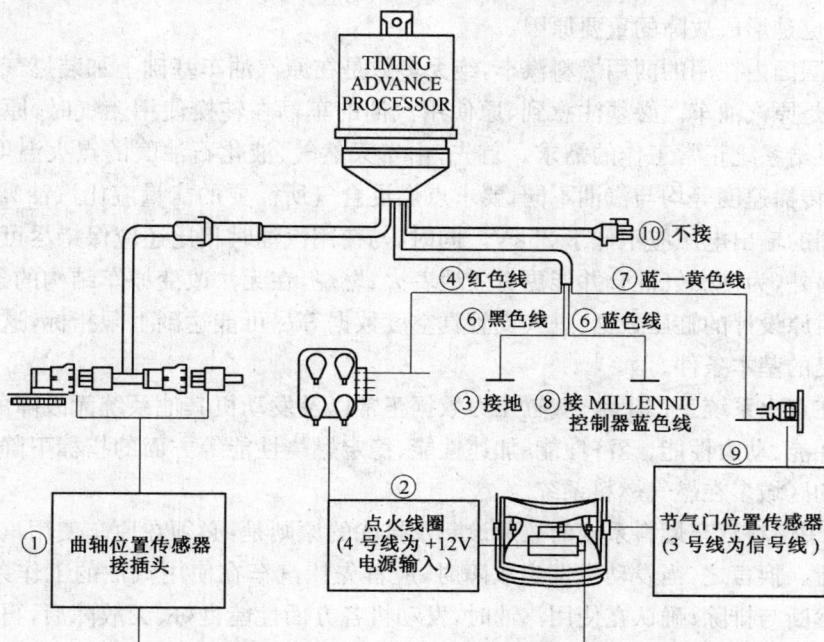

图 8-9　PICK-UPS10 型点火提前角调节器接线原理

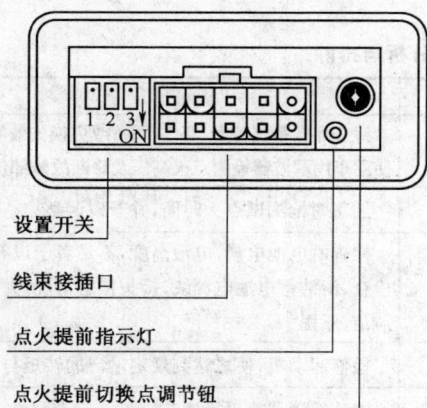

图 8-10　点火提前角调节器端口结构

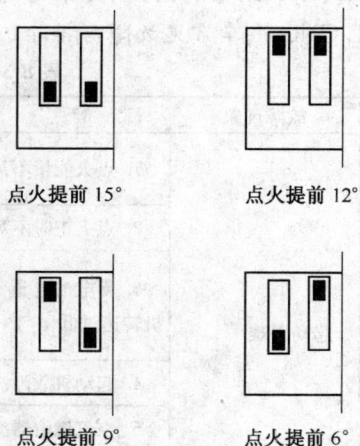

图 8-11　点火提前角设置图

第四节　两用燃料汽车常见故障与排除

一、故障形成的基本原因与故障诊断基本原则

车辆在长期使用过程中,各零部件会产生自然的磨损、腐蚀、疲劳、老化、变质等自然损耗,

导致这些零、部件全部或部分失效,从而引起汽车部分或整车性能参数变化,出现故障。另外,由于不正确的操作使用,未能及时地进行强制、定期维护以及所使用的燃、润料及更换的零配件不合要求,也是形成故障的重要原因。

目前,我国国内在用的两用燃料汽车,绝大多数是在原汽油车基础上加装燃气系统改装而成,其基础仍是原汽油车。必须注意到,原使用汽油的车辆在转换使用燃气时,原车是否能满足燃气燃料供给系统正常工作的需求。首先,由于天然气、液化石油气的点火温度、混合气燃烧浓度、火焰传播速度等均与汽油不同,要求点燃混合气所需要的能量应比汽油高,例如 CNG 汽车点火线圈的输出电压应不低于 25kV。同时,与使用汽油时相比还应保持尽可能偏高的点火提前角。另外,为使燃气混合并能更有效地着火、燃烧,在无法改变原车结构的条件制约下,应保持发动机原设计的缸压数据、进气支管真空度数据等尽可能达到上限指标,这是原车技术性能上须满足的基本条件。

发动机在点火系统工作正常、气缸压力数据正常以及发动机其他系统无故障的条件下,如果发生起动性能、动力性能、经济性能、加速性能、稳定燃烧性能等方面的指标下降,发生故障,则故障产生的区域多在燃气燃料系统。

所以,两用燃料汽车燃料系统的故障诊断及排除的原则是:必须在原车使用汽油正常工作的条件下进行。换言之,当发动机发生故障时,应首先让汽车在使用汽油的工作条件下,进行基本故障的诊断与排除;确认在使用汽油时,发动机各方面性能良好、无故障后,再转移到燃气供给系统进行故障的进一步诊断与排除。

二、CNG 汽车常见故障与排除

1. CNG 汽车常见故障与排除(见表 8-3)

表 8-3　CNG 汽车常见故障分析与排除

序号	故障现象	故障原因	排除方法
1	起动困难	1. 点火能量不足	检查点火系统各零、部件,调整或更换失效零件。使用车用示波器检测点火高压及诊断故障部位
		2. 点火正时不对	用正时枪测试点火时间,并予以调整
		3. 蓄电池电量不足使点火能量不够,起动机转速过低	检查蓄电池电量、电液高度,不足者予以补充。检查、清洁蓄电池电源线、接头接触情况,并予以清洁、紧固
		4. 起动机故障	检修起动机,使之达到规定输出的转矩与转速
		5. 空气滤清器滤芯过脏	清洁滤清器或更换滤芯
		6. 汽油电磁阀关闭不严,有漏油现象	检查汽油电磁阀心胶块是否老化、变形,阀心弹簧是否严重变形。若存在上述缺陷,应更换
2	起动困难		更换阀心胶块或阀心弹簧
3	用气时起动困难	1. 高压电磁阀故障	1. 油气转换开关不通电,应更换开关 2. 油气转换开关电压过低,检查线路故障 3. 电磁阀线圈失效或高压阀心损坏,予以更换

续表 8-3

序号	故障现象	故障原因	排除方法
3	用气时起动困难	2. 低压无气或缺气(无显示)	1. 钢瓶是否存气不足 2. 天然气管路或阀门堵塞
		3. 起动电磁阀打不开	1. 油气转换开关不通电,予以更换 2. 油气转换开关供电不足,应检查线路 3. 电磁线圈失效或阀心损坏,应予更换
		4. 化油器中有汽油形成油气混烧	将转换开关置于空档,不使汽油泵工作;关闭主气阀,把化油器中的汽油用完,再将转换开关置于用气档,打开主气阀,即可再重新起动
		5. 空气滤清器滤芯过脏	清洁空气滤清器,更换滤芯
		6. 混合器失效,混合气过浓	1. 空气滤清器堵塞应清洁空滤器 2. 三级减压器输出压力高于正常值,使天然气过多 3. 混合器天然气阀片过脏,造成内泄漏,使混合气过浓。应检查、紧固螺钉,检查螺孔平面平整度,检查或更换密封垫
		7. 混合器失调,混合气过稀	1. 混合器与化油器密封破坏或因松动漏气,进空气,应予检修 2. 低压输气管破损,动力阀接头漏气,应更换胶管;更换或紧固接头 3. 混合器防爆皮碗损坏或漏气,应予更换 4. 混合器膜片破损应予更换 5. 混合器空气阀片太脏应清洗
3	发动机能起动,但起动后很快熄火	1. 油气转换开关故障	在起动发动机后,检查油气转换开关的燃气指示灯(绿灯),是否很快熄灭,若灯灭则为开关故障,应更换
		2. 油气转换开关感应线(棕色)断裂失效	更换该感应线圈
		3. 棕色感应线未缠绕在点火线圈高压线上	将感应线圈在点火高压线上缠绕4~5圈
		4. 减压调节器三级减压膜片严重损坏或脱落	更换或检修
4	急速不稳	1. 原机基础故障 1)气门间隙变化 2)气门座漏气 3)气缸垫窜气 4)进气支管垫、化油器座、真空吸力管漏气 5)空气滤清器过脏 6)缸压不够或缸压差过大 7)冷却液温度过低 8)个别缸点火不良 9)个别缸缸线漏电或电阻过大	检查修理

续表 8-3

序号	故障现象	故障原因	排除方法
4	急速不稳	2. 燃气系统故障 1)进气道有漏气现象 2)混合器空燃比调整不当 3)混合器膜片破损漏气、造成有高速无低速 4)防爆皮碗与壳体密封不严或皮碗损坏 5)混合器阀心安装同轴度不够,阀心与阀座摩擦力过大或有异物进入,造成卡滞现象 6)混合器弹簧因装配和调整不当造成同轴度误差过大 7)混合器上盖螺栓拧紧的松紧度不一致,使空气阀片平行度误差过大	1. 检修或更换失效件; 2. 调整:首先调整化油器节气门急速螺钉,使发动机急速稳定在规定转速内,然后反复调整混合器急速调整螺钉并相互循环调整,使急速达到规定要求
5	发动机动力不足	1. 原机基础故障,如缸压不足,真空度不足,点火系统故障,蓄电池电量不足,空滤器堵塞等	按"起动困难"方法诊断、检修
		2. 燃气装置故障 1)天然气动力阀调整间隙太小或动力阀内径过小,使高速时天然气流量不够,混合气过稀	调整方法:松开动力阀锁紧螺栓,将化油器节气门全开,使发动机达最高转速,再调整动力阀调整螺栓,使发动机在最高转速时稳定运转
		2)未正确地按发动机排量调整低压表压力,导致高速时天然气供气不足	调整方法:在用天然气急速运转条件下,松开一级减压器调整螺栓螺母,按发动机排量,旋转调整螺栓,调校低压表压力(以 CYTZ 为例) 1L 以下:压力为 0.2~0.3MPa;1~2.5L:压力为 0.25~0.4MPa;2.5L 以上:压力为 0.35~0.8MPa
		3)混合器皮膜破损,不能形成合理的空燃比	更换皮碗
		4)减压器输气通道变窄或进气压力过低,主要原因是:①二级阀片行程小于 1.2mm;②三级杠杆拉勾尾端行程小于 18mm;③进气孔有异物堵塞现象;④一级高压密封片变形过大	调整 检修 更换密封片
		5)高压电磁阀阀心销孔磨损,使阀心升起行程不够,进气量不足	清洗或更换阀心 更换
6	燃气消耗量过大	1. 发动机技术性能不佳	检修
		2. 汽车行驶阻力大,滑行性能差	检修
		3. 发动机水温低,使减压器加热不良	检查循环水管是否堵塞
		4. 驾驶人操作不当	
		5. 燃气系统故障 1)钢瓶、燃气装置或高低压管线有泄漏	检查修理
		2)三级减压器输出压力过高(可用透明塑料管检查三级出口压力值)	检查三级减压器
		3)混合气流量调整不当,使混合气过浓	重新调整

续表 8-3

序号	故障现象	故障原因	排除方法
7	化油器回火	1. 点火正时错误或断电器触点间隙调整不正确	调整点火时间,检查断电器触点间隙达规定要求
		2. 缸线插错,点火顺序混乱	重插缸线
		3. 混合气过稀	检查天然气输出压力;调校混合器空燃比
8	发动机工作不稳,热车不易起动	1. 原车基础故障 1)个别缸不工作,气缸垫漏气,气门密封不严,气门间隙变化	检修
		2)分电器工作不良或触点烧蚀	检修
		3)点火线圈不良有内部短路现象 2. 燃气系统故障 1)混合气过浓: ①混合器阀心有卡滞现象;	更换
		②减压器输出压力过高(超过 120mm 水柱); ③空气滤清器堵塞	检修混合器 调整减压器 清洁空滤器、更换滤芯
		2)减压器加热循环水不通(管路堵塞)使输出天然气温度太低	检修循环水系统
9	气转油不能实现	1. 油气转换开关失效	更换油气转换开关
		2. 汽油电磁阀故障 1)电磁线圈损坏 2)电磁阀心卡死	更换电磁阀
10	气量显示器不准	1. 传感器信号线断路	检修信号线及连接情况
		2. 传感器心轴卡死、漏气	清洁传感器心轴,更换 O 形胶圈
		3. 显示器进水或进入杂质	检修或更换
		4. 天然气气路不通	检修
		5. 不准	重新调校
11	一级减压器低压表无压力	1. 一级减压器调压螺钉未调整到位	重新调整
		2. 一级滤心堵塞或低压管堵塞	更换一级滤芯,检修低压管
		3. 低压表失效	更换低压表
12	低压表指示故障(借助压力表指示,帮助故障诊断)	1. 压力指示不断上升,超过 0.9～1MPa 时安全阀漏气,说明高压气室密封不严产生漏气,主要原因有:	检修、紧固法
		1)高压阀座螺母松动,密封不好	检修、更换
		2)高压阀座密封片磨损、损坏	检修、更换
		3)高压阀心磨损、损伤	更换
		4)O 形圈损坏	更换
		5)一级滤心损坏	检修
		6)杂质卡住高压阀心 7)冷起动或加温不好,造成结霜,冰碴卡住阀心	提高水温,如压力超过 1.1MPa,安全阀仍未卸压,应及时停车检修,以防安全事故

续表 8-3

序号	故障现象	故障原因	排除方法
12	低压表指示故障（借助压力表指示，帮助故障诊断）	2. 指针下降 1）起步时，指示压力下降，为冷却液温度偏低	继续运转升温后再行使
		2）加速时，指示压力下降，同时发动机功率下降，反映不够，原因为滤清器、管道堵塞或滤清器冰堵	检修滤清器及管道
		3. 指针波动过大 1）一级减压故障，如杂质堵塞，小弹簧过软	检修或更换小弹簧
		2）发动机转速高低变化较大时，燃气压力不足	补充燃气
		4. 指针不断在小范围内弹动 1）减压器加热不良，有冰堵现象	加强暖车、检修暖水系统
		2）燃气中水分含量过高	更换燃气
		5. 停机关闭主气阀后，指针很快回到"0"，如在 5min 内有此现象其原因为： 1）低压管接头漏气	紧固、检修或更换
		2）动力阀漏气	检修或更换
		3）混合器内天然气阀片过脏、损坏或弹力不够	清洁或更换
13	储气瓶中天然气剩余气多（气瓶中有 1MPa 以上压力气体），但不能输出	1. 高压电磁阀阀心开度不够	检修或更换
		2. 供气系统有漏气现象	检漏、修理
		过滤器堵塞	更换或清洁
14	漏气	1. 接头松动	重新紧固
		2. 充气阀漏气	更换
		3. 压力表漏气	更换
		4. 减压调节器安全阀漏气	减压调节器一级压力升高，检修减压调节器，重新调整一级压力
		5. 发动机不工作时，减压调节器出气弯漏气	电磁阀心、三级阀口均关闭不严，检修电磁阀心及三级阀
		6. 压力传感器漏气	更换损坏的传感器柱塞 O 形圈
			注意事项：高压管线接头漏气应先关闭手动阀及钢瓶阀。如漏气处在手动阀后面，可在气体燃烧完后，管内无压力条件下进行检修作业。如在手动阀前面漏气，必须关闭钢瓶阀，拉出充气塞，慢慢旋转打开充气阀，排除余气，保证管道内无压力后，方可进行维修施工。所有处理漏气故障，均应保证无压操作，以保安全

续表 8-3

序号	故障现象	故障原因	排除方法
15	一级减压器壳体之间漏气	1. O形密封圈损坏	更换
		2. 上盖未装好	重装
		3. 一级膜片损坏	更换
		4. 一级壳体漏气	检修或更换
16	一级减压器安全阀长期漏气	1. 安全阀调整不当,开启压力过低	重新调整至开启压力为 0.9~1MPa
		2. 安全阀阀片损坏	更换
		3. 安全阀与壳体连接松动	紧固
		4. 一级压力调整过高	重新调整
17	高压电磁阀打不开	1. 电源未接通,电磁阀搭铁不好,回路电压过低	检修电源电路及搭铁
		2. 电磁阀线圈损坏	更换电磁阀
		3. 阀心O形圈或封片损坏	更换
		4. 阀心通气孔被杂质堵塞	清洁、检修
		5. 阀杆密封胶垫变形	更换
		6. 阀心和铁心横销间间隙过小	检修,保证间隙为 0.5~0.8mm
		7. 阀心和铁心配合间隙过小,不能自由滑动	检修或更换
18	混合器进气压力不断上升,无法运行	1. 三级杠杆拉勾尾端行程过大,使进气量过大	调整行程,应小于 20mm
		2. 三级减压器膜片损坏或大头针中心孔漏气	更换
		3. 二级减压器阀片损坏或阀片与阀座间隙过大,造成关闭不严	更换阀片,调整阀片阀座间隙小于 1.5mm
		4. 二级反馈膜片损坏或衬板变形,使顶杆行程不够	更换膜片或衬板
		5. 二级反馈膜片密封不严,上、下室窜气	检修或更换膜片
		6. 壳体与底盖之间橡胶衬板密封不严或螺栓漏气	检修或更换衬板、螺栓
		7. 二、三级阀口有异物卡住,阀片关闭不严	检修、清洁

第九章　电动汽车与混合动力检修

电动汽车是以电力驱动的车辆,它从随车移动的电源(蓄电池)获取电能,用电动机驱动在道路上行驶,是一种对环境不产生任何污染的理想运输工具。

根据电动汽车的用途分为:电动轿车、电动客车和电动货车(包括客货两用车、电动货车)。电动轻型客车是指25名乘客以下的中巴或面包车;电动大客车是指25名乘客以上的客车。

按电动汽车驱动形式分为:直流电动机驱动的电动汽车;交流电动机驱动的电动汽车;双电动机驱动的电动汽车;双绕组电动机电动汽车;电动轮电动汽车,以及混合驱动电动汽车。

第一节　纯电动汽车技术

一、直流电动机驱动的电动汽车

直流电动机驱动的电动汽车的典型结构如图9-1所示。汽车行驶时,蓄电池电流通过控制器输入电动机。电动机输出的转矩经万向节、传动轴、主减速器、差速器和半轴,驱动车轮前进或后退。电动机调速主要依靠晶闸管和计算机,在直流驱动的电动汽车上,离合器、变速器都不再使用,代替变速器的是一固定速比的减速器。而离合器的功能则由调速控制器来实现。

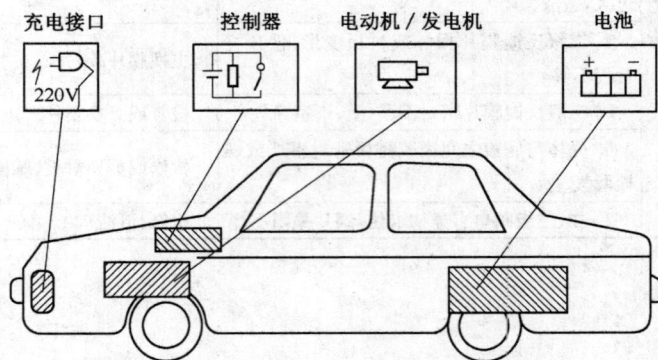

图 9-1　直流电动机驱动系统电动汽车的典型结构

电动轿车大都采用前轮驱动形式,而轿车的中间或尾部空间留给蓄电池。

动力传动系统工作原理如下:当汽车起步或加速时,电动机带动变速器输入轴齿圈转动,此时由于车速低,制动器将太阳轮抱死,行星轮与齿圈啮合传动,带动与行星架相连的齿轮转动,通过中间的齿轮、差速器驱动车轮,当车速逐渐提高到某一定值时,制动器自动松开,行星架与太阳轮连为一体,根据行星轮变速器原理,齿圈与行星轮和太阳轮之间没有相对转动,连为一体,行星架齿轮与电动机转速同步,通过中间齿轮直接驱动车轮。

二、交流电动机驱动系统

交流电动机驱动系统的突出优点是体积小、重量轻(0.5～1kg/kW)、效率高、基本免维护、调速范围宽。图 9-2 为典型电动汽车交流电动机驱动系统图。它主要由 4 个子系统组成:驱动系统、冷却系统、车身控制系统和能量管理系统。

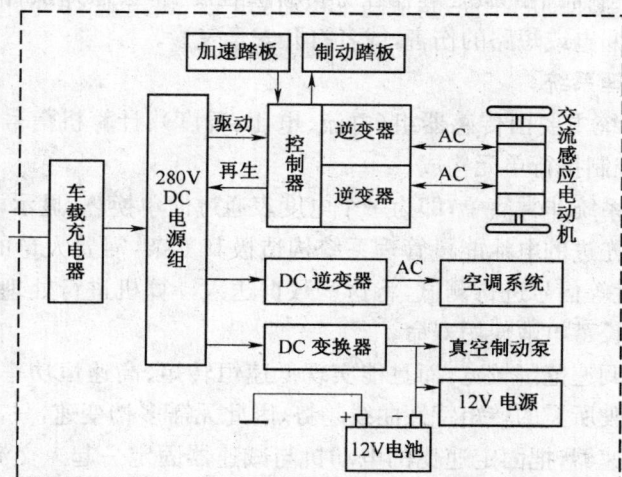

图 9-2 电动汽车交流电动机驱动系统示意图

(一)驱动系统

动力电池的电流经动力分配单元送入系统控制器,系统控制器将直流电逆变成交流电源驱动交流电动机,电动机输出的转矩经定速比减速后,通过万向传动轴、主减速器、差速器和半轴驱动车轮,使汽车前进或倒退。当汽车制动减速时,车轮带动电动机转动,通过矢量控制使感应电机成为交流发电机产生电能,经系统控制器逆变变换后给电池组充电,这一过程称为再生制动。具有再生制动的电动汽车使一次性充电后的续驶里程增加 10%～15%,对于交流驱动系统,电池组电压一般为 300～400V 比较合适。

(二)冷却系统

由于交流感应电动机体积小、重量轻,而动力电源逆变均使用 IGBT 大功率管,所以动力驱动控制系统应用专门的冷却装置。系统控制器除了有主逆变器驱动牵引电动机外,还有几个小功率 DC/AC 逆变器。逆变器产生的交流电用来驱动空调压缩泵电动机、动力转向泵电动机、制动泵电动机和冷却泵电动机。冷却油泵将牵引电动机中的热油泵入散热器,散热后的冷却油再流入系统控制器冷却 IGBT 大功率模块,然后再送入电动机、冷却电动机和减速器。

(三)车身控制系统

主要由加速踏板、制动踏板、仪表显示器和安全保护装置构成。加速踏板一般都是由一个位置传感器(电位计或差动变压器),将加速踏板的位置变换成电信号送入系统控制器,控制汽车的加速和行驶,并通过仪表显示汽车运行的各种状态。当汽车减速或制动时,制动踏板位置传感器将给主控制器送去信号,主控制器识别信号和汽车行驶状态后,会根据具体情况发出不同的指令:减速滑行、减速再生制动、再生和机械联合制动、机械制动等。在保证安全的前提下,最大限度地回收或充分利用惯性能。

车身系统中另一必不可少的部分,是安全保护装置。但电动汽车发生碰撞时,冲击传感器将信号送入控制器,控制器中的微处理器在分析碰撞程度后,会通知执行机构是否切断电源,保护设备和乘客免受漏电或短路的伤害,或者打开安全气囊。

(四)电池能量管理系统

电池能量管理系统主要由传感器组(电流、电压、温度)、计算机信号采集、处理和分析模块、多功能显示器和控制执行单元构成。

普通的电源管理系统非常简单,即为一个电度表通过简单换算,显示电池剩余电量或汽车还能行驶的里程数。先进的电池能量管理系统构造极其复杂,需要大量的传感器对每支蓄电池的电压、电流和温度等信号进行测试,将这些数据送入计算机进行处理,这种先进电池管理系统能5~10倍地延长蓄电池使用寿命。

由于交流电动机调速范围较宽,而且能实现低速恒转矩、高速恒功率运转,这一转矩特性非常接近汽车实际行驶所需的转矩特性曲线趋势,因此无需多档变速,只需要定速比减速器即可。没有离合器和变速器,把固定速比的电动机与减速器固定一起。交流电动机驱动系统与直流电动机系统相比具有如下优点:

① 交流驱动系统的批量生产价格将与直流系统相当。

② 交流电动机的可靠性约为直流电动机的6倍。

③ 整个交流驱动系统的可靠性约为直流系统的2倍。

④ 直流电动机调速系统维护保养费用约为交流电动机系统的2.5倍。

⑤ 交流驱动系统与直流斩波调速系统相比节约5%~7%的电能,而与直流电阻调压调速系统相比节约25%~30%的电能。

三、电动汽车的电池技术

(一)电池的性能参数和技术特点

1. 性能参数

衡量电池性能的参数有以下几个方面:

① 比功率(W/kg):即单位质量储能大小,决定单次充电后汽车行驶的里程。

② 能量密度(W/cm^3):表示体积电池储能大小,决定了电池的体积利用率。

③ 充电时间(h):决定电池的使用频率。

④ 充放电周期:决定了燃料电池使用费用的高低。

2. 技术特点

要求燃料电池具有以下特点:可以在常温下工作;有较高的电流密度;可以在冰点以下环境温度中放置;可以进行从低负荷到高负荷的运转;有较好的耐冲击性能和抗振性能;便于打开修理等。

(二)各类电池的特点

1. 铅酸电池

铅酸电池是较为成熟的电池,它具有可靠性高、价格低的特点,新研究开发的胶体电池、阀控电池等,在比能量、比功率、快速充电性能等方面均比普通铅酸电池有较大的提高,因此在各国都有较多的应用,也是我国目前开发混合动力电动汽车的首选电池。铅酸电池目前需要解决的问题是进一步提高其比能量和比功率、电池的均匀性等。但铅酸电池性能提高的潜力有限,因此最终将被其他电池取代。

2. 镍氢电池

镍氢电池相比铅酸电池有比能量和比功率高(是普通铅酸电池的 2 倍)、循环寿命长(在80%的放电深度下,具有 1000 次的循环寿命)、无污染等优点,因此备受各国关注。在欧美各国新研制的混合动力电动车中,多以镍氢电池为动力源。镍氢电池目前需解决的问题是进一步降低价格,在国内则需研制开发能适用于混合动力车用的大型镍氢电池。

3. 锂离子电池

锂离子电池能达到的指标为:比能量超过 100W·h/kg,比功率大于 200W/kg,循环寿命为 1200 次(100%的放电深度)。作为动力电池由于充放电过程的控制问题还有待解决,其价格又高,目前尚不能在混合动力电动汽车上推广使用。

4. 质子膜燃料电池(PEMFC)系统

质子膜燃料电池属于氢燃料电池,它不是普通的储能电池,而是一种能量转换装置。燃料电池对输入燃料(氢气或碳氢化合物)和氧化剂(氧气或空气),经过燃料电池的电化学反应,将燃料中的化学能直接转化为电能,因而能像发动机一样源源不断地向外部提供能量,具有"能量连续供应性"。

质子膜型燃料电池的结构如图 9-3 所示。正、负两极之间的膜状电解质(膜状电解质称为质子互换膜,具有选择性地只让氢离子通过的特性)使正、负极隔开相对放置,负极为氢电极,阳极为氧电极。镀有白金触媒的负极与正极由质子膜分隔,形成一个电池体。

燃料电池的反应方程是:当两枚电极插入水中通电后,正极会产生氢气,负极会产生氧气,即水在通电后发生电解,水电解反应在一定

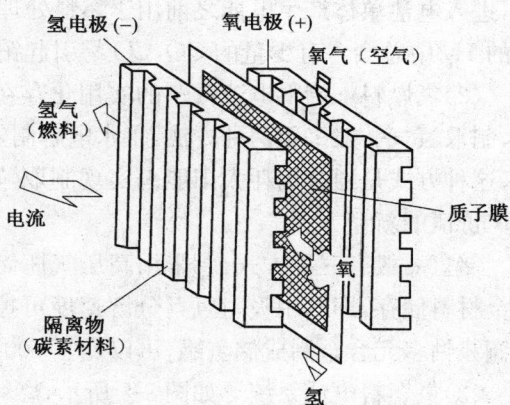

图 9-3　质子膜型燃料电池结构示意图

条件下可以发生可逆反应。燃料电池正是利用这一原理,将氢气和氧气(氧气在实际工作中为空气)分别输入到特殊构造的封闭电极上,利用上述电化学反应方法用氢、氧反应生成的电能来驱动汽车工作。

燃料电池在工作时,供应到负极一侧的氢气(H₂)被白金触媒激活,分解成带负电荷的电子和带正电荷的氢离子,通过只能透过氢离子的质子膜移到正极。正极一侧供给空气,空气中的

氧气(O_2)遇到氢离子便发生电化学反应,生成水。这时的反应能量会直接以电能的形态作用于两极,以驱动汽车的电动机。目前,一个质子膜型燃料电池的电压较小,一般只有 0.6V,但是,其电极单位面积的功率密度可达 $1\sim2W/cm^2$,为其他形式电池的 2～10 倍。将由隔板夹持着的离子膜结合体几十个甚至几百个叠积在一起,就可以获得满足外部负荷需要的输出电压,这种重叠体称为燃料电池的堆芯。质子薄膜一般是 NAfion117,其厚度一般为 0.17mm,这种固体高分子化合物的单链分子量为 1100,质子膜具有吸水膨胀,且传导性与吸入的水量成正比,工作温度限定在 100℃以下,具有只允许氢离子通过的特性。

图 9-4 所示是改质型质子膜型燃料电池系统示意图。质子膜型燃料电池系统具有室温起动,无腐蚀问题(纯水体系),电池寿命长(达 10 年以上),工作电流密度高,比功率和比能量高($200W/kg$、$200W\cdot h/kg$ 以上),安全耐用,与其他形式的电池相比具有低温运行、固体电解质、高电压及能量密度高等特点。质子交换膜电池系统由以下部分组成:

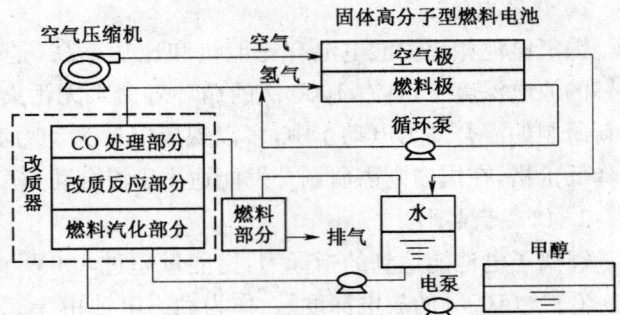

图 9-4　改质型质子膜型燃料电池系统示意图

(1)电极催化剂　在质子膜型燃料电池中,铂(Pt)是常用的电极催化剂。由于这种电池是在室温条件下工作,因此要提高催化剂的活性,防止电极催化剂中毒。因为,重整反应(燃料 H_2 进入电池单体产生电能之前用于燃料处理的反应)需要温度在 200℃～250℃之间进行,制出的 H_2 中总会含有少量的 CO,CO 易引起铂催化剂中毒。

(2)氢燃料　燃料电池汽车的实用化存在着一个解决氢燃料的问题。使用纯氢的燃料电池,制取氢气一般采用两种方法:①水电解制氢,但需消耗大量的电能;②采用薄膜太阳能制取氢,这种方式是通过消耗太阳能来实现制取氢,并且可以控制生成氢的速度,是未来具有大力推广价值的新型方式。

储氢一般有三种方式:①采用高压气瓶储存气态氢(常用方法);②将氢液化储存;③储氢合金材料储存,即利用吸附氢且分解速度可控制的多元合金作为储氢材料。如日本已研制出铈镧镍钴多元合金制成储氢罐,可以储氢 700L,而本身的容体只有 5L。

(3)氢燃料电池系统　如图 9-5 所示,燃料氢由储氢罐提供,经燃料电池、加湿器进行系统内部循环;空气由气泵供给。氢和空气的压力通常为常压或若干个大气压。如果提高系统内的压力,虽然可以增加功率密度,但气泵的负荷会相应增加,效率会下降,而氢的循环量是一定值,与负荷无关。

燃料电池在化学反应过程中生成的水,由冷凝器冷却回收,然后再由反馈泵送往加湿器,重新回到燃料电池。质子膜处于水系中可经常保持一定的湿度,保证放电效率,而多余的水被排出系统外。由于质子膜型燃料电池的工作温度为室温,产生的水一旦在电池中凝缩滞留,便会妨碍气体和离子流动,影响氢、氧反应,降低转换效率,因此,要对电池内的水量进行控制。

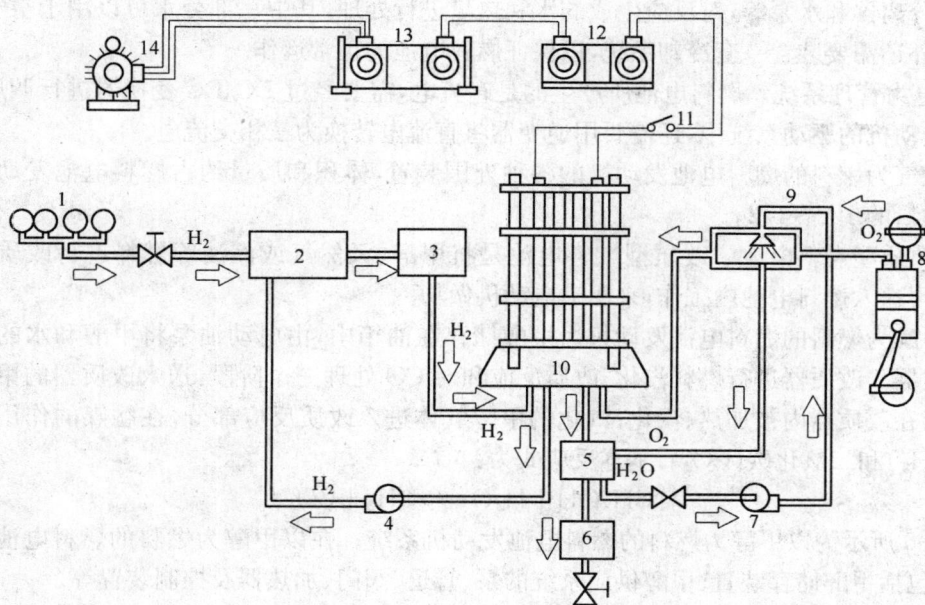

图 9-5　氢燃料电池发动机系统结构示意图

燃料(氢气)供应系统：1. 氢气储存罐　2. 氢气压力调节仪表　3. 热交换器　4. 氢气循环泵水循环系统
5. 冷凝器及气水分离器　6. 水箱　7. 水泵
氧化剂(空气或氧气)供应系统：8. 空气压缩机(或氧气罐)　9. 加湿器及去离子过滤装置电气系统　10. 燃
料电池组　11. 电源开关　12. DC/DC变换器　13. 逆变器　14. 驱动电动机

① 气态氢的储存装置。通常用高压储气瓶来装载,对储气瓶的质量要求很高,为保证燃料电池电动汽车一次充气有足够的行驶里程,就需要多个高压储气瓶来储存气态氢气。一般轿车需要 2～4 个高压储气瓶,大客车上需要 5～10 个高压储气瓶。液化氢气虽然比能量高于气态氢,由于液态氢气是处于高压状态,不但需要用高压储气瓶储存,还要用低温保温装置来保持低温,低温的保温装置是一套复杂的系统。

在使用不同压力的氢气(高压气态氢气和高压低温液化氢气)时,就需要用不同的氢气储存容器,以及减压阀、调压阀、安全阀、压力表、流量表、热量交换器和传感器等来对氢气供应系统进行控制。并对各种管道、阀和仪表等的接头采取严格的防泄漏措施。从燃料电池中排出的水中,含有未发生反应的少量的氢气,正常情况下,从燃料电池排出的少量的氢气应低于 1%以下,应用氢气循环泵将这少量的氢气回收。

② 氧气供应、管理系统。氧气的来源可以从空气中获取氧气或从氧化剂中来获取氧气,在燃料电池中,为了与进入燃料电池的氢气的压力平衡,空气需要用空气压缩机来提高压力。燃料电池的工作压力在 0.15～0.35MPa 之间。空气压缩机所消耗的功率,会使燃料电池的效率降低。空气供应系统的各种阀、压力表、流量表等的接头要采取防泄漏措施。在空气供应系统中还要对空气进行"加湿"处理,保证空气有一定的湿度。在燃料电池系统中配套空气压缩机的性能有特定的要求,空气压缩机的重量和体积,会增加燃料电池系统的体积和重量。

③ 水循环系统。燃料电池发动机在反应过程中将产生水和热量,在水循环系统中用冷凝

器、气水分离器和水泵等,对反应生成的水和热量进行处理,其中一部分水可以用于空气的"加湿"。另外还需要装置一套冷却系统,以保证燃料电池的正常运作。

④ 电力管理系统。燃料电池所产生的是直流电,需要经过 DC/DC 变换器进行调压,在采用交流电动机的驱动系统中,还需要用逆变器将直流电转换为三相交流电。

以氢气为燃料的燃料电池发动机的各种外围装置,体积和质量约占燃料电池发动机总的体积和质量的 1/3～1/2。

(4)改质型燃料电池　改质型燃料电池是将甲醇、天然气或汽油等燃料进行改质来制取氢,然后再送入燃料电池内工作,来驱动电动机做功。

以甲醇为燃料的燃料电池发动机。甲醇储存在油箱中,由电动油泵将甲醇和水的混合液送入改质器。改质器进行燃料汽化、改质反应和对 CO 处理三个阶段:送入改质器的甲醇和水的混合液在改质器内被加热、汽化;汽化的甲醇气体进入改质反应部分,在触媒的作用下改质成氢气(H_2)和二氧化碳(CO_2),基本反应式为:

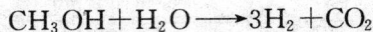

$$CH_3OH + H_2O \longrightarrow 3H_2 + CO_2$$

图 9-6 所示为以甲醇为燃料的燃料电池发动机系统。在以甲醇为燃料的燃料电池发动机系统中,包括甲醇储存装置、甲醇供应系统的泵、管道、阀门、加热器及控制装置等。

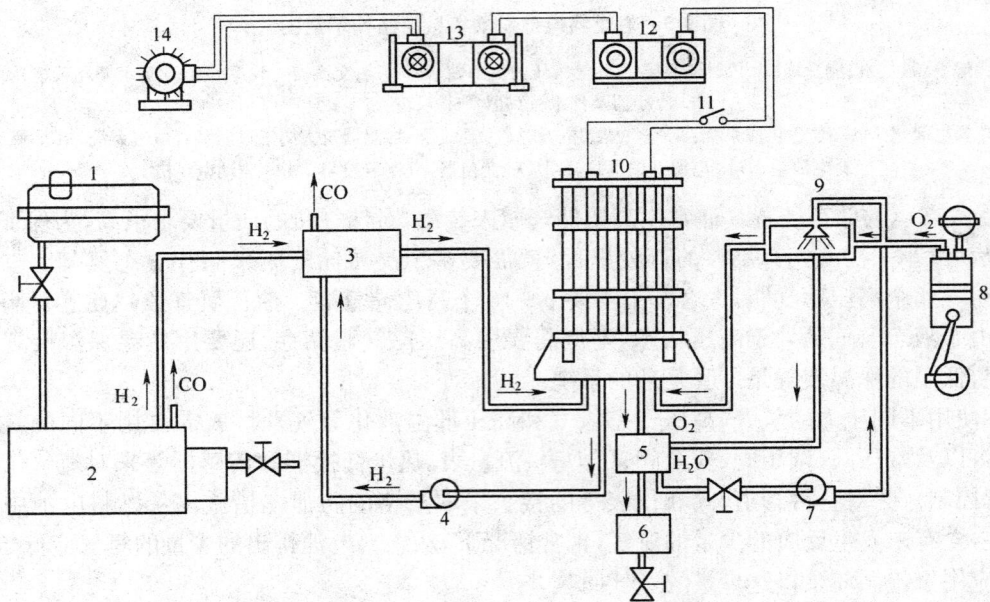

图 9-6　甲醇燃料电池发动机系统示意图

燃料(氢气)供应系统:1.甲醇储存罐　2.带燃烧器的改质器　3.H_2 净化装置　4.氢气循环泵水循环系统
5.冷凝器及气水分离器　6.水箱　7.水泵
氧化剂(空气或氧气)供应系统:8.空气压缩机(或氧气罐)　9.加湿器及去离子过滤装置电子系统　10.燃料电池组　11.电源开关　12.DC/DC 转换器　13.逆变器　14.驱动电动机

① 甲醇储存装置。甲醇可以用普通容器储存,不需要加压或冷藏,可以部分利用内燃机汽

车的供应系统,有利于降低费用。

② 燃烧器、加热器和蒸发器。甲醇进入改质器之前,要用加热器加热甲醇和纯水的混合物,使甲醇和纯水的混合物一起在受高温(621℃)热量的作用,蒸发成甲醇和纯水的混合气,然后进入改质器。

③ 改质器。改质器是将甲醇用改质技术转化为氢气的关键设备。不同的碳氢化合物采用不同的改质技术,在改质过程中的温度、压力会有所不同,例如:甲醇用水蒸气改质法的温度为621℃,用部分氧化改质法的温度为985℃,用废气改质法的第一阶段温度为985℃,第二阶段温度为250℃。在 FCEV 用甲醇经过改质产生的氢气做燃料时,就需要对各种改质方法进行分析,选择最佳改质技术和最适合 FCEV 配套的改质器。

④ 氢气净化器。在对甲醇进行改质过程中会生成微量的 CO,而少量甚至微量的 CO 就会使燃料电池的氢电极一侧的白金催化剂发生"中毒",使其转换性能大大下降。因此,对改质后的气体(H_2、CO)还要经过 CO 降低处理后才能送入燃料电池。目前,采用在白金触媒中加入稀有金属钌(Ru),可以保证 PEMFC 燃料电池的转换效率。由于甲醇与水在改质器中不可避免地要进行加热燃烧,因此,仍会产生极少量的 CO、HC、NO_x。

改质器所产生的 H_2 含有少量的 CO,因此必须对 H_2 进行"净化"处理,净化器中用催化剂来控制,使 H_2 所含的 CO 被氧化成 CO_2 后排出,最终进入 PEMFC 的 H_2 的 CO 含量不超过规定的 $1.0×10^{-5}$ 值。甲醇经过改质后所获得的氢气作为燃料时,燃料电池的效率为 40%～42%。

以甲醇为燃料的燃料电池系统中的氧气供应、管理系统,反应生成的水和热量的处理系统和电力管理系统和以氢为燃料的燃料电池系统基本相同。燃料电池发动机的运作一般采用计算机进行控制,根据 FCEV 的运行工况,通过 CAN 总线系统,进行信息传递和反馈,并经过计算机的处理,以保证燃料电池正常运行。

(三)车用燃料电池的特点

① 燃料电池是一种能量转换装置,它可以将燃料和氧的化学能直接转变为电能来驱动汽车电动机工作,且转换率很高。

② 燃料电池排污低、噪声小,燃料电池驱动的电动汽车经过特殊处理后,可以称为 ZEV(零排放汽车),对环境几乎不产生污染,非常清洁,且工作噪声很小。

③ 燃料电池工作可靠。在保证燃料供应的情况下,燃料电池可连续工作发电,不存在容量限制和自放电现象;当负荷增大时,转换效率无大幅度变化,低负荷运行时,转换效率略有提高;燃料电池的工作寿命很长。

④ 燃料电池是很好的移动电源,安全耐用,寿命长,特别适于做车用移动电源,是未来电动汽车的最佳电源。

四、纯电动汽车电池存在的问题

目前纯电动汽车(完全以电池作动力的汽车)还不能大量进入商业化生产,主要原因是电池容量有限,主要表现在以下几个方面:

① 电池能量密度低。与同体积或同质量的汽油发动机相比,电池现有能量只占 1‰,电池技术还有较大的发展空间。

②　电池组自身重量较大。电动汽车需要装有大量的电池组件,其质量比功率相同的内燃机汽车高出 20%～30%。

③　有限的续驶里程和较低的动力性能。使用铅酸电池的电动汽车续驶里程只能达到 100km 左右,即使是安装新型电池的电动汽车,其续驶里程和动力性能仍无法与传统的内燃机动力汽车相比。

④　电池组昂贵的价格及有限的循环使用寿命。

⑤　汽车附件的使用受到限制。由于电动汽车所携带电池组的输出电能有限,所以在汽车上对电能的使用必须有所选择,造成许多汽车附件的使用受到了限制,对乘员的舒适性产生了一定的影响。

第二节　混合动力汽车

一、概述

由于电动汽车电池的性能和价格未达到预期的指标,使电动汽车的推广应用遇到很大困难。人们的注意力也开始从以电动汽车为代表的"零排放"汽车转向以混合动力汽车为代表的超低排放汽车。

混合动力电动汽车(HEV)是指以蓄电池与辅助动力单元(APU)共同作为动力源的汽车。从理论上讲,内燃机的热效率在低速时偏低,转矩也较小,而在中等负荷时效率较高,但负荷再大时效率又会下降。如果车辆在低速时采用电动机驱动,在高负荷时,让发动机仍工作在中等负荷高效率区,不足的功率由电动机提供,就可以提高车辆燃油经济性,HEV 就是采用了这种原理。混合动力电动汽车在节能和降低排放污染方面有明显优势,因而受到极大的重视,已经成为全球汽车新技术开发的热点。

混合动力电动汽车是在一辆汽车上同时配备电力驱动系统和辅助动力单元(APU),其中APU 是燃烧某种燃料的原动机或由原动机驱动的发电机组,目前 HEV 所采用的原动机一般为柴油发动机、汽油发动机或燃汽轮机。汽车在不同位置或不同工况下使用不同的驱动方式:城市内行驶使用蓄电池驱动;城间行驶使用内燃机驱动。

国际电工委员会电动汽车技术委员会对混合动力汽车的定义如下:

①　混合型地面车辆:在特定的运行环境下,推动系统包含两种或两种以上的能源存储器、能源或能量转换器,而且一种存储在车上。

②　混合型电动汽车:在这种混合型车辆上,至少一种存储器、能源或能量转换器提供电能。

③　串联混合型电动汽车:只有一种能量转换器能提供驱动力的混合型电动汽车。

④　并联混合型电动汽车:有多于一种的能量转换器提供驱动力的混合型电动汽车。

目前混合动力电动汽车动力驱动方式主要分为串联式、并联式和以丰田 Prius 行星齿轮机构为代表的混联式结构,而后者也可作为一种特例归到并联式结构中。

二、混合动力汽车的结构形式

1. 串联混合型电动汽车(SHEV)

混合动力系统就是在汽车上联合使用两种装置,一种是内燃机,另一种是电动机。串联式混合动力系统示意图见图 9-7。

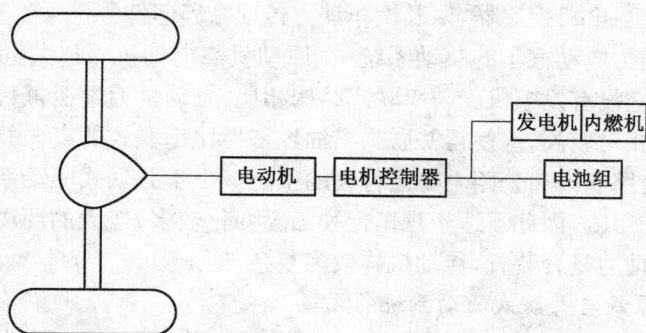

图 9-7　串联式混合动力系统示意图

串联式混合动力系统由原动机、发电机、电池组、载荷均衡装置、电动机、电机控制器，以及汽车的传动系组成。原动机与发动机集成为一个总成，即辅助动力单元（APU），原动机在最佳工况点附近以相对稳定的工况运行发电，发电机发出的电能可以直接供应电动机工作。

当发电机发出的功率无法满足汽车行驶时对功率的需求时（如起步、加速、高速、爬坡等），电池组可以向电动机提供额外的电能；当发电机发出的功率超过汽车行驶对功率的要求时（如低速、滑行、停车等），动力发电机组向电池组充电。为了在汽车起动、加速时能提供更大的功率，一些串联式结构中还带有飞轮电池或超级电容等功率密度较大的蓄能装置，在回收制动能量时它们也发挥重要作用。

串联式结构的特点适用于市内常见的频繁起步、加速和低速运行工况，可以使原动机在最佳工况点附近稳定运转，通过调整电池和电动机的输出来达到调整车速的目的，从而使复杂工况下系统的性能有所提高。在电池剩余电能较高时还可以关闭原动机，只利用电池进行功率输出，使原动机避免了怠速和低速运行工况，提高了原动机的效率，减少了有害物排放，但是串联式结构的燃油经济性还有待提高。这是因为虽然原动机的工况得到改善，但是原动机做的功，通过发电机、电池、控制器和电动机，在电能与机械能的转化过程中有效率损失，所以整个驱动系统排放较低，而效率没有根本性的提高。这种系统主要用于城市大客车，在轿车中很少见。

2. 并联式混合动力电动汽车（PHEV）

并联式混合动力系统有内燃机和电动机两套驱动系统。它们可分开工作也可一起协调工作，共同驱动。所以并联式混合动力电动汽车可以在比较复杂的工况下使用，应用范围比较广。并联式结构由于电动机的数量和种类的不同、传动系统的类型、部件的数量（如离合器的数量）和位置关系（如电动机与离合器的位置关系）的差别，具有明显的多样性。结构上可划分为两种形式，单轴式和双轴式。图 9-8 所示为并联式混合动力系统的示意图。

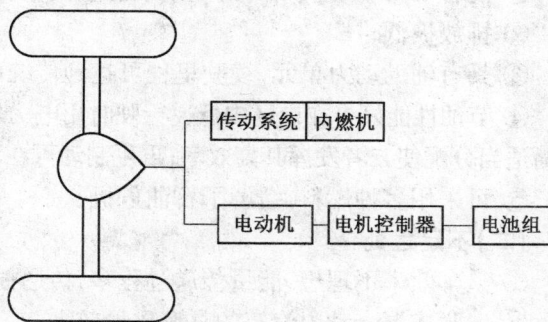

图 9-8　并联式混合动力系统示意图

并联式混合动力系统是原动机与电动机以叠加方式驱动汽车。它包括：原动机、电池组、载荷均衡装置、电动机、电机控制器，以及汽车动力传动系等部件。

在并联式混合动力电动汽车的驱动系统中，原动机与电动机可以共同或分别独立地向汽车传动系提供转矩，它没有发电机。与串联式结构相比，发动机通过机械传动机构直接驱动汽车，其能量的利用率相对较高，这使得并联式燃油经济性比串联式的高。并联式驱动系统最适合于汽车在城市间公路和高速公路上稳定行驶的工况。由于并联式驱动系统的发动机工况要受到汽车行驶工况的影响，因此不适于汽车行驶工况变化较多、较大的环境。相比于串联式结构，需要变速装置和动力复合装置，传动机构较为复杂。

3. 串联式驱动系统与并联式驱动系统的比较

表 9-1 给出了串联式与并联式驱动系统在排放控制、用途、整车布置、价格及原动机选择等方面的比较。

表 9-1　串联式与并联式性能特点

驱动形式	串联形式	并联形式
排放控制	原动机工况相对稳定，排放很低	原动机工况变化较大，排放相对较高
用途	更适于路况复杂的城市内道路和山区公路行驶	更适于路况简单的城市间公路及高速公路行驶
整车布置	APU 与电动机无机械连接，汽车结构布置的自由度较大	APU 与电动机以机械方式连接，机械装置较复杂，增加了整车布置的难度
价格	增加了发电机、电池数量较多，电机功率较大，整车价格高	可以利用现有汽车制造技术，电池数量较少，电机功率较小，整车价格低
原动机选择	原动机范围较宽	原动机选择范围较窄，多采用传统汽车用内燃机

混合动力电动汽车一方面可以充分利用传统汽车的技术成果和工业基础，另一方面，可以有效减少排放、降低油耗，是传统内燃机汽车向零排放电动汽车过渡的实用方案之一，已成为人们研究的热点。混合动力电动汽车有串联、并联等多种结构形式，各有各的优缺点，适用于不同的地点、用途，简单地说孰优孰劣是不妥当的。可以预见，今后混合动力电动汽车必将迎来更大的发展。

三、混合动力汽车的特点

(一)优点

① 混合动力驱动汽车的再生制动能量回收利用，大大提高了能量的利用率；

② 排放极低；

③ 具有辅助动力单元，续驶里程可达到传统内燃机驱动汽车的水平；

④ 节油性能好。在市区内低速行驶时用电力驱动电源向电池充电；对内燃机与电动机之间载荷适当分配使二者发挥其高效率；再生制动可在减速时使电动机转变为发电机来充电蓄能。

⑤ 可采用多种燃料，缓解了石油危机。

(二)不足之处

① 整车效率不理想，能量传递过程多，传递损失大；

② 串联式混合动力汽车的整车质量较大；

③ 整车结构复杂，价格昂贵；

④ 在高速公路全速行驶或全负荷工作时，内燃机和电池都参加工作而驱动汽车运行。此时，电池不仅不能被充电，而且要放电，容易造成电池匮电。

第三节　丰田普锐斯混合动力汽车的特点及检修

一、普锐斯混合动力汽车特点与操作

丰田公司于1997年开始销售普锐斯（PRIUS）混合动力汽车，为五座小型轿车。它是世界上第一款大批量生产的商业用途的混合动力车型。丰田普锐斯混合动力系统由汽油发动机和电动机组成，采用丰田汽车公司自行开发的THS(Toyota Hybrid System)混合动力系统。THS的核心是用行星齿轮组组成的动力组合器，用于协调发动机和电动机的运动和动力传递。

（一）普锐斯混合动力汽车特点

1. 采用 Atkinson 循环发动机

丰田普锐斯汽车采用1.5L汽油发动机，最大输出功率为57kW。工作循环为Atkinson循环，其热效率高，膨胀比大，能增大节气门开度，在部分负荷时可减小进气管负压，从而减少了进气损失。

2. 采用"线控"技术

"线控"（X-By-wire）技术是指某些操纵机构采用电子控制、电动执行，用来取代机械或液力控制。具有响应快、质量轻和占用空间少的特点。在普锐斯汽车上，节气门、制动、换档杆、牵引力控制和车辆稳定性控制（VSC＋）都采用了"线控（X-By-wire）"技术，提高了操纵性，其中"X"表示控制对象或目标。

3. 采用类似的电控无级变速器

普锐斯汽车的动力分配装置将发动机和电动机的力矩分配给驱动轮或发电机。通过选择性地控制动力源（驱动电动机、发动机和发电机）的转速，模拟变速器传动比的连续变化，工作起来像普通的无级变速器（CVT）一样。

4. 电动牵引力控制

如果防滑控制单元检测到车轮打滑时，会立即切断电动机传到车轮的驱动转矩，而不是像传统牵引力控制系统那样切断来自发动机的动力。

5. 采用电子换档装置

电子换档装置如图9-9所示。电子换档杆安装在仪表盘上，比传统的换档杆使用起来更加方便、灵活，还可以用指尖点动。换档杆每次动作后，总是回到原来位置。换档杆有照明灯，方便夜间使用。换档杆有四个位置：N（空档）、D（驱动）、R（倒档）、B（发动机制动）。驻车开关安装在换档杆的上方，与传统自动变速器手柄处于"P"位置的作用相同。

6. 电控制动系统（ECB）

普锐斯汽车采用独特的线控制动系统。踩动制动踏板会触动停车的控制电路。电控制动系统（ECB）响应迅速，可与其他主动安全系统（如VSC＋）互相配合。ECB也用于提高再生制动系统的效率，将车辆制动时的动能回收。ECB有备用电源，以防备车辆电源系统发生故障。

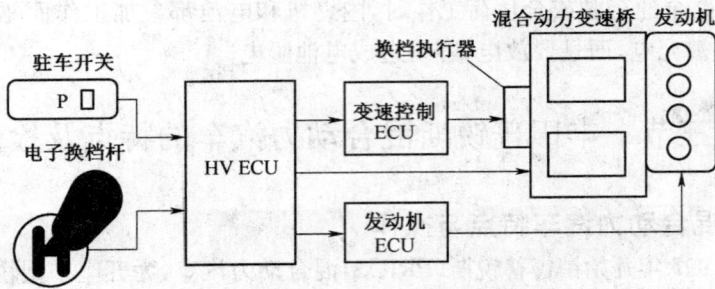

图 9-9 电子换档装置示意图

7. 用户定制车身电器系统

驾驶室电器布置如图 9-10 所示。普锐斯汽车允许用户根据自己的喜好定制 42 种不同的参数。定制工作可由经销商按客户要求完成。定制的项目有：门锁遥控器、门锁、防盗系统、智能门控灯系统、空调和智能钥匙等。

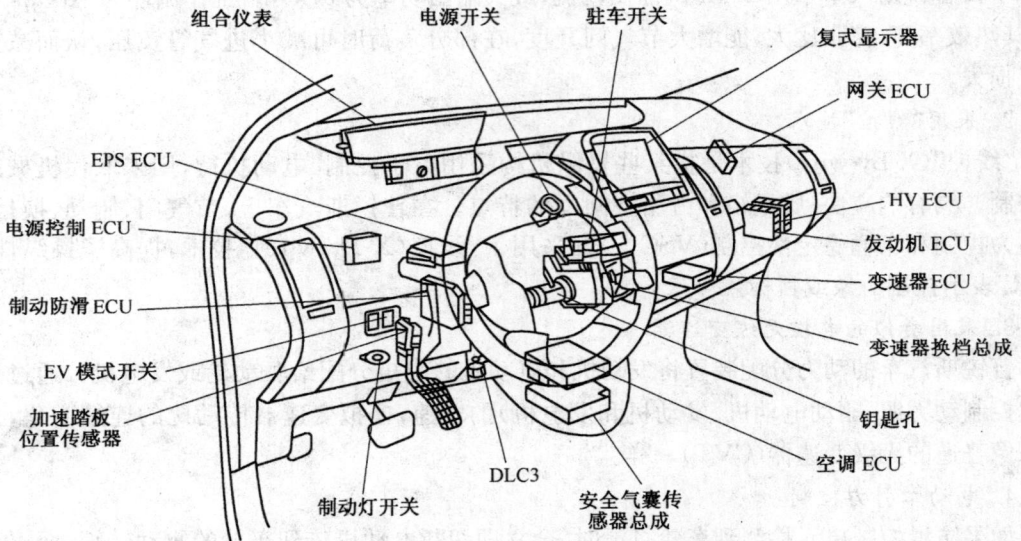

图 9-10 普锐斯驾驶室电器布置示意图

8. 智能驻车辅助系统

普锐斯是世界上大批量生产的能够自己驻车的汽车，能够按照预定的路线驻车在指定的地方，既可并排驻车又可前后排驻车。

9. 全电动空调系统

传统空调系统的压缩机由曲轴通过皮带驱动。而普锐斯汽车的空调压缩机由空调变频器驱动。普锐斯汽车空调系统不依靠发动机的运转，有下列优点：

① 即使发动机熄火，空调也能发挥最大效率；

② 空调与发动机的运转各自独立，空调的运转不会降低汽车的行驶性能；

③ 电动水泵能够在发动机熄火时向加热器供热。

普锐斯汽车的电动压缩机比传统的电动压缩机小 40%，轻 50%，可将压缩机直接安装到发动机上。

10. 蓝牙免提电话系统

用户可以用复式显示器的触摸屏（图 9-11）或转向盘上的开关接通手机，也可把手机的所有电话号码传输到多功能信息显示器上。

图 9-11　复式显示器的触摸屏图

11. LED 停车灯

普锐斯采用 LED 停车灯，主要优点是：

① 安全。LED 元件比灯泡光亮的速度快 10 倍。LED 为 2～25ms，灯泡为 150～200ms。

② 高效。LED 比普通的灯泡省电。

③ 设计小巧紧凑，便于布置。

12. 智能钥匙与起动系统

普锐斯采用具有双向通信功能的智能钥匙，在汽车周围一定范围内，智能钥匙系统的 ECU 能够判别是否存在智能钥匙。只要驾驶人随身携带智能钥匙，即可不用钥匙也能开或锁车门。同样，只要随身携带钥匙，驾驶人可推动按钮起动车辆。

汽车的前门和后舱门装有振荡器、触摸传感器和天线。振荡器若接收到智能钥匙电脑的命令，会发射信号，检测汽车周围是否有智能钥匙。若有人按动触摸传感器（智能钥匙在探测范围内），则对应的车门锁会打开。若随身携带钥匙离开车，驾驶人可以按下门手柄上锁开关将所有车门锁上。若在车内携带钥匙（如钥匙放在手提包内），只需按动仪表盘上的启动按钮就能起动汽车。

13. 坡道起步辅助控制

坡道起步时，控制系统能够通过驱动电动机上的高灵敏度的转速传感器，判别道路的坡度，防止汽车向下溜滑。若坡道很陡，系统会增大汽车起动转矩。

14. 增强型车辆稳定控制系统（VSC+）

增强型车辆稳定控制系统（VSC+）将车辆稳定控制系统与电动助力转向（EPS）组合在一起。在发生意外情况时提供一定量的辅助转向力矩，帮助驾驶人更快地转动转向盘，而在前轮打滑时转向，EPS 提供较小的转向助力，防止过度转向。

（二）普锐斯混合动力汽车（HV）的操作

普锐斯混合动力汽车动力系统提供两种动力。系统根据各种车辆行驶状况优化组合这两种动力,混合动力布置方式如图 9-12 所示。

　　HV ECU 始终监视 SOC(电池剩余电量)状态、蓄电池温度、水温和电载荷状况。在 READY 指示灯亮,车辆处于"P"档或车辆倒车时,如果监视项目符合条件,HV ECU 发出指令,起动发动机,驱动发电机(MG1),并为 HV 蓄电池充电。

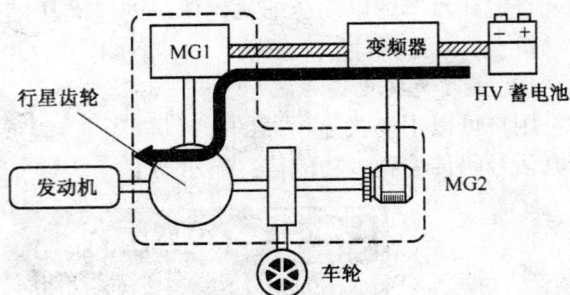

图 9-12　普锐斯混合动力汽车动力布置方式

　　1. 准备起动状态

　　如果水温、SOC 状态、蓄电池温度和电载荷状态不满足条件,即使驾驶人按下 POWER 开关,READY 指示灯打开,发动机也不会运转。

　　起动发动机:仪表盘上的 READY 指示灯亮、车辆处于"P"或者倒档时,如果 HV ECU 监视的任何项目均正常,HV ECU 起动发电机(MG1),从而起动发动机。运行期间,为防止发电机(MG1)的太阳齿轮的反作用力转动电动机(MG2)的环齿轮并驱动车轮,电动机(MG2)接收电流,施加制动,这个功能叫做"反作用控制"。在随后的状态中,运转的发动机驱动发电机(MG1)为 HV 蓄电池充电。

　　2. 起动发动机

　　如果 HV ECU 监视的任何项目如 SOC 状态、蓄电池温度、水温和电载荷状态与规定值有偏差,发电机(MG1)将发动机起动。

　　3. 起步工况

　　电动机(MG2)驱动　车辆起步后,车辆仅由电动机(MG2)驱动。这时,发动机保持停止状态,发电机(MG1)以反方向旋转而不发电。电动机(MG2)工作时,如果增加所需驱动转矩,发电机(MG1)将被起动,进而起动发动机。同样,如果 HV ECU 监视的任何项目如 SOC 状态、蓄电池温度、水温和电载荷状态与规定值有偏差,发电机(MG1)将被起动,进而起动在随后的状态中,已经起动的发动机将使发电机(MG1)作为发电机为 HV 蓄电池充电。如果需要增加所需驱动转矩,发动机将起动作为发电机的发电机(MG1)并转变为"发动机微加速时"模式。

　　4. 发动机微加速工况

　　发动机微加速时,发动机的动力由行星齿轮分配。其中一部分动力直接输出,剩余动力用于发电机(MG1)发电。通过变频器的电动输出,电力输送到电动机(MG2)用于作为电动机(MG2)的输出动力。

　　5. 低载荷巡航工况

　　车辆以低载荷巡航时,发动机的动力由行星齿轮分配。其中一部分动力直接输出,剩余动力用于发电机(MG1)发电。通过变频器的电动传输,电力输送到电动机(MG2)用于作为电动机(MG2)的输出动力。

　　6. 节气门全开加速工况

　　车辆从低载荷巡航转换为节气门全开加速模式时,系统将在保持电动机(MG2)动力的基础上,增加 HV 蓄电池的电动力。

　　7. 减速工况

　　① D 档减速。车辆以 D 档减速行驶时,发动机停止工作。这时,车轮驱动电动机(MG2),

使电动机(MG2)作为发电机运行,为 HV 蓄电池充电。

车辆从较高速度开始减速时,发动机以预定速度继续工作,保护行星齿轮组。

② B 档减速行驶。车辆以 B 档减速行驶时,车轮驱动电动机(MG2),使电动机(MG2)作为发电机工作,为 HV 蓄电池充电,并为发电机(MG1)供电。这样,MG1 保持发动机转速并施加发动机制动。这时,发动机燃油供给被切断。

8. 倒车工况

车辆倒车时,仅由电动机(MG2)为车辆提供动力。这时,电动机(MG2)反向旋转,发动机不工作,发电机(MG1)正向旋转但不发电。

(三)普锐斯混合动力(HV)汽车的节油操作

① 当发动机在效率低的低速下行驶时,停止发动机工作,利用蓄电池的能量行驶。

② 急加速时,在利用蓄电池的能量下,抑制发动机的最高转速以降低油耗。通过选用发动机,使其在混合动力汽车的工作区内效率最高。

③ 利用无级变速器的功能使发动机工作在最佳区域。

④ 在上述措施的基础上,利用混合动力系统的显著特点,尽量回收减速时的能量,并将此能量用于对蓄电池充电,即将此能量用做上述①、②两项的驱动能量,由此实现节油。

⑤ 充分利用混合动力汽车的特点节油。

混合动力汽车在遇到堵车时,燃油消耗量和尾气排放量等要远远低于汽油和柴油发动机驱动的车辆,而混合动力汽车在动力性能、续驶里程和使用方便性等方面又大大优于仅靠电力驱动且需要反复充电的纯电动车。混合动力车结合了内燃机车辆与纯电动车的优点,同时又克服了两者的不足,是一种在将来最有可能被广泛应用的节能车型,但目前购置费用较高。

二、普锐斯混合动力汽车的检修

(一)普锐斯混合动力汽车控制系统维修注意事项

混合动力系统使用高压电路,因此不正确的操作可能导致电击或漏电。在检修过程中(例如安装拆卸零件、检查、更换零件),必须遵循下列事项。

1. 对高压系统进行操作时断开电源

① 确保电源开关关闭。

② 从辅助蓄电池上断开负极端子电缆。断开负极端子电缆会造成 DTC(故障诊断码)被清除,因此断开电源之前必须检查 DTC。

③ 一定要戴绝缘手套。

④ 拆下检修塞。拆下检修塞后,不要操作电源开关,否则可能损坏混合动力车辆控制 ECU。检修车辆时,请将拆下来的检修塞放到衣袋内,以防止其他技师重新连接检修塞。

⑤ 放置车辆 5min。需要 5min 对变频器内的高压电容器进行放电。

2. 使用绝缘手套的注意事项

① 戴绝缘手套之前,确保绝缘手套没有破损或裂纹等。

② 不要戴湿手套。

3. 线束和连接器的注意事项

高压电路的线束和连接器都是橙色。另外,HV 蓄电池等的高压零件都贴有"高压"警示,小心不要触碰到这些配线。

4. 进行维修或检查时的注意事项

① 开始工作前，一定要断开电源。

② 检查、维修任何的高压配线和零件时，必须戴绝缘手套。

③ 在对高压系统进行操作时，用类似"高压工作，请勿靠近!"的警告牌警示其他技师。

④ 不要携带任何类似卡尺或测量卷尺等的金属物体，因为这些物体可能掉落从而引起短路。拆下任何高压配线后，立刻用绝缘胶带将其绝缘。

⑤ 一定要按规定转矩将高压螺钉端子拧紧。转矩不足或过量都可能导致故障。

⑥ 完成对高压系统的操作后和重新安装检修塞前，应再次确认在工作平台周围没有遗留任何零件或工具，以及确认高压端子已拧紧和连接器已连接。

(二)普锐斯混合动力汽车控制系统系统特点

1. 混合动力控制系统主要部件位置

混合动力控制系统主要部件位置见图9-13和图9-14，电池系统见图9-15，混合动力控制系统电路见图9-16。

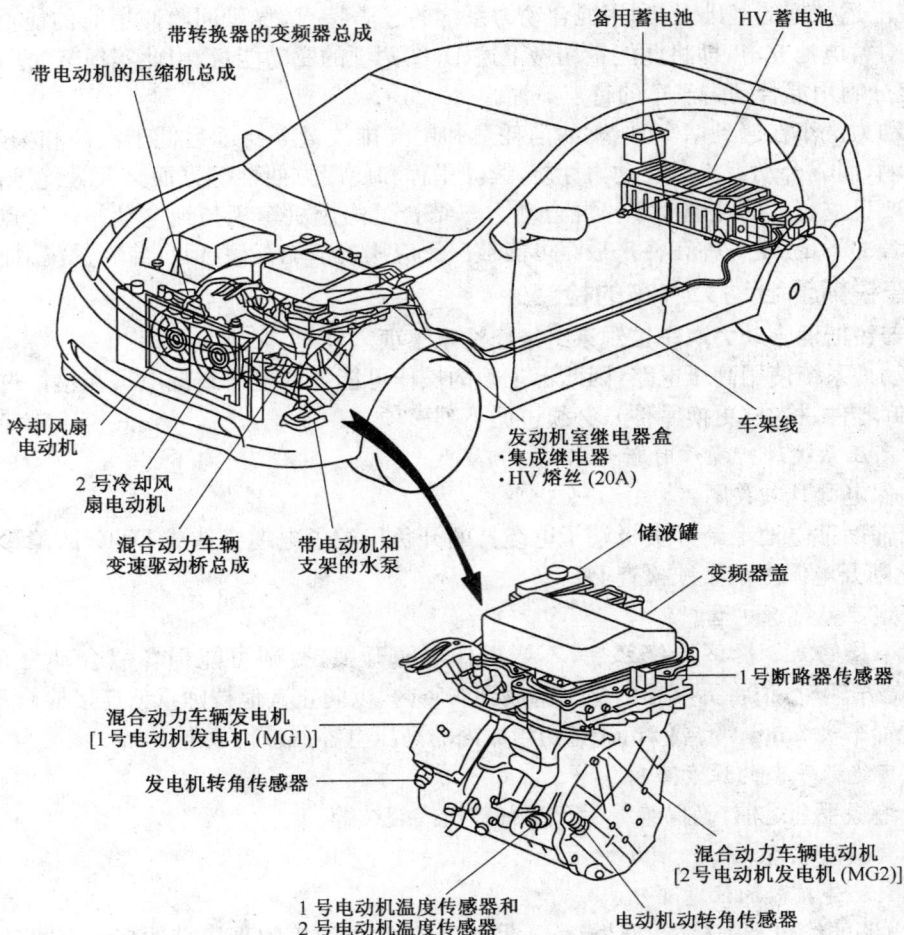

图9-13　混合动力控制系统主要部件位置(一)

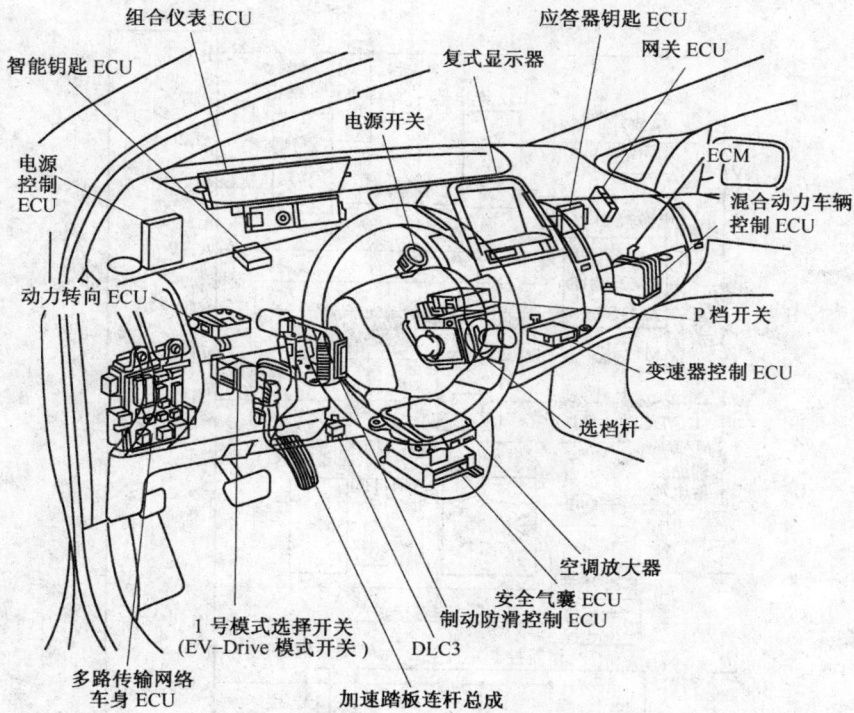

图 9-14　混合动力控制系统主要部件位置(二)

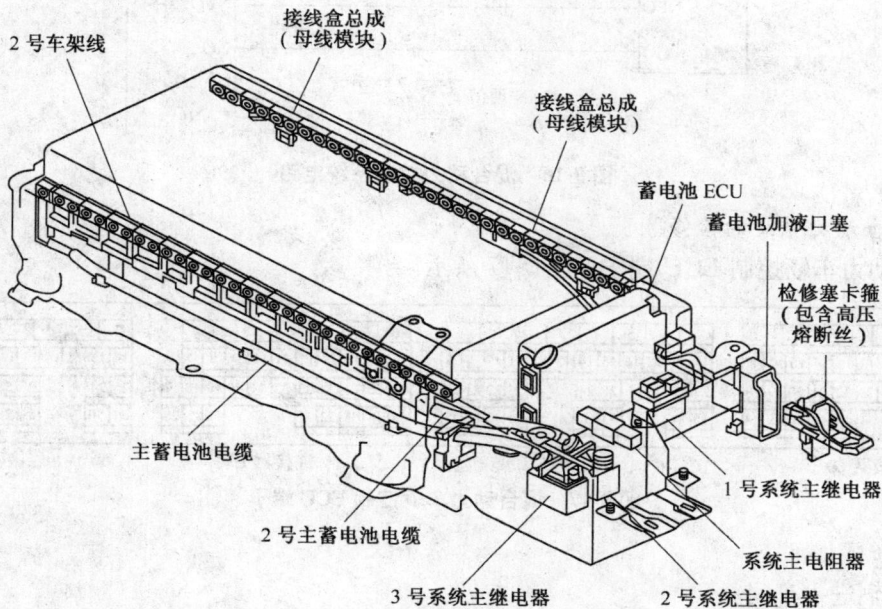

图 9-15　混合动力蓄电池主要部件布置

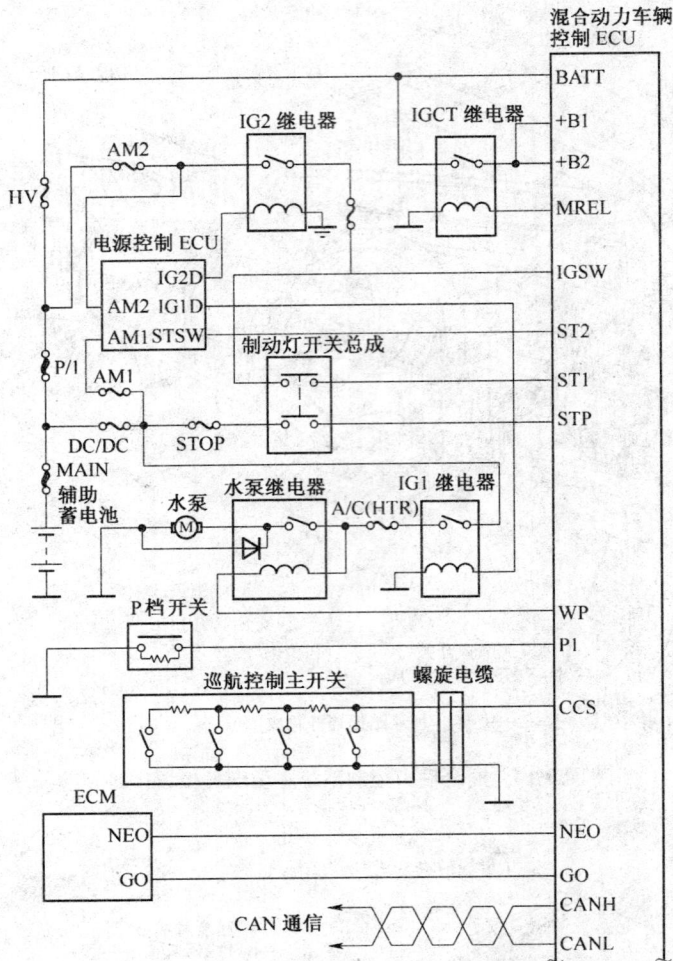

图 9-16 混合动力控制系统电路

2. 混合动力系统的检修

混合动力车辆控制 ECU 端子如图 9-17 所示。

图 9-17 混合动力车辆控制 ECU 端子

检修步骤如下:

① 车辆进入车间。

② 分析客户所述故障。

③ 将智能测试仪Ⅱ连接到 DLC3(数据链路连接器),如果测试仪显示通信故障,检查

DLC3。

　④ 检查并记录 DTC 和定格数据。如果输出与 CAN 通信系统有关的故障的 DTC,则首先检查并修理 CAN 通信。

　⑤ 清除 DTC。

　⑥ 故障症状确认。若故障未出现,进行步骤⑦。若故障出现,进行步骤⑧。

　⑦ 症状模拟。

　⑧ 检查 DTC。

　⑨ 查 DTC 表。

　⑩ 电路检查。

　⑪ 故障识别。

　⑫ 调整/或修理。

　⑬ 确认故障试验。

　⑭ 结束。

步骤③～⑤和步骤⑧使用智能测试仪Ⅱ。智能测试仪Ⅱ(Intelligent Tester Ⅱ)是丰田公司最新推出的第二代汽车检测仪,支持丰田和雷克萨斯所有装备 CAN BUS 系统的车型。智能测试仪Ⅱ采用手持电脑,结构紧凑坚固,触摸屏操作,中文显示。诊断功能支持所有可诊断系统:防盗、ABS、安全气囊、发动机和变速器等。智能测试仪Ⅱ内置双通道示波器和万用表,极大地扩展了仪器功能。

3. 故障自诊断系统

普锐斯 HV 控制 ECU 有自我诊断系统。如果不正当操作混合动力车辆控制系统或其他组件,ECU 会检测出故障,使组合仪表上的主警告灯点亮,或者在复式显示器上其他灯点亮,如 HV 系统警告灯、蓄电池警告灯或放电警告灯。并将故障代号储存在 HV ECU 存储器中。

将智能测试仪Ⅱ连接到车辆的数据链路连接器 3(DLC3)上(如图 9-18 所示),以便检测 DTC。智能测试仪Ⅱ还可以帮助清除 DTC,或者检测定格数据和不同类型的 THS-Ⅱ数据。并进行如下操作:

(1)检查 DLC3　HV 控制 ECU 使用 ISO 9141-2(Euro-OBD)/ISO14230(M-OBD)通信协议。DLC3 的端子排列顺序符合 ISO15031-03 标准并与 ISO91412/ISO14230 格式相匹配(如图 9-19 所示)。数据链路连接器 3(DLC3)的含义见表 9-2。

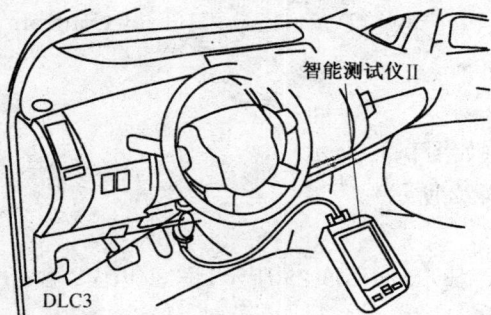

图 9-18　智能测试仪Ⅱ与 DLC3 的连接

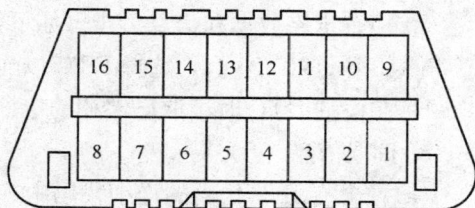

图 9-19　DLC3 的端子排列

表 9-2　数据链路连接器 3(DLC3)的含义

符号	端子号	名称	参考端子	结果	条件
SIL	7	总线"＋"连线	5-信号接地	产生脉冲	通信过程中
CG	4	底盘接线	车身接地	1Q 或更小	始终
SG	5	信号接地	车身接地	1f1 或更小	始终
BAT	16	蓄电池正极	车身接地	11～14V.	始终
CANH	6	HIGH 级 CAN 总线	14-LOWCAN 总线	54～690	电源开端 OFF
CANH	6	HIGH 级 CAN 总线	16-蓄电池正极	1MQ 或更大	电源开端 OFF
CANH	6	HIGH 级 CAN 总线	4-底盘接地	1MQ 或更大	电源开端 OFF
CANH	14	LOW 级 CAN 总线	16-蓄电池正极	1Mf1 或更大	电源开端 OFF
CANH	14	LOW 级 CAN 总线	4-底盘接地	1Mn 或更大	电源开端 OFF

　　将智能测试仪Ⅱ电缆连接到 DLC3 上,打开电源开关并操作智能测试仪Ⅱ,而显示器没有显示任何有效信息,则表明车辆或者测试仪本身有故障;如果在同样模式下通信正常,则检查原车辆的 DLC3 和通信总线;如果在同样模式下通信仍然异常,则测试仪本身可能有故障,请查看操作手册上列出的相关维修部门。

　　(2)检查辅助蓄电池步骤如下:

　　① 测量辅助蓄电池电压。电压正常值为:11～14V。

　　② 检查辅助蓄电池、熔断丝、线束、连接器和接地。

　　(3)检查 CHK ENG 灯步骤如下:

　　① 电源开关打开和"READY"灯关闭时,CHK ENG 灯点亮。如果 CHK ENG 灯没有点亮,则对 CHK ENG 灯电路进行故障排除。

　　② 仪表盘上的"READY"灯点亮时,CHK ENG 灯应熄灭。如果 CHK ENG 灯一直亮,则诊断系统已在系统中检测到故障或异常。

　　(4)DTC 检查/清除步骤如下:

　　① 检查 DTC(混合动力控制)。步骤如下:

　　a. 将智能测试仪Ⅱ连接到 DLC3。

　　b. 打开电源开关(在 IG 位置)。

　　c. 在系统选择画面中(如图 9-20 所示),1111AT 列菜单:Powertrain/Hybrid Control/DTC。读取控制系统的 DTC。

　　② 检查定格数据和信息。步骤如下:

　　a. 如果 DTC 出现,则选择 DTC 以显示定格数据(如图 9-21 所示)。

　　b. 在检测 DTC 时读取已储存的定格数据(如图 9-22 所示)。

　　c. 读取信息。

　　(a)在含有 INF 代码的详细代码中选择详细信息。提示:如图 9-23 所示,详细代码 2 含有 INF 代码 349。在这样的情况下,请选择详细信息 2。

动力传动系统

Function	View	System	Bar	Help

The following vehicle profile was found

NHW20#/03MY/1NZFXE

Powertrain ▼ ⬜ Bus Check ○ See Help

混合动力控制

Engine and ECT
Hybrid Control
HV Battery

DTC

DTC	Data List	View	Active Test	Utility

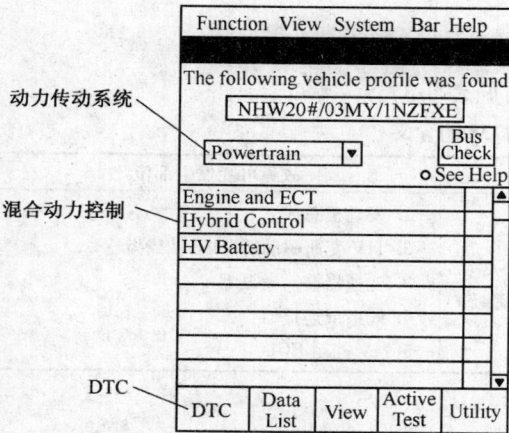

图 9-20　系统选择

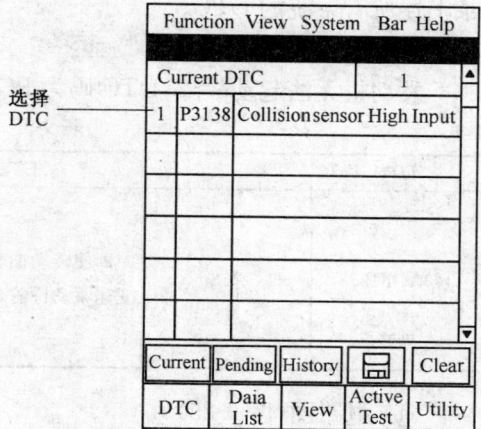

选择 DTC

Function	View	System	Bar	Help

Current DTC			1	▲
1	P3138	Collision sensor High Input		

Current	Pending	History	💾	Clear
DTC	Daia List	View	Active Test	Utility

图 9-21　定格数据显示

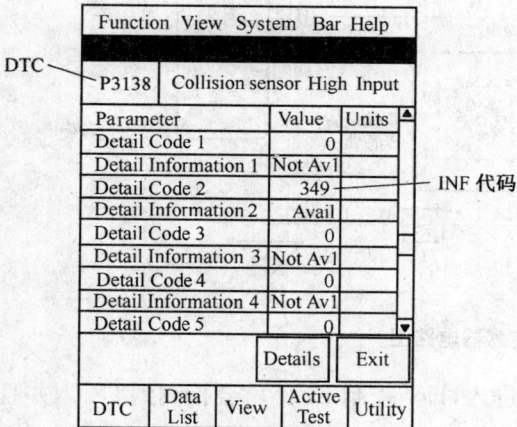

DTC

Function	View	System	Bar	Help

P3138	Collision sensor High Input

Parameter	Value	Units
Detail Code 1	0	
Detail Information 1	Not Av1	
Detail Code 2	349	
Detail Information 2	Avail	
Detail Code 3	0	
Detail Information 3	Not Av1	
Detail Code 4	0	
Detail Information 4	Not Av1	
Detail Code 5	0	

INF 代码

	Details	Exit	
DTC	Data List	View	Active Test	Utility

图 9-22　储存的定格数据

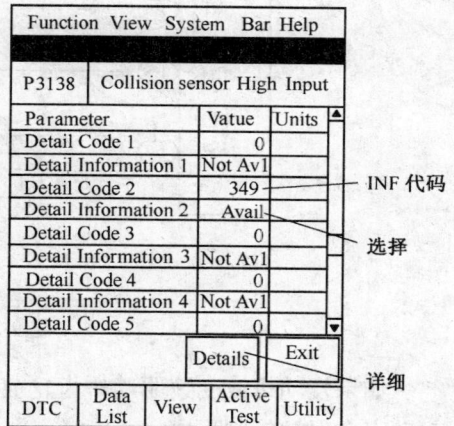

DTC

Function	View	System	Bar	Help

P3138	Collision sensor High Input

Parameter	Vatue	Units
Detail Code 1	0	
Detail Information 1	Not Av1	
Detail Code 2	349	
Detail Information 2	Avail	
Detail Code 3	0	
Detail Information 3	Not Av1	
Detail Code 4	0	
Detail Information 4	Not Av1	
Detail Code 5	0	

INF 代码

选择

	Details	Exit	
DTC	Data List	View	Active Test	Utility

详细

图 9-23　存储信息详细代码

（b）按下"Details"键。

（c）如图所示显示信息（如图 9-24 所示）。

③ 检查 DTC（总线检查）。步骤如下：

a. 在系统选择画面中选择总线检查。

b. 在总线检查画面中，选择通信故障 DTC 来读取通信故障 DTC。

如果在其他 DTC 检测过程中发现 CAN 通信系统 DTC，则首先在 CAN 通信系统中排除故障。

④ 检查 DTC（除混合动力控制系统外）。

HV 控制 ECU 和计算机保持相互通信，包括 ECM、蓄电池 ECU、制动防滑控制 ECU、动力转向 ECU 和其他部分。因此，如果 HV 控制 ECU 输出警告信号，则有必要检查和记

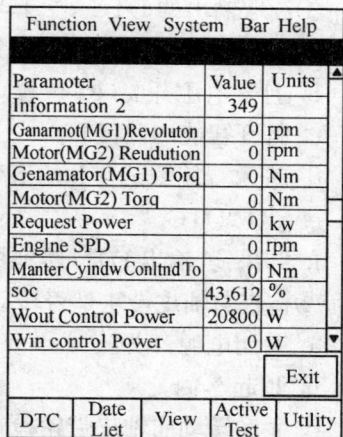

Function	View	System	Bar	Help

Paramoter	Value	Units
Information 2	349	
Ganarmot(MG1)Revoluton	0	rpm
Motor(MG2) Reudution	0	rpm
Genamator(MG1) Torq	0	Nm
Motor(MG2) Torq	0	Nm
Request Power	0	kw
Engine SPD	0	rpm
Manter Cyindw Conltnd To	0	Nm
soc	43,612	%
Wout Control Power	20800	W
Win control Power	0	W

	Exit	
DTC	Date Liet	View	Active Test	Utility

图 9-24　信息代码（INF）显示信息

录上述所有系统的 DTC。

4. 故障诊断实例

发动机无法起动故障,DTC 码为 POAOF1238(见表 9-3)。

表 9-3 DTC P0A0F1238 的含义

DTC	INF 代码	DTC 检测条件	故障可能发生部位
POAOF1238	238	即使转动曲轴,发动机也不起动,变速驱动桥输入故障(发动机系统)	1. 发动机总成 2. HV 变速驱动桥总成(轴或齿轮) 3. 变速器输入减振器 4. 线束或连接器 5. HV 控制 ECU

(1)电路图(图 9-25)

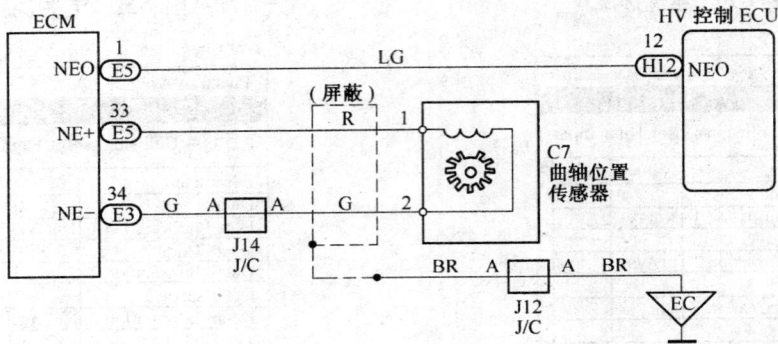

图 9-25 曲轴位置传感器电路图

如果发动机或变速驱动桥齿轮被卡住,或异物进入,HV 控制 ECU 就会检测到 DTC,并且起动安全保护控制程序。

(2)诊断步骤

①读取输出的 DTC

a. 将智能测试仪Ⅱ连接到 DLC3。

b. 打开电源开关(IG 位置)。

c. 打开智能测试仪Ⅱ。

d. 进入智能测试仪Ⅱ的下列菜单:Powertrain/Engine and ECT/DTC。

e. 读取 DTC。

f. 结果:若输出 DTC 转到相关的 DTC 表。

②检查曲轴皮带轮是否转动

a. 关闭电源开关。

b. 顶起车辆。

c. 手动转动曲轴皮带轮检查曲轴是否旋转。正常:曲轴转动。若异常,进行下一步骤。

③检查线束和连接器(ECM 曲轴位置传感器)

a. 断开 E3 ECM 连接器。

b. 断开 C7 曲轴位置传感器连接器。

c. 检查线束侧连接器间的电阻,曲轴位置传感器连接器标准见表9-4。

表 9-4 曲轴位置传感器连接器标准

测试仪连接	规定条件
NE+(E3-33)曲轴位置传感器(C7-1)	<1Ω
NE-(E3-34)曲轴位置传感器(C7-2)	<1Ω
NE+(E3-33)或曲轴位置传感器(C7-1)-车身接地	≥10kΩ
NE-(E3-34)或曲轴位置传感器(C7-2)-车身接地	≥10kΩ

d. 重新连接曲轴位置传感器连接器。

e. 重新连接 ECM 连接器。异常,修理或更换线束或连接器。

④检查线束和连接器(混合动力车辆控制器 ECU-ECM)

a. 断开 H12HV 控制 ECU 连接器。

b. 断开 E5 ECM 连接器。

c. 检查线束侧连接器间的电阻。线束侧连接器间的电阻标准见表9-5。

表 9-5 线束侧连接器间的电阻标准

测试仪连接	规定条件
NEO(H12-12)-NEO(E5-1)	小于 11Ω
NEO(H12-12)或 NEO(E5-1)-车身接地	10kΩ 或更大

d. 重新连接 ECM 连接器。

e. 重新连接 HV 控制 ECU 连接器。

若异常,则修理或更换线束或连接器。

⑤检查并清除 DTC(混合动力控制)

a. 将智能测试仪Ⅱ连接到 DLC3。

b. 打开电源开关(在 IG 位置)。

c. 打开智能测试仪Ⅱ。

d. 进入智能测试仪Ⅱ的下列菜单:Powertrain/Hybrid Control/DTC。

e. 检查并记录 DTC、定格数据和信息。

f. 清除混合动力控制的 DTC。

⑥检查"READY"灯是否点亮

a. 将智能测试仪Ⅱ连接到 DLC3。

b. 打开电源开关(在 IG 位置)。

c. 打开智能测试仪Ⅱ。

d. 进入智能测试仪Ⅱ的下列菜单:Powertrain/Hybrid Control/Data List。

e. 读取发电机(MG1)转速和发动机转速数据。

f. 打开电源开关(READY)。

正常:"READY"灯亮。若"READY"灯不亮,并且智能测试仪Ⅱ上的读数显示为 DTC

POA90(INF239)(HV 变速驱动桥输入部分发生故障[驱动桥轴损坏])。如果 MG1 转动但发动机不运转,则更换混合动力车辆变速驱动桥总成。

⑦检查发动机转速是否增加

a. 将智能测试仪Ⅱ连接至 DLC3。

b. 打开电源开关(在 IG 位置)。

c. 打开智能测试仪Ⅱ。

d. 进入智能测试仪Ⅱ的 J-VN 菜单:Powertrain/Hybrid Control/Data List。

e. 读取发电机(MG1)转速和发动机转速数据。

f. 在"READY"灯亮的情况下,把档位置于 P 档的同时,踩下加速踏板 10s。

正常:发动机转速加快。如果发动机转速不增加,并且智能测试仪Ⅱ的读数显示为 DTC POA90(INF239)[HV 变速驱动桥输入部分发生故障(驱动桥轴损坏)],如果 MG1 转动但发动机不运转,则更换混合动力车辆变速驱动桥总成。若异常,则更换混合动力车辆变速驱动桥总成。

⑧检查是否缓慢转动

a. 将智能测试仪Ⅱ连接至 DLC3。

b. 打开电源开关(READY 灯亮)

c. 顶起车辆。

d. 踩下制动踏板,把选档杆移动到 D 档,然后松开制动踏板。

正常:车轮转动(缓慢转动)。如果车轮不转动,并且智能测试仪Ⅱ的读数显示为 DTC POA90(INF 602)(HV 变速驱动桥输出部分发生故障),则应更换混合动力车辆变速驱动桥总成。若异常,则更换混合动力车辆变速驱动桥总成。

⑨检查发动机加速转速

a. 将智能测试仪Ⅱ连接至 DLC3。

b. 当以高于 10km/h 的速度行驶时,完全踩下加速踏板以提高发动机转速。

正常:发动机转速平稳增加。如果发动机超过常速或智能测试仪Ⅱ的读数显示为 DTC POA90(INF241)[HV 变速驱动桥输入部分发生故障(转矩限制器发生滑动)],则应更换变速器的减振器。若异常,则更换变速器输入减振器总成。

⑩检查阻力在旋转过程中增加的原因

检查导致变速驱动桥和发动机的阻力在转动中变大的原因。

a. 检查发动机润滑系统和变速驱动桥润滑系统。

b. 检查发动机冷却液和变速驱动桥冷却液。

c. 检查发动机本身和变速驱动桥本身是否有故障。

结果:没有故障。若有故障,则修理故障零件和组件。若无故障,进行模拟试验。如果没有症状产生,则更换发动机,HV 变速驱动桥和 HV 控制 ECU。

⑪检查前轮是否旋转

a. 打开电源开关(IG 位置)。

b. 踩下制动踏板,把选档杆移动到 N 档。

c. 顶起车辆。

d. 手动转动曲轴皮带轮检查前轮是否旋转。

正常：前轮旋转。若正常，则修理或更换发动机总成。若异常，则修理或更换混合动力车辆变速驱动桥总成。

5. 普锐斯混合动力汽车蓄电池定格数据分析

利用智能测试仪Ⅱ的读数检查蓄电池DTC的定格数据，见表9-6。

表9-6 蓄电池定格数据分析

智能测试仪Ⅱ显示(缩写)	测试项目和范围	故障出现时车辆可疑状态
蓄电池充电状态(Battery SOC)	蓄电池充电状态：最小0%，最大100%	HV蓄电池充电状态
SOC变化量(Delta SOC)	在每一蓄电池盒内最大和最小值间的差异：最小0%，最大100%	SOC改变
蓄电池组电流(IB Battery)	蓄电池组的电流值：最小-327.68A，最大327.68A	HV蓄电池的充电和放电条件： (1)电流值为正值时放电 (2)电流值为负值时充电
吸入空气温度(Batt Inside Air)	吸入蓄电池组的室外空气温度：最小-327.68℃，最大327.68℃	吸入蓄电池组的室外空气温度
VMF风扇电动机电压(VMF Fan Voltage)	蓄电池鼓风机电动机电压：最低0V，最大25.4V	蓄电池鼓风机电动机的转动条件
辅助蓄电池电压(AUX Batt V)	辅助蓄电池电压：最低0V，最高25.4V	辅助蓄电池状态
充电控制数值(WIN)	从蓄电池ECU输送到HV控制ECU的充电控制功率：最低-64kW，最高0kW	HV蓄电池充电功率
放电控制数值(WOUT)	从蓄电池ECU输送到HV控制ECU的放电控制功率：最小0kW，最大63.5kW	HV蓄电池放电功率
冷却风扇模式(Cooling Fan Spd)	蓄电池鼓风机电动机驱动模式：最小0，最大6	停止：0；从低速向高速转动：1~6
ECU控制模式(ECU Ctrl Mode)	ECU控制模式：最小0，最大4	HV蓄电池的工作状态
备用鼓风机请求(SBLW Rqsi)	蓄电池鼓风机电动机停止：控制请求(备用鼓风机)	蓄电池鼓风机电动机出现停止控制
蓄电池温度TB1-TB3(Batt Temp lto3)	HV蓄电池温度：最小-327.68℃，最大327.68℃	HV蓄电池温度
蓄电池盒电压V01 V14(V1 to V14 Batt Block)	蓄电池盒电压：最低-327.68V，最高327.68V	蓄电池盒之间的电压改变

第十章　汽车自动导航系统

第一节　概　述

当汽车在生疏地带行驶,特别是在难以看清道路标志和周围景色的夜间行驶时,有时会迷失方向,需要各种导向行驶系统(又称导航系统)来确定本身位置,这种技术就是汽车自动导航技术。

所谓车辆自动导航,就是在路网数字化地图的基础上,运用 GPS、DR 等定位技术进行车辆定位,确定最优行驶路线,为出行者提供静态的或实时的最优出行路线信息,并在出行过程中对驾驶人适时地作出路线指引。

一、汽车自动导航系统构成

车辆自动导航系统从功能上可分为四大子系统(如图 10-1 所示):路网数据库管理子系统、车辆定位子系统、路线优化子系统和路线引导子系统。

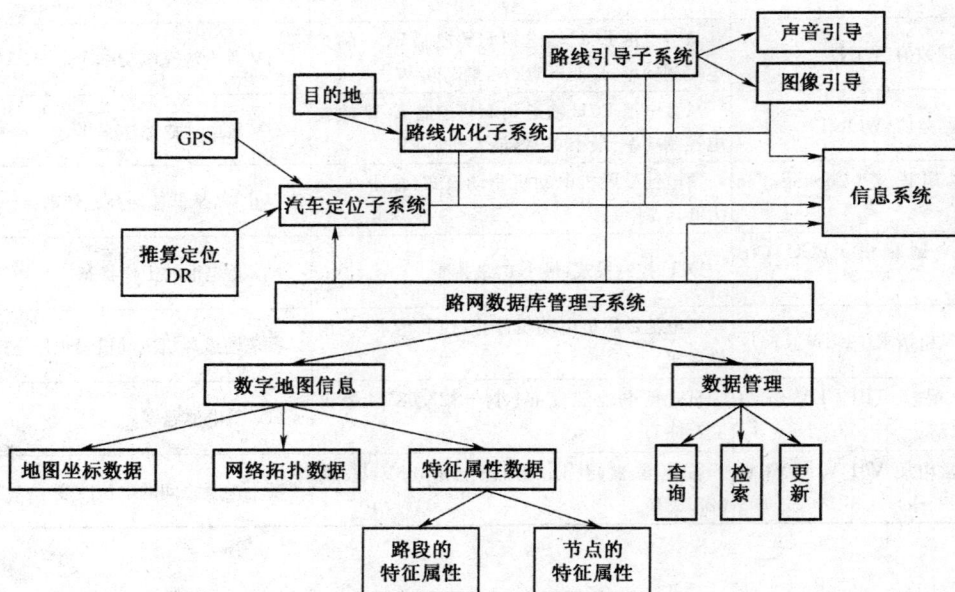

图 10-1　汽车自动导航系统结构示意图

(一)路网数据库管理子系统

按照预设的格式存储与路网有关的数字地图信息,使计算机能够处理与地图有关的功能。它是整个车辆导航系统的基础。

（二）汽车定位子系统

运用 GPS 和/或 DR（推算定位）等定位技术，确定汽车的实时位置，并运用地图匹配技术，对汽车实际行驶路线与电子地图上道路位置之间的误差进行修正，从而提高定位的精度。

（三）路线优化子系统

在已知路网上根据选定的最优目标，按照一定的算法，确定某两地间的最优路线。

（四）路线引导子系统

将最优路线转化为驾驶人能够识别的视频或音频信息，并逐步地适时给驾驶人发出引导指令以及其他有用的出行信息。

二、汽车自动导航系统的基本功能

在汽车行驶中使用自动导航系统除了帮助驾驶人快速准确地到达目的地外，还能大大减少无谓的加速和制动，减少燃料消耗，同时也保护了环境。汽车导航系统包括安装在车内部的一个计算机、位置检测器和电视显示器。行车前，驾驶人只需将地名和邮政编码输入计算机，计算机就能给出应选择的大致行车方向，并以合成音提醒驾驶人在何处转弯。当汽车接近一个信号灯时，计算机通过装在后视镜后的红外收发机闪示朝这个信号灯逼近的一个数字信号。中央计算机接到信号后就为司机提供一份高度准确的当地地图及该地区的交通情况和到达目的地的一份大致行车路线图，之后汽车中的计算机就算出到达下个信号灯或目的地的最佳路线。

通常自动导航系统具有以下功能：

① 按照要求制定行车计划，并能随时确定具体方位。

② 遇到交通异常能自动重新设计路线，在彩色显示的地图上能显示各种交通情况（如红线表示交通阻塞，绿线表示可选路线），甚至可以呈现前方道路的实际图像。

③ 多种语音提示。

④ 提供相关服务信息（包括汽车没有人力协助的意外事故等）。

要实现以上功能，关键技术在于全球定位系统（GPS），以及安装在制动防抱死系统（ABS）里检测车轮转速的传感器。

三、典型的导航系统

（一）汽车电子地图导向系统

该类型的汽车导航系统，由显示器、人机对话装置、CD-ROM、CPU、RAM、车速传感器、气流传感器（前进方向传感器）等部分组成。CD-ROM 是直径为 12cm 的激光盘只读存储器，在其中以数据库形式存储了绝大部分地图。地图比例尺大小不一。电子地图包括道路、地名以及各种设施，除了显示本车位置和方向外，导航信息还有自己的行驶轨迹，当时位置到目的地的方向和直线距离。驾驶人可通过按键输入本车位置和目的地，缩放地图比例尺，或者选择显示 CD-ROM 数据库中的任意区域地图。

汽车电子地图导向系统在工作时，用车速传感器可检测已行驶的距离，用气流传感器检测前进方向的变化，并根据这两个检测数据求出行驶轨迹。与采用卫星或地磁方式的导航系统相比，该系统采用完全独立的方式检测本车的当时位置与方向，因此，不会受到上述两种系统与外部联系的电波通信障碍和磁性干扰等影响。

(二)地磁导向行驶系统

该系统利用地磁作为导向基准。系统由以下部分组成:输入到达目的地距离数值和指令的键盘;显示到目的地所剩距离和目的地范围的图形;探测地磁方向的方位传感器;测量车速的车速传感器,以及进行计算与修正的控制器等。

地磁导向行驶系统有一个双线圈地磁矢量传感器作为方位传感器。地磁水平分量的磁感应强度十分微弱,对外界干扰很敏感,因此,该系统抗干扰能力较差。一旦把目的地的位置输入(即从键盘输入东西和南北两个方向的 X,Y 位置坐标),则行驶中由方向及距离传感器可以检测出已走过的两个方向的距离,与原输入距离相减即可求出随时随地距目的地的所剩距离和应行驶的方向。

(三)无线电导向系统

无线电导向系统可分为卫星导向系统和地面无线电固定导向台导向系统两类。这种"汽车导航系统"由控制器、导航计算机,以及安装于后备箱内的卫星信号接收机、车内的磁性探测仪和后备箱盖上的卫星天线组成。该系统的计算机存储器存储所有汽车干线、公路地图和城市交通图,并安装有一个电视接收机调谐装置。行车前驾驶人把要去的城市和街道名称输入计算机。导向计算机借助卫星系统或地面无线电导向台信号,并根据 ABS 传感器提供的数据确定所去地点的方位,在地图上精确显示出汽车任意时刻的位置。驾驶人在输入数字地图资料后,便可查明要去地点的最佳行车路线。

(四)惯性行驶系统

惯性行驶系统实际上是一个电子陀螺仪,它利用氦气的惯性来检测方位,而不是地磁。该系统利用惯性传感器,检测出汽车行驶的方向,用霍尔式传感器,检测出汽车行驶的速度。通过 A/D 变换及计算机处理后,行车轨迹以虚线形式显示在行驶区域的地图上,从而达到导向的目的。

第二节　全球定位系统(GPS)及汽车导航(向)系统

目前,提供汽车现在位置和运动轨迹的信息主要是采用电波导航中的全球定位系统(GPS)。全球定位系统(GPS)是由美国空军装备的,它是利用导航卫星检测位置的位置检测系统。由三部分组成:①空间部分(导航卫星);②监控部分(地面监控站);③接受部分(用户接收设备)。

系统的工作原理是:导航卫星在围绕圆形轨道运动时,发出事先决定的图像信息。接收侧根据卫星发出信号至接收到其反射信号的滞后时间,算出接收侧与卫星的距离,以这个距离为半径,以卫星为圆心,就形成了一个球面。

当接收侧同时知道 3 颗导航卫星的距离时,就可形成 3 个球面的交点,这就是接收侧的位置,也就是汽车的位置。

GPS 汽车导航系统的组成如图 10-2 所示,主要功能包括推算行驶轨迹(航迹)、地图匹配和 GPS 的接收等。行驶轨迹的推算,依靠地磁传感器和车轮转速传感器获得汽车的相对位置和方向;地图匹配则对航迹推算所用的路径和内存地图上的道路进行比较,根据汽车所行驶过的道路,即可通过 GPS 获得更为精确的位置信息,并使用经纬度确定其绝对位置。

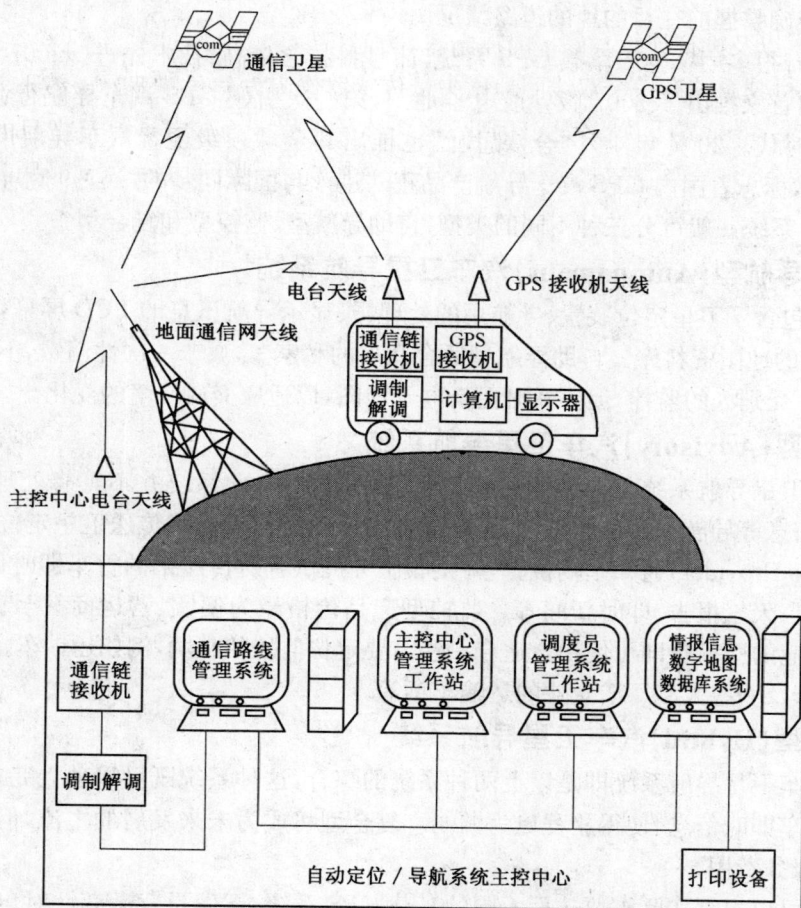

图 10-2　汽车导航系统构成

第三节　我国 GPS 汽车导航系统现状

　　GPS 汽车导航系统的研制和应用在我国起步较晚,但发展势头迅猛。在银行运钞车、公安110 报警车、城市出租车和公交车上得到广泛应用,一些大型厂矿企业和部门也在逐步配备GPS 车辆终端设备。

　　我国已经开发出将 GPS 技术、地理信息系统和现代通信技术综合在一起的新型汽车导航设备,具有监控、调度、报警、监听、遥控熄火、遥控断油、电子地图显示、自动存档和系统自检等功能,并可将汽车的任何动态位置随时准确无误地显示在电子地图上。车载终端的电子地图自动跟踪显示汽车当前位置及周边情况,它存储了我国各大城市道路的电子交通图及高精度的全国公路网及其沿线村镇以上级别的地图,驾驶员可随时在车载终端上查询所需地区的地理信息,并将运行中有关道路图、停车设施、道路属性(道路名称、单向交通路段、禁止转弯路段、载重限制等)和其他有关的服务信息直观地呈现在驾驶员面前,协助驾驶员在陌生的交通道路环境中,准确掌握前往目的地的道路情况。

我国目前有很多厂家生产车载 GPS 系统,而且科技含量高、技术先进。2007 年 1 月,"新科电子"在国内首家推出了 2007 版导航电子地图,第一次引领 GPS 汽车导航行业跨入了 3D立体导航技术时代。2007 年 4 月"合众思壮"也推出其全球顶级配置汽车导航产品"任我游610"车载 GPS,标志着国内 GPS 汽车导航产品正式进入与国际同步的"16:9 宽屏"时代。

车载 GPS 系统一般可分三种不同的类型:自助导航型、监控型和复合型。

一、自助导航型(Autonomous)汽车卫星导航系统

此类系统包含了卫星定位装置、导航用的处理器、显示导航讯息的 LCD 屏幕,以及储存在CD 或 DVD 上的地图资料库。自助导航型适合众多的私家车,属于一次性消费,不需要支付服务费,当然也不受别人的监控,但要及时更新电子地图,以适应交通环境的变化。

二、监控型(Advisory)汽车卫星导航系统

这种汽车卫星导航系统与自助导航型最大的不同在于,此系统并不具有处理器、LCD 屏幕、电子地图信息等导航相关的软硬件设备,但配有移动通信设备来传送卫星定位信息至服务提供者(Service Provider)通知车辆位置,并接收服务提供者所传送来的行车即时信息,如导航信息、即时路况、天气报告、即时新闻等。监控型产品价格最为便宜,营运商甚至免费赠送,只要按年支付相应的服务费即可使用。适合一些需要定位监控的车辆,例如运钞车、110 报警车、出租车、公交车及一些大型厂矿企业的运输车辆等。

三、复合型(Hybrid)汽车卫星导航系统

复合型汽车卫星导航系统即是以上两种系统的综合,这种系统既可以独立完成导航任务,又可以接收行车即时信息,使得旅程更为顺畅。复合型将成为未来发展的主流,但目前价格较高,需要支付服务费用。

不同用户可以根据实际需要选用不同的车载 GPS 系统,下面是营运商针对出租车公司监控管理系统提出的解决方案。

如 2007 年中交虹桥 GPS 车辆管理系统针对出租车行业管理调度的解决方案利用 GSM通信网络和 GPS,建立 GPS 车辆调度服务系统,实现对车辆的实时调度监控、防劫防盗报警等功能。通过该系统,可以提高车辆的有效利用率,提高车辆运行的安全性和处理突发事件的能力,加强对车辆和司机的管理,提高公司的管理力度和效率,增强公司竞争力。

1. 系统特点
① 系统功能完善,提供强大的车辆准确定位、实时监控、高效调度功能。
② 呼叫中心反映灵活及时,设计多种意外处理预案,并且提供路况咨询等服务。
③ 提供标准的数据接口,轻松实现与企业其他信息系统的顺利对接。
④ 兼容多种车载终端,赋予用户在硬件选择上的高度灵活性。
⑤ 支持多级多中心连接和分布式互联,支持移动中心。

⑥ 精确完备的全国地图,实时更新。

⑦ 支持多种通信方式,包括 GSM/CDMA 短消息、GPRS、集群。

⑧ IBM 和 Oracle 提供强大的中心数据处理系统,保证安全稳定,实现真正实时监控。

2. 系统功能

① 监控调度。监控中心可随时了解车辆的实时位置,并能在中心的电子地图上准确地显示车辆当时的状态(如速度、运行方向等信息)。

② 电话叫车。乘客拨打调度中心约车电话时,网络可自动寻找区域内的空车进行调派,调车的详细信息用语音或汉字信息传至车载显示终端,大大提高调度效率。

③ 意外报警。监控中心收到车载终端发来的报警信号(断电报警等),报警的车辆在地图上以醒目方式显示报警状态和报警地点,并将报警目标的监视级别提升,同时自动记录轨迹、自动录音。监控中心立即通知出租公司,并根据报警情况和警力分布,用短消息或语音进行指挥调度和警情处理。

④ 信息服务。监控中心可以向出租车司机提供交通信息、线路咨询信息、广告信息等,为司机和乘客提供服务。

⑤ 遥控熄火。监控中心经公安机关或租赁公司授权后可随时对车辆进行实时监听和控制(遥控熄火或声光报警),锁定车辆位置,配合警方快速出动警力,跟踪捕捉罪犯,缴回被骗、被盗、被抢的车辆。

⑥ 越界/超速报警。由管理中心系统下发速度的上限值到车载终端并由车载终端保存该设置,在行驶过程中若判断实际行驶速度超出速度上限值立即执行向监控中心上报超速报警信息的动作;中心系统亦可下发活动区域的属性数据到车载终端并由车载终端保存该设置,在行驶过程中若判断出不在活动区域内则立即执行向监控中心上报越界报警信息的动作。管理中心系统记录报警信息并立即以声音提示并结合文字提示信息通知值班人员,配合电子地图上位置信息为值班人员提供及时完整的报警信息和处理流程。

⑦ 营运数据实时回传。车载单元可以与计价器结合,在针对出租或长途车应用中实时采集营运数据,营运数据包括:载客起点、载客终点、载客里程、行驶路线、载客营业额、空车起点、空车终点、空车里程、载客量;营运数据可以通过无线方式传输至管理中心,管理中心存储运营数据。

第四节 GPS 汽车导航(向)仪的使用与操作

一、GPS 导航仪的功能

在汽车行驶中使用自动导航系统除了帮你快速准确地到达目的地,还能大大减少无谓的加速和制动,减少燃料消耗,同时也保护了环境。汽车导航系统包括安装在车内部的一个计算机、位置检测器和电视显示器。行车前,驾驶人只需将地名和邮政编码输入计算机,计算机就能给出应选择的大致行车方向,并以合成音提醒驾驶人在何处转弯。当汽车接近一个信号灯时,计算机通过装在后视镜后的红外收发机闪示朝这个信号灯逼近的一个数字信号。中央计算机接到信号后就为驾驶人提供一份高度准确的当地地图、该地区的交通情况和到达目的地的一份大致行车路线图,随后,汽车中的计算机就算出到达下个信号灯或目的地的最佳路线。

通常自动导航系统具有以下功能：

① 按照要求制定行车计划，并能随时确定具体方位。

② 遇到交通异常能自动重新设计路线，在彩色显示的地图上能显示各种交通情况（如红线表示交通阻塞，绿线表示可选路线），甚至可以呈现前方道路的实际图像。

③ 多种语音提示。

④ 提供相关服务信息（包括汽车没有人力协助的意外事故等）。

要实现以上功能，关键技术在于：全球定位系统（GPS）和安装在制动防抱死系统（ABS）里检测车轮转速的传感器。

二、GPS 导航仪的组成

(一)GPS 导航仪的分类

1. 防盗型和监控型的 GPS

一般是把 GPS 主机放在后备箱，天线放在保险杠后或放在仪表台里。一些防盗型的要改动电路、油路和门锁机构。有些类型还备有电话手柄、自导航显示屏等，因此，对车都有改动，需钻孔等。

2. 自导航型的 GPS

本身带有 DVD 播放等影音系统，安装时拆除原有的音响系统。有一种显示屏是固定式的，与顶级威驰的装法相同；还有一种是翻出型的，屏幕像磁带一样内藏，使用时翻出。

3. 后视镜型

拆掉原有的后视镜，装上带有显示屏的后视镜。

4. GPS+PDA

一般是采用支架法，用玻璃吸在风窗玻璃上，PDA 的位置在仪表台中间，PDA 大多是竖型，因此会部分遮挡视线，但不用对车作任何改动。

5. GPS+笔记本电脑

有人在仪表台下作托架，这种方法在事故中容易伤人。笔记本电脑放在副驾位置上较好。任何情况下，都不应该一边驾驶，一边操作 GPS，否则太不安全。

(二)GPS 导航仪的组成

1. 电源

手持 GPS 机的供电对于山友来说是个问题，需要经常更换电池；但对于车友来说，GPS 的电源问题不算太大，买个电源逆变器，大多数情况都解决了供电问题。有些 GPS 提供了从点烟器中取电的插头，就更方便了。

2. 电子地图

能用于 GPS 的电子地图类型、档次、精确程度相差甚大。精确、准确、全面的地图，往往需要的存储容量很大，很多机子无法装载，有些机子虽能装载，但存储器增加很多成本；很多软件需要人工从一个城市的地图文件切换到另一个城市，不太方便。几乎所有的 GPS 都没有山路图。这是因为山路图的绘制有困难，首先是军事保密原因，山地原始图不容易获得。

3. GPS 天线

① 安置在风窗玻璃下，用不干胶、魔术贴或玻璃吸都可以，前提是所贴的膜无屏蔽现象。

② 用磁铁吸在车外。约有 1/5 的车风窗玻璃所贴膜对卫星信号有屏蔽。

③ 放置在天窗上。放在里外两层滑门的中间就可以了,绝大多数外窗不会屏蔽信号。

④ 安装在仪表台内或保险杠后等。

4. OZI 软件

很好用的软件,出门时可用笔记本电脑实时记录、导航;回家后又可用来绘制路线图;出门前还可以用 OZI 规划路线。

三、新科 GPS 导航仪简介

1. 新科 GPS"三快"

(1)搜星定位快　在高楼林立的地方,也能灵敏接收卫星信号,快速定位;

(2)查找目的地快　手写输入、拼音、兴趣点等多种检索方法,具有 POI 联想功能,快速锁定目的地;

(3)计算路径快　黑龙江到海南岛,5000 多公里的路程,5s 之内计算完毕,而普通导航器需要 15s 甚至更长时间。

2. 采用 07 版专业导航地图

有 259 个大中城市详细地图,覆盖 4 个直辖市和 17 个省全境,以及大陆其他省区兴趣点(POI)数量、道路网大幅扩展和标志性建筑物立体化图标。

3. 自主研发的 2.0 版专业导航软件

采用全新技术,三维立体显示,操作和显示更加人性化,采用 SP 地图编码功能。

4. 产品附带丰富

有稳压电源、汽车电源连接线、音视频连接线、沙袋、塑料安装支架和触摸笔。

5. 新科 GPS 卫星精确定位

① 内置 SiRF 第三代 20 通道高灵敏度接收芯片,定位精度 15m 以内。

② 07 版专业导航地图。

③ 2.0 版专业导航软件:新科 GPS 引领导航科技,2.02 版导航软件,操作更富人性化,反应速度更快捷,中/英文菜单任意切换,并增加了 SP 显示与检索功能。

④ 手写等多种目的地输入法:有拼音、电话号码、兴趣点、地址、交叉路口、地址簿、历史纪录等基本的目的地输入方法,并支持手写输入、特殊点等高级快捷检索模式。

⑤ SP 地图编码功能:导航地图的任意点,不论是否被采集为兴趣点,均能用唯一的 12 位数字标示。检索时,只需输入任意点的 12 位数字编码,导航器就可以方便地为你找到,引导你顺利到达。

⑥ 车载/手持模式切换:步行时使用新科 GPS,也能导航。只要把车载模式切换为手持模式,导航器就将采集不同于车载模式的卫星信号,让你随时知道自己的位置和周边信息,从而帮你顺利到达想去的地方。

⑦ 四种路径检索模式:有推荐路径、高速优先、距离优先、一般路径 4 种路径模式,导航器将根据设定的路径模式,自动计算出行车路线并导航。详细路径规划,设定目的地后,轻触屏幕左上方的"道路信息"按钮,(导航过程中则点击"方向图标"),即可出现将要经过的路名、出入口等信息的列表。

⑧ 行程信息显示路径重新计算：包括汽车行驶位置、目标方向、到达距离、预计时间等行程信息，随时显示，掌握全程。导航过程中，如驾驶人走错路线，机器会在极短时间内，自动计算出一条新路线。

⑨ 中英文语音提示：导航过程中，中/英文（可切换）随时提示前进方向，避免行车过程中分散驾驶人注意力，实现安全导航。

⑩ MP4/MP3 网际影音播放：播放存储在数码卡上的影音资讯，在不需要导航时，GM-3512 就变成了一台 MP4/MP3 播放器，实现一机多用，可边导航提示，边播放，画面清晰流畅，色彩细腻鲜活。

⑪ 内置长效锂电池。

6. 导航操作

示例：从"首都机场"到"国家大剧院"。

（1）设置起点   开机后导航器即自动搜索，快速定位，你所处的位置（首都机场）即为起点；

（2）设定目的地   进入主菜单界面，点击"目的地"项，选择"兴趣点"（也可用其他方法），从分类菜单中找到"国家大剧院"并点击，然后再点击"目的地"项，目的地就设定成功了。

（3）开始导航   在极短时间内，导航器就能为你计算出一条路线，并引导您顺利到达目的地。听到导航声音指示时，按照导航仪提示的路线走就没错。

第十一章　汽车车载网络系统

第一节　概　　述

汽车上众多的电控单元,如果按照传统的汽车数据传输方式将是一个庞大的数据网络,这样的网络不仅效率低,故障率高,而且功能局限性大,无法实现功能的升级和多个系统的同步协调。增加了控制器总线串行总线系统以后,把车辆上相关控制器都联系起来,实现了各种控制器的相互通信,做到了全车信息及时共享,这种数据互通互联的连接方式,称为控制器局域网(CAN)。

CAN 总线称作汽车总线,其全称为"控制器局域网",是德国博世公司为解决现代汽车中众多的电控单元(ECU)之间的数据交换而开发的一种串行通信协议。CAN 总线在诸多汽车总线中有着很重要的地位,现已成为汽车总线的代名词,已成为汽车是否数字化的一个重要标志。

CAN 不仅减少了直接线束的连接,使整车线束布置紧凑,车辆更加安全。同时,也确保了整车在行驶过程中各个部件之间的匹配达到最佳状态,使故障率大大降低,安全性能大大提高。

一、CAN 总线技术的优点

① 数据共享减少了数据的重复处理,节省了成本。例如,在传统的布线形式中,自动变速器、空气悬架、巡航定速控制等都会用到车速数据,结果这些电控单元内部都有一套车速处理电路,浪费了资源。而采用总线技术后,各控制单元都可从总线上获得车速数据,减少车身布线,进一步节省了成本。由于采用总线技术,模块之间的信号传递仅需要两条信号线,使布线局部化。车上除掉总线外,其他所有横贯车身的线都不再需要了,节省了布线成本。

② 具有诊断错误的能力和自动恢复能力,节省了生产维护成本。比如适当的 CAN 分析模块可以对总线系统进行诊断,如传感器的故障诊断、车故障诊断、各个模块的诊断以及线路连接间的诊断等。对于总线内部错误,系统可以通过自身软件进行自动恢复。

③ 各电控单元对所连接的 CAN 总线进行实地监测,出现故障时电控单元会存储故障码。

④ 使用小型控制单元及小型控制单元插孔,可节省空间。

⑤ 总线的利用率高。数据传输距离较长,可长达 10km,数据的传输可达到 1Mbit/s。

⑥ CAN 总线具有线间干扰小、抗干扰能力强的优点。

⑦ 价格占有绝对的优势。随着 CAN 的批量推广,其成本会进一步降低。

⑧ CAN 总线符合国际标准,因此可应用于不同型号控制单元间的传输。

二、CAN 总线技术的标准

(一)低速总线协议标准

低速总线协议标准大部分采用 UART(异步发送/接收电路)标准。低速总线首选的是

LIN(一种底层的局部连接网络)总线,LIN 是用于汽车分布式电控系统中的一种新型低成本、串行通信系统。LIN 采用低成本的单线连接,传输速度最高可达 20kbit/s,主要用于后视镜调整、电动车窗、灯光照明等的控制。

(二)中速总线协议标准

中速总线协议标准为 ISO 11898 或 ISO 11519。中速总线首选 CAN 总线。CAN 是为了解决现代汽车众多的控制单元数据传递而开发的一种串行通信协议,它是一种多主总线,通信介质可以为双绞线、同轴光缆或光导纤维,通信速率可达 1Mbit/s,具有良好的实用性和可靠性。中速总线主要应用于车身舒适性模块、仪表显示等系统。

(三)高速总线协议标准

在高速总线标准协议中,一般采用的是 CAN 总线 ISO 11898 的标准。主要面向高速实时闭环控制的多路传输网络,位速率在 125kbit/s～1Mbit/s 之间,主要用于牵引力控制、发动机控制、ABS 控制、安全气囊控制等系统中。

(四)自诊断系统总线协议标准

故障自诊断是现代汽车一个不可缺少的功能,许多汽车生产厂商都采用 ISO 14230 作为自诊断系统的通信标准,它能够满足 OBD-Ⅱ和 OBD-Ⅲ的要求。在欧洲,以往诊断系统中使用的是 ISO 9141,它是一种基于 UART 的诊断标准,能够满足 OBD-Ⅱ的要求,从 2000 年开始,欧洲汽车厂商已经开始使用一种基于 CAN 总线的诊断标准 ISO 315765,它能够满足 E-OBD 系统的要求。美国通用、Ford、DC 公司广泛使用 J1850,作为满足 OBD-Ⅱ的诊断系统通信标准。美国从 2004 年开始采用基于 CAN 总线的 J2480 诊断系统的标准。

三、汽车 CAN 总线的研究重点及关键技术

汽车 CAN 总线系统的研究与发展可以分为三个阶段:第一阶段是研究汽车的控制系统(也称舒适总线系统),如照明、电动车窗、中央集控锁等。第二是研究汽车的主要控制系统(也称动力总线系统),如电子燃油喷射系统、ABS 系统、电控自动变速器系统等。第三阶段是研究汽车各电子控制系统之间实时控制和信息反馈。

(一)汽车 CAN 总线研究的重点

汽车 CAN 总线的研究重点是针对具体的车型开发的硬件和应用层的软件,并构成车内网络。

(二)关键技术

利用 CAN 总线构建一个车内网络,需要解决的关键技术问题有:

① 总线传输信息的速率、容量、优先等级、节点容量等技术问题。

② 高电磁干扰环境下的可靠数据传输。

③ 确定最大传输时的延时大小。

④ 网络的容错技术。

⑤ 网络监控和故障诊断功能。

四、汽车 CAN 总线术语

(一)CAN

CAN 是为控制器局域网,是国际上广泛应用的汽车总线之一。CAN 可以实现车载各

电子控制装置单元之间的信息交换。发动机控制单元、自动变速器控制单元、仪表装备等均可嵌入 CAN 控制装置。在一个 CAN 总线构成的单一网络中，理论上允许挂接无数个节点，而实际应用中，节点数目受网络硬件的电气特性所限制。CAN 可提供高达 1Mbit/s 数据传输速率，这使实时控制变得很容易。另外，硬件的错误判断能力也增强了 CAN 的抗电磁干扰能力。

(二)局域网

局域网是在一个有限区域内连接的计算机网络，一般这个区域具有特定的职能，通过这个系统内的资源共享和信息通信，连接到网络上的节点可以是计算机、基于微处理器的应用系统或智能装置。局域网传输速度在 $10^2 \sim 10^5$ kbit/s 范围，传输距离在 $100 \sim 250$m 范围，在传输过程中，误码率很低。汽车上的网络是局域网与现场总线之间的一种结构。数据传输速度一般在 $10 \sim 1000$kbit/s 范围，传输距离在几十米范围。

局域网的传输介质有双绞线、同轴电缆和光纤三种，其传输媒体的特点见表 11-1。

表 11-1　传输媒体性能参数

媒体	信号类型	最大数据传输速度 (Mbit/s)	最大传输距离(km)	网络节点数
双绞线	数字	$1 \sim 2$	0.1	几十
同轴电缆(50Ω)	数字	10		几百
同轴电缆(75Ω)	数字	50	1	几十
同轴电缆(75Ω)	模拟	20	10	几十
同轴电缆(75Ω)	单信道模拟	50	1	几十
光纤	模拟	100	1	几十

(三)数据总线

数据总线是控制模块之间传递数据的通道。数据总线可以达到在一条数据线上传递的信息能被多个系统(控制单元)共享的目的，从而最大限度地提高系统整体效率，充分利用有限的资源。数据总线在汽车上的应用，大大减少了汽车上的电线数目，加快了汽车智能化的发展。同时，节约了成本和故障发生率。如果系统可以发送和接收数据，则该数据总线就称之为双向数据总线。数据总线可以是单线式，或是双线式。双线式的其中一条导线不是用作额外的通道，它的作用是一旦数据通道出了故障，它让数据换向通过或是在两条数据总线中未发生故障的部分通过。为了抗电磁干扰，双线式数据总线的两条线是绞接在一起的。为了使不同厂家生产的零件能在同一辆车上协调工作，必须制定标准。

(四)总线型网络拓扑结构

总线型网络拓扑结构是局域网结构形式之一，它将所有的入网计算机通过分接头接入一条载波线上。其特点是多台计算机共用一条传输线，信道利用率较高，但同一时刻只能在两条网络节点处互相通信，网络延伸距离有限，网络容纳节点有限。所以，总线型网络拓扑结构适用于传输距离较短、地域有限的组网环境。

(五)多路传输

多路传输是指在同一通道或线路上同时传输多条信息。实际上，车载网络系统的数据信息是依次传输的。但是,由于传输的速度很快,感觉好像是同时传输的,实际上是分时分段进行传输的。图 11-1 所示为常规线路和多路传输线路的简单比较,从图中可以看到多路传输系统 ECU 之间所用导线与常规线路相比少得多,但是线路设计比常规线路复杂得多。

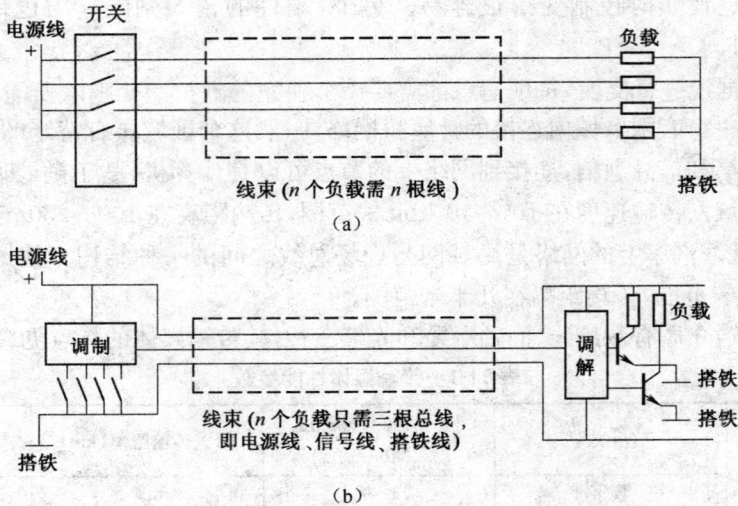

图 11-1　常规线路和多路传输线路的简单对比

(a)常规线路　(b)多路传输线路(串地分时通信)

(六)节点

节点是一种简单的电子装置,小到传感器,大到电子控制单元,如各种温度传感器在多路传输系统中称为节点。

(七)帧

为了可靠地传输数据,通常将原始数据分割成一定长度的数据单元,这种数据传输的最小单元,称其为帧。一帧内应包括同步信号(例如帧的开始与终止)错误控制(各类检错码或纠错码,大多数采用检错重发的控制方式)、流量控制(协调发送与协调的速率)、控制信息、数据信息、寻址(在信道共享的情况下,保证每一帧都能正确的到达目的地)等。帧有两种不同的帧格式:一种是具有 11 位识别符的帧称之为标准帧,一种是含有 29 位识别符的帧称之为扩展帧。帧按照携带的信息类型可分为四种帧格式:

(1)数据帧　数据帧携带数据,将数据从发送器传输到接收器。

(2)远程帧　由总线单元发送,用于请求发送具有相同识别符的数据帧。

(3)过载帧　过载帧用以在先行的和后续的数据帧(或远程帧)之间提供一附加的延时。

(4)错误帧　任何单元检测到总线错误,就发出错误帧。

(八)网关

因为汽车上有很多总线和网络,我们所说的 CAN 总线只是众多总线的一种,必须采用一种特殊功能的微处理器使信息共享并且不产生协议的冲突,实现无差错传输,这种微处理器就叫网关。美国三大汽车公司采用的 SAEJ1850 网络和 Bosch-CAN 网络之间的网关实际上就是一个 Intel-16 位 87C196CR 单片机,博世公司为奔驰 600SEL 汽车开发的 CAN 1.2 和

CAN2.0 协议之间的网关,实际上是 Intel-16 位 80C196 单片机。

第二节　CAN 数据总线传输系统

目前在车辆上应用的数据传递形式分为两种:一种是传统的数据传递方式,每项信息都通过各自独立的数据线进行交换,每项信息都需要一个独立的数据线。随着所需要信息的增加,数据线的数量和控制单元的针脚会相应增加。一种是 CAN 数据总线,在各控制单元间所有信息都通过两根数据线进行交换。

一、车载网络总线分类

由于汽车各个系统对数据的传输速率要求不同,汽车上常用的总线分为两大类,即 CAN 总线和 LIN 总线。CAN 总线用于对数据速率传输和带宽较高的场合,如发动机 ECU 和 ABS ECU 等。LIN 总线用于对数据速率传输要求较低的场合,为车载网络提供辅助功能,多使用在不需要总线的带宽和多功能的场合,比如智能传感器和车身系统的通信,使用 LIN 总线可以使成本大大降低。

二、CAN 数据传输系统电脑构成

CAN 数据传输系统中每块控制单元的内部都有一个 CAN 控制器,一个 CAN 收发器。每块控制器外部连接了两条 CAN 数据总线。在系统中作为终端的两块电脑,其内部还装有一个数据传递终端(有时数据传递终端安装在电脑外部)。具有 CAN 接口的 ECU 见图 11-2。

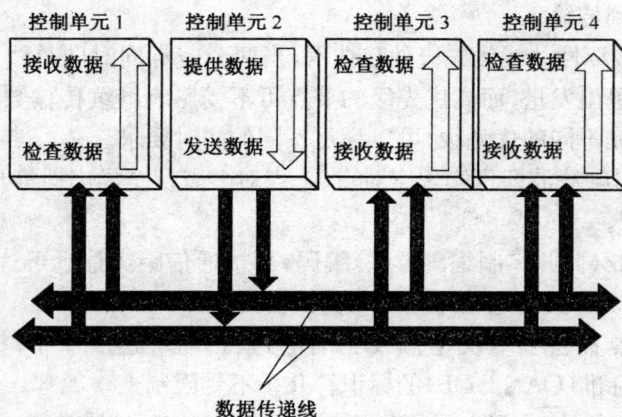

图 11-2　具有 CAN 系统的 ECU 原理图

(一)CAN 控制器

CAN 控制器接受在控制单元中的微处理器中的数据,处理数据并传给 CAN 收发器。同时控制器接受收发器的数据,处理并传给微处理器。

(二)CAN 收发器

CAN 收发器是一个发送器和接收器的组合,它将 CAN 控制器提供的数据转化为电信号并通过数据线发送出去。同时,它接受总线数据,并将数据传到 CAN 控制器。

(三)数据传递终端

数据传递终端实际是一个电阻,主要作用是防止数据在传输终端被反射回来并产生反射波而使数据破坏。

(四)CAN 数据总线

数据总线是用来传输数据的双向数据线,分为 CAN 高位(CAN-HIGH)和 CAN 低位(CAN-LO)数据线。数据没有指定接收器,数据通过数据总线发给各控制单元,各控制单元接收后进行计算。为了防止外界电磁干扰和向外辐射,CAN 总线采用两条线缠绕在一起,两条线上的电位是相反的,如果一条线的电压是 5V,另一条线就是 0V,这样使两条线上的电压和总等于常值,使得 CAN 总线避免了外界电磁波干扰,同时 CAN 总线本身对外无辐射。常用的数据传输线一般为双绞线、铜线或光纤等。

三、CAN 总线的特点

CAN 作为一种多主总线,支持分布式实时控制的通信网络。其通信介质可以是双绞线、同轴电缆或光纤。在汽车发动机控制部件、传感器、抗滑系统等应用中,总线的位速率最大可达 1Mbit/s。CAN 总线属于总线式串行通信网络,由于其采用了许多新技术及独特的设计,与一般的通信总线相比,CAN 总线的数据通信具有突出的可靠性、实时性和灵活性。其特点可以概括如下:

① CAN 为多主方式工作,网络上任一节点均在任意时刻主动地向网络上其他节点发送信息,而不分主从,通信方式灵活,利用这一点可方便地构成多机备份系统。

② CAN 网络上的节点信息分成不同的优先级,可满足不同的实时要求,高优先级的数据最多可在 $134\mu s$ 内得到传输。

③ CAN 采用非破坏性总线优先级仲裁技术,当两个节点同时向总线发送信息时,优先级较低的节点会主动地退出发送,而高优先级的节点可不受影响继续传输数据,有效避免了总线冲突。按节点类型分成不同的优先级,可以满足不同的实时要求。

④ CAN 只需通过帧滤波即可实现点对点、一点对多点及全局广播等几种方式传送接受数据,无需专门的"调度"。

⑤ CAN 采用 NRZ(非归零制编码方式)编码,直接通信距离最远可达 10km(5kbit/s);通信速率最高可达 1Mbit/s(此时通信距离最长为 40m)。

⑥ CAN 上的节点数主要取决于总线驱动电路,目前可达 110 个;标识符可达 2032 种(CAN2.0A),而扩展标准(CAN2,OB)的标识符几乎不受限制。

⑦ 采用短帧结构,传输时间短,受干扰概率低,具有极好的检错效果。

⑧ CAN 的每帧信息都有 CRC(一种校验码)效验及其他检错措施,保证数据出错率极低。

⑨ CAN 的通信介质可为双绞线、同轴电缆或光纤,选择灵活。

⑩ CAN 节点在错误严重的情况下具有自动关闭输出功能,以使总线上其他节点的操作不受影响。

四、数据传递过程

控制单元首先向 CAN 控制器提供需要发送的数据,CAN 收发器接受由 CAN 控制器传来的数据,并转化为电信号发送到数据总线上。在 CAN 系统中,所有控制单元内部都含有接收数据总线上的数据,并将编码数据分解成可以使用的数据的接收器,各控制单元判断接受的数据是否是本控制单元所需要的数据。如需要,它将被接受并进行处理,否则给予忽略。

五、CAN 数据总线传递数据的组成及功能

CAN 数据总线在极短的时间里,在各控制单元之间传递的数据,由七个部分组成,如图 11-3 所示。

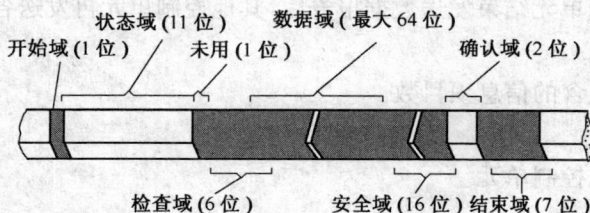

图 11-3 数据的组成

(一)开始域

标志数据开始传递,带有大于 5V 电压(由系统决定)的 1 位编码,被选入 CAN 高位传输线,带有大约 0V 电压的 1 位编码被送入 CAN 低位传输线。电位有高、低之分,5V 为高电位,0V 则为低电位,高电位定义的位值为"1",低电位定义的位值为"0",这样就可以将数据分配到不同的传输线上。

(二)状态域

状态域用于判断数据中的优先权。在状态域中,有 11 位数字组成的编码,其数据的组合形式决定了其优先权,详见表 11-2。

表 11-2 状态域的 11 位组成编码

优先权	数据报告	状态域形式
1	ABS/EDL 控制单元	001 1010 0000
2	发动机控制单元	010 1000 0000
3	变速器控制单元	100 0100 0000

发动机、自动变速器、ABS/EDL 三个控制单元同时发送数据,此时,在数据传输线上进行数据比较。如果一个控制单元发送一个低电位,而检测到一个高电位,那么这个控制单元就停止发送,而转为接收器。

下面举例说明,在这个例子中 ABS/EDL 控制单元拥有最高优先权:

1. 第一次数据比较使得自动变速器丧失优先权

① ABS/EDL 控制单元发送了一个高电位。

② 发动机控制单元也发送了一个高电位。

③ 自动变速器控制单元发送了一个低电位。而检测到一个高电位,那么,它将失去优先权,而转为接收器。

2. 再次数据比较使得发动机丧失优先权

① ABS/EDL 控制单元发送一个高电位。

② 发动机控制单元发送一个低电位并检测到一个高电位,那么,它也失去优先权,而转为接收器。

3. 以上数据比较使得 ABS/EDL 控制单元拥有最高优先权

① ABS/EDL 控制单元拥有最高优先权并且接收分配的收据。该优先权保证控制单元持续发送数据直至发送终了。

② ABS/EDL 控制单元结束发送数据报告后,其他控制单元再发送各自数据报告。

(三)检查域

显示在数据中所包含的信息项目数。

(四)数据域

信息被传递到其他控制单元。

(五)安全域

检测传递数据中的错误。

(六)确认域

在确认域中,接收器接收信号并通知发送器,其所发信号已被正确接收;如果检查到错误,接收器立刻通知发送器,发送器会再发送一次数据。

(七)结束域

标志着数据报告结束,在这里是显示错误并重复发送数据的最后一次机会。

六、CAN 数据传递的基本原理

CAN 数据总线是控制单元间的一种数据传递形式,它连接各个控制单元形成一个完整的系统。简单地说,CAN 数据总线中数据传递就像一个电话会议,一个电话用户就相当于控制单元,它将数据"讲入"网络中,其他用户通过网络"接听"数据,对这组数据感兴趣的用户就会利用数据,不感兴趣的用户可以忽略该数据。

第三节　车载局域网系统应用

车用网络大致可分为 4 个系统:车身系统、动力传动系统、安全系统、信息系统。

一、动力传动系统

在动力传动系统内,动力传动系统模块的位置比较集中,可固定在一处,利用网络将发动机舱内设置的模块连接起来。

动力 CAN 数据总线一般连接 3 块电脑:发动机、ABS/EDL 和自动变速器电脑(动力 CAN 数据总线实际可以连接安全气囊、四轮驱动与组合仪表等电脑)。总线可以同时传递 10 组数据:发动机电脑 5 组,ABS/EDL 电脑 3 组,自动变速器电脑 2 组。数据总线以 500kbit/s 速率传递数据,每一数据组传递大约需要 0.25ms。优先权顺序为 ABS/EDL 电控单元发动机电控单元、自动变速器电控单元,见表 11-3。

表 11-3　动力传动系统 CAN 数据总线优先顺序

优先权顺序	数据来源	信息举例
1	ABS 控制单元	自动控制单元信息
2	数据组 1 发动机控制单元	发动机转速信号
3	数据组 2 发动机控制单元	车速、冷却液温度
4	自动变速器控制单元	档位数据

　　各数据仍然是以编码的形式进行传递,例如节气门位置的信息,由 8 位编码进行传递,这样就可以有 256 种排列,所以,从 0°到 102°的节气门位置就可以 0.4°的间隔传递。

　　在动力传动系统中,要求数据传递应尽可能快速,以便及时利用数据。所以,在动力系统中采用的是高性能的发送器,高性能发送器会加快点火系统间的数据传递,这样使接收到的数据立即应用到下一个点火脉冲中去。CAN 数据总线连接点通常置于控制单元外部的线束中,在特殊情况下,连接点也可能设在发动机电控单元内部。

二、车身系统

　　汽车车身的各处都配置有车身系统的部件。线束相对变长,容易受到电磁干扰的影响,为了防干扰应尽量降低通信速度。在车身系统中,因为人机接口的模块、节点的数量增加,通信速度控制将不是问题,但成本相对增加,因此,目前常常采用直连总线及辅助总线。

　　舒适 CAN 数据总线连接一般连接五块控制单元,包括中央控制单元及 4 个车门的控制单元。舒适 CAN 数据传递一般具有五个功能:中央门锁控制、电动车窗控制、照明开关控制、后视镜加热及自诊断功能。控制单元的各条传输线以星状形式汇聚一点。这样做的好处是:如果一个控制单元发生故障,其他控制单元仍可发送各自的数据。该系统使经过车门的导线数量减少,线路变得简单。如果线路中某处出现对地短路,对正极短路或线路间短路,CAN 系统会立即转为应急模式运行或转为单线模式运行。4 个车门控制单元都是中央控制,只需较少的自诊断线。

　　数据总线以 62.5kbit/s 速率传递数据,第一组数据传递大约需要 1ms,每个电控单元20ms 发送一次数据。车身优先权顺序是中央控制单元、驾驶人侧门控制单元、前排乘员侧控单元、左侧门控制单元及右侧门控制单元等。

三、安全系统

　　这里安全系统主要指的是安全气囊触发系统,由于安全系统涉及人的生命安全,加之在汽车中气囊数目很多,碰撞传感器多等原因,要求安全系统必须具备有通信速度快、通信可靠性强等特点。

四、信息系统

　　信息系统在车上的应用很广泛,例如车载电话、音响等系统的应用。对信息系统通信总线的要求是:容量大、通信速度非常高。通信媒体一般采用光纤或铜线,因为此两种介质传输的速度非常快,能满足信息系统的高速化需求。

　　除上述所介绍的系统之外,还有面向 21 世纪的控制系统、高速车身系统及主干网络等。这就意味着将会有不同的网络并存,因此就要求网络之间既可以互相连接,也可以分开。为了实现即插即用,都将各个局域网与总线相连,根据汽车的平台选择并建立所需要的网络,典型的车用网络平台如图 11-4 所示。

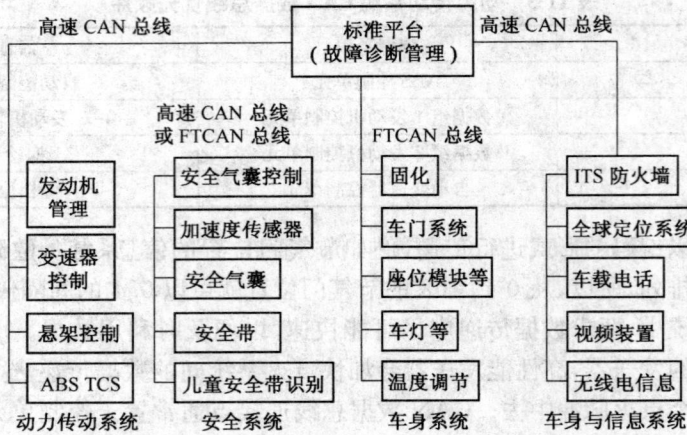

图 11-4　典型的车用网络平台

第四节　典型 CAN 数据总线维修

以宝来轿车为例介绍数据总线系统的检修（AGN 发动机）。

发动机控制单元通过 CAN 数据传输总线与 ABS 控制单元及变速器控制单元进行数据交换。数据总线故障信息可由发动机控制单元来识别，也可由数据总线上其他控制单元来识别。为了使 CAN 总线更好地工作，两控制单元的总线驱动器前各有一个 120Ω 的终端电阻，该电阻在发动机控制单元及 ABS 控制单元内，如图 11-5 所示。

一、故障检查条件

① CAN 数据总线自诊断时未发现故障。

② ABS 控制单元已按数据总线编制了代码。

二、检测步骤（自动变速器车）

（一）检测专用工具及设备

检测盒 V·A·G1598/21、检测盒 V·A·G1598/22、便携式万用表 V·A·G1526 或万用表 V·A·G715、成套辅助接线 V·A·G1594、检测盒 V·A·G1598/18 和电路图等。

（二）检测步骤

关闭点火开关，拔下变速器控制单元插头，将 V·A·G1598/18 解码仪接到控制单元线束

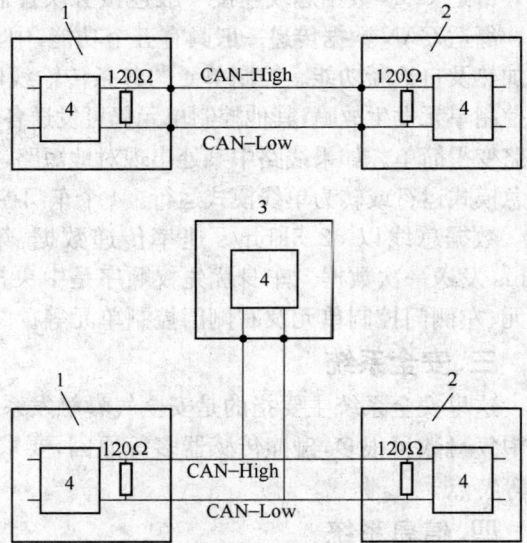

图 11-5　宝来轿车数据总线连接示意图

1. 发动机控制单元 J220（在流水槽内）　2. ABS 控制单元（在流水槽内）　3. 变速器控制单元（在流水槽内）

4. 总线驱动器（与控制单元一体）

上,并锁止。

1. 检查检测盒插口 3 与 25 间电阻值

检测盒插口 3 与 25 间电阻正常值为 55～75Ω。如果显示 0～51Ω,则说明两数据线间短路,应检查导线;如果显示值 115～135Ω,则说明 ABS 控制单元或发动机控制单元导线断路或控制单元内部出现断路故障;如果显示值大于 135Ω,原因一般为导线断路或导线存在接触不良故障,应检查导线。

(1)如果电阻值在规定值 55～75Ω 范围内,仍然存在多路传输系统的故障,则应按以下方法去检测:

① 检查导线是否对蓄电池正极或接地短路;

② 如果确定导线无故障,再次插上变速器控制单元插头;

③ 接通点火开关,清除故障码后试车;

④ 用"自动检测"功能查询所有控制单元的故障码;

⑤ 试车后,如发动机控制单元内仍有数据总线故障,更换变速器控制单元。

(2)如果阻值在 115～135Ω,说明 ABS 控制单元或发动机控制单元导线断路或控制单元内部出现断路故障,则应按以下方法去检测:

① 松开并拔下发动机控制单元的插头;

② 检查数据总线(其上有 ABS 控制单元终端电阻),即再次测量检测盒插口 3 与 25 间电阻(由于已经将发动机控制单元的插头拔下,相当于测得一个终端电阻),其正常值应在 115～135Ω 之间;

③ 如果电阻值不在规定范围内,检查 CAN 数据总线;

④ 如果 ABS 控制单元导线正常,更换 ABS 控制单元;

⑤ 如果电阻值在规定范围内,插上发动机控制单元的插头。拆下空气滤清器。松开并拔下 ABS 控制单元插头;

⑥ 检查 CAN 数据总线(其上有发动机控制单元终端电阻),即测量检测盒插口 3 与 25 之间电阻,正常值为:115～135Ω;

⑦ 如果电阻值不在规定范围内,检查 CAN 数据总线;

⑧ 如果确定导线无故障,更换发动机控制单元。

2. 检查 CAN 数据总线

① 松开并拔下 ABS 控制单元插头。

② 松开并拔下发动机控制单元插头。

③ 检查 CAN 数据总线彼此间是否短路,即测量 V·A·G1598/18 上插口 3 与 25 间电阻值,规定值为∞。

④ 如果未达到规定值(导线彼此间短路),按电路图排除导线故障。

⑤ 如果达到规定值(导线彼此间无短路),将 V·A·G1598/22 接到发动机控制单元线束上。

⑥ 按电路图检查检测盒间的 CAN 数据总线是否断路,插口 29 与插口 3、插口 41 与插口 25 的导线电阻值最大 1.5Ω。

⑦ 检查导线是否对蓄电池正极或接地短路。

⑧ 如果确定导线无故障,将 V·A·G1598/21 接到 ABS 控制单元线束 2 上。

⑨ 按电路图检查 V·A·G1598/22 与 V·A·G1598/21 间的 CAN 总线是否断路,插口 41 与插口 11、插口 29 与插口 10 的导线电阻值最大 1.5Ω。

三、宝来轿车动力 CAN 数据传输系统的自诊断

对于宝来轿车而言,更换了仪表板后,必须按照车上装备对 CAN 数据线的自诊断接口 J533 进行编码,即使已经存在有正确的编码也如此。

1. CAN 数据总线系统的进入

CAN 数据总线自诊断接口 J553 有一个自诊断地址。

① 连接 V·A·S5051 CAN 故障检测仪,接通点火开关,进入主界面,如图 11-6 所示。

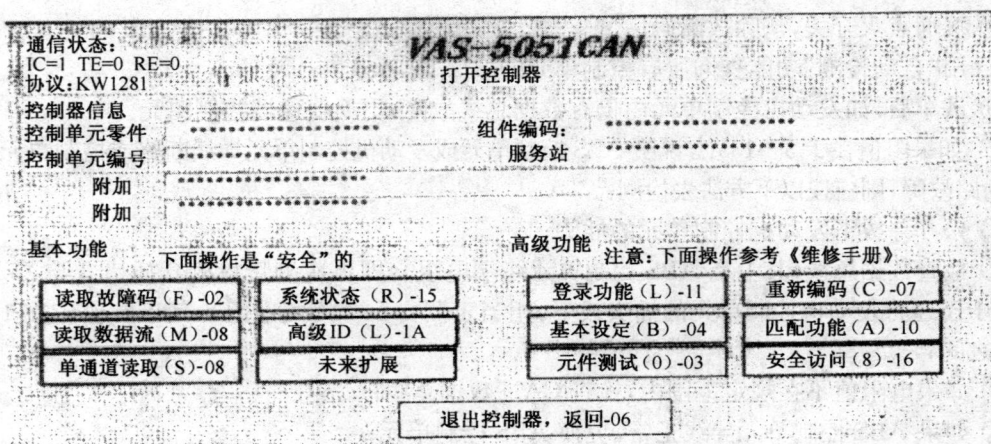

图 11-6　V·A·S5051 CAN 诊断主界面

② 输入地址"19",选择"进入"或点击"CAN 网关"显示屏,如图 11-7 所示。

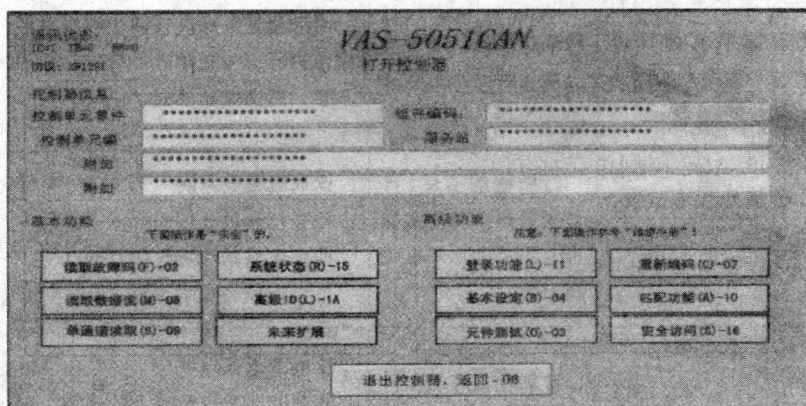

图 11-7　CAN 网关界面

2. 查询故障码

在进入上述界面后,点击查询故障代码功能,将会显示故障记忆,如没有故障,界面将显示"无故障码"。

3. 宝来轿车故障码含义(表 11-4)

表 11-4　宝来轿车 CAN 数据总线相关的故障码表

故障码	可能的原因	与数据总线影响	故障排除方法
00778 转向角度传感器 G85 无法通信	转向角度传感器 G85 通过数据总线的数据接收不正常	与数据总线相连的系统功能不正常	检查数据总线自诊断接口的编码查询 ABS 控制单元故障并排除故障;按照电路图检查连接转向角度传感器 G85 的数据总线
01044 控制单元编码错误	与数据总线相连的某控制单元编码错误,与数据总线相连的某控制单元损坏	行驶性能不良(自动变速器换档冲击符合变化冲击)无行驶动力控制	读取测量数据块查询与数据总线相连的所有控制单元故障,如果需要,更换控制单元
01312 数据总线损坏	数据总线有故障,数据总线在"BUS-OFF"状态	行驶性能不良(自动变速器换档冲击符合变化冲击)无行驶动力控制	读取测量数据块检查控制单元编码;按照电路图检查数据总线更换损坏的控制单元
01314 发动机控制单元无法通信	发动机控制单元通过数据总线的数据接收不正常	行驶性能不良(自动变速器换档冲击符合变化冲击)无行驶动力控制	读取测量数据块,查询变速器控制单元故障码,并排除故障;按照电路图检查变速器控制单元数据总线
01315 变速器控制单元无法通信	变速器控制单元通过数据总线的数据不正常	行驶性能不良(自动变速器换档冲击符合变化冲击)无行驶动力控制	读取测量数据块,查询发动机控制单元故障码,并排除故障;按照电路图检查发动机控制单元数据总线
01316 制动控制单元无法通信	制动控制单元通过数据总线的数据接收不正常	行驶性能不良(自动变速器换档冲击符合变化冲击)无行驶动力控制	读取测量数据块,查询 ABS 控制单元故障码,并排除故障;按照电路图检查 ABS 控制单元数据总线
01317 组合仪表内控制单元 J285 无法通信	组合仪表内控制单元及 J285 控制单元数据总线有故障,组合仪表内控制单元通过数据总线的数据接收不正常	行驶性能不良(自动变速器换档冲击符合变化冲击)无行驶动力控制	读取 J553 的测量数据块,查询与数据线相连,所有控制单元故障码,并排除故障;按照电路图检查数据总线
01321	安全气囊控制单元通过数据总线的数据接收不正常	安全气囊报警灯亮	读取测量数据块,查询安全气囊控制单元故障码,并排除故障;按照电路图检查安全气囊控制单元数据总线
01324 四轮驱动控制单元 J492 无法通信	四轮驱动控制单元通过数据总线的数据接收不正常	行驶性能不良(自变速器换档冲击符合变化冲击)无行驶动力控制	读取测量数据块,查询四轮驱动控制单元故障码,并排除故障;按照电路图检查四轮驱动控制单元数据总线

续表 11-4

故障码	可能的原因	与数据总线影响	故障排除方法
01328 舒适系统数据总线处于紧急模式	导线或插头故障		按电路图检查导线和插头,拔下所有车门主插头,再依次插好,同时观察测量数据块,更换总线阻断的控制单元,读取测量数据块,更换合适的控制单元
01329 舒适系统数据总线处于紧急模式	导线或插头故障		按电路图检查导线和插头,拔下所有车门主插头,再依次插好,同时观察测量数据块,更换合适的控制单元
01330	舒适系统的中央控制单元损坏,电池 A 损坏或没有电,电压调节器 C1 损坏发电机 C 损坏		更换舒适系统的中央控制单元按电路图中检查导线和插头,读取测量数据块

4. 清除故障码

在发现故障后,应根据故障提示进行维修,维修后应清除故障码,只要在"读取故障码"界面点击"清除故障码"功能,即可清除故障码。清除故障码的前提条件是:已经查询过故障码,已经排除所有的故障。如果故障没有被排除,选择清除故障后,将仍然有故障记忆。

5. 结束输出

在进入相应的界面后,如果要结束输出,只要点击返回即可。

6. 控制单元编码

更换组合仪表后,应根据车上的装备给数据总线自诊断接口 J553 编码。方法如下:

① 在主界面点击网关进入图 11-7 所示网关主界面。

② 点击"重新编码"功能,屏幕将显示如图 11-8 所示。

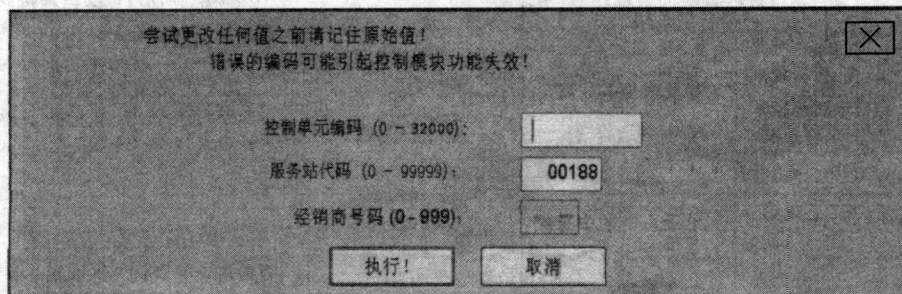

尝试更改任何值之前请记住原始值!
错误的编码可能引起控制模块功能失效!

控制单元编码(0 - 32000):
服务站代码(0 - 99999):　00188
经销商号码(0 - 999):

执行!　　取消

图 11-8　重新编码界面

③ 输入相应的编码，控制单元编码见表 11-5。

表 11-5　控制单元编码

总线上的控制单元	编码	总线上的控制单元	编码
自动变速器	00001	安全气囊	00004
ABS	00002		

输入的代码是上述代码之和，是一个加起来的值。例如：安全气囊＋ABS＋自动变速器：00001＋00002＋00004＝00007

④ 输入编码后，按确认键。编码完成，可选择退出或进行其他操作。

附录 汽车新技术及新装置常见缩略语英汉对照

4WD	4 轮驱动
AWD	全轮驱动
AACV	二次空气喷射控制阀
ABS	制动防抱死系统
A/C	空调
A/F	空燃比
AFS	空气流量传感器
AGVS	车辆自动导向系统
AIR	二次空气喷射
ALC	车辆高度控制
ALIS	自动导航信息系统
APS	大气压力传感器
ASR	汽车驱动防滑控制
A/T	自动变速器/变速器驱动机构
ATS	进气温度传感器
A4WD	自动四轮驱动
BCM	车身控制模块
C-4	计算机控制废气净化催化转换
CAN	控制器局域网
CCS	巡航控制系统
CFI	中央汽油喷射/连续汽油喷射
CIS/CMP	凸轮轴位置传感器
CKP/CPS	曲轴位置传感器
CVT	无级变速器
SPI	单点汽油喷射
CPU	中央处理器
CTS	冷却液温度传感器
CVT/IVT	无级变速传动
DEFI	数字式计算机控制汽油喷射系统
DPA	分配式喷油泵总成
DPF	柴油颗粒过滤器
DSP	数字式信号处理器

DTC	故障码
DTM	诊断测试模式
EAS	电子控制自动变速器
ECA	电子控制装置总成
ECCS	电子计算机控制系统
ECECS	发动机集中控制系统
ECM	发动机控制模块
ECT	电子控制变速器/发动机冷却液温度
ECU	电子控制单元/发动机控制装置
EEC-Ⅲ	发动机第三代电子控制系统
EECS(EVAP)	汽油蒸气污染控制装置
EEPROM	电子可擦的可编程只读存储器
EFI	电子燃油喷射
EGR	废气再循环
ESA	电子点火提前角
EPS	电动转向
ESP	电子稳定程序控制
ESS	发动机转速传感器
EST	电子点火正时控制
EV	电动汽车
FCEV	燃料电池电动汽车
FPC	汽油泵控制装置
FSI	燃油(汽油)分层喷射
GDI	汽油(缸内)直接喷射
GPS	全球定位系统
H/D	加热器/除霜器
HEV(HV)	混合动力汽车
HEI	高能点火
IAC	怠速空气控制
IC	集成电路/点火控制
ICM	点火控制模块
KCS	爆燃控制系统
KS	爆燃传感器
LEV	低排放汽车
LSI	大规模集成电路
MAP	进气支管绝对压力传感器
MFI	多点汽油喷射

ROM	只读存储器
RPM	发动机转速（转/分）
NTC	负温度系数
OBD-Ⅱ	第二代车载随机自诊断系统
OD	超速档
PCM	动力控制模块
PCV	曲轴箱强制通风
PROM	可编程只读存储器
SCR	选择性催化转换器
SWPS	转向盘位置传感器
PS	动力转向
RKE	遥控门锁
SFI	顺序汽油喷射
SRS(AIR BAG)	安全气囊系统
TP	节气门位置
TBI	节气门体汽油喷射
TCCS	丰田公司计算机控制系统
TCM	变速器控制模块
TCS	变速器控制点火装置/防滑控制系统
TPS	节气门位置传感器/油箱压力传感装置
TRC	牵引控制/防滑控制
TRS	变速器档位
TWC	三元催化转换器
VAC	车辆信息存取代码
VATS	车辆防盗系统
VCM	车辆控制模块
VCV	真空控制阀
VSS	车辆速度传感器
WSS	车轮转速传感器
VTEC	可变正时与气门升程电子控制